■ 建设高等教育强国系列论丛

■ 顾　　问：陈至立
■ 总 主 编：周远清　瞿振元
■ 副总主编：谢桂华　赵书生

教育理念创新与建设高等教育强国

刘献君　李培根　主编

Jiaoyu Linian Chuangxin yu
Jianshe Gaodeng Jiaoyu Qiangguo

高等教育出版社·北京

图书在版编目(CIP)数据

教育理念创新与建设高等教育强国/刘献君，李培根主编. --北京:高等教育出版社，2016.3
(建设高等教育强国系列论丛/周远清，瞿振元主编)
ISBN 978-7-04-044099-7

Ⅰ.①教… Ⅱ.①刘… ②李… Ⅲ.①高等教育-研究-中国 Ⅳ.①G649.2

中国版本图书馆 CIP 数据核字(2015)第 253376 号

策划编辑 丁艳红　　责任编辑 杨 莉　　封面设计 赵 阳　　版式设计 童 丹
插图绘制 杜晓丹　　责任校对 殷 然　　责任印制 毛斯璐

出版发行	高等教育出版社	咨询电话	400-810-0598
社　　址	北京市西城区德外大街 4 号	网　　址	http://www.hep.edu.cn
邮政编码	100120		http://www.hep.com.cn
印　　刷	北京中科印刷有限公司	网上订购	http://www.landraco.com
开　　本	787mm×960mm　1/16		http://www.landraco.com.cn
印　　张	20.75	版　　次	2016 年 3 月第 1 版
字　　数	370 千字	印　　次	2016 年 3 月第 1 次印刷
购书热线	010-58581118	定　　价	56.00 元

本书如有缺页、倒页、脱页等质量问题，请到所购图书销售部门联系调换

物 料 号　44099-00

项目领导小组

编　委　会

以提高质量为核心
努力建设高等教育强国①

（代序）

陈至立

今天，我想谈谈对建设高等教育强国的一些思考，供同志们参考。

一、我国高等教育正站在一个新的历史起点上

我国的高等教育事业经过几代人的不懈努力，走过了波澜壮阔的发展历程，取得了举世瞩目的伟大成就，实现了历史性的跨越，进入了新的历史发展时期。

共和国成立之初，百废待兴，党和国家把教育事业摆在整个国家建设的重要位置，创建了社会主义高等教育体系，为新中国成立初期大规模经济建设和社会各项事业发展培养了大批专业人才和领导骨干。改革开放以来，我国提出实施科教兴国战略，不断深化高等教育体制改革和教学改革，我国高等教育事业迎来了蓬勃发展的新时期。

世纪之交，党和国家深入实施人才强国战略，提出建设创新型国家、建设社会主义和谐社会和建设人力资源强国等一系列新的战略目标，作出了一系列推进高等教育改革、加快高等教育发展的重大决策和部署，把充满生机活力的中国高等教育推向21世纪，谱写了我国教育发展史上浓墨重彩的篇章。

第一，高等教育发展实现了历史性跨越，为现代化建设提供了强有力的人才支撑，使我国迈出了由人口大国转向人力资源强国的关键性一步。1999年，党中央、国务院审时度势，根据当时经济社会发展的需求和人民群众的愿望，作出扩大高等教育招生规模的重大决策。1998年我国高等教育毛入学率仅为9.8%，2002年达到15%，2007年高等教育毛入学率预计将达到23%。我国作为一个发展中的人口大国，成功地实现了从高等教育的精英教育阶段向大众化教育阶段的历史性跨越，适应了社会主义现代化建设的要求，最大限度地满足了广大人

① 本文是作者在教育部直属高校工作咨询委员会第18次全体会议上的讲话。

民群众接受高等教育的愿望。应特别指出的是，目前全国的高等职业学校已达到 1 000 余所，比 2000 年前净增 900 多所，无论是从学校数还是从在校生数来看，高等职业教育已是高等教育的“半壁江山”。此外，全国地级市几乎都设立了至少一所高校，高等教育区域布局结构趋于合理。现在，全国普通高校在校生达1 800 万人，规模居世界第一；受过高等教育的人口超过 7 000 万人，有高等教育学历的从业人员总数居世界第二。我国已成为高等教育大国。

在高等教育快速发展中，我们始终强调高等教育工作要把握好规模、质量、结构、效益的关系，提出并贯彻“巩固成果、深化改革、提高质量、持续发展”的方针。2001 年起采取切实措施，狠抓教学质量提高。2004 年起着力控制招生增长幅度，相对稳定招生规模，把高等教育发展的重点放在提高质量上，保证了我国高等教育的健康发展。

第二，一批大学和重点学科实力进一步提升，缩小了与世界高等教育强国的差距。实施高等教育“211 工程”和“985 工程”以来，一流大学和高水平大学以及重点学科建设得到切实加强。10 年来，“211 工程”学校科研经费增长了 7 倍，科学引文索引(SCI)收录期刊论文数增长了近 7 倍。“211 工程”和“985 工程”的实施，还带动了高等教育整体水平和竞争力的提高，缩小了与世界强国的差距，得到国际高等教育界的普遍肯定。

高校解决国民经济和社会发展重大科技问题的能力大大增强。“十五”期间，高校承担各类科研课题 61.9 万项，其中作为第一承担单位承担“973 计划”项目占立项总数的 54.5%，承担的“863 计划”项目数和经费额始终保持在全国的 40%左右。目前，全国高校科研经费比 1998 年增长了 5 倍，国家重点实验室有 63%建在高校。高校科研取得了一批标志性创新成果。近 5 年来，高校累计获得国家自然科学奖 90 项，占授奖总数的 57.7%；获得技术发明奖 89 项，占授奖总数的 64%；获得科技进步奖 543 项，占授奖总数的 54.8%。在 2006 年国家科学技术奖励中，高校获得了自然科学奖和技术发明奖的全部一等奖(共 3 项)。截至 2006 年底，全国高校专利拥有量达 4.5 万项，其中发明专利拥有量 2.6 万项。

高校哲学社会科学研究进一步繁荣发展。目前，高校拥有占全国 80%以上的哲学社会科学研究人员，产生了占全国 80%以上的哲学社会科学成果，为丰富和发展中国特色社会主义理论体系做出了积极贡献，较好地发挥了现代化建设“思想库”和智囊团的作用。

第三，高水平教师队伍和高层次人才队伍建设有了新进展，教育教学改革不断深化。教育大计，教师为本。10 年来，我们采取了一系列措施加强教师队伍建设，吸引高层次人才。成功实施了“长江学者奖励计划”，全国 110 所高校面向海内外聘任长江学者特聘教授、讲座教授 1 107 名。目前已有 24 位长江学者当选为两院院士，57 位长江学者担任“973 计划”首席科学家，175 项由长江学者主持或作为主要完成人参加的科研成果获得国家三大科技奖励。“长江学者奖励计划”还带动了高校人才队伍建设和分配制度改革。实施“高层次创造性人才培养计划”，有力地加强了高校高水平学科带头人、中青年学术带头人、学术骨干和优秀创新团队的培养，推动高校不断增强集聚高层次人才的能力。目前高校拥有全国 2/5 的两院院士，2/3 的国家杰出青年科学基金获得者。加强师德建设和学风建设，涌现出一批为人师表、品德高尚、严谨治学、无私奉献的优秀教师和先进典型，大家熟知的孟二冬、方永刚、张光斗等同志，都是高校教师队伍的优秀代表。

狠抓教学内容、课程体系和教学方法的改革，进一步加强教学管理。加强国家精品课程建设，积极吸收国际科技与学术前沿知识；利用信息化手段改造课程结构，深化教学内容和教学方法的改革创新；积极推进名师、教授讲授本科课程，加强教学团队建设，高校教师的业务能力不断提高。

第四，高等教育各项改革取得重大突破，对外开放成效显著，初步建立了与社会主义市场经济相适应的高等教育体制机制。以国务院机构改革为契机，大力推进高等教育管理体制改革。高等教育实行中央和省两级管理、以省级政府管理为主的体制，加大了省级政府对高等教育的统筹力度，改变了计划经济条件下部门和地方条块分割、重复办学的局面，初步形成了与社会主义市场经济相适应的高等教育管理新体制。通过“共建、调整、合作、合并”，优化资源配置和布局结构，主动适应当今世界科学技术的发展趋势，形成有利于创新型人才培养的良好环境，增强了高校为经济社会发展服务的能力。

高等教育各项改革都取得突破性进展。人事分配制度改革进一步调动了广大教师的积极性、主动性和创造性，高等教育多元化投入体制形成，招生和毕业生就业制度改革取得明显成效，高校后勤社会化改革为高等教育的发展提供了切实保障。

高等教育对外开放不断扩大，国际合作和交流更加广泛深入。目前，我国已与 184 个国家和地区以及联合国教科文组织等国际组织建立了教育合作与交流关系，与有关国家政府部门签署了近 190 个高层次人才联合培养协议，与 32 个国家和地区签订了相互承认学历学位协议，构建了中外大学校长论坛、中欧高等教育合作磋商会议等高等教育国际交流平台。我国大学的开放程度和国际合作水平明显提高，通过与世界知名大学和科研机构强强合作，联合培养、合作研究，不断加大开放式培养力度，使高校师生特别是学术骨干、学术带头人有了越来越多的接触国际学术前沿和参与国际竞争的机会，为培养造就科技尖子人才和领军人才创造了良好条件。近30年来,我国出国留学人员达106万人,其中已有27.5万人学成回国,近几年回国人数呈逐年增加趋势。一大批留学归国人员充实到高校教学科研一线,大大增强了我国高校参与国际学术前沿领域竞争的能力。我国高等教育的国际地位不断提高,影响不断扩大,目前共有来自184个国家和地区的16.2万余名国际学生在我国高校等机构学习,越来越多国家的青少年将我国作为留学主要目的国。孔子学院建设成效显著、影响广泛,已在海外建立的210所孔子学院成为我国汉语对外推广的重要基地。

第五,多渠道加大投入,改善高校办学条件,高校校园面貌焕然一新。"九五"期间中央教育财政支出比例每年提高1个百分点政策的实施,以及高校经费多元化投入机制的建立,有力地推进了高等教育的改革与发展。2005年高等教育经费总量为2 550亿元,是1998年549亿元的4.6倍,年均增长24.5%。其中,全国普通高校财政性教育经费为1 091亿元,是1998年357亿元的3.1倍,年均增长17.3%。1998年至2006年,全国普通高校校园占地面积增加了2.6倍,教学用房面积增加了3.7倍,教学仪器设备值增加了4.7倍,固定资产增加了6.4倍,许多高校校园面貌焕然一新,办学条件明显改善。

第六,不断完善家庭经济困难学生资助政策体系,促进教育公平。国家建立健全了对普通本科高校、高等职业学校和中等职业学校学生的国家奖学金、助学金制度。中央和地方财政投入每年达到308亿元左右,资助总额比原来增加了10倍以上,资助力度明显加大、资助面明显扩大,享受国家奖、助学金的大学生每年约400万名,占高校在校生总数的20%以上。以国家奖、助学金和助学贷款为主体,勤工助学、特殊困难补助、学费减免等有机结合的资助政策体系不断完善,保证了家庭经济困难学生不因经济困难而中断学业。

第七,高校思想政治工作取得显著成效,高校持续保持稳定。贯彻落实中央16号文件精神,坚持育人为本、德育为先;进一步落实马克思主义中国化的最新成果进教材、进课堂、进学生头脑,广大师生高度认同邓小平理论、"三个代表"重要思想和科学发展观;坚持每年召开一次全国高校党建工作会议,切实加强高校大学生和青年教师中的党员比例不断提高;处理好改革、发展、稳定的关系,把维护高校稳定作为做好高等教育各项工作的前提和基础。高校连续18年保持稳定,为全社会稳定做出了积极贡献。

总之,我国高等教育成就举世瞩目。这些成就,是在党中央、国务院的正确领导下,高等教育战线广大干部、师生员工开拓创新、团结进取、艰苦奋斗的结果。在座的高校领导同志都亲身参与了这段不平凡的历程,付出了艰辛努力,做出了突出贡献。在此,我向在座的全体同志,并通过你们向高等教育战线的广大师生员工,表示亲切的慰问和诚挚的感谢!

在实践和探索中，我们进一步深化了对建设什么样的高等教育、如何建设中国特色社会主义高等教育等重大问题的认识。我们深深体会到，要办好中国的高等教育，必须坚持高举中国特色社会主义伟大旗帜，确保高等教育事业沿着正确的方向不断前进；坚持贯彻落实科学发展观，以人为本，以提高质量为核心，保证高等教育持续、健康、协调发展；坚持为现代化建设服务，为人民服务，为全面建设小康社会提供人才支撑和知识贡献；坚持解放思想，改革创新，使高等教育充满生机活力；坚持教育的公益性质，建立和完善资助体系，促进教育公平；坚持处理好改革、发展、稳定的关系，加强和改进高校党的建设和思想政治工作，切实维护高校稳定。

在充分肯定高等教育取得的成就和经验的同时，我们也要清醒地看到，我国虽已成为高等教育大国，但与世界高等教育强国还有很大差距。一是高等教育资源配置、结构布局和学科专业设置还不适应国家现代化建设和经济社会发展的现实需要。二是教育教学观念、人才培养方式、教学内容和教学方法较落后，不利于学生创新精神的培养和实践能力的提高，教学质量还有待大力提高。三是拔尖创新人才培养成效不明显。四是缺少大师级教师和领军人才，教师的业务素质、师德水平和创新能力需要进一步提高。五是在世界上居于前列的学科还较少，高校科学研究和学科发展还缺乏核心竞争力，科技创新能力有待进一步提高。六是高等教育投入与高等教育发展需求还有较大差距。七是高校管理存在不少薄弱环节，自我发展、自我约束的机制亟待建立和完善。这些问题的核心，是高等教育的人才培养能力、科技创新能力还不够强，质量还不够高。

可以说，我国高等教育既站在一个新的历史起点上，也正处在一个新的发展阶段。科学提出我国高等教育下一步的发展方向和目标，不仅是关系我国教育发展的重大问题，也是关系我国经济社会发展的重大问题。因此，我们必须从理论上有一个准确的判断和清醒的认识。我同意会议代表们提出的有关以提高质量为核心、加快从高等教育大国向高等教育强国迈进步伐的一系列重要建议。

二、建设高等教育强国的战略意义

我们要从夺取全面建设小康社会新胜利的大局和实现中华民族伟大复兴的高度出发，认识建设高等教育强国的重大战略意义。

第一，建设高等教育强国是建设人力资源强国的必然要求。党的十七大明确提出要建设人力资源强国。高等教育担负着培养各类高质量人才、创造高水平科研成果、提供一流社会服务的重任，在建设人力资源强国中具有重要的战略地位。发达的高等教育是人力资源强国的重要保障和重要标志。贯彻落实党的十七大精神，建设人力资源强国，就必须建设高等教育强国。

第二，建设高等教育强国是走中国特色新型工业化道路，加快我国现代化建设的必然要求。我国已经成为世界第四大经济体，创造了世界经济奇迹。但是，我们必须清醒地认识到，我国自主创新能力不强，粗放型经济增长方式没有根本转变，西方大国对我国的经济科技压力仍然十分突出。要使国民经济继续保持又好又快发展，就必须使经济发展方式转到依靠科技进步、劳动者素质提高和管理创新上来。我国加快从工业大国向工业强国转变的历史进程，对高等教育提出了新的更高的要求。很难想象，一个高等教育薄弱的国家能成为工业化、现代化强国。因此，提出建设高等教育强国的目标是必要的、及时的。

第三，建设高等教育强国是落实人才强国战略，增强我国综合国力和国际竞争力的必然要求。当今世界，经济全球化深入发展，科技革命加速推进，国际竞争日趋激烈，知识越来越成为提高综合国力和国际竞争力的决定性因素，人才资源越来越成为国际竞争格局中的关键性、战略性资源。联合国教科文组织与世界银行曾在2000年《发展中国家的高等教育：危机与出路》一文中提出：没有更多更高质量的高等教育，发展中国家将会越来越难以从全球性知识经济中受益。接受高等教育的国民越多、层次越高，国民素质就越高，国际竞争力就越强。发达国家国际竞争力之所以较强，很大程度上得益于其充满活力、发达的高等教育，得益于拥有大批高素质创新人才。因此，我国必须建设高等教育强国，培养一批大师级人才和大批拔尖优秀人才，才能拥有核心竞争力。

第四，建设高等教育强国是增强自主创新能力，建设创新型国家的必然要求。创新是一个民族进步的灵魂，是一个国家兴旺发达的不竭动力。在汹涌澎湃的世界新科技革命浪潮中，谁在科技创新方面占有优势，谁就能在国际竞争中占据主动。新中国成立以来，特别是改革开放以来，我国取得了一大批具有世界先进水平的科技成果，但目前我国科技水平同发达国家相比仍存在较大差距，科技自主创新能力还不强，关键技术自给率低，发明专利少，科技成果转化率低。面对发达国家科技优势的压力和在核心关键技术领域对我国进行的封锁，我们必须大力增强自主创新能力，建设创新型国家。

高校是国家创新体系的重要组成部分。高校培养的素质优良、结构合理的各类人才，是自主创新的基础和源泉；高校汇聚的科技创新团队及一批产生重大科研成果的创新平台和基地，是实现自主创新的重要支撑，在建设创新型国家中具有不可替代的重要作用。建设高等教育强国，正是增强自主创新能力、建设创新型国家的必然要求。

第五，建设高等教育强国是建设社会主义先进文化，推动文化大发展大繁荣的必然要求。文化是民族凝聚力和创造力的重要源泉，是综合国力的重要因素。

大学从来就是孕育新思想、新的学术成果和新文化的摇篮，是文化传承发展创新的重要基地，在社会文化建设中发挥着既服务文化建设，又引领文化发展的独特作用。

高校要用社会主义核心价值体系教育学生，系统地向学生传授马克思主义中国化的最新成果，宣传中国特色社会主义共同理想，帮助大学生树立正确的世界观、人生观、价值观。高校要培养造就一批马克思主义理论家，推进马克思主义理论研究和建设工程；要繁荣发展哲学社会科学，培养一大批哲学社会科学专家学者并进一步发挥“思想库”的作用。高校要在加强中华优秀文化传统教育，挖掘和保护中国优秀文化，倡导和谐理念与和谐精神，培育文明风尚，推动我国文化成果和优秀人才走向世界方面发挥独特优势。在文化大发展大繁荣的伟大历史进程中，高等教育应该也完全能够发挥重要作用。

还要看到，现在提出建设高等教育强国战略目标的时机已经成熟。

第一，我国高等教育自身已经具备了建设高等教育强国的良好基础。我国已经初步建立了与社会主义市场经济相适应的高等教育体制机制；高等教育规模已经成为世界第一大国，高等教育布局结构趋于合理；高校实力进一步提升，队伍建设取得新进展，教育质量逐步提高；高等教育国际地位不断提高，影响不断扩大，为建设高等教育强国奠定了良好基础。

第二，我国已经具备了建设高等教育强国的基础条件。新中国成立以来，我国综合国力不断提升，国际地位大幅提高，国际影响显著增强。改革开放以来，我国经济快速增长，年平均增长率达到9.8%，比同期世界经济平均发展水平快6.8个百分点。2008年，我国国内生产总值（GDP）将超过德国。我国政治、科技、文化、军事等各项事业都取得了长足进展，为高等教育强国建设提供了良好的环境和经济社会基础条件。

第三，国家正在研究制定“中长期教育改革和发展规划纲要”，将确定到2020年教育改革发展的指导思想、战略目标、总体任务、政策原则和重大措施，要对未来十几年教育事业的改革发展作出总体规划和全面部署，为提出和规划建设高等教育强国的战略目标创造了重要契机。

总之，提出和推动建设高等教育强国的基础和条件已经基本具备，时机已经成熟，我们要进一步深刻认识高等教育在经济社会发展中的重要地位与作用，抓住机遇、乘势而上，努力建设高等教育强国。

三、科学把握建设高等教育强国的基本思路和战略重点

建设高等教育强国是一项长期艰巨的历史任务，也是一项系统工程。综合

大家的意见，我想，要建设高等教育强国，我国高等教育大体上应朝着以下几个方面努力：

一是优化高等教育的布局、层次、类型和学科结构，形成高等职业教育、本科教育和研究生教育协调发展，各类高校相互促进、各具特色、健康发展的格局。

二是全面提高高等教育质量，培养一批拔尖创新人才和大批各级各类优秀人才。

三是高校拥有一批具有国际领先水平的学科带头人和具有国际竞争力的教学科研队伍，国际影响力和吸引力大大增强。

四是形成一批达到世界一流水平的重点学科，建设若干所世界一流大学和一批国际知名的高水平大学，取得一批在国际上具有重大影响的科研成果。

五是高等教育为社会提供一流的服务，成为科技成果转化为现实生产力的生力军，推动经济社会发展的"思想库"和"人才库"，对经济社会发展的贡献率不断提高。

六是高校拥有宽松、开放、和谐的良好学术环境和精神文化氛围；具有严谨治学、求真务实的优良作风和勇于探索、不断开拓的创新精神，不断孕育新思想、新成果和新理论。

此外，高校应具有一流的管理，依法自主办学的自主权得到切实落实。

这样的高等教育，将是培养和造就世界一流科学家、思想家、科技领军人才和一线优秀人才的摇篮，将是科学研究、知识创新的重要阵地，将是推动科技成果向现实生产力转化、解决国民经济重大战略问题的重要力量，将是推动文化大发展大繁荣的坚强阵地。只有拥有这样的高等教育，我国才能真正成为高等教育强国。

建设高等教育强国，要高举中国特色社会主义伟大旗帜，认真学习贯彻党的十七大精神，深入贯彻落实科学发展观，以优化结构为基础，以提高质量为核心，以建设高素质教师队伍为关键，以改革开放为动力，以加大投入和提高管理水平为保障，以培养拔尖人才和各类优秀人才为根本任务，脚踏实地、坚持不懈、长期努力。

第一，培养拔尖人才和各类优秀人才，提高我国核心竞争力。为国家培养大批优秀人才特别是拔尖创新人才是建设高等教育强国的根本任务。为此，各级各类学校都要主动适应现代化建设的需求，为各行各业培养各类优秀人才。一要创新教育观念和人才培养模式。抓住创新精神和实践能力这个关键，将科学研究和工程实践与人才培养紧密结合起来，深化教育教学改革，使教育理念、内容、方法、手段和模式等适应时代进步、科技创新和人的全面发展的要求。二要坚持开放式培养。通过鼓励科研院所、高等院校同海外研究开发机构建立联合实验室或研究开发中心，共同培养高层次创新人才。三要为拔尖创新人才的成长提供良好的制度和环境。完善政策体系和激励机制，为拔尖创新人才潜心钻研、脱颖而出营造良好环境和条件。四要以社会主义核心价值观教育、引导师生，使他们成为怀有远大理想、具有高度社会责任感、勇于担当、品德高尚的栋梁之才。

第二，以提高质量为核心开展各项工作。提高高等教育质量是建设高等教育强国的核心。一要把教学放在高校工作的中心位置，加大教学投入，强化教学管理，改革培养模式、教育教学方法和考试评价制度，更新教材内容，强化研究型学习和实践环节，着力培养学生的创新精神和实践能力，增强学生的创业能力。二要对“985工程”和“211工程”建设高校提出更高的质量要求。这些高校要自觉在提高教育质量上作出表率，带动全国高校教育质量的提高。三是所有高校都要科学确定人才培养目标，适应经济社会发展对人才的多样化需求，为各行各业培养大批优秀专门人才。四是要举办优质高等职业教育，培养数以千万计的高技能专门人才，造就一支宏大的高技能专门人才队伍，为走新型工业化道路，提高我国自主创新能力提供强有力支撑。五要处理好规模、质量、结构、效益之间的关系，按照中央的要求，相对稳定招生规模，切实把高等教育发展的重点放在提高质量上。

第三，坚持人才强校，建设高素质教师队伍。教师队伍建设是建设高等教育强国的关键环节。一要弘扬大学精神，建设大学精神家园。在人才的成长过程中，大学的文化和精神至关重要。追求真理是大学精神的核心。大学要有追求真理、坚持真理的骨气和勇气；要鼓励师生自由探索，敢于挑战权威和传统观念，努力形成敢于创新、勇于探索、奋发向上、宽松和谐的学术氛围和严谨治学的优良学风。二要采取特殊政策，通过有效的机制与制度保障，吸引和汇聚一批具有国际先进水平的学术大师和学科带头人。三要加大人事和分配制度改革力度，破除制约创新、束缚创新的一切障碍，激励教师提高教学科研水平，促进拔尖创新人才成长。

第四，根据我国现代化建设的需要和世界科技发展的趋势，优化高等教育结构和布局。我们要建设的高等教育强国，应该是一个具有多样化、多层次、多类型，布局结构合理、开放的高等教育体系。一要立足国家发展战略，做好人才需求预测工作，调整高校人才培养结构，既要满足当前经济社会发展的紧迫需要，又要适应长远发展。要适应世界科技发展的趋势和科技创新的要求，调整学科布局和专业设置，培养新兴产业需要的各类紧缺人才。二要大力加强哲学社会科学学科建设，繁荣哲学社会科学研究，鼓励理论创新、学术创新，促进新观点、新思想、新理论的形成和发展，使高校成为推动文化大繁荣、大发展的生力军。

三要根据区域发展战略，统筹东中西部地区高等教育的协调发展，为区域发展提供有力的人才支撑。四要鼓励各级各类学校办出特色、办出水平，培养各类优秀人才，做出独特贡献。

第五，坚定不移地推进一流大学、高水平大学和高水平学科建设，增强高校创新能力。一个国家没有若干所世界一流大学和高水平大学，没有一批世界一流的学科，就不可能成为高等教育强国。加快建设一流大学和高水平学科，是提高自主创新能力、增强国家核心竞争力的战略需要，也是这些年来我国高等教育的成功实践和有益探索。一要继续实施“211 工程”和“985 工程”，推动一批大学和重点学科达到或接近世界先进水平。二要积极发展特色学科、优势学科、前沿新型学科和交叉学科，主动承担国家重大科技项目和重点实验室建设。三要加大国家对高校科研基地和创新团队建设的投入。四要大力推进产学研结合，增强高校创新能力和服务水平。

第六，继续深化改革，不断提高对外交流与合作水平。建设高等教育强国，必须深化改革，扩大开放。一要创新高等教育宏观管理体制，进一步调整政府与学校的关系，在落实高校办学自主权上有新的突破。二要发挥社会力量办学的积极性，支持和规范民办高等教育发展。三要深化高校内部管理体制改革，完善学校治理结构，形成自我发展、自我约束的良好机制，充分调动专家学者、广大教师办好学校的积极性。四要积极探索办学模式的创新，鼓励新型办学模式异军突起、争创一流。

要不断提高对外交流与合作水平，增强我国高等教育的国际竞争力。一是国内著名高校要与境外高水平大学强强合作、强项合作，在广泛的对外交流与合作中博采众长。二是要不断拓宽高校培养人才的国际视野，有针对性地向世界各国的名校、名实验室、名导师派出留学人员；进一步完善政策，吸引留学人员学成回国，报效祖国。三是要引进国外优质教育资源，借鉴国外先进的办学经验。

第七，加大投入，创新管理。投入和管理是建设高等教育强国面临的两个突出问题。一是各级政府要站在现代化建设和中华民族伟大复兴的战略高度，更加重视和关心高等教育，按照党的十七大的要求，坚持教育公益性质，加大财政对教育包括对高等教育的投入，为建设高等教育强国提供强大保障。二是要在深入调查研究的基础上，采取切实措施，解决影响稳定和发展的突出问题。要把妥善解决高校负债等问题提到议事日程上来。三是要创新管理模式，积极探索中国特色的高校管理模式，进一步提高高校管理水平；要充分发扬民主，注重制度建设，坚持依法治校，不断提高管理的科学化、民主化、法制化水平。

这里，我还想强调几个问题：

一是建设高等教育强国要坚持正确的指导思想，以党的十七大精神为指导，深入贯彻落实科学发展观，以提高质量为核心，建设高等教育强国。二是要进一步解放思想、与时俱进，深化改革、不断创新。三是要遵循客观规律、循序渐进，坚持从我国国情出发，建设中国特色的高等教育强国；坚持在我国高等教育现有基础上提高水平，提高质量，充实内涵，不搞外延扩张，重复建设；坚持埋头苦干、长期奋斗，反对急功近利、浮夸浮躁。四是要努力造就一批高瞻远瞩、有思想、有胆略的杰出的大学书记和校长。五是要加强战略研究和规划，明确原则、目标任务、政策措施，稳步推进高等教育强国建设。

同志们，当今世界正处在大发展大变革大调整时期。世界多极化、经济全球化深入发展，科技进步日新月异，世界经济格局发生新变化，全球思想文化交流交融交锋呈现新特点，综合国力竞争和各种力量较量更趋激烈，给我国发展带来新的机遇和挑战。我们国家正处在进一步发展的重要战略机遇期，我国高等教育也站在了一个新的起点上。让我们共同努力，为建设高等教育强国而努力奋斗，为实现中华民族的伟大复兴做出更大贡献！

前　言

“教育理念创新与建设高等教育强国”是中国高等教育学会组织的国家社科基金（教育学）重点课题、教育部哲学社会科学研究重大课题攻关项目“遵循科学发展，建设高等教育强国”的课题之一。本书就是在此课题研究基础上形成的。

全书共分八章，第一、二章主要探讨建设高等教育强国与教育理念创新的关系，以及教育理念、教育理念创新的基本理论问题；第三、四、五章主要探讨百年中国高等教育理念和大学理念的流变；第六、七章主要探讨世界发达国家高等教育理念和世界一流大学教育理念；第八章探讨中国高等教育强国理念的探索与创新。本书的主要观点和内容如下。

（一）创新教育理念是建设高等教育强国首要的任务

本书的研究建立在两个前提性判断的基础之上。第一个前提性判断是“我国需要建设成为高等教育强国”，第二个前提性判断是“我国建设高等教育强国必须创新教育理念”。基于对高等教育与国家经济社会发展状况的考虑，提出教育理念具有先导、导向、激励和防卫四个方面的作用，分析了教育理念与教育实践之间的关系，从理论上阐述了教育理念创新对于建设高等教育强国的前瞻性意义，创新教育理念是中国建成高等教育强国首要的任务，而现时代正是创建我国高等教育强国理念体系的最佳时期。

（二）应从认识论的角度探究教育理念

理念属哲学范畴。从柏拉图到黑格尔，以及我国对“理”的认识，多属于本体论的范畴，所要解决的是存在与思维的关系问题。而“理念”属于认识论的范畴，在对教育理念的把握上，应关注以下问题。

（1）理念从本源上是实践的，具有实践导向功能。教育实践提供了理念形成的素材，规定了理念的价值取向。但教育实践不会自发地形成教育理念，教育理念是教育主体在反思教育实践过程中，参照历史的教育素材，富有想象力地进行主观创造的结果，是一种“理性认识”。教育理念一经形成，可以规定和指导进一步的教育实践。

(2) 要从知、情、意三个方面去把握理念。第一,理念关注事物的本来面目及发展的终极目标,是一种超前性认识。第二,理念渗透着主体的情感,是附着主体情感的理性认识。第三,理念反映了某种追求,需要通过意志的努力把认识转化为主体的自觉追求。从这些内在规定性出发,“理念”是以社会实践为基础,渗透着主体情感,反映着主体追求,从事物的内在属性和所处的客观条件出发,综合其发展的终极目的和外在条件的变化倾向所得出的一种特殊的理性认识。

(3) 教育理念是分层次、成体系的。认识主体不同,教育理念不同。高等教育理念主要可分为国家教育理念、大学教育理念、个体教育理念等不同类别的理念。其中国家教育理念是关于一个国家如何发展教育和如何办好各级各类教育的理性认识,是国家政治意志和立场在高等教育政策与制度中的反映。大学教育理念是以高等学校为主体,在长期办学实践中所形成的有关如何治学与治校的观念体系,反映了办学者的教育理想与信念。任何国家高等教育的发展,从来都不是一种理念在支配,而是由紧密关联的理念体系共同作用的结果。高等教育理念体系主要包括高等教育“基本理念”、“发展理念”、“育人理念”、“管理理念”和“服务理念”相互作用的五个主要方面;大学教育理念体系主要包括大学核心理念和子理念。

(4) 教育理念的研究过程中要突出人本性、思想性、实践性、原创性。教育理念要突出“人本”性,这是研究的基点,不管是教学、科研,还是服务社会,最终都要落脚到“人”上;突出理念的思想性,不管哪国哪校的教育理念,一定要被人们广泛认同,并被采纳;突出理念的实践性、有效性,只有在实践中得以贯彻,且行之有效的理念才有借鉴意义;突出理念的原创性,尽管教育理念有很多共性,但是在分析不同对象时,在个案研究中要清晰勾勒出每所大学如何结合自身特性而形成独具特色的教育理念。理念的生命力,更在于它是一种信仰,在研究过程中需要结合具体国家、具体学校的文化传统与发展历程,揭示出教育理念是怎样成为一种信念的。

(三) 教育理念有基于“本质、价值、经验、未来”四种创新路径

教育理念创新是一个非常复杂的过程,可以有多种多样的路径。但是,即使是最复杂的创新过程,最多样化的创新渠道,我们还是可以抓住其中一些常见的、稳定的、具有共性特征的教育理念创新路径。教育理念主要有基于本质、基于价值、基于经验和基于未来四种创新路径。

(1) 基于本质的教育理念创新路径。基于本质的教育理念创新路径,就是从“什么是大学”、“什么是教育”、“什么是学术”等一些概念的阐释出发而提出

的教育理念。例如,《什么是教育》一书的作者雅斯贝尔斯和《大学的理想》一书的作者纽曼建构教育理念的路径就是典型的本质主义路径。

(2) 基于价值的教育理念创新路径。教育的价值是教育理念研究的核心问题,是实践形态的教育得以安身立命的基础。虽然,教育理念不等于教育的价值,但从教育所需要关注、体现和追求的价值出发,或者是从办好教育所需要处理好的价值关系出发,进而提出或建构教育理念,则是一种常用的、较为有效的教育理念创新路径。教育所需要关注、体现和追求的价值也就是一般意义上所说的教育价值,是教育作为一种客体契合教育主体需要的属性或程度。对此,伯顿·克拉克、克拉克·克尔等世界知名的高等教育研究专家均有所论述。

(3) 基于经验的教育理念创新路径。基于经验的教育理念创新路径,就是以国家、区域、学校、时代或教育类型等为分析单位,通过概括、提炼分析单位的办学经验和教训,或者是基于分析单位明确提出的教育理念,围绕特定的研究目的而提出或重新建构教育理念的一种思路。事实上,这种思路在研究某个国家、某个地区、某个时代、某个学校或某个类型的教育理念时,较为常见。

(4) 基于未来的教育理念创新路径。该路径从未来的变化出发,基于教育要适应和引领未来发展变化的要求而提出相应的教育理念。未来尽管是不确定的,但未来的一些发展趋势是可以在一定程度上进行预测的,这就为从基于未来的角度创新教育理念提供了可能性。现在由于教育与社会的关系已经发生了根本性的变化,教育先行的观点已经成为人类社会的基本共识。在此,基于未来的角度而创造性地提供具有前瞻性的教育理念就显得尤为重要。

(四) 外生转换、政治嫁接、自发内生是中国高等教育理念的生成机制

教育理念产生的机制主要有三种:外生转换、政治嫁接、自发内生。相应的有外生转换性理念、政治嫁接性理念和自发内生性理念。外生转换性理念是指那些由域外传入,在本土获得成功移植的理念;政治嫁接性理念是由一些政治话语向教育领域的延伸而产生的;自发内生性理念是那些由本国的高等教育实践而产生、由本土教育家和高等教育机构提出的理念。

我国现代意义上的高等教育是“西学东渐”的产物,具有典型的“外生转换”特征,经历了由取道日本、欧美到借鉴苏联再到模仿美国,从“横向移植”到“有选择地借鉴”的变迁过程。“窥西学之精,为我所用”可谓我国百年高等教育理念发展之主要路径。改革开放以后,诸如“服务社会”、“大学自治”、“通识教育”、“国际化”、“民主化”、“教育可持续发展”、“终身教育”等各种国际教育理念在制度转换中实现了“中国化”,形成了“面向社会”、“高等教育国际化”、“高等教育可持续发展”等理念。

“政治嫁接性理念”体现了政治家的教育理想和国家对高等教育发展的要

求。现代大学已成为支撑社会发展的“轴心机构”,以至于越来越多地受到政府直接或间接的干预。政治家的经验决策和权威性的行政指令通常主导着教育理念的活动方向,并反映在国家方针政策和政治家的教育理想中。新中国成立后,政治与教育以政策为中介,嫁接而成了“教劳结合、服务政治”、“红专结合、全面发展”、“教育为经济服务”、“教育为社会主义现代化建设服务”、“办人民满意的教育”等理念,对高等教育产生了深远影响。

“自发内生性理念”即高等教育界人士立足国内和教育实践而形成的理念。大学校长及教育专家作为一个特殊群体,往往能够审时度势,结合自身的院校研究和办学体会,准确把握时代的脉搏,顺应教育发展的趋势,恰当提出大学发展战略目标,引导大学向前发展。国内一批教育家倡导“绿色教育”、“科学教育与人文教育相融合”、“育人为本、产学研三足鼎立,协调发展”、“创建一流、以人为本”等理念。这些理念因其立足于国内办学实际,且产生了一定的示范效应,从而由下至上地引领着我国高等教育理念的变迁。

(五)中国高等教育理念的流变具有自身历史特殊性

从国家层面看,百年来,强制性的转型贯穿于中国高等教育理念变迁的全过程,自上而下的方式成为理念变迁的主要途径,行政力量始终是教育理念变迁中的决定因素,教育理念具有自身的历史特殊性,表现如下。① 政治力量是高等教育发展理念变革的决定因素。高等教育理念的变革不仅是出于自身发展的需要,更大程度上是为了实现国家富强的目的。② 社会需求是人才培养理念变革的直接诱因。“有裨实用”是中国人才培养理念的典型特征,理念的变革根本上是为了适应社会变革的需求。③ 政府力量制约着高等教育管理理念的变迁。

从高等学校层面看,中国大学经历了传统与现代、国际化与民族化的碰撞与选择后,从理念层到实践层分别进行了一系列卓著有效的探索和改革,实现了从观念突破到形成制度,由制度建设到实践转化,使制度思想化的过程转变,同时呈现如下特点。① 百年中国大学理念在多极关系博弈中发展。② 国家意志决定了中国大学理念的基本向度。③ 中国大学理念总体呈现高度趋同性特点。④ 学校与国家层面的教育理念存在高度互构性。学校层面与国家层面的教育理念是相互关联的统一体,二者既相互促进,又相互包容。

(六)世界高等教育理念形成了两大体系和三种传统

现代高等教育系统划分依据的是政府与大学之间的权力关系,据此,可以把世界高等教育理念分为两大体系:罗马传统的高等教育体系与盎格鲁-撒克逊传统的高等教育体系。前者是国家控制的一元结构,即高等教育系统的所有单位是一个大一统的正规结构的组成部分,它们具有共同的目标,由中央统一进行决策。罗马传统的高等教育体系传承和创新了专业教育理念。后者是“社会选择”的多元结构，在这样的结构中，高等教育系统没有统一的目标，由各自治组织独立地进行决策。这两大高等教育体系均源于中世纪大学。盎格鲁-撒克逊传统的高等教育体系传承和创新了自由教育理念。

在两大体系中有三种高等教育理念传统。第一种是人文教育传统。这种教育传统在巴黎大学文学院表现为古典人文主义教育理念，在牛津大学表现为自由教育理念，在哈佛大学表现为通识教育理念。第二种是专业教育传统。这种教育传统在博洛尼亚大学表现为古典职业教育理念，在巴黎综合理工学院表现为精英式的专业教育理念，在苏联的单科性学院表现为对口式专业教育理念。第三种是学术教育传统。这种教育传统在古希腊表现为以“闲逸的好奇心”、“为学术而学术”的教育理念，在德国柏林大学表现为“教学与科研相统一”的教育理念，在美国研究型大学表现为“产学研一体化”的教育理念。这三种教育理念构成了当代大学的遗传基因，是当代大学演化的内在逻辑。

（七）世界一流大学理念以不同的演进方式推动了高等教育强国建设

世界一流大学与高等教育强国不可分割，没有世界一流大学的高等教育强国尚未出现。因此，在建设高等教育强国中，建设世界一流大学十分必要。世界一流大学不是一朝一夕就能建成的，考察美英德等国八所世界一流大学的发展历程，发现先进的教育理念是世界一流大学实现发展转型、不断成长壮大的前提条件。世界一流大学的教育理念存在诸多共性，但由于成长于不同国家，发展历程大相径庭，不同类型的世界一流大学在教育理念创新上也表现出不同的特点。

(1) 强制性变迁与自主性变迁是世界一流大学理念的两种不同发展模式。从世界一流大学形成的角度考察，两类大学的教育理念呈现出两种不同的演进方式：一类是由部分历史悠久的古典大学演化而来的，通过现代化的转型逐渐发展为世界一流，呈现出自主性变迁特征；另一类形成于创办于 19 世纪甚或更晚的一批现代大学，经过跨越式发展，后来居上，呈现强制性变迁特征。尽管发展模式不同，但拥有先进的教育理念是它们走向卓越的前提条件。古典大学通过教育理念的变革而获得新生，现代大学在继承和超越既有教育理念的基础上迅速崛起。

(2) 世界一流大学的教育理念具有内在统一的精神内核。教育理念是引领世界一流大学发展的思想基础。虽然每所大学都是一个独特的个体，但在教育理念上却有着众多的共性。比如，让每一个学生都得到良好的发展，为社会培养有教养、有自主判断、全面发展的人，培养学术自由的风气，坚持开放与英才教育等。受各大学的历史、文化、办学定位等诸多因素影响，各大学的教育理念表述各有不同，但它们都有共同的精神内核。这种精神内核体现了大学教育的基本规律，是引领一流大学人才培养的价值准则，对教育实践具有强大的规范和引领作用,是高等教育发展的历史积淀与现代文明的思想结晶。

(八) 高等教育理念的创新有一定规律可循

高等教育理念创新有其规律性,这种规律具体体现在以下五个方面。

(1) 社会转型是高等教育理念变迁的直接动因。在常态社会,不同群体的价值观念冲突较缓时,理念认同度相对较高。反之,转型期原有社会结构的稳定性被打破,不同利益主体之间的冲突在教育领域中开始凸显,促使高等教育寻找新的理念与秩序。然而,教育的相对独立性、稳定性与保守性使其难以适应急剧的社会变迁,决定了高等教育理念只能对可变因素作局部性调整,但正是不可变因素的存在才使高等教育保持内在稳定性。只有当不同社会阶层之间,国家与大学层面之间的思想碰撞能在重大的、根本性的问题上趋于一致时,高等教育也才能有新的理念可循。

(2) 文化特色是创设高等教育理念的内生动力。文化是教育之根,世界高等教育强国无不培育和积淀着一种特有的传统文化,正是这种对传统文化亘古不变的保存精神才奠定了其教育强国的地位。历史证明,当大学理念封闭僵化,对外来文化持全面否定态度,完全依赖于政策指令时,其理念发展趋于向心性萎缩,从而失去弹性;当整个教育理念完全是外域转换而来,对民族文化持全盘否定态度时,大学发展将失去根基,抵御不住外来文化的任何冲击;当教育抱着既植根于民族文化土壤,又全面开放的态度时,理念才可能获得较高弹性,最终促进大学健康发展。从变革起点看,文化与思想上的启蒙运动总是先于社会行为,文化变迁是教育理念创新的内生动力。

(3) 人的主体发展是教育理念变迁的根本主旨。从普遍的人性出发来确立理念的形成基础,在世界及人类发展的大视野中去思考教育问题,是世界高等教育强国的共性特征。大学理念的根本问题是人的发展问题,任何时期的大学,最终只能通过培养人才能生产知识、服务社会。否定大学理念的育人价值,就等同于否定了大学的社会价值,离开对人的培养,大学对社会也将无所作为。一方面,人构造了国家与大学,人既是国家意志的建构者,也是大学教育的主体。另一方面,在充分尊重人的主体价值满足的前提下,推动社会发展和个体发展相统一是大学存在的唯一理由。忽视培养人这一根本使命,就意味着将大学泛化为其他社会生产机构,否定了大学的教育性。

(4) 学术属性是构建高等教育理念的逻辑起点。高等教育作为独立的学术与文化组织,是知识生产和文化传播机构,具有知识性与学术性。学术作为大学理念的逻辑起点是由大学与高深知识的普遍联系决定的。从大学发展史看,大学的知识功能主要经历了由传授知识、探究知识到应用知识的演变。相应地,大学组织从单纯性的育人机构向着发展学术、服务社会的机构转型。从学术属性与社会属性的关系看，学术逻辑应当高于社会需求逻辑，并形成一种导向，引领社会思想，保持大学与社会逻辑的主体性、目的性的契合。尊重大学学术逻辑，对科学研究与学术事务的决策管理享有自由，保障学术的独立自主性是建设高等教育强国必须坚守的基本原则。

(5) 信念与制度是理念转化为行为的关键所在。理念本身是个哲学概念，人们在认可这些理念后，如何将"形式化"的理念进一步塑造为"稳定性"制度，再将"规范性"的制度转化为"实质性"行为才是问题的关键。历史经验表明：无论制度上的决策是多么英明，单凭政策文本仍难以产生真正的效力。

(九) 应从问题出发建构高等教育强国理念

高等教育理念作为一种观念形态，有其自身特殊的运行逻辑和建构方式。中国大学核心问题是现存高等教育理念与国家理想、社会需求之间尚未取得共识。理念的产生起源于问题，从当下"问题"出发是理念创新的前提。

(1) 中国建设高等教育强国面临的核心问题是现存的高等教育理念与国家理想、社会需求之间不相适应。一方面，高等教育理念变革滞后而未能充分发挥高等教育对国家进步的中坚力量作用；另一方面，高等教育理念转变往往是以社会主题和需求认知为前提的。但是，不同社会机构与个人均从各自出发点来理解和要求高等教育，在如此庞大的服务对象中，人们的价值观与需求有着多样性和不协调性，大学若要成功地取得合法性，取决于大学理念能否成功地使不同社会群体的价值观与需求取得共赢，或者说，大学理念要发挥引领和协调社会价值观的作用，社会结构越复杂多样，就越需要凝聚核心价值观与核心理念。

(2) 高等教育强国理念创新需要遵循相应的基本原则。高等教育理念是一种具有整体性特征的多维系统框架，具有逻辑性、层次性。在整个结构体系中，构建教育理念的基本原则源于现代高等教育赖以生存的根基，包含着保持大学生命力不可或缺的基本要素，决定着整个理念体系的性质，关联着理念系统中各要素功能的发挥，在系统中具有层次性和相对独立性。其中，规律性与实践性相结合是前提，人本性与协调性相结合是核心，内生性与外源性相结合是根本，多元化与个性化相结合是关键，继承性与创造性相结合是基础。不同的理念主体要以此为立意点，结合实际需要，通过各要素的重组与联结来创新高等教育理念。

(十) 建设高等教育强国要求适时转变国家高等教育理念

从现实问题出发，国家高等教育理念体系主要包括高等教育"基本理念"、"发展理念"、"育人理念"、"管理理念"和"服务理念"相互作用的五个主要方面。建设高等教育强国需要从整个体系上实现教育理念的几个转变。

(1) 基本理念：以"学术自由"作为大学的宗旨与根基。世界高等教育强国的形成无不得益于学术自由理念的确立。“学术自由”在中国应有不同于西方国家的特殊内涵:中国的学术自由应不仅是“免于干涉的自由”,更应是一种积极、主动地“求知的自由”;中国的学术自由是以独立自主为前提的自由,是以内在精神为核心的自由,是以责任为边界的自由。大学在享有学术自由的同时必须承担相应的责任,在法律、道德、理性边界之内自由活动。

(2) 发展理念:由“单向度发展”向“协同式发展”转变。倡导“协同创新”是高等教育强国发展的共同经验和客观趋势,我国未来经济社会发展和高等教育由大到强的转变,迫切要求创设一种“协同式发展”理念。该理念旨在改变原有相对单向、封闭的发展思维,向社会传达这样一种信息和价值导向:通过交流合作寻求共识,建立科学合理、均衡发展、包容合作、知识共享、开放共建的高等教育强国体系,突出高等教育公平、普惠、自由与理性的发展观。

(3) 育人理念:由“外部驱动型”理念向“自发内生型”理念为主转变。外部驱动型教育的主要目标是解决高等教育人才培养的社会适应性问题,解决公民的基本生存问题,表现出高等教育人才培养对社会环境的被动适应性,是基于实用主义与机会主义的教育理念。而自发内生型教育体现了高等教育对人与社会的独特贡献方式,人是社会历史的主体。这一理念的目标是保障教育主体的发展权,激发个体教育的内驱力,促进人性的自由全面发展,体现了个体价值的创造与社会生存相统一的高等教育理念。中国高等教育育人理念应着重实现三大转变:由“模式化教育”为主向“个性化教育”为主转变,面对独特的生命个性,通过适合每个独特生命的手段,发掘个体生命的潜能,促进个体生命自由发展;由“以教师为中心”向“以学生为中心”转变;由“就业教育”向“创新创业教育”转变,培养学生创新精神、创业素质、创业技能的教育活动,培养学生如何适应社会生存、自主择业、自谋职业的方法和途径。

(4) 管理理念:由“集权管理”为主向“共同治理”为主转变。同教育强国相比,中国教育集权体制以政治性的经验决策为基础,阻碍了高等教育自主发展空间。在“集权”与“分权”的博弈之间,高等教育与政府之间事实存在“相互增权”的共赢关系,这将进一步推动高等教育管理向共同治理的转变。“共同治理”理念有两个突出特点。一方面,相对于集权管理而言,大学独立自主空间不断扩大,政府从微观层面的行动者转向授权者(enabler),成为大学与市场改革的中间人与协调者。另一方面,高等教育与社会的关系由二元对立转向相互增权(mutual empowerment),向着“强国-强教”关系格局转变,并将最终形成“双向的适度制衡关系”,促使大学在与政府的良性互动中实现自治法治化。

(5) 服务理念:由“适应社会”向“引领社会”转变。服务于国家经济建设是高等教育不可回避的功能与责任。世界高等教育强国建设不仅仅依靠国家大力投资,更要凭自身科技创新能力和社会服务能力的不断提升。建立什么样的服务理念,转变何种服务社会的方式,关系高等教育强国建设之大局。现代社会中,高等教育的基础性地位更为突出,必须走出“适应社会”的思想局限,重建价值信念,将引领科技创新和社会前进的历史责任纳入人才培养之中,融教育于社会发展,发挥对整个社会系统的辐射力。作为对国家与社会支持的回应,高等教育要充分发挥在国家创新体系中的重要作用,通过满足社会的理性成为推动社会发展的革命性力量。

(十一)大学应当形成与建设高等教育强国相适应的核心理念

大学作为一个理念组织,是全面推动高等教育强国的创新与实践主体,国家层面的理念最终要落实到各级各类高校的办学理念与战略选择中。每个事物都有它的核心价值,大学也要在认识其核心价值的基础上形成自己的核心理念。从大学教育理念体系的层次性来看,主要包括核心理念和子理念(功能理念)。核心理念是大学理念体系的元理念,是奠基性的理念,直接决定大学其他理念的方向和选择。子理念是围绕核心理念,对影响大学发展的各要素、关系、问题的理性认识。核心理念承担“造血”功能,子理念则负责“输血”。核心理念应辐射到大学文化、制度、管理与实践的各个方面,植入到具体办学体制、组织形式、运行机制中,延伸到高校制度层和操作层,形成学校管理理念、学科发展理念、专业建设理念、人才培养理念、教师发展理念等相互促进的理念体系。

大学核心理念有其特殊的运行逻辑。从构成要素来看,主要包括五个方面的内容:核心文化、核心价值、核心目标、大学使命与大学愿景。不同层次、不同类型的高等学校在建构核心理念时,可以以这五个维度中的一个维度为主,兼顾其他维度,找准自己发展的原点、特点和生长点,探索建构自己的核心理念。当然,不同层次、类型的大学所承担的任务、服务功能的类型和范围不同,价值取向不同,其核心理念的侧重点也应有所差异。

大学在构建自己的核心理念时,需要把握以下几个方面:一是把握定位的内涵,包括学校类型、层次、学科专业、人才培养、办学特色、服务面向等方面,回答把学校办成什么样的问题;二是把握核心理念形成的依据,从自身办学基础、教育目标、价值选择、社会环境与发展需求、历史文化传统、办学优势与特色、实际运行状况与资源条件等因素出发,使核心理念既与办学定位相契合,又符合自身实际,彰显个性与特色;三是把握核心理念的发展性,社会的发展是多层次的,人是不断发展变化的,核心理念的建构要着眼学校和社会未来需要有机统一。可见,各类大学在核心理念的设计上绝不能脱离自身的办学传统与定位,应“分类选择,各有侧重”,充分发挥其在高等教育系统中的独特价值。

目　录

第一章　建设高等教育强国需要创新教育理念

本书建立在两个前提性判断的基础之上。第一个前提性判断是“我国需要建设成为高等教育强国”,第二个前提性判断是“我国建设高等教育强国需要创新教育理念”。本章专门讨论这两个前提性判断。

第一节　中国需要建设成为高等教育强国

建设高等教育强国是近年来我国高等教育研究界讨论的热点问题。关于我国建设高等教育强国必要性、紧迫性的论述也非常多。在认真研究国家有关政策以及领导人重要讲话和相关研究文献的基础上,我们认为,我国提出“建设高等教育强国”这一奋斗目标,主要是基于对高等教育的重要性、对高等教育自身和经济社会的发展状况以及进一步加快高等教育和经济社会发展需要的考虑。

一、十余年来我国建设高等教育强国的愿望与构想越来越清晰

“百年大计,教育为本。”我国有尊师重教的优良传统,教育历来就被看做社会发展的基石。新中国成立 60 多年来,尤其是改革开放以来,我国教育事业取得了举世瞩目的伟大成就。总结我国教育事业的发展经验,我们认为,党和国家对教育事业的高度重视是我国建设高等教育强国最具决定性的因素。

新中国成立前夕,全国共有高等学校 205 所,在校生 11.6 万人,高等教育的基础非常有限。新中国成立伊始,百废待兴,以毛泽东同志为核心的党的第一代领导集体除了在政治方向上高度重视新中国的教育制度与教育体系建设之外,对教育以及高等教育采取了大力发展的积极方针。经过 1951 年至 1953 年的院系调整,基本上奠定了我国高等教育的基本格局,工科、医科、农科与师范高等教

育获得了长足发展,较好地满足了新中国成立初期经济社会发展的需要。早在1954年,我国就提出了建设重点高校的问题,并确定中国人民大学、北京大学、清华大学等6所院校为全国重点学校。1959年,中共中央基于当时全国各地盲目发展高等教育的情况,为保障高等学校的教育质量和科学研究水平,又下发了《关于在高等学校中指定一批重点学校的决定》,北京大学、中国人民大学、复旦大学、中国科学技术大学等16所高校被指定为重点高校。重点高校建设旨在提高教育质量,探索积极有效的管理方式与办学模式,对推动我国高等教育整体水平的提升和规范我国高等学校的办学行为发挥了重要的示范和引领作用。指定一批重点高校并给予重点建设,这在某种意义上可以看作新中国成立初期我国致力于建设高等教育强国的一个迹象。

"文化大革命"(以下简称"文革")之后,以邓小平同志为核心的党的第二代领导集体痛定思痛,更加关心和重视科技与教育的发展。邓小平明确提出了"科学技术是第一生产力"①的著名论断。在充分肯定科学技术重要性的同时,他也特别强调教育之于科学技术更为基础性的地位与作用。邓小平指出:"发展科学技术,不抓教育不行。""科学技术人才的培养,基础在教育。"②在1985年5月召开的全国教育工作会议上,邓小平讲过:"我们的国家,国力的强弱,经济发展后劲的大小,越来越取决于劳动者的素质,取决于知识分子的数量和质量。一个十亿人口的大国,教育搞上去了,人才资源的巨大优势是任何国家比不了的。"正是因为思想上重视科技与教育,邓小平于1977年再次恢复工作之后,主动要求分管科技与教育工作,要为科技、教育当好"后勤部长"。在邓小平同志的直接干预下,1977年便恢复了高考,研究生也从1978年开始恢复招生。通过恢复教师职称评定制度、高等学校领导体制和对外交流与合作,通过颁布实施《中华人民共和国学位条例》和专业设置、课程教学改革等系列办法,我国高等教育的基本秩序与质量水准得以全面恢复。根据经济社会发展形势的变化,第二代领导集体在1985年又先后做出了《关于科学技术体制改革的决定》和《关于教育体制改革的决定》。以改革开放为动力,我国的高等教育已经远远超出"文革"前的发展水平。截至1989年,全国的高等学校已达到1 000余所,在校学生超过200万人,在33所高校试办了研究生院,审批了1 501个博士学位授权点,建设了416个重点学科。③

到了20世纪90年代,教育的地位与作用更加突出,教育改革与发展的步伐

---

① 刘亚东:《重温毛泽东邓小平江泽民关于科技和创新的论述》,《科技日报》,2006年1月8日。

② 邓小平:《邓小平文选》第2卷,人民出版社1994年版,第40页。

③ 余立:《中国高等教育史》,华东师范大学出版社1994年版,第175页。

更加快捷。党的十四大(1992年召开)报告指出,“必须把教育摆在优先发展的战略地位,努力提高全民族的思想道德和科学文化水平,这是实现我国现代化的根本大计”。① 为贯彻落实十四大优先发展教育的重要指示,1993年2月,中共中央、国务院就发布了《中国教育改革和发展纲要》。②《纲要》重申了优先发展教育的重要意义,明确了我国教育事业发展的总体目标,并且提出“要集中中央和地方等各方面的力量办好100所左右重点大学和一批重点学科、专业,力争在下世纪初,有一批高等学校和学科、专业,在教育质量、科学研究和管理方面,达到世界较高水平”。1993年7月,国家教育委员会(以下简称“国家教委”)随后公布了《关于重点建设一批高等学校和重点学科点的若干意见》,决定设置并启动“211工程”重点建设项目。1994年5月,“211工程”开始部门预审,1995年便正式实施,首期建设资金近200亿元人民币。1995年5月,全国科技大会召开。江泽民同志在这次大会上提出了“科教兴国战略”。“科教兴国战略”的提出再次掀起我国重视和发展教育的新高潮。在20世纪90年代的后5年,我国高等教育领域出现了非常令人振奋的发展局面。江泽民同志在北京大学百年校庆上的讲话催生了旨在重点建设若干世界一流大学和一批世界知名高水平大学的“985工程”。《中华人民共和国高等教育法》的颁布以法律的形式明确了中央与地方政府管理高等教育的职责权限,赋予了高等学校依法面向社会自主办学的基本权利,肯定了企事业组织和社会力量举办、参与和支持高等教育事业改革与发展的积极作用。1999年开始实施的高等教育扩招政策更是从根本上改变了我国高等教育的发展思路与总体面貌。

进入新的千年之后,随着我国经济大国、人力资源大国、教育大国地位的确立,如何才能实现由“大国”到“强国”地位的转变,引发了社会各界的广泛讨论和政府高层的积极回应。与我国经济大国地位形成极大反差的是我国自主创新能力不强,对外技术依存度较高。针对这种情况,有关方面在酝酿起草《国家中长期科学和技术发展规划纲要(2006—2020年)》之时,就已经明确了“建设创新型国家”这一基本目标。2006年1月,胡锦涛同志在新千年召开的第一次全国科学技术大会上发表讲话时指出,“到2020年,使我国的自主创新能力显著增强,科技促进经济社会发展和保障国家安全的能力显著增强,基础科学和前沿技术研究综合实力显著增强,取得一批在世界具有重大影响的科学技术成果,进入

① 江泽民:《加快改革开放和现代化建设步伐,夺取有中国特色社会主义事业的更大胜利》,《十四大以来重要文献选编》(上),人民出版社1996年版,第9~16页。

② 中共中央国务院:《中国教育改革和发展纲要》,《中国高等教育》,1993年第4期。

创新型国家行列,为全面建设小康社会提供强有力的支撑。"①《国家中长期科学和技术发展规划纲要(2006—2020年)》随后颁布并开始实施,该纲要还提到了我国"成为世界科技强国"的问题,预期时间是"在本世纪中叶",且认为"进入创新型国家行列"是"为在21世纪中叶成为世界科技强国奠定基础"。关于"人力资源强国"的提法,源于2002年7月中央下发的《2002—2005年全国人才队伍建设规划纲要》所提出的"人才强国战略"。2003年12月我国召开了中华人民共和国成立以来的第一次全国人才工作会议,在这次会议上以及在这次会议所通过的《关于进一步加强人才工作的决定》中,政府明确提出了要把我国由"人口大国转变成为人力资源强国"。2007年10月,中国共产党第十七次全国代表大会召开,"优先发展教育,建立人力资源强国"等条文写入了党的十七大报告,成为我国当前最核心的奋斗任务之一。

"建设创新型国家"与"建立人力资源强国"均与教育尤其是高等教育密切相关,要不要提"教育强国"或"高等教育强国"的问题自然也备受关注。在召开第一次全国人才工作会议和党的第十七次全国代表大会期间,部分学者和会议代表就提出"我国应从高等教育大国转变为高等教育强国",引起了有关部门的高度重视。2007年12月,时任国务委员的陈至立同志在教育部直属高校工作咨询会第十八次全体会议上发表了题为《认真学习贯彻党的十七大精神,以提高质量为核心加快从高等教育大国向高等教育强国迈进的步伐》的重要讲话。②她指出:"高等教育担负着培养各类高质量人才、创造高水平科研成果、提供一流社会服务的重任,在建设人力资源强国过程中具有重要的战略地位。发达的高等教育是人力资源强国的重要保障。贯彻落实党的十七大精神,建设人力资源强国,就必须建设高等教育强国。"2010年7月8日,中共中央、国务院通过并印发了《国家中长期教育改革与发展规划纲要(2010—2020年)》。新纲要的制定遵循了"教育强国"的思路与基本方针,该《纲要》"序言"③中指出:"国运兴衰,系于教育;教育振兴,全民有责,在党和国家工作全局中,必须始终坚持把教育摆在优先发展的位置。按照面向现代化、面向世界、面向未来的要求,适应全面建设小康社会、建设创新型国家的需要,坚持以育人为根本,以改革创新为动力,以促进公平为重点,以提高质量为核心,全面实施素质教育,推动教育事业在

---

① 胡锦涛:《坚持走中国特色自主创新道路 为建设创新型国家而努力奋斗——在全国科学技术大会上的讲话》,《求是》,2006年第2期。

② 陈至立:《认真学习贯彻党的十七大精神,以提高质量为核心加快从高等教育大国向高等教育强国迈进的步伐——陈至立国务委员在教育部直属高校工作咨询委员会第十八次全体会议上的讲话(2007年12月2日)》,《中国教育报》,2007年第1228期。

③ 《国家中长期教育改革与发展规划纲要(2010—2020年)》,《人民日报》,2010年8月4日。

新的历史起点上科学发展,加快从教育大国向教育强国、从人力资源大国向人力资源强国迈进,为中华民族伟大复兴和人类文明进步做出更大贡献。”①在该《纲要》的第七章“高等教育”部分,也提及了“高等教育强国”,即“高等教育承担着培养高级专门人才、发展科学技术文化、促进社会主义现代化建设的重大任务。提高质量是高等教育发展的核心任务,是建设高等教育强国的基本要求”。②

可以说,建设高等教育强国一直以来就是亿万中华儿女为之奋斗的理想,这一理想在最近10多年来逐步显现为国家的意志与战略行动,这首先得益于党和国家领导人对教育问题的高度重视。关于教育的重要性,2007年8月31日胡锦涛同志在全国优秀教师代表座谈会上是这样讲的:“当今世界,经济全球化深入发展,科技进步日新月异,国际竞争日趋激烈,知识越来越成为提高综合国力和国际竞争力的决定性因素,人才资源越来越成为推动经济社会发展的战略性资源,教育的基础性、先导性、全局性地位和作用更加突出。中国的未来发展,中华民族的伟大复兴,归根结底靠人才,人才培养的基础在教育。”③胡锦涛同志2008年视察北京大学时还指出,要“以更加广阔的视野、更加开放的姿态、更加执着的努力,加快推进创建世界一流大学步伐”。在2010年7月13至14日召开的全国教育工作会议上,胡锦涛同志强调,“教育是民族振兴、社会进步的基石,是提高国民素质、促进人的全面发展的根本途径,寄托着亿万家庭对美好生活的期盼。强国必先强教。”④有党和国家高层的指示和重视,我们就不难理解为什么要把我国建设成为高等教育强国。事实上,这是学术界关注和研究高等教育强国建设的直接动因,也是支撑和推动我国建设高等教育强国的重要力量。

二、建设高等教育强国是转变高等教育发展思路和加快高等教育发展进程的需要

(一)我国的高等教育已经达到一定的规模

近10多年来,我国高等教育的最显著变化就是规模迅速扩大,高等教育大众化的进程趋近完成,比预期的速度要快得多。应该说,自改革开放以来,我国高等教育所进行的一系列改革与政策调整,均是朝着有利于扩大高等教育入学

---

① 《国家中长期教育改革与发展规划纲要(2010—2020年)》,《人民日报》,2010年8月4日。
② 《国家中长期教育改革与发展规划纲要(2010—2020年)》,《人民日报》,2010年8月4日。
③ 胡锦涛:《在全国优秀教师代表座谈会上的讲话(2007年8月31日)》,《人民日报》,2007年9月1日。
④ 胡锦涛:《在全国教育工作会议上的讲话(2010年7月13日)》,《人民日报》,2010年9月9日。

机会这一基本方向而逐步推进的。但一般认为,是教育部1998年制订并经国务院批转的《面向21世纪教育振兴行动计划》吹响了中国迈向高等教育大众化进程的号角。该计划提出,到2010年,我国的高等教育规模要有较大扩展,入学率接近15%。紧接着,1999年6月,中共中央、国务院下发了《关于深化教育改革,全面推进素质教育的决定》。① 该决定也要求"通过多种形式积极发展高等教育,到2010年,中国同龄人口的高等教育入学率要从现在的9%提高到15%左右"。根据该决定的要求,考虑到当时经济社会发展的形势与需要,1999年我国普通高校的招生规模从1998年的108万人扩大到159万人,增幅达48%。"扩招"虽然带来了一些问题,但总体上还是受到了各个方面的肯定。鉴于此,2001年教育部在制订《全国教育事业第十个五年计划》时,将我国高等教育2005年的发展目标确立为"各类高等教育在学人数增加到1 600万人左右,其中在学研究生规模达到60万人左右,高等教育毛入学率达到15%左右"。②关于2010年的发展目标,《全国教育事业第十个五年计划》中是这样表述的:"各类高等教育在学人数达到2300万人左右,其中研究生在学人数接近100万人,高等教育毛入学率争取达到20%左右。"③相对于《面向21世纪教育振兴行动计划》,在2001年我国教育主管部门的想法是,15%的入学率要提前5年完成,2010年的高等教育毛入学率再提高5个百分点。而事实情况是个什么样子呢?在2002年,我国高等教育的毛入学率已经达到了15%。2005年,我国高等教育的毛入学率已经超过了20%。截至2011年,我国高等教育的毛入学率为26.9%,全国普通高等教育在校生规模为3 167万人。与1980年时的情况相比,我国高等教育的毛入学率提高了25个百分点,在校生规模扩大了10多倍。1980年的我国高等教育的毛入学率是1.2%,高等教育总规模为272万人。与1998年相比,我国高等教育的毛入学率至少提高了17个百分点,在校生规模扩大了3倍以上。1980年以来,我国历年的高等教育总规模与毛入学率情况见表1-1。

表1-1 1980年以来的我国高等教育总规模与毛入学率

年份/年	高等教育总规模/万人	高等教育毛入学率/%
1980	272	1.2
1990	382	3.4
1993	450	5.0

① 中共中央国务院:《关于深化教育改革全面推进素质教育的决定》,1999年6月13日。

② 教育部:《教育部关于印发〈全国教育事业第十个五年计划〉的通知》,《教育部政报》,2001年第9期。

③ 教育部:《教育部关于印发〈全国教育事业第十个五年计划〉的通知》,《教育部政报》,2001年第9期。

续表

年份/年	高等教育总规模/万人	高等教育毛入学率/%
1995	562	7.2
1998	850	9.8
1999	890	10.5
2000	940	12.5
2002	1500	15.0
2003	1900	17.0
2004	2000	19.0
2005	2300	21.0
2006	2595	22.0
2007	2700	23.0
2008	2907	23.3
2009	2979	24.2
2010	3105	26.5
2011	3167	26.9
2012	—	30.0

数据来源：根据国家统计局、教育部网站、中国新闻网所公布的历年高等教育毛入学率以及历年全国教育事业统计公报整理获得。

从国际比较的角度来看，我国高等教育的毛入学率仍处在中下水平。各国2005年的数据显示，中上等收入国家的高等教育毛入学率为39.6%，中等收入国家高等教育毛入学率为27.2%，中下等国家高等教育毛入学率为22.6%，世界平均为18%，中国2005年的高等教育毛入学率为22%。① 与美国、加拿大、英国、法国、日本等发达国家相比，我国高等教育的毛入学率则显得更低。2006年，美国、加拿大、英国、法国、日本5个国家的高等教育的毛入学率分别为82%、62%、59%、56%、57%。② 但是，从各国高等教育毛入学率从5%提高到15%所用的时间来看，我国用了不到10年的时间(1993—2002年)，美国、英国、德国、澳

① 国家教育发展研究中心：《2008中国教育绿皮书》，教育科学出版社2008年版，第20页。

② 教育部发展规划司：《2008年全国教育事业发展简明统计分析》，教育部发展规划司统计数据2009年版，第73页。

大利亚、日本和韩国则分别用了30年(1911—1941年)、16年(1954—1970年)、10年(1960—1970年)、10年(1960—1970年)、23年(1947—1970年)、14年(1966—1980年)的时间。特别是从高等教育的规模总量上来看,我国毫无疑问是当今世界的高等教育大国。据联合国教科文组织的统计,2005年中国人口占世界人口总数的20.4%,高等教育(第三级教育)注册学生人数占世界总量的17.0%。高等教育规模达到2 336.1万人,跃居世界第一位,比居第二位的美国还多出608.9万人,即超出美国高等教育注册人数的35.2%。①

高等教育规模的迅速扩大,不仅意味着适龄人口接受高等教育的机会有了显著的提高,它还表明我国的高等教育体系已经具备了较好的基础和较大的容量。受规模扩张的影响,高校的专任教师队伍有了较大的改变。2007年,普通高校专任教师的数量达到116.83万人。其中,具有博士学位的教师占11.21%,具有硕士学位的教师占31.07%。与1980年24.69万人的教师总量相比,专任教师总数扩大了4.7倍。与1980年7.66%的硕士学位以上教师的比例相比,高学历教师的比例提高了近35个百分点。② 受规模扩张的影响,从中央到地方,从学校、家庭到社会各界,均加大了对高等教育的投入,高等学校的办学条件发生了根本性的转变。截至2005年,全国累计开工建设"大学城"46个,高校新校园区800余处。2005年,高等教育经费总量为2 550亿元人民币,是1998年549亿元的4.6倍,年均增长24.5%。从1998年至2006年,全国普通高校的校园占地面积增加了2.6倍,教学行政用房面积增加了3.7倍,教学仪器设备总值增加了4.7倍,固定资产增加了6.4倍。③

当然,我们都清楚,高等教育规模上去了,办学基本条件具备了,这只能说明我们是一个高等教育大国。如果我们现在还不是一个高等教育大国,就根本谈不上建设高等教育强国。在我们这样一个人口大国,达到一定的高等教育规模是建设高等教育强国的一个重要标志,更是建设高等教育强国必不可少的基础。正是因为我们有了这样的基础,我们才有必要、有可能谈建设高等教育强国的问题。也正是因为有了这样的基础,2006年5月,国务院召开第135次常务会议时,才有必要与可能做出适当控制招生增长幅度、相对稳定招生规模、把重点放在提高办学质量上的重要决策。而这样一种决策导向,与建设高等教育强国的战略思路是相一致的。

---

① 国家教育发展研究中心:《2008中国教育绿皮书》,教育科学出版社2008年版,第18页。

② 国家教育发展研究中心:《2008中国教育绿皮书》,教育科学出版社2008年版,第37页。

③ 陈至立:《在教育部直属高校工作咨询委员会第十八次全体会议上的讲话》,《中国教育年鉴2008》,人民教育出版社2008年版,第15页。

（二）我国高等教育的体制框架已基本成型

理顺高等教育管理体制，形成与经济社会发展需要相适应的高等教育体制框架与结构布局，是建立中国特色高等教育体系与机制的基础性工作，也直接关系到我国是否可以提出、是否应该提出“建设高等教育强国”之新的目标与使命。由于特定意识形态、特定社会环境和特定学习对象等多方面因素的影响，新中国成立以后，我国建立起了高度统一、过于单一的高等教育管理与办学体制。经过改革开放30多年来的不断探索与完善，到今天为止，我国已经基本建立了以尊重高等学校办学自主权为核心、以双元结构为主要表征的高等教育体制架构。这个双元结构主要包括两个管理层次、两种办学性质、两种办学类型、两种经费来源。

（1）所谓“两个管理层次”，即中央和地方两个管理层次。在1985年《中共中央关于教育体制改革的决定》颁布以前，对于高等学校的管理，我国一直也提的是“中央和省、市、自治区两级管理”，但前提是由“中央统一领导”。早在1963年5月，我国就颁发了《关于加强高等学校统一领导、分级管理的决定（试行草案）》，决定“对高等学校实行中央统一领导，中央和省、市、自治区两级管理的制度”。而且，在“文革”结束以后，在全国开始讨论高校办学自主权的情况下，1979年9月，中共中央还转批教育部党组《关于建议重新颁发〈关于加强高等学校统一领导、分级管理决定〉的报告》，肯定和恢复了1963年确定的“中央统一领导，中央和省、市、自治区两级管理”的高等教育体制。1985年颁发的《中共中央关于教育体制改革的决定》虽然对扩大高校办学自主权做出了积极的回应，也强调“把发展基础教育的责任交给地方”，但在管理高等教育的问题上，只是原则上提出应“调动各级政府办学的积极性”，并且建议“实行中央、省（自治区、直辖市）、中心城市三级办学的体制”。而真正从深层次上触动中央和地方两级管理制度，进而基本建立中央与地方两级高等教育管理体制，则得益于1992年至2000年我国高等教育结构与体制的大变革、大调整。1992年扬州工学院、扬州师范学院、江苏农学院、扬州医学院、江苏商业专科学校、江苏水利工程专科学校和国家税务局扬州培训中心7个单位合并组建扬州大学，极大地促进了我国高等教育管理体制改革的进程。1994年、1995年、1996年连续三年，国家教委分别在上海、南昌、北戴河接连召开了3次高教管理体制改革座谈会，1995年7月，国务院办公厅转发原国家教委《关于深化高等教育体制改革的若干意见》。在中央与地方管理高等教育的权限上，该《意见》仍然延续了“中央和省、自治区、直辖市人民政府两级管理”的传统提法，但明确提出了应“以省、自治区、直辖市人民政府统筹为主”。经过8年多持续3轮的改革与调整，至2000年年底，“中央和省两级管理、以省级政府统筹管理为主”的新体制已基本确立。在此期间，原国务院有关部门直属的367所普通高校中的近250所先后被划转地方，由省级政府管理。

（2）所谓“两种办学性质”，即公办与民办两种办学性质。新中国成立初期，随着社会主义改造任务的完成，我国建立起单一的公办高等教育体制。1978年十一届三中全会确立改革开放的基本方针之后，民办教育率先在发达地区和中学后非学历教育领域取得突破。1984年3月，全国第一家国家承认学历的民办高校北京海淀走读大学诞生。1985年《中共中央关于教育体制改革的决定》提出:“要充分调动企事业单位和业务部门的积极性，并且鼓励集体、个人和其他社会力量办学。”1987年原国家教委发布《社会力量办学若干暂行规定》，肯定“社会力量办学是我国教育事业的组成部分”。1993年的《中国教育改革和发展纲要》主张对民办教育实行“积极鼓励、大力支持、正确引导、加强管理”的发展方针。1994年2月，原国家教委首次受理和审批了黄河科技学院、上海杉达学院等6所民办高校具备颁发本科学历证书资格。1997年7月国务院发布《社会力量办学条例》，2002年12月第九届全国人民代表大会常务委员会第三十一次会议通过《中华人民共和国民办教育促进法》，国家以法律的形式确认了民办高等教育的地位与作用，标志着我国民办高等教育的发展进入有法可依且需要依法依规办学的新阶段。据最新的统计数据，我国现有民办高校658所（含独立学院322所），在校生446.14万人，其中本科生252.48万人，专科生193.66万人。另有民办的非学历高等教育机构812所，各类注册学生85.22万人。①

（3）所谓“两种办学类型”，即普通高等教育与高等职业教育两种类型。我国高等职业教育是改革开放的产物，1980年发达地区和中心城市率先创办的短期职业大学可以看成我国最早的高等职业院校。从1980年到1985年，各地创办的职业大学多达120余所。全日制高等职业教育的诞生则始于1985年上海电机制造技术专科学校等3所中专学校所试办的五年制技术专科教育。到1999年全国教育工作会议决定“大力发展高等职业教育”之前，我国于20世纪90年代初期，已经创办了高中起点的高职院校，国家也出台了一系列的政策和指示，允许和鼓励职业大学、独立设置的成人高校以及部分高等专科学校发展高等职业教育。但是，高职教育的大发展也是从我国高等教育的大扩招开始的，并因此而受到社会各界的广泛重视。从国家的角度来看，2000年1月颁发了《教育部关于加强高职高专教育人才培养工作的意见》，从当年6月开始，便在全国

① 《教育部发布2009年全国教育事业发展统计公报》，《教育发展研究》，2010年Z1期。

的高职高专院校中开展评选国家级教育改革试点专业工作。2002年7月,国务院召开了首次全国职业教育会议,并作出了《国务院关于大力推进职业教育改革与发展的决定》,强调要从实施“科教兴国”的战略高度大力推进高等职业教育的改革与发展。2005年7月,再次下发《国务院关于大力发展职业教育的决定》。该《决定》要求,到2010年高等职业教育招生规模应占高等教育招生规模的一半以上,强调高等职业教育必须坚持“以服务为宗旨、以就业为导向”的办学方针,并决定重点建设100所示范性高等职业院校。对于学术界争论较多、实际工作者较为困惑的“高等职业教育是一种教育类型还是一个办学层次的问题”,在2006年教育部颁发的《关于全面提高高等职业教育教学质量的若干意见》中也作出了明确的回应:“高等职业教育作为高等教育发展中的一个类型,肩负着培养面向生产、建设、服务和管理第一线需要的高技能人才的使命,在我国加快推进社会主义现代化建设进程中具有不可替代的作用。”截至2009年,我国高职高专院校已达到1 215所,在数量上已经超过1 090所普通本科高校(含322所独立学院)。高职高专在校生规模达到1 280万人,约占高等教育在校生2 826万人的一半。此外,高职高专教育已具备较好的实践、实习与实训条件,形成了较为完备的专业结构体系,尤其是在空间布局上达到了较为理想的分布状态。

(4) 所谓“两种经费来源”,即财政性经费与非财政性经费两种来源。1985年《中共中央关于教育体制改革的决定》颁布以前,我国的高等教育经费几乎全部来自国家和地方的财政拨款,社会力量办学受到严格的限制,学生不需要交纳学费,学校自我创收与融资的渠道也非常有限,经费不足的问题严重束缚着高等教育的发展。《中共中央关于教育体制改革的决定》一方面“鼓励集体、个人和其他社会力量办学”,另一方面也允许高校在国家和地方预算下达的教育经费之外依法筹集资金,或者是通过校办产业来改善办学经费不足的状况。更为重要的是,《中共中央关于教育体制改革的决定》通过有条件地赋予高校招收委培生与自费生的权力,逐步地向前推进了高校收费制度的改革。至1993年7月《中国教育改革和发展纲要》颁布之时,社会各界已经比较能够理解《纲要》中所提出的“高等教育是非义务教育,学生上大学原则上均应缴费”等主张。于是,从1994年开始,全国有46所高校开始试点收费政策,到1997年,全国1 000多所普通高校基本上全部实行了新的上学缴费政策。可以说,若没有高校收费制度改革,就没有我国高等教育的大众化,社会力量也不可能办出那么多的学校。据统计,“2005年,国家财政性经费仅占普通高等学校经费的42.77%。而社会团体和公民个人办学经费达到180.1亿元,占普通高等学校经费的7.06%;学费和杂费收入为791.9亿元，占普通高等学校经费的31.05%"。[1] 对某些具体的高校而言，学杂费所占的比重还要高，甚至是学校全部的经费来源。就全国的高等教育来说，若不是改变了过去单一依靠国家拨款的状况，进而建立"以国家财政拨款为主，多渠道筹措高等教育经费的新体制"，建设高等教育强国纯粹是无稽之谈。

关于办学自主权，世界各个国家的经验均表明，高校要生存与发展，就必须具有一定的办学自主权。建设高等教育强国归根结底是要建设好一大批高校，高校拥有较为充分的办学自主权可以说是建设高等教育强国的重要的前提条件之一。令人欣慰的是，改革开放以来，办学自主权的问题一直是我国高等教育管理体制改革的重中之重，目前已经有了显著的改善。1979年12月，《人民日报》刊发时任复旦大学校长苏步青等署名的《给高等学校一点办学自主权》的文章，引起社会各界和各级政府的广泛关注。1983年6月，国家教育部同意扩大上海交通大学的管理权限，以鼓励上海交通大学进行内部管理体制的改革。同时，部分省份也相继出台政策，支持高校享有一定的办学自主权。1985年的《中共中央关于教育体制改革的决定》（以下简称《决定》）也承认"在教育事业管理权限的划分上，政府有关部门对学校主要是对高等学校统得过死，使学校缺乏应有的活力；而政府应该加以管理的事情，又没有很好地管起来"。该《决定》主张："在国家统一的教育方针和计划的指导下，扩大高等学校的办学自主权，加强高等学校同生产、科研和社会其他各方面的联系，使高等学校具有主动适应经济和社会发展需要的积极性和能力。"该《决定》认为："在执行国家的政策、法令、计划的前提下，高等学校有权在计划外接受委托培养学生和招收自费生；有权调整专业的服务方向，制订教学计划和教学大纲，编写和选用教材；有权接受委托或与外单位合作，进行科学研究和技术开发，建立教学、科研、生产联合体；有权提名任免副校长和任免其他各级干部；有权具体安排国家拨发的基建投资和经费；有权利用自筹资金，开展国际的教育和学术交流，等等。"至1993年，"逐步建立政府宏观管理、学校面向社会自主办学的体制"已写进《中国教育改革和发展纲要》。该《纲要》明确指出："在政府与学校的关系上，要按照政事分开的原则，通过立法，明确高等学校的权利和义务，使高等学校真正成为面向社会自主办学的法人实体。要在招生、专业调整、机构设置、干部任免、经费使用、职称评定、工资分配和国际合作交流等方面，分别不同情况，进一步扩大高等学校的办学自主权。"现在我们谈高等学校办学自主权时，基本上都是以1998年8月29日第九届全

---

① 中国高等教育学会：《改革开放三十年中国高等教育发展经验专题研究》，教育科学出版社2008年版，第379页。

国人民代表大会常务第委员会第四次会议通过的《中华人民共和国高等教育法》为依据的。该法第十一条规定"高等学校应当面向社会，依法自主办学，实行民主管理。"从第三十二条到第三十八条，该法明确指出高等学校在遵守相关法律与规定、尊重自身发展需要与客观条件的前提下，依法享有下列7个方面的权力，即自主调节系科招生比例，自主设置和调整学科、专业，自主制订教学计划、选编教材、组织实施教学活动，自主开展科学研究、技术开发和社会服务，自主开展与境外高等学校之间的科学技术文化交流与合作，自主确定教学、科学研究、行政职能部门等内部组织机构的设置和人员配备，自主管理和使用举办者提供的财产、国家财政性资助以及受捐赠财产。

当然，写在纸上的权力和落实到行动中的权力是有区别的。真正使高等学校成为依法自主办学的主体，使高等学校成为各种新思想自由交流与碰撞的精神高地，仍然需要不断排除各种阻碍，不断深化和完善我国的高等教育管理体制。但从总体上来讲，我们也认为，经过改革开放30多年的艰苦努力，我国已经彻底摆脱了高度统一、过于单一的高等教育管理与办学体制，现行的以尊重高校办学自主权为核心，中央与地方两个管理层次、公立与私立两种办学性质、职业高等教育与普通高等教育两种办学类型、财政性经费与非财政性经费两种经费筹措渠道并重的高等教育体制框架，可以基本满足我国建设高等教育强国的体制需求。没有改革开放30多年来在高等教育体制架构上所取得的重大进展，我国也不可能提出和建设成为高等教育强国。

（三）部分高校和学科发展迅速，我国的学术产出与学术影响力与世界高等教育强国的差距在缩小

"重点突破，全面提高"是我国发展高等教育的基本经验，在保护绝大多数学校发展的权利和积极性的前提下，也是为了从根本上提高我国高等教育的整体水平，如前所述，我国早在新中国成立初期就比较注重重点高校和重点学科建设。在1959年指定首批建设的16所重点高校的基础上，先后又分三批追加了几十所重点建设的高校。至1963年，全国重点建设的高校达到68所。其中，综合大学14所，工科院校33所，医药院校5所，农林院校4所，财经政法院校3所，师范院校2所，外国语院校2所，艺术院校1所，体育院校1所，军事院校3所。① "文革"期间，重点高校建设受到严重冲击。1978年，我国重新恢复重点高校建设。1985年开始，北京大学、清华大学、复旦大学、西安交通大学、上海交通大学5所高校被列为国家七五重点建设的范围。1990年，中国人民大学、南京大学、浙江大学、南开大学、天津大学、北京师范大学6所高校以及国家七五重

① 刘宝存：《当代中国重点大学建设的回顾与前瞻》，《河北学刊》，2009年第4期。

点建设的5所高校又被列入国家八五重点建设项目。同年,原国家教委在制定全国教育事业十年计划和八五计划时,提出集中力量建设一批重点高校和重点学科的问题,后逐步演变成为“211工程”这一设想。1993年2月,《中国教育改革和发展纲要》明确提出实施“211工程”,即“面向21世纪,分期分批重点建设100所左右的高等学校和一批重点学科,使其到2000年在教育质量、科学研究、管理水平及办学效益等方面有较大提高,在教育改革方面有明显进展”。“211工程”重在学校整体条件、重点学科和高等教育公共服务体系建设。一期建设在99所高校中实施,总投资186.3亿元,重点建设了602个重点学科和2个全国性的高等教育服务体系。“211工程”二期建设已验收完毕,现在正处于三期建设之中。截至目前,已有112所高校进入国家“211工程”建设行列。

在重点高校建设方面,投入最多、影响最大、期望最高的当属“985工程”的建设。“985工程”建设源自1998年5月北京大学百年庆典期间江泽民同志以及教育部领导关于在我国建设若干所世界一流大学的倡议,1998年12月教育部制定了《面向21世纪教育振兴行动计划》。该计划认为:“建设世界一流大学,具有重大的战略意义”,提出“要相对集中国家有限财力,调动多方面积极性,从重点学科建设入手,加大投入力度,对于若干所高等学校和已经接近并有条件达到国际先进水平的学科进行重点建设。今后10~20年,争取若干所大学和一批重点学科进入世界一流水平”。1999年,北京大学、清华大学即入围“985工程”建设,分3年各自获得18亿元的资金支持。经过激烈的竞争,最后有34所高校入围“985工程”一期建设。2004年6月,“985工程”二期建设开始启动。二期建设的重点是,通过管理体制创新和运行机制创新,积极探索世界一流大学建设的新机制;造就和引进一批具有世界一流水平的学术带头人和学术团队;结合国家创新体系建设,重点建设一批“985工程”科技创新平台和“985工程”哲学社会科学基地。另外,二期建设新补充了中国农业大学、中央民族大学、西北农林科技大学、国防科技大学、华东师范大学5所高校。从2010年开始,“985工程”由分期建设调整为“长期规划、动态管理、分段实施”,目的是要求各有关高校结合自身的实际情况,根据建设世界一流大学和高水平大学的基本规律,积极探索和规划切合实际的发展战略与具体举措。而且,明确提出来继续实施“985工程”,“既要体现国情,又要坚持国际公认的标准;既要在可比办学指标上和世界一流大学相当,更要为国家做出突出贡献;既要拥有世界一流学科,更要形成独具特色的发展模式和先进文化。”①

① 教育部、财政部:《关于加快推进世界一流大学和高水平大学建设的意见(征求意见稿)》,2010年4月9日。

经过长期不懈地坚持重点高校建设，特别是实施“211 工程”和“985 工程”建设以来，我国部分高校以及部分高校的某些学科确实获得了较为快速的发展。课题组的成员曾就中国建设高等教育强国的问题，对世界著名的国际高等教育研究权威菲利普·阿特巴赫教授进行过采访。当问到他对中国是否有必要、是否有可能建设成为高等教育强国的评价与感想时，他首先想到的就是中国正在大力推进的“211 工程”和“985 工程”建设。他的回答是：“我个人认为，中国有必要也有可能建设成为高等教育强国。我一直以来对于中国的‘985 工程’和‘211 计划’感到惊奇和欣赏，如果政府在经济和人力资源方面有持续的投入，中国将会有若干所大学跻身于世界一流大学的行列。”①有关部门在“211 工程”实施 10 年后曾经做了一个统计，“211 工程”学校的研究生培养能力提高了 5 倍，科学研究经费增长了 7 倍，SCI 论文发表数增长了近 7 倍，具有博士学位的教师数增加了近 5 倍，仪器设备总值增长了 4 倍多。早期设置研究生院的 28 所“211 工程”大学与美国最好的 61 所大学（美国高校联盟，AUU）相比，从 1995 年至 2005 年，SCI 论文发表数平均值由 1∶15.1 缩小到 1∶3.6，被引用次数平均值由 1∶51.7 缩小到 1∶6.2。② 另据有关文件统计，“985 工程”实施 10 年后，也取得了显著的成效：“学科建设实现新突破，学科水平迅速提高，形成了一批接近或达到国际先进水平的学科。队伍建设跃上新台阶，汇聚了一批国际水准的学术大师和中青年学者，人才质量获得国际认可，提高了中国高等教育的国际影响力。取得了一批代表国家最高水平的重大科研成果和一批具有重要影响的哲学社会科学创新成果，自主创新能力快速提升。”“经过十年建设，‘985 工程’重点建设学校的整体实力显著提升，与世界一流大学和国际知名高水平大学的差距明显缩小，已经具备了跻身世界一流大学和国际知名大学的基础。”③据教育部有关领导 2010 年 3 月 16 日在“985 工程”二期验收工作会议上的讲话，可知如下内容。① 我国形成了一批学术影响力进入世界百强的学科。根据美国反映学术影响力基本科学指标（ESI）最新数据库统计，在 2001 年，“985 工程”重点建设学校，只有 40 个论文被引次数位居各领域世界前 1%的学科。2008 年，这个数字达到 640 个。其中，被引总次数统计进入世界高校百强的有 10 所学校，26 个学科。例如，按发文数字统计，“985 工程”重点建设学校中已有 11 所学校的 18 个学科进入本领域世界前 20 名高校的行列。② 我国出现了若干所高水平论

① 陈廷柱，姜川：《阿特巴赫教授谈中国建设高等教育强国》，《大学教育科学》，2009 年第 2 期。

② 吴岩：《高等教育强国——中国教育的新使命》，《北京教育》，2009 年第 1 期。

③ 教育部、财政部：《关于加快推进世界一流大学和高水平大学建设的意见（征求意见稿）》，2010 年 4 月 9 日。

文数量达到世界名校水平的大学。在1998年,"985工程"重点建设学校被SCI和SSCI收录的论文数,校均仅有220篇。到2007年,"985工程"重点建设学校的校均发表论文数超过1 000篇。其中,最早建设的9所学校已经达到了2 400篇,超过了英国的剑桥教育集团(包括剑桥大学、牛津大学等20所名牌学校)、澳大利亚八校联盟的校均数。北京大学、清华大学、浙江大学、上海交通大学的论文数量已经进入世界500强,跟耶鲁大学、麻省理工学院、芝加哥大学等世界名校比肩。

继"211工程"、"985工程"之后,我国近年接连出台了两项体现国家意志的高等教育系统的重大战略举措:"2011"计划与"中西部高等教育振兴计划"。胡锦涛同志在2011年清华大学百年校庆上的讲话中提出"高等学校创新能力提升计划"("2011"计划),该计划以人才、学科、科研三位一体创新能力提升为核心任务,构建面向科学前沿、文化传承创新、行业产业以及区域发展重大需求的四类协同创新模式。随后,教育部、财政部联合推出《关于实施高等学校创新能力提升计划的意见》,旨在突破高校内外部机制体制壁垒,释放人才、资源等创新要素活力,并带动部分省级协同创新提升计划积极响应。"2011"计划自2012年5月7日启动至今,已设立首批国家协同创新中心14个,全国共计培育协同创新中心167个。同时,为全面提升中西部高等教育质量,进一步缩小与东部高等教育发展水平之间的差距,2013年2月,教育部、国家发展改革委、财政部联合制定了《中西部高等教育振兴计划》。该计划整合政策资源,将从师资力量、学科建设、科研建设、人才培养、区域均衡等10个方面,力争推动西部高等教育总体水平到2020年接近全国平均水平。

当然,我们也很清楚,我国的高等教育在整体上与世界高等教育强国相比,还有很大的差距。即使国家重点建设的高校,在一些最能代表学术竞争力(如在《自然》和《科学》两份杂志上发表的论文)和国际影响力(如吸引国外留学生的数量)的国际可比指标方面,与世界一流大学相比,也有很大的差距。但是,我们也看到,中国的高等教育,尤其是国家重点建设的高校,确实在进步,差距确实在缩小,在某些方面已经接近或达到国际先进水平。这也说明,我们现在提出建设世界一流大学和国际知名高水平大学是有根据的,是可以实现的。而建设高等教育强国在某种意义上可以看成我国建设重点高校政策的延续与拓展,只要有一批高校能够屹立于世界名校之列,就可以进一步奠定实现建设高等教育强国的理想基础。

三、促进经济社会持续、健康、快速发展也需要把我国建设成为高等教育强国

从外在的经济社会发展需要这个角度来看建设高等教育强国的必要性，有关领导和学者已有大量的论述。2007 年 12 月 22 日，当时还是分管全国教育工作的国务委员陈至立同志在教育部直属高校工作咨询委员会第十八次全体工作会议上的讲话，已经把这个问题讲得很深入，很全面了。她指出，我们要从夺取全面建设小康社会新胜利的大局和实现中华民族伟大复兴的高度出发，认识建设高等教育强国的重大战略意义。① 具体来讲，陈至立认为，建设高等教育强国是四个方面的"必然要求"：一是走中国特色新型工业化道路，加快我国现代化建设的必然要求；二是落实人才强国战略，增强我国综合国力和国际竞争力的必然要求；三是增强自主创新能力，建设创新型国家的必然要求；四是建设社会主义先进文化，推动文化大发展大繁荣的必然要求。

由中国高等教育学会组织并主持的"遵循科学发展，建设高等教育强国"重大课题研究之专题研究三——"意义与使命"，也是要重点研究并回答我国建设高等教育强国的必要性与必然性问题。从该课题组前期交流的部分研究成果来看，他们希望从高等教育自身发展的角度，从科技、经济和文化发展的角度，从政治建设的角度，从民族崛起的角度来系统地回答我国建设高等教育强国的必要性与必然性。但我们认为，外在的经济社会发展要求是把我国建设成为高等教育强国的最首要、最主要、最紧要的动因。事实上，该课题组在论述我国建设高等教育强国的迫切性与必要性时，与陈至立同志的观点也是基本上一致的，即建设高等教育强国"是推进人力资源强国战略的需要"、"是经济增长方式与社会经济形态转变的需要"、"是发展创新型国家的迫切需要"、"是催生和加快知识经济发展的需要"。②

有学者把改革开放以来我国国家发展战略的变迁分为三个阶段。1978 年至 1990 年为第一阶段，主要是以经济增长为中心的非均衡赶超战略。1991 年至 2000 年为第二阶段，主要是以追求全面协调发展为核心的系统化战略。2001

---

① 陈至立：《认真学习贯彻党的十七大精神以提高质量为核心 加快从高等教育大国向高等教育强国迈进的步伐——陈至立国务委员在教育部直属高校工作咨询委员会第十八次全体会议上的讲话》，《中国教育报》，2007 年 12 月 28 日。

② "意义与使命"课题组：《建设高等教育强国的必要性与必然性》，《中国高等教育学会学术活动专报》，2010 年第 3 期。

年以来为第三阶段,是科学发展观指导下走向成熟的国家发展战略。① 这样一种国家战略层面的阶段式思维方式,对我们思考建设高等教育强国的外在必要性问题具有非常好的借鉴意义。无论“走新型工业化道路”、“落实人才强国战略”、“建设自主创新型国家,还是“转方式、调结构”、“加快知识经济发展”等,均属于国家层面的发展战略或发展目标,但其前提是对我国经济社会所处发展阶段和外部环境的再认识。

回顾改革开放以来我国经济社会的发展进程,我们基本上走的是一条依赖体制机制创新的发展道路。在体制机制创新方面,我国采取了对外开放的基本国策,利用劳动力的价格优势,积极发展外向型经济,积极引进和消化国外的先进技术。实行了以公有制为主体、多种所有制经济共同发展的基本经济制度,彻底改变过去“一大二公”的所有制结构。我国认识到了市场的作用,在资源配置方式上实现了从国家计划配置为主向市场配置为主的转变。我国在农村确定了以家庭承包经营为基础、统分结合的双层经营体制,在国有企业引入了现代企业制度,彻底改变了农村与企业的传统经营方式。在分配、医疗、住房、教育等诸多领域进行了配套改革,彻底改变了我国传统的低福利、均等化的生存模式。体制机制创新解决了约束我国经济社会发展的条条框框问题,极大地刺激了各种生产要素和各种消费需求。随着体制机制创新进程的不断加快,我国经济社会的发展速度事实上比预期要快。2000 年党的十五届五中全会宣布:“我们已经实现了现代化建设的前两步战略目标,经济和社会全面发展,人民生活总体上达到了小康水平。” ②

现代化前两步战略目标的实现意味着什么呢? 我们认为,这意味着 2000 年之后,我国的经济社会发展已经站在了一个新的历史起点上,已经步入一个新的发展阶段。在新的发展阶段,我们肯定需要新的发展目标,但是不是也需要新的发展战略呢? 答案也是肯定的,我们需要新的发展战略。然而,我们之所以需要新的发展战略,不纯粹是因为我们面临着新的发展目标,还与可资利用的体制机制资源、前一阶段遗留的问题以及发展环境的变化密切相关。

从体制机制资源来看,经过改革开放 30 多年的不断探索,我国经济社会发展的宏观体制与机制已基本理顺。尽管还长期面临着创新体制与机制的问题,但体制与机制在促进经济社会发展中的作用不可能与前一阶段相提并论。换句话来说,前一个发展阶段属于我国经济社会发展的“解套”阶段,每解开制约我国经济社会发展的一道枷锁,经济社会发展就会显著加速。在所有的枷锁或者

---

① 金乐琴:《中国国家发展战略》,《中共长春市委党校学报》,2008 年第 5 期。

② 《中共中央关于制定国民经济和社会发展第十个五年计划的建议》,中发[2000]16 号。

是主要的枷锁被解开之后，我们就进入比拼核心竞争力的阶段，体制与机制只是起到一种规范的作用，而不能发挥经济社会发展助推器的效果。

从前一阶段遗留的问题看，我国则必须走出粗放型、外延式、掠夺性的发展模式。前一阶段我国经济总量的节节攀升，在很大程度上是建立在过度消耗自然资源、过度铺开建设项目、过度抑制劳动力价格、过度依赖引进国外技术的基础之上的。前一阶段的发展成就是巨大的，但遗留的问题也不少，从根本上制约我国经济社会发展的核心问题没有解决。2007 年，我国高新技术产业占工业产值的 8%，发达国家为 40%。研发投入占国内生产总值的 1.44%，发达国家平均为 2.5%，美国为 3.2%。服装类产品占世界服装贸易的 25%，但拥有自主知识产权的产品只占 1%。2007 年，我国万元国内生产总值能耗降至 1.16 吨标准煤，但仍是发达国家的 3~4 倍。国内生产总值占世界的比重不到 7%，但消耗的煤炭、钢铁和水泥却占世界的 30%、26%和 50%，化学耗氧量、二氧化硫、二氧化碳排量位居世界前列。① 除关键技术受制于人、资源与环境的约束日益突出之外，因为经济增长方式所导致的诸多社会问题也不容忽视。

从发展环境变化来看，中国的快速崛起已经引起国际社会的广泛关注，甚至招致某些国家的排斥和挤压。特别是 2008 年美国发生金融危机以来，针对我国的各种贸易摩擦接连不断，各种反华排华势力日趋活跃，近期美国还在南海问题上向中国发难，并不顾中国的强烈反对而执意参加黄海军演。种种迹象表明，中国要实现大国崛起的梦想，不仅在核心与关键技术上不可能依赖国外，而且要承受来自各种敌对势力的挑战，甚至是挑衅。如果说，一些国家之所以对中国还有所顾虑，一个非常重要的因素是我们有一个巨大的消费市场。在中国，应该说目前还存在一定的“市场换技术”的空间，但这个空间也会越来越小，而且会受到某些国家的刻意干预。再者，我们也还面临着节能减排、发展低碳经济的国际压力。众所周知，2009 年 12 月 18 日，联合国气候变化大会领导人会议在丹麦首都哥本哈根举行，会议签署了《哥本哈根协议》。《哥本哈根协议》规定，发达国家向发展中国家提供资金以采取减排行动，发展中国家只要接受发达国家的减排援助，就必须按照“可测量、可报告、可核查”的要求接受国际社会的监督。即使是没有接受发达国家减排援助的发展中国国家，也必须自主采取减排行动，自主进行测量、报告和核查，并将结果通报国际社会，必要时应接受国际社会的磋商与分析。

我国向来具有重视人才、科技和教育的传统。早在 1978 年，邓小平同志就提出了“科学技术是第一生产力”的著名论断。但是，只有在我国发展到了一定

---

① 李毅中：《坚定不移地走中国特色新型工业化道路》，《求是》，2008 年第 20 期。

阶段,到了必须要转变经济增长方式的时候,才会真正把人才、科学与技术作为核心的生产要素而给予特别的重视。事实上,也就是在1995年我国基本上实现国民生产总值翻两番、基本实现前“两步”发展战略目标的情况下,才明确提出经济增长方式从粗放型向集约型转变的任务,才明确提出了“科教兴国”战略。在2000年的十五届五中全会宣布我们已经实现了现代化建设的前两步战略目标之后,在系统回顾前一阶段发展经验与教训的基础上,在认真分析国际国内局势的前提下,我们才相继提出以科学发展观为指导“全面建设小康社会”、“建设人力资源强国”、“建设自主创新型国家”等新阶段的发展目标,并相应地提出了“走中国特色新型工业化道路”、“人才强国”等发展战略。这必然要求我国高等教育尽快实现由大到强的转变。

通过以上分析,我们的基本结论是:建设高等教育强国,是在我国经济社会步入新的发展阶段后,在国家采取了一系列新的发展战略的前提下,为了实现新阶段的发展目标,为了支撑国家实施新战略,是在客观的、强大的外部需要的促动下才提上日程的,也是高等教育研究界主动适应并促进我国经济社会持续、快速、健康发展的内在需要。

第二节 建设高等教育强国需要创新教育理念

建设高等教育强国对我国来说是一个新任务,而要完成这样一个新任务就必须要有一定的前瞻性思考。这个前瞻性的思考过程,就是逐步探索与形成指导我国高等教育强国建设之教育理念的过程。当然,这并非是一个不言自明的道理,因此有必要在理论上、在实践上对此进行必要的阐述。

一、建设高等教育强国需要创新教育理念

我们认为,从理论上阐述教育理念创新之于建设高等教育强国的必要性,就是要回答教育理念(思想、观念、信念等)与教育实践行为之间究竟有什么样的关系。在教育界有非常流行的三句话,即“教育观念改革是先导,教育体制改革是关键,教学内容与课程改革是核心”。这三句话应该说已经很好地回答了教育理念创新在改革与发展教育事业问题上的重要地位与作用,但要仔细地琢磨起来,教育理念还具有多方面的作用。

第一,教育理念具有先导作用。我们意识到的对象不一定会成为我们追求的对象,我们追求的对象不一定会成为我们付诸实践的对象。但是,我们没有意识到的对象,肯定不会成为我们自觉追求的对象。我们没有自觉追求的对象,肯定不会成为我们努力去实践的对象。从概念、意识、观念、思想、理念的本源来说,实践是第一性的,实践在先,概念、意识、观念、思想、理念在后。但是,概念、意识、观念、思想、理念一旦形成,不仅可以反作用于实践,而且可以成为孕育新概念、新意识、新观念、新思想、新理念的重要源泉。实践不会自动地产生新概念、新意识、新观念、新思想、新理念,而且在经历了漫长的人类发展历史之后,此时此地的实践对产生新概念、新意识、新观念、新思想、新理念的作用也在弱化。恰恰相反的是,实践越来越需要新概念、新意识、新观念、新思想、新理念的指导和引导,基于人的心智能力并结合各种各样的思维素材,创造性地、预见性地提出各种新概念、新意识、新观念、新思想、新理念,其作用与意义却在不断地强化。我国学者萧功秦在他撰写的《思想史的魅力》一文中也谈到:"人是按他对生活的理解来确定自己的下一步行动的。自由主义思想家伯林极其看重思想观念的力量,他引证德国诗人海涅的话说:一位教授在他宁静的书房中孕育出来的哲学观念,可能毁灭一个文明。"①也正是因为概念或理念等越来越具有先导性的作用,当今时代,会"玩"的人往往热衷于提出新概念或新理念。一旦时机成熟或获得社会认可,抢先提出的概念或理念就会转变成为巨大的收益。对此,我们深有体会。华中科技大学教育科学研究院这几年之所以在高等教育研究界的影响迅速攀升,显然是与我们率先在国内提出"院校研究"概念并大力推进院校研究密切相关的。而且,在某种意义上讲,提出这一概念比开展实际工作更为重要,因为没有这一概念的提出,就没有后面一系列的实际工作。实事求是地说,"建设高等教育强国"本身就是一个新教育概念,就是一种新教育理念。我们提出这么一个新概念或新理念,最后不一定被政府所接受和付诸实践。但是,提不提是我们这些研究和关心高等教育之人的责任,是否接受和付诸行动则是政府的责任。提不提是一回事,提过之后会有什么结果则是另一回事。然而,我们若不提这样一个概念,则断无被接受和付诸实践之可能。可以说,提出"建设高等教育强国"乃是一种教育理念创新,而这个创新无疑是我国自觉地进行高等教育强国建设的前提和先导。当然,本课题组在教育理念创新方面还有大量的工作要展开。

第二,教育理念具有导向作用。马克思曾经说过:"蜜蜂建筑蜂房的本领使人间许多建筑师感到惭愧。但是,最蹩脚的建筑师一开始就比最灵巧的蜜蜂高

① 萧功秦:《思想史的魅力》,《开放时代》,2002年第1期。

明的地方，已经在自己的头脑中把它建完成了。”[1]这也就是说，人类的活动与人之为人的特性相关，做什么以及如何去做虽然受到特定情景的限制，但是人类预先设定的目的和既有的知识、观念基础发挥着非常重要的导向作用，影响着人的判断与选择。具体到教学活动而言，“教师的观念就像一个过滤器，当教师从事教学活动时，他们会将收集到的信息与自身的教育观念联系起来思考、解释信息的含义。已有研究证明，教师的教育观念对教师的许多认知过程，包括知觉、记忆、理解、演绎推理、问题表征和问题解决等有重要影响，教师的教育观念对教师在课堂上的信息感知和加工起到了指导性的作用，在教师界定行为、组织知识和信息的过程中扮演着关键性的角色”。[2] 萧功秦在《思想史的魅力》一文中专门讨论了“人们在多大程度上是受自己的利益支配，在多大程度上受其理念支配”。他指出，在此问题上，思想家有三种不同的意见。一种观点认为，利益是至关重要的驱动力。阶级的利益决定了阶级的思想与理想，人们的理想中包括了他们的私利。第二种观点认为，人类的行动既受物质利益的驱使，也受政治与宗教信仰的影响，人们完全可以不考虑自身的物质利益，而任由理想、信念的驱动。第三种观点以马克斯·韦伯为代表，他说：“直接支配人们行动的，并不是理念，而是他们所认定的利益（即使是理念信仰，也是由于他们认为这种理念信仰体现了自己的或阶级的利益），但是，理想所形成的世界形象，会使人们以为，那就是自己的利益，并会以追求自己的利益那样去采取实现这种理想的行动。”[3]在论述思想、信念、观念作用的时候，韦伯提出了最著名的“铁路轨道上的扳道工”理论。他把思想、信念、观念等无形的力量比拟为“扳道工”，这位扳道工可以使一列被利益驱动的火车驶向理想、信念所确定的方向。[4] 由此说来，我们也认为理念的导向作用是不可忽视的。而且，无论从认知与行为的关系来看，还是从理念与利益的相互影响与转化来说，理念在促成重要的判断和选择方面具有重要的导向作用。

第三，教育理念具有激励作用。教育理念与教育思想、教育观念等同属于认识范畴，与教育理论作为一种系统化的客观知识体系相比，它们均与特定主体的态度与价值取向相关联。按照萧功秦的说法，“思想一旦形成，并被人们所信奉，就会变成支配人们行为、甚至改变世界的巨大精神力量”。[5] 按照帕贾斯的

---

① 《马克思恩格斯全集》（第二十三卷），人民出版社 1972 年版，第 202 页。

② 高潇怡，庞丽娟：《论教师教育观念的作用》，《教育科学》，2003 年第 2 期。

③ 萧功秦：《思想史的魅力》，《开放时代》，2002 年第 1 期。

④ ［德］马克斯·韦伯：《中国的宗教 宗教与世界》，康乐，简慧美译，广西师范大学出版社 2004 年版，第 47 页。

⑤ 萧功秦：《思想史的魅力》，《开放时代》，2002 年第 1 期。

观点，"一旦观念形成，个体就有围绕观念的各个方面建立起一种因果解释的定向，不管这些解释是正确的还是一种虚构，最后就成为了自我实现的预言"。[①]而相对于教育思想和教育观念，严格说来，教育理念与主体的信念、偏好和追求更为密切。教育理念一旦形成，就会唤醒人的自我意识。一方面有助于人们去识别有助于达成自身教育理念的信息、资源与机会，另一方面通过唤醒人的良知与潜能，提升人们对符合自身教育理念之教育实践行为的积极性。古希腊哲学家苏格拉底的父亲是一位著名的石雕师傅，在苏格拉底很小的时候，有一次他的父亲正在雕刻一只小狮子，小苏格拉底观察了好一阵子，问父亲："怎样才能成为一名好的雕刻师？"他父亲说，"看！以这只石狮子来说吧，我并不是在雕刻这只狮子，我只是在唤醒它。狮子本来就沉睡在石块中，我只是将它从石头监牢里解放出来而已。"于是，理念的激励与唤醒力量使苏格拉底长大也成为一名雕刻师，他雕刻的是那个时代人们的心灵。我们相信，一个真正有教育理念的人，定会受到教育理念的激励，从而在教育事业上更有作为。

第四，教育理念具有防卫作用。电影大师布努艾尔 1968 年拍摄的《银河》中有这样一个镜头：一个高级牧师坐在一个酒馆里布道，酒馆里一个卧室中一个男子和一个女子分别躺在两张床上。该镜头暗示这一男一女被教义和理性压迫得毫无性感，目的是在于揭示宗教传统势力进入了人类的头脑中，已经改变了或者说抑制住了人类的本能冲动和真实的需求。[②] 布努艾尔是在为自然地生存呐喊，抗议过度的教养与说教压抑了人类的生存。但是，我们从中也看到这样一种事实，即理念上认为是不应该的东西，行动上就会有所节制。个体、群体以及人类已经认可和内化了的理念，事实上具有一种防卫功能。这种防卫功能不仅体现在对"非法"行为上具有抑制作用，还体现在对"非法"的言论、观念等具有排斥倾向。我们这种观点也不是什么新东西。中国几千年的教育史，就如朱熹所言，"圣贤千言万语，只是教人明天理、灭人欲"。[③] 而"明天理、灭人欲"的基本逻辑，就是把"天理"转化为人的基本理念，有了"天理至上"的理念，人欲就可以受到抑制，甚至是得以消除。

第五，需要指出的有两点。其一，我们是从认识论的角度来谈教育理念之作用的。理念以及教育理念在人类思想史上曾经是被作为"本体"来对待的。在本体论的意义上，理念以及教育理念具有更为重要、更为广泛的作用。因为本体

---

① Pajares M.F. *Teacher's beliefs and education research: clearing up a messy consfruct.* Review of Education Research, 1992, 62(30), pp.307-332.

② 周月亮：《现象学对电影创作的启示》，《河北学刊》，2002 年第 4 期。

③ （宋）黎靖德编，王星贤点校：《朱子语类》卷十二，中华书局 1986 年版，第 207 页。

论意义上的理念是一种“绝对的实在”，是一种“完美的原型”，不仅昭示着事物的发展方向，激励着行动的进程，它还是最终的归宿与最后的仲裁者。其二，我们一般是在个体的层面讨论教育观念或理念对个体教育实践行为的影响，而组织层面的教育理念对组织教育实践行为的影响更为深刻和显著。个体的教育理念往往是没有经过深思熟虑的，常常是以隐性的、间接的方式影响个体的态度、判断和行为取向。而且，个体的教育实践行为往往受到多种因素的影响，如教师自身的性格特点、利益关联以及特定的教育情境等等，这也有可能导致教育观念作用的进一步弱化。组织的教育理念则往往是深思熟虑的，是反复斟酌、比较、筛选、检验的结果。而且，组织的教育理念对组织的教育实践行为影响的途径也不一样。组织的教育理念可以通过影响组织中个体的教育理念，进而影响组织的教育实践行为。这一途径对组织教育实践行为影响的方式、可能性与效果同个体教育理念对个体教育实践行为的影响类似。前提是组织的教育理念能否有效转化为组织中个体的教育理念，能否使组织中的个体有机会去践行源自组织的教育理念。组织的教育理念还可以通过影响组织的决策、组织建构、制度设计等而影响组织的教育实践行为。这一途径对组织行为的影响是直接的，是制度化的，也是举足轻重的。学校的教育理念、国家的教育理念均属于组织教育理念的类型。我们相信，一些好的教育观念、教育思想或教育理论若能上升为学校层面、国家层面的教育理念，相关的学校与国家一定会因为有了某些教育理念而发生有意义的改变。

二、教育理念创新对建设高等教育强国至关重要

本书一个非常重要的任务就是通过对世界高等教育中心转移过程及其规律的分析，力图揭示教育理念创新对建设高等教育强国的重要作用，力图从历史上高等教育发达国家创新教育理念的经验中，提炼出可以为我国建设高等教育强国提供参考和借鉴的主要理念。

同世界上存在着科学中心转移现象一样，世界高等教育发展史上也呈现出高等教育中心转移的基本事实。1971 年美国学者约瑟夫·本·戴维最先探讨并指出了世界高等教育中心的转移现象。他指出，科学中心转移与高等教育中心转移之间存在着内在的关联。一般来说，一个国家成为高等教育中心与科学活动中心的时间大致是重叠的。① 关于科学中心转移的问题，最早是在 20 世纪

① ［美］约瑟夫·本·戴维：《科学家在社会中的角色》，赵佳苓译，四川人民出版社 1988 年版，第 147～148 页。

30年代由美国科学社会学家R.默顿提出。20世纪50年代,英国科学家贝尔纳也研究了近代以来科学中心在世界范围内转移的情况。他认为,文艺复兴以来的科学发展有四个主要的进展期:第一个时期集中在意大利,第二个时期扩展到荷兰、法兰西、不列颠,第三个时期是工业革命时代的不列颠和大革命时代的巴黎,第四个时期是现代科学革命期。① 相对于默顿、贝尔纳而言,日本学者汤浅光朝关于世界科学中心转移现象的研究更有影响。1962年,汤浅光朝按国别对1501年至1950年世界科学成果的变化情况进行了计量分析。汤浅光朝发现,如果把重大科研成果数量占同期全世界重大科研成果总量的比例超过25%的国家称为"科学活动中心"的话,近代以来世界科学活动中心发生了五次转移:意大利(1540—1610年)、英国(1660—1730年)、法国(1770—1830年)、德国(1810—1920年)、美国(1920至今)。而且,每个国家的科学兴盛期为80年左右。② 与世界科学中心转移的路径一样,本·戴维认为,世界高等教育中心也大致经历了英国、法国、德国、美国这样一种转移路径。

毫无疑问,世界高等教育中心的转移是多种因素相互作用的结果。但是,教育思想、理念等观念层面的因素究竟在其中发挥了什么样的作用呢?我们认为,我国学者刘泽渊、王海山发现的哲学高潮转移现象以及哲学高潮相对于科学中心的"哲学超前期",很能说明观念层面的变革与领先地位对科学中心、高等教育中心的形成具有极其重要的作用。受日本学者汤浅光朝用统计学方法发现世界科学活动中心转移现象的影响,刘泽渊、王海山从假设"哲学高潮的出现与转移是哲学家人数变化的函数"出发,对苏联的敦尼克等主编的《哲学史》、英国科学史学家丹尼尔·贝尔所著的《科学史》以及中国学者高清海等所编的《欧洲哲学史纲》中所提到的15至20世纪各个国家不同时期的著名哲学家人数分别进行统计和分析,结果发现:世界范围内确实存在一种客观的哲学高潮转移现象。如果把一个国家的著名哲学家人数超过世界总数的15%作为哲学高潮出现的基本标准,15世纪以来,历史上先后形成了意大利(1480—1640年)、英国(1600—1730年)、法国(1710—1820年)、德国(1790—1880年)4个哲学高潮。进一步研究还可发现,一个国家哲学高潮的平均周期约为120年,以峰值年代计算,哲学高潮从一个国家转移到另一个国家的平均所需时间为80年。如果把世界范围内哲学高潮转移曲线与科学中心转移曲线加以比较,两个令人深思的现象便被揭示出来。第一个现象是:世界范围内哲学高潮与科学中心转移的路径是一致的,而且从一个高潮或中心向下一个高潮或中心转移所需要的时间也基

---

① [美]贝尔纳:《历史上的科学》,伍况甫等译,科学出版社1959年版,第3~20页。

② [日]汤浅光朝:《解说科学文化史年表》,张利华译,科学普及出版社1984年版。

本上是一致的,两条转移曲线中波峰与波谷的情况也较为类似。第二个现象是:哲学高潮的出现比科学中心的形成均要超前一个时期。也就是说,哲学高潮相对于科学中心而言,有一个"哲学超前期"。以开始年代计算,哲学超前期平均为60年。以峰值年代计算,哲学超前期平均为30年。①

刘泽渊、王海山的研究表明,近代世界哲学高潮转移与科学中心转移现象有着深刻的内在联系,哲学超前期的存在说明作为观念形态的思想、思潮等是科学进步的先导性力量。按照本·戴维关于科学中心与高等教育中心有内在关联的研究观点,我们相信,"哲学超前期"对世界高等教育中心来说也是存在的。历史告诉我们:在德国成为高等教育强国之前,确实出现过新人文主义思潮,对19世纪德国高等教育有重大影响的洪堡、费希特、施莱尔马赫等就是著名的哲学家。众所周知的是,没有洪堡等人所倡导的科学研究、学术自由与学术独立理念,就没有19世纪德国大学的辉煌。关于美国高等教育的崛起,则与美国由来已久的实用主义传统和20世纪早期兴起的实用主义思潮大有关联。没有康奈尔计划、威斯康星思想、社区教育理念等,也就没有当今世界最强大的美国高等教育。

回顾改革开放以来我国高等教育发展变迁的历史,可以说新时期中国高等教育的顺利起航,也是从突破"两个凡是"的思想禁锢开始的。没有邓小平同志1977年9月关于《教育战线的拨乱反正问题》的谈话,没有1978年全国范围内关于"真理标准问题"的大讨论,没有1979年复旦大学校长苏步青等率先站出来呼吁"给高等学校一点办学自主权",以及诸如此类的思想解放运动,很显然就没有今天高等教育的厚实基础,更不可能有建设高等教育强国之倡议。而建设高等教育强国对于我国来说,可谓是任重道远,进一步解放思想,创造性地发展中国教育理念则是必需的、首要的任务。

① 刘泽渊,王海山:《近代世界哲学高潮和科学中心关系的历史考察》,《科研管理》,1981年第1期。

第二章　教育理念及教育理念创新

教育理念及教育理念创新之基本理论问题包括四个方面：第一是如何理解教育理念的内涵，第二是回答教育理念究竟有什么作用，第三是明确创新教育理念有哪些可能的路径，第四是指出在中国建设高等教育强国这一特定的研究语境和背景下，教育理念创新需要注意哪些特殊问题。第二个问题在第一章中已经作了回答，本章重点解决其他三个方面的问题。

第一节　教育理念的内涵解析

探讨教育理念的内涵，是一个非常棘手的问题。教育理念内涵的研究有很多，但有广泛影响的研究观点却很少。鉴于教育理念概念在研究中的基础性地位，并结合本研究的需要，我们尝试提出自己的见解。

一、对理念的理解

教育理念是理念的下位概念，要理解教育理念，应先从词源上了解理念概念形成的特殊性和正确定位理念在马克思主义哲学体系中的范畴，首先解决对理念的正确认识问题是探讨教育理念概念的前提条件。

理念概念是从英语单词 idea 翻译过来的，而英文中这个单词则由希腊文转写而来(亦有人说是音译过来)。即使在希腊文中，理念的内涵也是发展变化的。在柏拉图把理念作为一种本体论存在而理解为"类的彻底感知"以前，原本意义为"看"或"看见"的理念概念，已经经历了从"看"或"看见"转化为"可见的方面"，进而转化为"可见的形状"、"类型"或"种类"等众多语义变换过程。而后人在解读理念内涵时，多是从柏拉图的"理念论"开始。在柏拉图那里，① 理念代表理智对象,与感知对象相对立;② 理念代表真实的事物,与感知中变化的对象相对立;③理念代表永恒的事物,与可能消失的变化世界相对立。[①] 自柏拉图之后,对理念的理解已经成为一个基本的哲学问题,各个历史时期的哲学家对理念的内涵均有所论述,但基本上都未能跳出本体论的范畴。如黑格尔也认为:“理念是自在自为的真理,是概念和客观性的绝对统一。”[②]

理念一词从希腊文转写到英文,再从英文译成中文,固然对我们把握它增加了一些难度。其实造成我们理解上的混乱更重要的原因是,当一些学者在研究与借鉴古圣先贤对理念的界定时,却忽略了他们的哲学前提,这就导致了理念所属范畴的紊乱或错位。从柏拉图到黑格尔,以及中国对“理”的认识,基本上多属于本体论的范畴,要解决的是存在与思维的关系问题。而且在思维与存在的关系上,或者错误地把思维看成第一性的,或者把思维的概念形式作为客观事物的本身。这既与我们信奉的马克思主义哲学常识相背离,也与我们研究和使用理念的目的不相符。我们认为,针对理念的探讨宜放在认识论领域。从这一点出发,才能驱散理念研究不知所云的迷雾。

从认识论的角度看,理念属于认识的范畴,它来源于实践,并受实践的检验。实践提供了理念形成的素材,也规定了理念的价值取向。理念不是头脑中自生的,更不是先验存在的,也不是什么绝对的意志,可以不受客观条件的限制。当然,理念也不是在实践中自发形成的,不是对客观世界机械反映的结果;理念的形成还有其思想上的渊源,同时受到主体自身因素的制约,体现为主体的主观认识和愿望。总之,理念从本源上是实践的,但理念一经形成就可以作为一种间接的实践形式为产生新的理念创造条件,人在这一过程中是能动的。在同样的情况下,个人最终具备什么样理念主要还是取决于自身认识。在我国,理念的重要性日益受到关注最根本的原因,就在于在新的历史条件下党和国家领导人能够解放思想,实事求是,正确理解和运用马克思主义。理念不再是实践在人们头脑中留下的投影,它可以超越存在,规定和指导进一步的实践。可以这样说,美好的世界是由实践来创造的,但美好的世界需要用“心”来描绘,发挥“心”的创造性,改变社会发展自发的进程,这是一种进步,这种进步也是理念的胜利。这同时也意味着,理论研究不能只从“原在”上去理解现实,理论研究应该合乎逻辑地去设想社会的“另类存在”,展示未来更加合理社会的可能性。理念的研究就承担着这样一种责任,然而前提是需要理念在马克思主义哲学体系中获得新的生命,从柏拉图等的哲学著作中 ,从中国“理”的历史流变中去寻找理念的哲学

---

① [古希腊]柏拉图:《理想国》,谢祖钧译,陕西人民出版社 2009 年版,第 165~192 页。

② [德]黑格尔:《小逻辑》,贺麟译,商务印书馆 2011 年版,第 399 页。

定位和抬高理念的地位或许是一种误导

把理念归结到理性认识的范畴,并强调理念对实践的能动作用只是问题的第一步,这对我们真正了解理念是不够的,仍有必要进一步分析理念的特性。我们认为,理念作为一种特殊的理性认识,具有三个方面的特点。① 理念关注事物的本来面目及其发展的终极目的。理念是从事物的内在属性和客观条件出发,综合其发展的终极目的和外在条件变化的倾向所得出的超前性认识。理念不等于实践经验的总结,理念总是以指导未来的实践为其使命,其对未来实践纲领的设定始终贯穿着逻辑与历史的统一原则,历史来自对理念载体发展历程的考察,逻辑则是基于理念载体的本质规定。② 理念有情感参与其中。没有情感参与的理性认识注重客观分析和事实描述,这种理性认识成果的表现形式是一系列陈述命题所构成的理论体系,其判断标准是真与假。理念渗透着主体的情感,是附着主体情感的理性认识,一方面使理念与错觉以及虚无缥缈的幻想区分开来,另一方面则使理念与单纯的事实判断有所不同。当我们评价某一理念时,我们不仅要看它有没有根据,还要看它的目的与动机何在。当我们说某人具有什么理念时,这种理念肯定内含着他本人的积极情感。③ 理念反映着某种追求。理念除了认知和情感两种要素之外,还需要意志的努力,把认识转化为主体的自觉追求,把情感调节到一种稳定而持久的状态。只有把这三个方面都讲全了,我们才能真正认识什么是理念,理念也才能不负重托。

综上所述,所谓理念,是以社会实践为基础,渗透着主体情感,反映着主体追求,从事物的内在属性和所处的客观条件出发,综合其发展的终极目的和外在条件变化的倾向所得出的一种特殊的理性认识。

二、对教育理念的理解

界定了理念的概念之后,应该说,教育理念的理解和界定问题就已经基本解决了。但是,为了准确地说明教育理念的内涵,有必要介绍一些有代表性的观点,找出大家共同关注的教育理念概念中的基本要素,以此来反思我们对理念的一般性解释,然后用这个一般性解释来约束和规范我们对教育理念的看法。这样做,一方面可以防止对理念的内涵设定过于主观武断,另一方面也能有效地避免理念研究和教育理念研究出现“两张皮”现象。

关于教育理念的代表性观点如下。

蔡克勇认为:“教育理念是人们在教育实践过程中形成的对教育发展的指向性的理性认识。它是一个很宽泛的概念,可包括三个层面:教育是什么？教育有什么作用？教育怎样发挥作用？”①

陈桂生认为，教育理念不是对教育实然状态的描述，而是关于“教育的应然状态”的判断，是渗透着人们对教育价值取向或价值倾向的“好教育”观念。②

韩延明认为：教育理念是教育思想家乃至整个民族长期蕴蓄和形成的教育价值取向的反映、体现和追求，是关于教育发展的一种理想性、精神性、持续性和相对稳定性的范型，具有导向性、前瞻性的特征。③

眭依凡认为，教育理念有五个基本特点。① 教育理念是教育主体对教育及其现象进行思维的概念或观念的形成物，是理性认识的成果。② 教育理念包含了教育主体关于“教育”的价值取向，属“好教育”的观念。③ 教育理念不是现实，但源于对教育现实的思考，是教育主体对教育现实的自觉反映。④ 教育理念是个外延比较宽泛，并能反映教育思维诸概念共性的普遍概念或上位概念，如教育思想、教育观念、教育看法、教育认识、教育理性、教育信念、教育信条等都在理念之中。此外，教育理念还以上述诸概念的外在形式表现出来以示其既有抽象性又有直观性，如教育宗旨、教育使命、教育目的、教育理想、教育目标、教育要求、教育原则等。⑤ 教育理念之于教育实践，具有引导定向的意义。在此基础上，眭依凡认为：“教育理念是教育主体在教学实践及教育思维活动中形成的对‘教育应然’的理性认识和主观要求。”④

李萍等发表在《上海高教研究》1998 年第 5 期的《教育的迷茫在哪里——教育理念的反省》一文，对教育理念的见解较为受人关注，引用率较高。该文认为：“教育理念是关于教育发展的一种理想的、永恒的、精神的范型。教育理念反映教育的本质特点，从根本上回答为什么要办教育。”

从以上关于教育理念的各种表述中可以看出，人们对教育理念的理解涉及的问题主要如下。

(1) 是谁的教育理念？

(2) 教育理念属于什么范畴？

(3) 教育理念是否包含教育价值取向？

(4) 教育理念与教育的本质有关系吗？

(5) 教育理念是怎样形成的？

(6) 教育理念必须为教育发展指明方向吗？

---

① 蔡克勇：《以学生全面发展为本》，《高等教育研究》，2000 年第 5 期。

② 陈桂生：《“教育学”视界辨析》，华东师大出版社 1997 年版，第 4~12 页。

③ 韩延明：《大学理念探析》，厦门大学博士学位论文，2000 年 5 月。

④ 眭依凡：《简论教育理念》，《江西教育科研》，2000 年第 8 期。

关于第一个问题,看上去似乎是多余的,但确实是很难回答的一个问题,即教育理念是其本身固有,还是属于研究教育的人或者属于开展教育活动的组织?我们认为,学校、社区、民族或者国家与社会的教育理念是人所赋予的,是占主导地位的教育理念制度化的结果。制度化的教育理念虽然来自个体的教育理念,但两者已经有了严格的区别。教育活动自身也不会自然地形成教育理念,但在长期的教育发展过程中,人们已形成一些对教育及教育发展相对稳定的看法,这些看法在历史的不断选择中就可能"异化"为不以人的意志为转移的"教育理念"。从严格意义上讲,理念只是属于人的。教育理念属于人并不意味着人人都有教育理念,人人可以有教育观念,因为教育理念的形成是自觉的、有条件的。基于这种认识,我们在解释教育理念时应注意其不同的主体属性。

关于第二个问题,即教育理念最终定位在什么范畴之内,学者的意见更不一致。从上面所列举的若干解释中可以看出,有的把它归结为"范型",有的认为是"理性认识",有的主张是"理性认识+主观要求",有的把它放在"教育观念"中。强调教育理念是一种"范型",与对上述第一个问题的认识有关,侧重从组织和教育自身来研究教育理念,其实,个体的教育理念转化为组织的理念或积淀为教育的理念就是一个范型化的过程。主张教育理念是"理性认识+主观要求",显然反映了作者既重视教育的"实然状态",又肯定教育理念要表达教育的"应然状态"。把教育理念放在"教育观念"的范围内,似乎过于迁就了人的主观性的一面。我们倾向于蔡克勇对教育理念的定位,即归根结底教育理念就是理性认识。如果认为"理性认识"过于宽泛,可以对其加以限定,无须搞出一些并列的概念来。

关于第三、第四个问题,即教育理念与教育价值、教育本质之间的关系问题,均受到了直接或间接的肯定,在这一点上没有什么分歧。问题是教育价值能否与教育本质同时出现在教育理念概念的解释之中。我们认为,两者是可以为教育理念所协调的。因为关于教育本质的研究看上去是一个客观性问题,事实上诸多研究的结果反映的已不再是问题本身,而是与研究者本人的教育价值取向密切相关的。正因为如此,高举教育理念大旗的人往往是"教育作为学术机构"或"教育作为培养人的活动"的捍卫者,在教育价值取向上倾向于教育促进人的发展和繁荣学术。换句话来说,我们怎么理解教育往往就会主张按照这种理解来办教育,我们怎么办教育往往就会按照这种办教育的方式来理解教育。教育本质与教育价值是两个东西,但两者常常联系在一起。当然,教育理念与教育本质之间有没有必然的联系,我们认为这还是值得怀疑的。但是,能否在教育理念研究中顾及教育的本质至少是衡量教育理念研究深度的一个重要标尺。

关于第五个问题,即教育理念是怎样形成的,每个人的看法与其怎样理解教育理念是有关系的。韩延明倾向于认为教育理念由历史积淀而成,蔡克勇认为教育理念是在教育实践过程中形成的,眭依凡认为教育理念是在教学实践和教育思维活动中形成的,陈桂生和李萍等没有明确触及这个问题,但仍然可以看出他们强调教育理念形成过程中主观建构的重要作用。我们认为,教育理念总的来说是教育实践的产物,来源于教育实践并服务于教育实践。但教育实践不会自发地形成教育理念,教育理念是教育主体在反思教育实践过程中、参照历史的教育素材、富有想象力地进行主观创造的结果。

最后一个问题实际上是要回答研究教育理念的意义。无论指出教育发展的"应然状态",还是要求教育理念解决教育怎样发挥作用的问题,无论指出教育理念具有导向性与前瞻性的特征,还是要求教育理念从根本上回答为什么要办教育,都表达了教育理念要有很强的实践意识。这种实践意识从教育理念本身来说,反映着教育主体对教育发展的某种追求。

对上述问题作了简单的评价之后,我们的结论是,从教育学(理论形态)的角度讲,对这些问题做出正确的回答,就基本上可以把握教育理念的内涵。而用这些问题来检验上述对"理念"的认识,应该说两者是一致的。基于此,并参照对"理念"的解释,我们认为,所谓教育理念是指以社会与教育实践为基础,渗透着主体的教育价值取向,反映着主体对教育"应然状态"的追求,从教育本质和教育发展的外在条件出发,综合教育促进人的发展之终极目的和社会条件变化的倾向所得出的一种特殊的理性认识。

在教育理念的内涵探析上,还应把握以下四个方面。第一,要弄清楚我们研究的理念是什么。理念是一个外来词汇。要准确地理解"理念"一词的含义,就有必要弄清楚它在英语中指的是什么。根据牛津词典的注解,理念分别对应plan、thought、impression、opinion、belief、fancy、notion、purpose等意思。翻译为汉语,可以相应地梳理为这样三类,一是指印象、设想;二是指观点、思想;三是指信念。显然,基于我们课题研究的目的,我们所谈的理念应该主要在于后面两种意思。并且这两类意思还不在同一个层面上,指涉"观点、思想"的理念,指的是经过思考和推理后得出的结论;而作为信念的理念,更多的是指基于特定的价值判断,对某事物持有的一种预设的信仰。尽管在意思上有这样的差别,但是,指涉观点、思想的理念之中必定隐藏了理念主体特有的价值取向。因此,在进行强国教育理念研究的过程中,有必要理清它们之间的分野与关系。第二,要明确教育理念的载体是什么。虽然教育理念、办学理念、大学的理念,以及大学的理想等这类概念经常在我们头脑中纠结,但是,这些理念所面对的客体是不一样的。既然研究教育理念,就要从教育上寻求破题的着力点。教育有广义和狭义之分,狭义的教育,归根到底,是人才培养的活动。因此,就狭义的范畴而言,教育理念应该围绕人才培养来做文章。但从广义而言，教育的含义不但包括人才培养活动，而且包括与人才培养相关的各种活动及相关因素。因此，就广义的范畴而言，教育理念是关于人才培养及相关活动的思想观念。第三，在理念的归纳上，要让“理念”像理念。理念体现在教育方针、教育制度、办学措施等方面，但不能简单地认为，这些东西就是教育理念。在以往关于教育理念的研究上，就有把教育举措、教育制度当做理念的现象。我们可以借鉴这些研究成果，但是不能让这些研究阻碍我们对理念的深入探讨。第四，在教育理念的研究过程中要突出几个基本点。要突出理念的“人本”性，这是研究的基点，不管教学、科研，还是服务社会，最终都要落脚到“人”上；突出理念的思想性，不管哪国哪校的教育理念，一定要是被人们广泛认同，并被采纳了的观念；突出理念的实践性、有效性，所研究的理念应该是被贯彻执行，且行之有效的，只有这样的理念才有借鉴意义；突出理念的原创性，尽管大学的教育理念有很多共性，但是在分析不同对象时，在个案研究中要清晰勾勒出它们是如何结合自身特性，而形成独具特色的教育理念的；突出理念的生命力，理念更多的是一种信仰，在研究理念过程中需要结合具体国家、具体学校的文化传统与发展历程，揭示出教育理念是怎样成为一种信念的。

第二节　教育理念创新的可能路径

对教育理念的理解中已经包含着我们对教育理念创新路径的基本见解，鉴于对教育理念创新路径的探讨本身也是一个重要的理论问题，且对后续研究具有重要的指导价值，特此将其作为一个部分并加以专门论述。

我们认为，教育理念创新是一个非常复杂的过程，可以有多种多样的路径。教育理念创新甚至与顿悟、灵感、直觉等一些非理性思维活动相关，根本就无法作为一个理性问题加以探究。但是，即使最复杂的创新过程，最多样化的创新渠道，我们总还是可以捕捉到一些常见的、稳定的、具有共性特征的教育理念创新路径。据我们的观察与分析，教育理念主要有基于本质、基于价值、基于经验和基于未来四种创新路径。

一、基于本质的教育理念创新路径

所谓基于本质的教育理念创新路径，就是从"什么是大学"、"什么是教育"、"什么是学术"等这样一些概念的阐释出发而提出的教育理念。虽然本质主义在学术界已经受到严厉的批评，但此一路径仍然是教育研究界最常用的教育理念建构方式。

例如，《什么是教育》一书的作者雅斯贝尔斯，其建构教育理念的路径就是典型的本质主义路径。在雅斯贝尔斯看来，人类的未来，取决于本真教育的能否成功，真正的教育应先获得自身的本质，当教育的本质发生问题之时，教育就会异化为一些形式化的东西，危机便接踵而至。而所谓教育的本质，按照雅斯贝尔斯的观点，就是对终极价值和绝对真理的虔敬，而精神则是那唯一的可虔敬之物。他告诫我们："教育，不能没有虔诚之心，否则最多只是一种劝学的态度，对终极价值和绝对真理的虔敬是一切教育的本质，缺少对'绝对'的热情，人就不能生存，或者人就活得不像一个人，一切就变得没有意义。"①

正因为雅斯贝尔斯如此理解教育，在他的教育理念体系中，科技教育便惨遭厄运。他说："教育过程首先是一个精神成长过程，然后才成为科学获知过程的一部分。科学中根本不存在作为立身之本和对终极价值叩问的东西，因此也就没有绝对价值可言。……因为技能的训练，专业知识的提高还不能算是人的陶冶，连科学思维方式的训练也谈不上，更何况理性的培养。"②雅斯贝尔斯对社会给予科学家以特别的优待，以及科学技术与社会经济之间日益紧密的联系显然有些不满。与各个国家不惜投入巨额经费，发展科学技术教育，以提高国际竞争力的现实潮流相反，雅斯贝尔斯主张，只有回归本真教育，才能从根本上遏制滥用科技所可能造成的灭顶之灾。他强调："科技讲求的是生产力和强大的武器，而精神要求的则是人的转变。前者只能制造装备，把人变成工具，并且导致毁灭。后者使人悔改，变成真正的人，并且借助精神的转变，人们不但不会被生产力和制造武器的技术打败，反而能掌握它们，挽救我们的生存。"③

正因为雅斯贝尔斯如此理解教育，在他的教育理念体系中，"自由"便有了极其重要的地位。在雅斯贝尔斯看来，要达到"精神成人"的教育目的，自由乃是第一要件。他指出："只有导向教育的自我强迫，才会对教育产生效果，而其

---

① ［德］雅斯贝尔斯：《什么是教育》，邹进译，生活·读书·新知三联书店 1991 年版，第 44 页。

② ［德］雅斯贝尔斯：《什么是教育》，邹进译，生活·读书·新知三联书店 1991 年版，第 50 页。

③ ［德］雅斯贝尔斯：《什么是教育》，邹进译，生活·读书·新知三联书店 1991 年版，第 68～69 页。

他所有外在强迫都不具有教育作用，相反，对学生精神害处极大，最终会将学生引向对有用性世俗的追求”。① 雅斯贝尔斯所倡导的自由，一是要避免学习与学术误入“有用性”的歧途，二是要培育自主学习与探索的学校氛围。雅斯贝尔斯强调：“大学应始终贯穿这一思想观念：即大学生应是独立自主的、把握自己命运的人，他们已经成熟，不需要教师的引导”；“固定的学习计划解除了单个个人在寻找自己的精神发展之路上所要经历的危险，但是缺少这种在精神自由中的冒险，也就失去了独立思想的可能性本源，而仅仅剩下发达的专业而已。”②

事实上，在高等教育研究领域与教育理念有关的主要成果，大多受到了本质主义思维方式的影响。纽曼的《大学的理想》是如此，弗莱克斯纳的《现代大学论——美英德大学研究》也不例外。国内近些年来出版的一些相关著作也多是从界定“大学”的概念或逻辑开始的。应该说，纽曼的《大学的理想》是大学理念研究的奠基之作。而这本著作的由来是这样的：1852 年，亨利·纽曼先生应邀出任由教皇训令创办的都柏林天主教大学校长一职，为宣传这所新办的大学，他先后做了一系列关于大学的性质、作用与范围等大学教育基本理论问题的演讲，《大学的理想》一书主要由这些演讲构成。纽曼指出，“在这些演讲中，我对大学的看法如下：它是一个传授普遍知识的地方。这意味着，一方面，大学的目的是理智的而非道德的；另一方面，它以传播和推广知识而非增扩知识为目的……这就是大学的实质所在，并且独立于与教会的关系之外。”③换句话说，纽曼的系列演讲都是在为这个“看法”作注解，是这个“看法”的展开或补充。读过《大学的理想》一书的人对此肯定不会陌生，而纽曼对我们影响最大的地方也主要是他的这个看法。弗莱克斯纳的《现代大学论——美英德大学研究》一书同样是高等教育研究的经典著作，按照中译本“译者前言”的说法：“作者关于现代大学理念的观点，是作者研究美英德大学的特点与问题的指导思想和理论基础。作者对美英德大学的分析，正是在其现代大学理念的基础上展开的。”④其实，用不着通读《现代大学论——美英德大学研究》一书，看看该书的目录（全书共四章：第一章为“现代大学的理念”，第二章为“美国的大学”，第三章为“英国的大学”，第四章为“德国的大学”），或许我们就可以猜测到，弗莱克斯纳同样也是先假设存在“真正的大学”，然后用这个“真正的大学”来评判美国的、英国的、德国的大学。

---

① ［德］雅斯贝尔斯：《什么是教育》，邹进译，生活·读书·新知三联书店 1991 年版，第 5 页。

② ［德］雅斯贝尔斯：《什么是教育》，邹进译，生活·读书·新知三联书店 1991 年版，第 141 页。

③ ［英］纽曼：《大学的理想》，徐辉等译，浙江教育出版社 2001 年版，第 1 页。

④ ［英］弗莱克斯纳：《现代大学论——美英德大学研究》，徐辉等译，浙江教育出版社 2001 年版，第 2 页。

关于国内学者是如何采用同样的路径来建构教育理念的，在此不再赘述。需要申明的是，本质主义的教育理念创新路径虽然有一定的局限，但仍不失为一种很有意义的路径。教育有没有本质？教育的本质是什么？关于这样一些问题的真假判断，其实是次要的，关键的问题在于我们对教育的理解究竟是为了一种什么样的目的。在很多情况下，人们对教育有什么样的诉求，便依此来认识教育。既然如此，关于教育命题的合理性检验，就不能脱离命题为之服务的既定目标而孤立地进行。也正是这样一种需要，促成了本质主义与理想主义在教育问题上结成了联盟。用教育的本质为教育的理想保驾护航，似乎已是许多教育学家研究问题的通例。而理想主义更是研究教育和兴办教育不可或缺的东西，就像艾伦·弗鲁姆所说的那样："理想主义应该在教育中占第一位……正如柏拉图在开始论述乌托邦时教诲我们的，乌托邦思想是我们必须玩的一把火"。[①] 本质主义的认识路线与知识观塑造了现代大学的基本架构，没有相对稳定的大学边界和大学理念，大学也不可能从中世纪延续至今。

二、基于价值的教育理念创新路径

教育的价值是教育理论研究的核心问题，是实践形态的教育得以安身立命的基础。虽然，教育理念不等于教育的价值，但从教育所需要关注、体现和追求的价值出发，或者是从办好教育所需要处理好的价值关系出发，进而提出或建构教育理念，则是一种常用的、较为有效的教育理念创新路径。

教育所需要关注、体现和追求的价值也就是一般意义上所说的教育价值，是教育作为一种客体契合教育主体需要的属性或程度。教育现象或教育活动作为一种客观存在，无论教育主体对教育客体是否有确切的需求与追求，教育客体对教育主体总会有这样或那样的教育价值。但是，教育究竟体现为何种价值，为哪种价值服务，主要是教育主体主观选择和努力的结果。客观地讲，教育既具有促进人的发展和促进社会发展的价值，也会对内在价值与外在价值、本体价值与工具价值均有所贡献。然而，我们也看到，不同的时代、国家、学校或学者，其所追求的教育价值在许多情况下却大相径庭。即使是刻意追求教育的内在价值、本体价值，抑或是促进人的发展价值的教育主体，有的强调知识的积累，有的强调技能的增进；有的强调智慧的培养，有的强调美德的养成；有的强调全面发展，有的强调培养独特个性；有的强调提高普通文化素养，有的强调训练职业能力；有的强调掌握基础理论，有的强调获得操作技能。即使是刻意追求教育的外在价

① ［英］艾伦·布鲁姆：《走向封闭的美国精神》，缪青等译，中国社会科学出版社 1994 年版，第 64 页。

值、工具价值，抑或是促进社会发展价值的教育主体，有的注重政治效益，有的注重经济效益；有的注重功利效益，有的注重文化效益；有的着眼当前利益，有的着眼长远利益；有的谋求维护现存的社会秩序，有的谋求建立新的社会秩序。[①] 我们认为，教育价值的选择过程就是教育理念的形成与建构过程。事实上，同教育价值的分化与选择一样，教育理念从大的方面也可以分为个人本位与社会本位的教育理念、政治论与认识论的教育理念，从具体的层面可以分为自由教育与职业教育理念、通识教育与专业教育理念、全面发展与个性化教育理念等。对于我国建设高等教育强国而言，在我们提出或构建指导性的教育理念体系之时，不仅要关注通识教育理念、个性化教育理念等方面的研究成果，更要从教育价值的高度，认真分析我国当前教育价值取向的偏差，认真研究教育价值的有关理论，从而更好、更有效地完成教育理念创新任务。

就办好教育所需要处理好的价值关系而言，据我们所知，伯顿·克拉克、克拉克·克尔等世界知名的高等教育研究专家均有所论述。伯顿·克拉克指出，现代高等教育系统离不开正义、能力、自由、忠诚这四种基本的价值。正义是指实现社会正义，让每个人、每个单位与部门都受到公正的待遇。能力是指提高高等教育系统的效率，提升高等教育系统的职能，培养更优秀的人才。自由是指高校的自治权、个体的选择权。忠诚是指与国家利益紧密相关的价值标准，包括对批评的限制和服务于民族大业的要求等。伯顿·克拉克通过考察世界各国高等教育的发展状况，不仅指出：一旦某些价值观念通过职位与权力得到了具体体现，而另一些准则和目的却受到了压抑或否定，整个（高等教育）系统就会因为缺少正常的妥协而陷入一团糟的境地，而且提出了缓和、协调各种价值冲突六条设想，对建立一个理想的高等教育系统具有重要的参考价值。[②] 克拉克·克尔的《高等教育不能回避历史——21世纪的问题》一书也基本上遵循的是这四种价值的逻辑。在忠诚与自由之间，克拉克·克尔既强调大学首先是国家的机构，同时又指出高等教育的国际化不可避免，认为大学既应该奉行纯粹的学术生活模式，也必须服从民族国家的合理指导；在自由与平等之间，克拉克·克尔说："全面的自由导致混乱，从而导致个人自由得以保护的条件的终结；而且条件的全面平等，要求一种集权的制度，在这种制度下，使条件平等的权力的分配是最不平等的。两种思想，它们的极端形式都是自我毁灭性的。"[③]在平等与优秀之

---

① 扈中平：《教育规律与教育价值》，《教育评论》，1996年第2期。

② ［美］伯顿·克拉克：《高等教育系统——学术组织的跨国研究》，王承绪等译，杭州大学出版社1994年版，第271～296页。

③ ［美］克拉克·克尔：《高等教育不能回避历史——21世纪的问题》，王承绪译，浙江教育出版社2001年版，第63页。

间，克拉克·克尔主张，高等学校应该更加积极地寻找（不只是接受）天资高和肯努力的人，也应设法解决处于不利地位的人接受高等教育的问题。他坚持认为大众化高等教育或普及高等教育并不必然是精英高等教育的敌人，还提出了一个看似奇怪的反常声明，即“拯救一个高等教育的高度选择型部分最好的方法是扩大较次选择型部分和非选择型部分并提高它们的地位”①。受伯顿·克拉克、克拉克·克尔四种价值观点的影响和启发，陈廷柱则把自由、忠诚、卓越、平等四种价值与大学的理想（理念）研究结合在一起，明确地提出，“站在某种立场之上，自由、忠诚、卓越、平等四种价值中的任何一种价值均可以成为大学的理想追求，而问题是四种价值并不是孤立的，它们之间既相生又相克，不适度地追求某一种价值，不但有损于其他价值，并会最终殃及自身。应该说，四种价值是可以融为一体的，大学的理想就在于如何整合这些具有冲突倾向的价值追求，价值共赢是理想大学的基本特征。”②并且，他还以 1900 年前后德国的大学以及当今美国的大学为例，论证了整合四种价值、实现价值共赢对促成大学理想的重要作用。

从以上所给出的研究观点来看，办好教育需要处理好各种价值的关系，而如何处理各种价值关系，既是一个教育价值取向问题，也代表着不同倾向的教育理念。国内外还有很多学者围绕学术自由与社会责任、教育公平与效率、人文教育与科学教育、应用领先与学术导向等价值关系，提出了非常多的改革与发展教育的看法、设想及建议，这都是我们创新教育理念以服务于高等教育强国建设的重要资源。

三、基于经验的教育理念创新路径

所谓基于经验的教育理念创新路径，就是以国家、地区、学校、时代或教育类型等为分析单位，通过概括、提炼分析单位的办学经验和教训，或者基于分析单位明确提出的教育理念，围绕特定的研究目的而提出或重新建构教育理念的一种思路。事实上，这种思路在研究某个国家、某个地区、某个时代、某个学校或某个类型的学校的教育理念时，较为常见。在高等教育领域，就国家而言，研究德国、美国的高等教育理念的较多。就地区而言，研究北美、欧洲大陆以及中国港

① [美]克拉克·克尔:《高等教育不能回避历史——21 世纪的问题》，王承绪译，浙江教育出版社 2001 年版，第 91 页。

② 陈廷柱:《大学的理想——价值取向及其言说立场与限度》，中国海洋大学出版社 2008 年版，第 203 页。

澳台地区高等教育理念的较多。就时代而言,研究中世纪、21 世纪高等教育理念的较多。就学校而言,研究世界一流大学教育理念的较多。就类型而言,研究职业高等教育理念、美国社区学院教育理念的较多。本书也主要采用的是基于经验的教育理念创新路径,重点研究美国、德国、英国等 6 个国家以及哈佛大学、牛津大学、东京大学等 10 所世界一流大学的教育理念,同时还要研究我国近现代以来高等教育理念的变迁历程,并在此基础上构建指引我国建设高等教育强国的教育理念体系。之所以采用这种教育理念创新路径,主要是考虑到从我国建设高等教育强国的需要来说,这种路径比基于"本质"和"价值"等的教育理念创新路径,更具有实践性、针对性、操作性的特点。

之所以说基于经验的教育理念创新路径更具有实践性,是因为"经验"已经落实到行动中,是经过实践检验的。无论从发达国家、发达地区、发达大学办学实践中概括、提炼出来的教育理念,还是从欠发达国家、欠发达地区、欠发达大学的办学实践中证明是行之有效的教育理念,实践是这种类型的教育理念被关注和被提取的前提条件,也是这种类型的教育理念的基本特征。而在非专业人士看来,实践经验肯定比纯粹理论的来源更可靠,更具说服力,更具参考价值。我们把这些在别的国家、别的地区、别的学校已经在办学实践中发挥过重要作用的教育理念梳理出来,并提交出去,肯定比从"本质"、"价值"推演出来的教育理念,更易于让决策者接受,更易于让大众理解,更易于让学校领导践行。

之所以说基于经验的教育理念创新路径更具有针对性,是因为我们可以有针对性地选取分析单位。我国能否建设成为高等教育强国以及如何才能建设成为高等教育强国,大家最关心的是,与高等教育发达国家相比,我们的差距体现在什么地方?高等教育发达国家是怎么达到现在这个水平的?于是,我们就可以把历史上出现过的、当今位居世界前列的高等教育发达国家以及发达国家的一流高校遴选出来,认真研究这些遴选出来的国家和高校是在什么样的教育理念指引下走向成功的,或者科学总结这些遴选出来的国家和高校在走向成功的过程中体现出了什么样的教育理念,而后以此为基础来构建指导我国建设高等教育强国的理念体系。这是一种"由强到强"的路径,无论从概括、提炼教育理念的过程来说,还是从指导高等教育强国建设的实践来看,基于他国、他校经验的教育理念创新路径,具有较好的针对性。

之所以说基于经验的教育理念创新路径更具有操作性,是因为我国建设高等教育强国的过程主要以赶超高等教育发达国家为主。建设高等教育强国对我们来说是一项崭新的事业,但从世界范围来看,已有许多国家的高等教育远远走在了我们的前面。尽管建设高等教育强国与我国坚持走中国特色社会主义道路密切相关,但是,我国建设高等教育强国也不是自娱自乐的事情,必须在许多可比的方面接近或达到世界领先国家的标准。由此说来,高等教育发达国家与世界一流大学的教育理念就有充分的理由需要我们给予高度的重视。

当然,基于经验的教育理念创新路径也是有一定局限的。因为经验与特定的背景与条件密不可分,剥离了特定背景与条件的经验很有可能出现水土不服的现象。陈廷柱等在访谈世界著名的高等教育研究专家菲利普·阿特巴赫教授时,阿特巴赫就谈到:"中国可以借鉴西方的一些教育理念,但不能简单地照搬欧美等国的标准、体制与体系。邓小平曾说过建设中国特色社会主义,我想这种主张同样适用于中国的高等教育强国建设。在中国建设高等教育强国的问题上,不能生搬硬套西方高校的那一套做法,更不能以为照搬西方的就够了。中国需要尊重自己的高等教育文化,需要适应自己的高等教育环境,需要有自己的高等教育特色。"①为此,在采用基于经验的教育理念创新路径时,有三个方面的问题要注意。第一,既要做好从发达国家、发达地区、发达学校办学经验与发展历程中提取教育理念的研究工作,也要认真分析支撑这些教育理念或者是这些教育理念能够发挥作用的特定背景与条件,结合我国建设高等教育强国的背景与条件,进行教育理念的再创新。第二,经验可以分为特殊经验与共性经验。在分析各个发达国家与一流大学教育理念的基础上,要尽可能总结和提炼出具有共性的教育理念。相对来说,具有共性的教育理念更具有普适性,更贴近做强高等教育的一般性要求。第三,基于经验不等于唯经验论。从发达国家、发达地区、发达学校提取教育理念的过程中,必然也必须要内涵着我们对"教育"和"大学"的理解,渗透着我们的教育价值追求。在对发达国家、发达地区、发达学校的教育理念进行二次加工的过程中,要能够坚持以我为主,尊重经验,而不复制经验。

四、基于未来的教育理念创新路径

所谓基于未来的教育理念创新路径,即从预测未来的发展变化出发,基于教育要适应和引领未来发展变化的要求而提出相应的教育理念。未来尽管是不确定的,但未来的一些发展趋势还是可以在一定程度上进行预测的,这就为我们从基于未来的角度创新教育理念提供了可能性。更为关键的是,正如联合国教育科学及文化组织(简称联合国教科文组织)在《学会生存——教育世界的今天和明天》研究报告中所指出的那样,教育在当代已经出现了一些新的特征。① 在过去,教育的发展一般是在经济增长之后发生的。现在,教育在全世界的发展正

① 陈廷柱,姜川:《阿特巴赫教授谈中国建设高等教育强国》,《大学教育科学》,2009年第2期。

倾向先于经济的发展。② 在过去,教育的功能只是再现当代的社会和现有的社会关系。现在,教育在历史上第一次为一个尚未存在的社会培养新人。③ 在过去,社会进展是缓慢的,容易自动地吸收教育成果,至少是可以设法适应教育的成果。现在,有些社会正在开始拒绝制度化教育所产生的成果。[①] 由于教育与社会的关系已经发生了根本性的变化,教育先行的观点已经成为人类社会的基本共识。在此,基于未来的角度而创造性地提出具有前瞻性的教育理念就显得尤为重要。

事实上,基于未来的教育理念创新路径已被众多的学者和机构采用过。我们经常看到,有学者基于教育国际化的发展趋势来探讨高等教育理念,有学者基于教育信息化、网络化的发展趋势来探讨高等教育理念,有学者基于教育终身化来探讨高等教育的理念,并由此提出了许多非常有见地的高等教育理念。陈廷柱的博士学位论文就是基于学习型社会这一关于未来的基本观点来探讨高等教育理念的未来走向的。他认为,面向学习型社会建构高等教育改革与发展的先导性理念是一种合理而必需的选择,以人为本是学习型社会高等教育理念的核心,学习型社会的高等教育应致力于促进人性的自我完善,应促进学习者终身学习需要的满足,应促进教育民主的实现。[②] 当然,我们认为,从基于未来的角度对教育理念创新贡献最大的,还莫过于《学会生存——教育世界的今天和明天》这部经典之作,其所提出来的"教育先行"、"尊重人的发展"、"学会学习"等教育理念已经成为当今世界各个国家改革与发展教育的基本议题。

这个路径对本研究来说尤为重要。首先,建设高等教育强国是面向未来的事业。要完成这个事业,至少需要 30～40 年的时间。换句话说,到 21 世纪中叶,我国若能跻身世界高等教育强国的行列,已经非常令人欣慰了。严格说来,建设高等教育强国是永无止境的事业,需要我们长期不懈地为之谋划与奋斗。其次,我们要清楚,提出建设高等教育强国的口号是为我国走新型工业化道路、建设人力资源强国与创新型国家服务的。新型工业化道路怎么走?人力资源强国与创新型国家怎么建设?都是我们要密切关注的对象,是我们面向未来创新教育理念的重要基点。只有把我国走新型工业化道路、建设人力资源强国和创新型国家的目标定位、时间部署、相关举措及其对高等教育的具体要求了然于胸后,我们才可以有针对性地提出建设高等教育强国所需要的教育理念。

---

① 联合国教科文组织:《学会生存——教育世界的今天和明天》,教育科学出版社 1996 年版,第 35～37 页。

② 陈廷柱:《学习型社会的高等教育》,南京师范大学出版社 2004 年版,第 105～171 页。

第三节 教育理念创新的基本要求

教育理念创新必须基于一定的语境与背景，撇开语境谈教育理念创新就会远离要研究的主题与主旨，忽视背景谈教育理念创新就会失去依据与意义。我们认为，教育理念创新需要做到“三个需要”，即需要站在国家的立场，需要坚持科学发展观的指导，需要从我国的实际情况出发。

一、教育理念创新需要站在国家的立场[①]

学术界对教育理念的研究相当多，若从研究内容上加以分类，大致可以分为五种情况：一是关于某方面（如学术自由、通识教育等）的教育理念研究，二是关于某人（如洪堡、蔡元培等）的教育理念研究，三是关于某校（如哈佛大学、剑桥大学等）的教育理念研究，四是关于某类高校（研究型大学、社区学院等）的教育理念研究，五是关于某个国家（如美国、德国等）或某个时期（如中世纪、19世纪上半期等）的教育理念研究。我们虽然没有在归类的基础上去进一步分析它们之间的区别，但是可以肯定地说：有的研究侧重于怎样培养人，而有的研究侧重于如何办好学校；有的研究侧重于捍卫高校的学术的价值，而有的研究侧重于强调高校的社会责任；有的研究侧重于坚守教育的传统，而有的研究侧重于主张教育创新。总的来看，教育理念研究多具有浪漫化的色彩，以远离政府干预、科学技术和功利主义价值为基本诉求。

教育理念总是与“理想”以及某些肯定性的价值判断联系在一起的，被认为是有助于引导教育或学校向好的方面发展的某种认识、主张或信条等。然而，由于教育理念的研究立场不同，其研究视野与立论倾向就会表现出较大的差异。基于我国建设高等教育强国的研究语境，我们首先要明白的便是教育理念创新必须站在国家的立场。这个立场有着多种内涵。

第一，我们所提出的教育理念是要用来指导我国建设高等教育强国这一具体教育实践的，对实践的关照远比盲目地追求学术上的标新立异更有价值。为

---

① 陈廷柱：《教育理念创新需要注意的若干问题——基于我国建设高等教育强国的语境》，《遵循科学发展 建设高等教育强国——2009年高等教育国际论坛论文集》，浙江大学出版社2010年版。

此,我们对教育理念的挖掘与提炼必须以事实为依据,而不能沉溺于教育理念的学术著作之中,更不能随心所欲地杜撰出一些教育理念来。

第二,我们在研究教育理念之时,要以整个国家为边界,各种层次、类型与形式的高等教育均应进入我们的研究视野。拥有若干所世界一流大学和一批高水平大学是世界高等教育强国的重要标示,在后续的研究中我们也会专题研究世界一流大学的教育理念。但我们也意识到,对于建设高等教育强国来说,是否具有一个层次、类型与形式多样化的高等教育体系以及全面提高各个层次、类型与形式高等教育的办学质量同样重要。为此,学术性与职业性的高等学校、全国性与地方性的高等学校、公立与私立的高等学校、学历与非学历的高等教育、全日制与非全日制的高等教育、传统与现代远程的高等教育以及落后地区与发达地区的高等教育等,都应该成为我们研究的对象。

第三,要能够平衡各种立场。实事求是地看,学术界较为盛行的某些教育理念在某种意义上多反映的是人的某种愿望和需求。人本主义与学术主义立场的教育理念等得到了反复论述,而国家主义立场的教育理念则少被关注。建设高等教育强国的研究语境要求我们不能回避研究国家立场问题,切实避免各种浪漫化的研究倾向。当然,国家的立场是大立场,我们应设法找到协调各种立场的途径与方法,使我们提出的理念能够符合各种立场的利益。

第四,要能够兼顾教育的各个方面。简单地说,教育是培养人的活动,教育理念就应该是关于培养什么样的人以及如何培养人的某种认识、主张或信仰。但是,联系到我国建设高等教育强国的这一研究语境,仅仅局限于培养人这一方面是远远不够的,高等学校的科学研究与社会服务、高等学校的内部治理与外部关系等凡是涉及高等教育持续健康发展方方面面的内容,均可以研究,也需要研究。

也正是因为站在国家的立场来创新高等教育理念对课题研究尤为重要,课题负责人、华中科技大学校长李培根院士特此撰文。他指出:在高教界内部,人们都非常关注大学或者大学校长的办学理念,的确这对于一所大学的发展影响极大。但是,最影响我国成为高等教育强国的恐怕不是大学的办学理念,而是国家层面的高等教育理念。他认为,国家层面的高等教育理念是整个国家高等教育发展的指挥棒,对国家高等教育的发展乃至国家发展都具有极其重要的意义。研究教育理念的立场不同,关注的教育问题也会有很大差别。国家层面的高等教育理念应该回答的主要问题包括:其一,国家把高等教育摆在何种位置;其二,建立什么样的高等教育生态;其三,让大学在社会进步中扮演何种角色;其四,国家管理高等教育的基本思路。毫无疑问,这些问题不仅直接影响国家高等教育的发展,而且影响国家崛起的速度。他还特别指出,“与时俱进,唯变所适”是从国家层面思考未来高等教育理念的基本原则。“与时俱进,唯变所适”主要包括三个方面的内涵。① 在继承中改革,在改革中继承。即要汲取新中国成立 60 余年、改革开放 30 余年的成功经验和好的做法,并根据当前的情况和未来发展的需要,继续坚定不移地推进高等教育改革。② 要敢于自我批判。即未来的高等教育要主动地在自我批判中成长并增强自己的生命力,要自信地面对各种各样对高等教育的批判性言论,批判将会使我国的高等教育更加成功和强大。③ 要建立新的时空观念。即应着眼于未来,尽可能在世界语境中探讨我国的高等教育发展。“强国”本来就是世界范围和属于未来的概念,没有新的时空观念,就不可能提出适合我国建设高等教育强国需要的教育理念。①

二、教育理念创新需要坚持科学发展观的指导

我们的总课题名称是:“遵循科学发展,建设高等教育强国”。可以肯定的是,我国建设高等教育强国需要科学发展观的指导,而我们探索并提出相应的教育理念,其目的也是为我国建设高等教育强国提供观念指导。很显然,在我们进行教育理念创新时,不可能回避与科学发展观的关系问题。

我们认为,科学发展观与教育理念虽然同属于观念层面的问题,但一种被实践证明是行之有效的观念可以成为另一种观念进行创新的重要指南。具体来说,“发展第一”、“以人为本”、“统筹兼顾”、“全面协调可持续”等均是我国进一步改革与发展高等教育应坚持的基本理念。

关于“发展第一”的理念。我国高等教育在经历了大规模的合并重组、扩招和新校区建设之后,目前在社会各界普遍存在着一种疑虑,即高等教育是不是发展过快了。特别是在我国高校毕业生就业形势越来越严峻的情况下,要不要坚持“发展第一”的理念将面临着巨大的挑战。对此,我们要认识到继续坚持“发展第一”对于建设高等教育强国的重要性。我国的高等教育还比较落后,高等教育在经济社会发展中的战略地位还没有受到足够的重视。只有坚持不断地发展我国的高等教育,加大对高等教育的投入,建设高等教育强国才不至于成为一纸空谈。而且,建设高等教育强国的首要任务虽然是提高我国高等教育质量和办学水平,但是在投入有了基本保障的前提下,适度地推进高等教育的大众化进程仍然是我们建设高等教育强国的重要内容。

关于“以人为本”的理念。对于以人为本的问题,我国已经呼吁很多年了,但落实的情况并不理想。当我国提出建设高等教育强国这一使命时,“以人为

---

① 李培根:《多维度审视国家层面的高等教育理念》,《中国高等教育》,2009 年第 22 期。

本”就不能只停留在口号上。首先,“以人为本”是高等教育强国的重要标志。“以人为本”的内涵非常丰富,判断标准也比较模糊。但“以人为本”绝不是抽象的,可以通过学校的校园环境、建筑风格、配套设施、课程安排与制度建设等各个方面体现出来。举例来说,美国高校的绝大多数建筑物均有专用的残疾人通道,其图书馆提供的服务也非常人性化。还有不少这样的例子,我国高校在许多方面还差得很远。其次,“以人为本”是建设高等教育强国的必然选择。建设高等教育强国依赖很多因素,而一流的师资是最重要的因素。我国高校能否拥有一流师资同样依赖很多因素,而“以人为本”同样是最重要的因素。这些年,我国高校教师的待遇提高了,而教师也被逼得太紧了,五花八门的人才工程或考核办法使许多有心做学问的人也变得浮躁起来。特别是在引进海外高层次人才方面,没有“以人为本”的氛围,优秀的人才是不乐意回来的,回来了也不一定能够发挥出其应有的作用。

关于“统筹兼顾”与“全面协调可持续”的理念。建设高等教育强国不等于创办若干所世界一流大学,不等于出几个诺贝尔奖获得者。遗憾的是,我国高等教育在赶超欧美发达国家的过程中患上了急性病,习惯于采取一种“贴金式”的发展方式,严重违背了“统筹兼顾”与“全面协调可持续”的基本要求。为此,我们一定要认识到,建设高等教育强国是要从整体上提高和改善我国高等教育的发展状况。既要使部分高等学校在办学实力与水平等方面缩小与世界一流大学之间的差距,也要切实改变弱势高校的生存条件;既要重点扶持一批顶尖人才,也要照顾到绝大多数教师的利益与发展;既要强调科学研究,也丝毫不能放松教育教学与社会服务工作。类似地,我国高等教育需要“统筹兼顾”、以实现“全面协调可持续”发展的地方还有很多,故可以认为两者是我国建设高等教育强国必须要坚持的重要理念。

从科学发展观出发,我们可以提出若干指导我国进行高等教育强国建设的教育理念。但是,基于我国建设高等教育强国的研究语境和实际需要,教育理念创新的任务并非只是简单地演绎科学发展观的内容。也就是说,正确处理教育理念创新与科学发展观的关系,还要从正确认识和继承科学发展观的基本精神开始,直面中外高等教育发展进程中的基本经验与教训,客观分析我国建设高等教育强国的基础条件与目标状态,进而提炼和概括出指引我国高等教育强国建设的教育理念来。正因为如此,课题组拟对中国、美国、法国、日本、德国和俄罗斯的高等教育发展历程及其理念变迁进行系统梳理,拟对哈佛大学等10所世界一流高校的办学理念进行深入研究,其目的便是拓宽我们进行教育理念创新的视野与路径。

三、教育理念创新需要从我国的实际情况出发

当今世界的高等教育强国主要是欧美发达国家,我国建设高等教育强国一方面应该以欧美发达国家为目标,另一方面应该以欧美发达国家为主要学习对象。同样的道理,探索与我国建设高等教育强国相适应的教育理念也应该以欧美发达国家高等教育理念为概括和借鉴。尽管这样一些工作很重要,然而我国建设高等教育强国以及与之相适应的教育理念创新尤要坚持从我国的实际情况出发。

由于人口规模、政治体制、教育与文化传统等方面的诸多差异,我国建设高等教育强国确实不能走照搬照抄的道路。不仅如此,我们还认为,我国建设高等教育强国不完全是赶超欧美发达国家的过程。反思我国的发展历史,学习与赶超所带来的惨痛教训极为深刻。当我们再次面对“强国”使命时,一定要清醒。欧美一些国家之所以被称为高等教育强国,既与这些国家高等教育的办学条件与学术水平密切相关,也与这些国家高等教育的历史传统、文化背景、生产方式、人口基数、体系与体制等密切相关。总而言之,欧美国家高等教育中许多东西我们是学不来的。说到赶超,不是没有可能,但一定比我们想象中要艰难许多。教育的发展受到诸多因素的制约,还有其自身的发展规律,建设高等教育强国是否有捷径可循,是否可以有超常规的措施等,均存有争议。特别是从我国现有的高等教育基础来说,若把达到某个国家的教育水准作为我国迈入高等教育强国的标志,很不现实。而且,我们在追赶的过程中,别的国家也在发展。

我们也不主张比照欧美发达国家的教育水准制定高等教育强国的标准。按照常规的研究思路,建设高等教育强国首先需要为之确立一系列发展目标,尔后的任务就是研究如何达到这一系列目标。我们认为,设立我国高等教育强国建设的奋斗目标一定要从我国的实际情况出发,而且不能唯目标是从。过于强调目标的后果无非有两个:一是重新泛起浮夸之风,人为地制造出我国高等教育的繁荣景象;二是进一步往老师身上压担子,逼得老师为完成各种任务而背离教育与学术的基本使命。

鉴于此,我们认为,我国建设高等教育强国既需要学习和借鉴国外高等教育的发展经验,也需要通过设定一系列目标而有计划地向高等教育强国迈进,而更为重要的是应从自身的发展经验与教训中学习,将建设高等教育强国的过程看作一个不断克服我国高等教育中存在的各种问题的过程。唯有如此,在建设高等教育强国的问题上,才不会脱离我国的实际情况。对于教育理念创新而言,就是要认真地研究我国高等教育的发展历史,客观地分析我国高等教育的现实状

况，从解决我国高等教育存在的各种问题的实际需要出发，进而提出各种教育理念。不但如此，教育理念创新也不是一蹴而就的，更不能把教育理念教条化，需要根据变化着的情况进行必要的调整，对于阻碍教育实践的教育理念要坚决地予以摒弃。对于我们这个课题组来说，开题报告的时候专门讨论过这个问题，并决定加大对中国高等教育理念变迁的研究力度，还撰写和发表了多篇论文，如《近代中国高等教育理念的变迁与启示》、《古代高等教育强盛期的教育理念》等。

需要指出的是，从实际出发并不排斥从理论或从关于未来的预测出发，进而提出我们认为是合理而必需的教育理念。问题的关键在于，我们必须明白，对于教育实践而言，教育理念是第二性的，教育理念来源于教育实践并需要经受教育实践的检验。在此前提下，教育理念创新可以参照既有的研究成果。因为现有的研究成果凝聚着他人的教育实践经验和主观创造，是进一步深化教育理念研究和进行教育理念创新的重要基础。在此前提下，教育理念创新可以发挥研究者的主观能动性。因为人是万物中最活跃的因素，既是社会实践的产物，也是社会实践的创造者。教育理念创新的过程可以是发现和提炼教育实践经验的过程，可以是在既有研究成果的基础上进行再创新的过程，也可以是研究者主动地进行自我建构的过程。研究者根据自身的经验和专业知识，尝试提出一些新的教育理念，然后加以理论论证和实践检视，这无疑是加快教育理念创新进程的一种重要途径。特别是面对建设高等教育强国这类新任务时，研究者尤其需要在教育理念创新的问题上发挥自己的主观创造性。

第三章　百年中国高等教育理念的流变(上)

中国高等教育的发展源远流长,但近现代高等教育的发展却只有百余年的历史。1862 年京师同文馆的创立标志着中国近代高等教育的萌芽;1949 年新中国的成立,开启了探索社会主义高等教育建设之路。因此,这百余年的发展历程大致可以分为两个阶段,第一个是从 1862 年到 1949 年,可视为近代高等教育时期;第二个是从新中国成立以后,可以视为现代高等教育转型期。从百年中国高等教育理念流变看,囿于政权的动荡更迭,教育理念在频繁转换中不断地被推倒重来,没有形成能够贯穿高等教育发展始终的核心理念。较之西方高等教育近千年的发展历程,中国高等教育理念的变革并非自然演进的结果,而是强制性变迁的产物,有着自身的历史特殊性。本章主要研究的是近代高等教育理念的流变,即 1862 年到 1949 年这一时期。

第一节　近代中国高等教育理念的历史流变

近代中国高等教育的发展历程,大致可分为两个阶段:第一个阶段是从 1862 年到 1911 年,中国传统高等教育向现代高等教育转换①;第二个阶段是从 1912 年到 1949 年,封建社会的完结为传统高等教育理念的转型扫清了最后的障碍。总体来看,中国近代高等教育理念在 80 余年的发展历程中,虽历经多次变迁,但从理念的形成机制看,无外乎来自三个方面:一是对域外高等教育理念

---

① 中国古代在先秦时期就形成了高等教育机构,从上古到清末为中国古代高等教育时期。古代高等教育是个人的修身教育,故不能等同于高等"学校"的教育。学校教育只是其中的一种形式,有官学太学之类,也有民间的书院。《大学》所讲的"大学"首先不是"大学校",而是"大学问"。故此处采用"古代高等教育理念"的概念。见涂又光:《中国高等教育史论》,湖北教育出版社 1977 年版。

的学习与借鉴，这在近代高等教育理念的形成中居于主流地位；二是传统理念的概括和阐释，对高等教育发展历程和高等教育价值观的反思与提炼；三是新兴理念的生成和提出，是现实社会各种思潮在教育发展中的反应与转换。从高等教育理念的内涵看，国家层面的高等教育理念无外乎是要解决如下问题：一是国家将高等教育放在一个什么样的位置，即高等教育的发展理念；二是国家管理高等教育的基本思路，即高等教育的管理理念；三是国家需要高等教育培养什么样的人，即高等教育的人才培养理念。下文基本是以高等教育理念变迁历史时期为经度，以高等教育理念的内涵为纬度，以高等教育理念形成机制为路径，对近代中国国家层面的高等教育理念进行集中阐述。

一、清末时期高等教育理念的变迁①

近代中国高等教育的诞生，与其模仿的西方近代高等教育相比，其不是中国古代高等教育自然演进的结果，而更多的是在清朝末期中国社会政治、经济、军事全面落后于西方的形势下，从发展军事和工业的实际功利目的出发，为挽救清政府的灭亡不得已而为之的应急之举。因此，无论在高等教育的发展理念还是人才培养理念上，都带有急功近利、救亡图存的色彩，在国家对高等教育的管理中，囿于当时国内外的形势，基本处于一种地方主导的状态。

（一）工具性的发展理念

近代中国高等教育不是自身演绎的逻辑结果，是面临内忧外患形势下自救图存的产物，至诞生之日起便承担着沉重的历史使命与政治包袱。这导致清政府在发展高等教育时，带有极强的功利性，急学急用的工具性也成为这一时期高等教育理念的典型特征。从开设语言学堂以培养外交人才，到建立船政学堂以培养军事人才，再到创设京师大学堂以培养政治人才，种种变化无一不是形势紧逼下的应急之举，把发展高等教育作为挽救清政府危亡的工具始终是其核心目的。

1840年鸦片战争的隆隆炮声，轰开了森然紧闭的国门。东方农业文明的长矛大刀，当然难于抵挡西方工业文明的坚船利炮。鸦片战争的失败，以严酷的事实暴露了当时中国与西方世界的差距，但这种形势，在清朝统治阶级中只有极少数先进分子有所觉察和认识。就整个统治阶级而言，直至19世纪60年代，依然是文恬武嬉、歌舞升平，沉湎于一纸和约可换来的万年和平的美梦之中。《南京条约》签订后的第14个年头，英国借口“亚罗”号事件挑起了第二次鸦片战争。

---

① 房保俊：《国家高等教育理念创新研究》，华中科技大学博士学位论文，2011年5月。

如果说第一次鸦片战争的震撼主要冲击的是东南沿海地区的话,那么,持续四年之久的第二次鸦片战争则把这种震撼从广东一隅推至中国社会的中枢。咸丰皇帝“车架北狩”,英法联军焚毁圆明园。与此同时,太平天国农民起义狂飙突进,在南方各省纵横驰骋。第二次鸦片战争和太平天国农民起义击碎了清朝统治阶级“万年和平”的迷梦,面对“数千年来未有之变局”,面临“数千年来未有之强敌”(李鸿章语),深怀亡国忧患和救国之思的先知先觉之士,面对内外交困的严峻危局,重新强化“师夷长技”的思路,并进一步开展以“自强”相标榜的洋务运动。

随着对外交往的日益频繁,造船制械,操练新军,通商、设厂、筑路、电报等带有明显资本主义性质的新式事业开始举办,而传统封建高等教育及其在发展过程中所形成的自我调节系统,却无法完成培养新式人才的任务。从1862年京师同文馆创办至1895年中日甲午战争失败的30余年间,中国高等教育的近代化在列强侵略步步紧逼的国际环境下起步。距第二次鸦片战争仅仅10年左右,发生了1871年俄国侵占伊犁和1874年日本吞并琉球的事件;之后不到10年,又爆发了中法战争;9年之后,日本再次发动了新的侵略战争。在严峻的国际形势下,洋务派官员认识到:“自强要以练兵为要,练兵要以制器为先,识时务者莫不以采西学制洋器为自强之道。”①

如果说,鸦片战争20年间,清政府对传统教育的整合主要是针对现实的教育问题,力图恢复被太平天国农民起义扰乱的旧秩序,而很少对西方资本主义列强的侵略做出正面回应的话,那么19世纪60年代以后的30年间,清政府在教育上所采取的重大决策,则几乎都不同程度地与“采西学制洋器”有关。但综观这一时期新式教育机构的产生,从某种意义上看,均是一种被动的“应急性”举措。对外交往的急迫需要催生了一批语言学堂;保卫海防的强烈愿望,促成了福建船政学堂等一批水师学堂的创办;要架设天津至上海的电报电话线路,于是有上海电报学堂、天津电报学堂的设立。从新式教育机构的布局看,一个明显的感觉是零敲碎打,头痛医头、脚痛医脚,缺乏全局上的总体规划。

新式学堂为洋务派大臣所创办,但洋务大臣也是封建官僚,因此,统治者办洋务的初衷是试图把科学技术作为一种工具,希望利用它来服务于专制制度。因此,新式学堂所教所学,大多只是一些造船制器等技术知识和兴办商业、改善财政等专业知识。洋务派希望新式学堂能以最小的投入,最快速度培养出各种专业人才来为“自强求富”服务,以解内忧外患的燃眉之急。在这种工具理性的驱使下,洋务学堂在专业设置上也不可避免地带有急功近利的烙印。除了京师

① 陈学恂:《中国教育史研究(近代分卷)》,华东师范大学出版社2001年版,第72页。

同文馆设有培养自然科学人才的专业外，洋务派创办的新式学堂几乎都属于军事与军工专业，军事类学堂占到所有新式学堂的近52%。从毕业生的人数看，军工类占53.57%，工程技术类占18.13%，剩下的大都是外文类，自然科学专业几乎没有，也没有人专门从事自然科学的基础研究。① 究其原因，正如梁启超所言："当时之人，绝不承认欧美人除能制造、能测量、能驾驶、能操纵之外，更有其他学问，而在译出西书之中求之，亦确无他种学问可见。" ②

1894年中日甲午战争的失败和6年之后八国联军入侵，使中国近代社会陷入危机。光绪二十年（公元1894）九月，中国海陆军大败于日本；次年二月，中国北洋水师投降；四月，签署《马关条约》，割地赔款，接受许多不平等条约。中国朝野受此巨大打击，于是开始怀疑从前的专科教育。孙家鼐在《议复开办京师大学堂折》中说："总署同文馆、各省方言馆之设，充其量不过得数十翻译人才而止。福建之船政学堂、江南制造局及南北洋水师、武备各学堂，皆囿于一才一艺。即稍有成就，多不明大体，先厌华风，欲求一缓急可恃之才竟不可得者，所以教之之道固有未尽也。"③

1901年八国联军攻入北京，清朝皇室逃往西安，清政府遭受了有史以来的最大劫难，清廷遇到了空前的生存危机。1901年1月29日，清廷发布上谕，宣誓改革，该上谕承认："晚近之学西法者，语言、文字、制造、器械而已，此西艺之皮毛，而非西学之本源也。居上宽，临下简，言必行，行必果。服往圣之遗训，即西人富强之始基。中国不此之务，徒学其一言一话一计一能，而佐以瞻循情面，肥利身家之积习，舍其本源而不学，学其皮毛而又不精，天下安得富强也？"④可以说，清廷已充分认识到洋务教育开展30余年之弊端，导致国家面临危机之时，人才匮乏，无可担当大任者。因此，清政府试图对高等教育进行改革。在具体措施上，除谕令在京畿创办京师大学堂外，各省也开始进行改革。清政府于光绪二十七年（1901）九月发布上谕："除京师已设大学堂，实行切实整顿外，着各省所有书院，于省城均改设大学堂。"⑤为实行新政、预备立宪，清政府广设法政学堂，从光绪三十一年（1905）八月，学务大臣孙家鼐奏设法律学堂起，至宣统元年（1909），共设法政学堂22所。⑥ 与此同时，清廷最高统治者深感王朝末日的阴

① 李立峰：《悲凉绝唱——关于晚清改革的历史沉思》，南京大学出版社2000年版，第33页。

② 梁启超：《清代学术概论·饮水室合集（专集34）》，中华书局1989年版，第322页。

③ 孙家鼐：《七月工部尚书孙家鼐议复开办大学堂事》（光绪二十二年七月），沈桐生：《光绪政要》（卷二十二），台北文海出版社1909年版，第1192页。

④ 朱寿朋编：《光绪朝东华录》，中华书局1958年版，第4601~4602页。

⑤ 董宝良：《中国近现代高等教育史》，华中科技大学出版社2007年版，第63页。

⑥ 朱由𤩽：《中国近代学制史科》（第二辑下册），华东师范大学出版社1987年版，第499页。

影,为扭转残局,对千余年来的科举制也进行了改革。早在1901年,清廷就颁布上谕,其中提到:"生、童岁科两考,仍先经古一场,专试中国政治史事及各国政治艺学策论。进士策考论疏,殿试策问,均以中国政治史事及各国政治艺学命题"。① 1904年,清政府颁布了新的学制和一些其他章程,在《学务纲要》中规定:"高等学堂、大学堂,意在讲求国政民事各种专门之学,为国家储养任用之才。"②

1905年9月,清政府批准了袁世凯和张之洞的联合奏请,废除了在中国历史上延续整整1300年的科举制度。身历其境的严复曾高瞻远瞩地指出:"此事乃吾国数千年中莫大之举动,言其重要直无异古之废封建、开阡陌。"③科举制的废除可谓意义深远,对清政府的教育而言,产生了如下作用。第一,推动了新式学堂的大发展。数百万之老举人、老秀才,一旦失其登进之路,不得不纷纷涌向学堂。第二,促进了留学潮流的高涨,出现了19世纪70年代以来规模最为壮观的留学热潮。第三,加速了传统教育观念、价值观念的转变。

从整个晚清时期高等教育发展思路的变迁来看,清政府始终是在列强步步紧逼下进行被动选择,措施上的应急性和目的上的功利性相伴始终。虽然几十年的新式教育在某种程度上培养了一批新式人才,并初步完成了高等教育由传统向现代的转型。但这种急功近利的做法,使得救亡图存的目的非但没有达到,反而加速了清政府的灭亡,落了个种瓜得豆的结果。特别是科举制的废除无疑是具有革命性的,对于一个千疮百孔的王朝来说,用迅速扩大留学生派遣规模与普设新式学堂的办法来填补科举制废除后所出现的传统教育体系的空白,这未必是一件好事。由于中国传统社会的复杂性,批判科举制的启蒙人士只占中国知识分子的一小部分,对于绝大多数士子与普通民众来说,其对科举制的认同感并没有多大变化,可以说,科举制仍然是其生身立命的根本,在科举制废除以后相当长的一段时期内,他们都难以适应"后科举时代"的生存与生活方式。正如L·T·怀特分析指出的:"科举制度的废除,整个社会失去了作为自己特色的制度。终止科举制度的行动,斩断了两千多年来经过许多步骤而加强起来的社会整合的根基。这个行动逐渐呈现出来的事与愿违的后果,远比推行这一改革的士大夫在1905年所明显预见到的那些后果来得严重,舵手在一个新的罗盘以前就抛弃了旧的,遂使社会之船驶入一个盲目漂流的时代。"④

---

① 陈学恂:《中国教育史研究》(近代分卷),华东师范大学出版社2001年版,第137页。

② 高奇:《中国高等教育思想史》(第二版),人民教育出版社2002年版,第226页。

③ 王栻:《严复集》(第一册),中华书局1986年版,第166页。

④ [美]吉尔伯特·罗兹曼:《中国的现代化》,国家社科基金"比较现代化"课题组译,江苏教育出版社1995年版,第293页。

固然，清政府公布的《奏定学堂章程》仍以忠君和尊孔为先，规定不准干预国家政治及本学堂事务，但即使在参与制定禁令的张之洞身边，他所自鸣得意的武昌两湖书院和文普通中学堂却成了培养出第一流的革命家黄兴和宋教仁的摇篮。以出洋留学者论，无论受官方外派还是自费留洋者，大都怀抱报效国家之念，潜心探索救国之道。当他们目睹西方国家经济发达、国力强盛、中外差距越拉越远的严峻事实时，上下求索，左右对比，一致认为君主专制乃导致中国积贫积弱的总根源。他们要么希望清王朝尽快着手政治体制改革，实行君主立宪制，要么主张通过暴力把君主专制制度连同清王朝一同推翻，以建立民主共和国家。1911 年 5 月皇族内阁的出台，暴露了清王朝宪政改革的虚伪面孔，对清廷深感绝望的革命派于同年 10 月组织了武昌起义，并以风卷残云之势迅速埋葬了清王朝。

（二）地方自治的管理理念

地方自治是随着近代民主思潮的兴起而出现的，它是“在一定的领土单位之内，全体居民组成法人团体（地方自治团体），在宪法和法律规定的范围内，并在国家监督之下，按照自己的意志组织地方自治机关，利用本地区的财力，处理本区域内公共事务的一种地方政治制度”①。这一思潮在清末时期的中国，表现得尤为明显。反映在高等教育领域，则体现为地方政府具有开设并管理新式高等学堂的权力，例如，办学宗旨、招生条件、课程设置等，都由地方政府自主规定，而中央政府并不参与新式高等教育的管理。

19 世纪中叶以前的中国传统社会，就其政治控制机制而言属于二元社会结构：一方面是以专制主义集权为特征的国家政权，另一方面是以宗法制度为特征的乡族社会。国家政权凌驾于整个社会之上，对社会实行专制集权式的政治控制，而乡族社会则依据它本身固有的宗法制度实行社会的自我控制。这两种控制的并存，维持着中国传统社会的秩序，推动着中国传统社会的发展。中央政权是整个国家政权的核心，至高无上的皇权是整个国家政权存在的标志。从教育方面而言，中国传统社会具有发达的学校教育制度，然而，无论官办或民办的学校，其教育的目的都在于为国家培养官僚人才，国家选拔官僚人才的主要制度便是科举制。在清代“捐纳”之前，科举曾一度为唯一的入仕之途。通过这一途径，政府控制了整个国家的意识形态。

随着太平天国运动的风起云涌，清政府的政治权威遭受到猛烈冲击，其赖以进行统治的军事力量被摧毁。太平天国运动虽然打击了清朝统治的政治力量和

---

① 中国大百科全书出版社编辑部：《中国大百科全书》（政治学），中国大百科全书出版社 1992 年版，第 56 页。

政治权威,但并不能建立一个新秩序,最后来去匆匆,如昙花一现。然而,太平天国运动对近代中国政治变局产生了相当大的影响,如林懈所言:"有洪杨之乱为之因,遂生曾、胡、左、李迭握朝权之果。"①梁启超也断言:"金田一役,实满汉权力消长之最初关头也。"②随着汉人地方势力的抬头与官僚阶层内部的分化,清王朝的王权危机日益加剧。首先表现为地方军事化的形成。这改变了清朝地方的统治秩序,扩大了地方士绅的权力。中央长期保持的文官统治和礼仪秩序在地方政治中的作用迅速下降,代之而起的是政治的军事化。其次表现为督抚专权。太平天国运动爆发以后,清朝的正规军受到重创,国家军政实权渐渐落到地方汉族地主官僚手中。随着地方武装的扩张、清朝中央军权的下移,地方上出现了军政合一的局面,其主要标志是湘军、淮军地方集团的兴起。再次是造成了满汉官僚阶层的变化。伴随着地方军事化与督抚专权的出现,清政府官僚阶层发生严重分化。上层汉族官僚势力的迅速增长,最终打破了满汉平衡。清朝中央政权的削弱和地方权力的加重,以及汉族官员的崛起,最直接的影响便是导致了洋务派的出现和洋务运动的兴起。

洋务派由两大部分构成,一是从事洋务活动的官僚,二是忧怀时事、主张改革的地主阶级知识分子。洋务派官僚主要包括在中央主持总理衙门的恭亲王奕䜣,总理衙门大臣文祥,在地方办理洋务的曾国藩、李鸿章、左宗棠、丁日昌、沈葆桢、刘铭传、郭嵩焘、张树声、张之洞等。开明务实的地主阶级知识分子主要包括冯桂芬、郑观应、薛福成、王韬、容闳等。他们的思想虽各有差异,但在一点上却极为相似,即在人才观上,主张废八股、改科举,造就和选拔有用人才。李鸿章奏请对考试稍加变通,另开洋务进取一格,以资造就。凡有海防省份,均宜设立洋学局,分别格致、测算、舆图、火轮、机器、兵法、化学、电气学等。③

在洋务派的积极筹划下,继1862年京师同文馆成立至1894年甲午战争前,洋务派先后兴办了约30所培养洋务专门人才的学校,包括外国语学堂8所,军事技术学堂12所,军事学堂10所。从地域分布看,大部分集中在广州、天津、上海等沿海一线口岸城市,内陆城市开设新式学堂者或为中外交通的陆上枢纽,如珲春和乌鲁木齐,或为工商业重镇及军事要冲,如武昌、南京等。从新式教育机构的创办人来看,除京师同文馆为中央政府开办之外,其余均为地方督抚开办,由李鸿章、张之洞领衔创办的各有五所,左宗棠、丁日昌各两所。④ 从管理体制

① 虞和平:《中国现代化历程》(第一卷),江苏人民出版社2007年版,第117页。

② 梁启超:《李鸿章事略》,北京古籍出版社1999年版,第13页。

③ 黄亮:《用人最是急务,储才尤为远图——略论李鸿章的人才观》,《中国人才》,2006年第11期。

④ 霍益萍:《近代中国的高等教育》,华东师范大学出版社1999年版,第17页。

上来讲，缺乏全国性的新教育管理机构，30 余年间，各地新式学堂的设置基本上由各省督抚根据实际需要，呈报总理衙门，在奏请清廷批准后举办。而总理衙门事务繁巨，在教育方面仅设“同文馆管理大臣”一名，其职责是管理京师同文馆内部事务及全国教育事务。事实上，历任管理大臣的权力均限于京师同文馆内部事务，与全国新学堂的创办无涉。甲午战争之后，清廷开始试图变革以图存，在高等教育方面，建立了京师大学堂，它不仅是一所大学更兼具管理全国高等教育的职责。但从实践来看，各省大学的管理权限仍掌握在地方实力派手中，中央试图加强对地方高等教育控制的效果微乎其微。

这种地方主导、各自为政管理格局的形成，原因有四。一是随着中央集权的削弱，督抚专权成为一种普遍现象，创办并自行管理高等学校成为督抚开展洋务活动的必然要求。二是创办新式教育机构，需要大量的资金、设备，中央政府难以承担，只能依靠地方自筹。三是封建教育体制的主体部分，即国子监、太学、八旗官学等，从制度到教学内容均无实质性变化，清政府并不担心少量新式学堂的出现会动摇封建教育体制。四是新式学堂的创办者虽具有资本主义倾向，但就绝大多数人而言，只是试图稍变成法，引进西方部分人才培养方法，并不想从根本上改变封建教育制度。在这种灵活机动的管理体制下，各类学堂基本实现了预定的办学目标，为军事近代化、工业近代化培养了一批急需人才。但我们也应看到，这种各自为政的管理模式也存在着一些弊端，从新式教育机构看，不要说不同类型的学堂，即使是同一类型的学堂，在学制、科目、师生待遇诸方面也差异甚大。

（三）实用至上的专才培养理念

高等教育需要培养什么样的人，这是任何阶级或任何政府举办高等教育都不能回避的问题。高等教育兼具文化、经济和政治功能，其培养目标也具有多元性和复杂性，但它必须要服务于一定的意识形态和国家需要。正如克拉克·克尔所指出的那样：“大学按照它们对普遍知识承诺的性质而言，本质上是国际性的机构，但是它们越来越多地生活在一个对它们抱有企图的民族国家的世界。”①因此，高等教育人才培养目标的变化会烙上政治制度或经济体制的痕迹。清政府时期高等教育理念反映在人才培养上，则具有鲜明的实用性，是一种专才教育的理念。洋务运动前期，广设语言学馆，根据对外交涉的需要培养外语翻译人才；洋务运动后期，则遍设军事武备学堂，着重培养能够驾驶轮船或制造和使用军事机械的人才；甲午战败后，清廷开始学习西方先进的政治制度，西政人才的培养，便成为这一时期的重点。从清末高等教育人才培养理念的整体演进看，

---

①　[美]克拉克·克尔：《高等教育不能回避历史》，王承绪译，浙江教育出版社 2001 年版，第 5 页。

呈一种由器物到制度逐步深入的趋势,所培养的人无一不是适应急剧社会变革需要的专业人才。

清政府于1861年设立“总理各国事务衙门”,专门处理涉及外国的一切事宜。办理外交需要有精通外国语言的人才。当时粗通外语的只有两种人:一种是第一次鸦片战争之后,西方传教士在中国办的少数教会小学的学生;另一种是为外国洋行、商人服务的买办。这两种人都出身低微,知识有限,难以胜任翻译工作。故1862年总理各国事务衙门恭亲王等提出:“外国交涉事件必先识其性情,今语言不通,文字难辨,一切隔膜,安能望其妥协。”①李鸿章在1863年说得更为明白:“我官员士绅绝少通习外国语言文学之人,遇中外大臣会商之事,只能依靠商狄弟子和粗通外语之同事,遇有交涉之事宜,语气轻重缓急,往往失其本旨。”②其实,对外语人才的需求还有更深层次的原因,即1860年英法联军攻陷北京后签订《北京条约》,重新认定《天津条约》的各项条款。中英、中法《天津条约》中都有两国交涉使用文种的规定,即以后在与中国的交涉中,只使用英文和法文,三年内暂时配送中文,三年后停附中文。若以后有关交涉文件中发生文词争议,均以外文为准。这一歧视性的规定,是清政府被迫做出开办外语学校决定的主要原因。

1866年12月,恭亲王奕䜣等奏请朝廷,拟在京师同文馆添设天文算学馆,招取满、汉举人,汉文业已通顺,年在20以外者,以及正途出身五品以下满、汉京外各官,少年聪慧,愿入馆学习者。他们满怀信心地预言:“诚以进取之途一经推广,必有奇技异能之士出乎其中,华人之智巧聪明不在西人以下,举凡推算格致之理,制器尚象之法,钩河摘洛之方,倘能专精务实,尽得其妙,则中国自强之道在此亦。”③应该说,奕䜣等的建议是对传统封建教育的一个突破性改革,其战略意图是在学校教育中引入西方科学技术知识,让那些学有所成的正途人员,接受西学训练,尽快成为新式人才,以逐步改变官吏的知识结构,适应变革时代的需要。在教育近代化起步阶段开办的这类语言学堂对中国社会的影响和贡献,虽然未能达到像它们的创办者所期待的那种程度,但是培养外交和外语人才的基本目标应该说大致实现了。

随着洋务运动的深入开展和军事与民用工业规模的扩大,为了培养工厂中需要的科技人才,洋务派开办了大量的技术学校。开办技术学校的最初目的是培养轮船设计、制造、驾驶人才,以满足中国近代造船工业起步和发展的需求以

---

① 舒新城:《中国近代教育史资料》(上册),人民教育出版社1961年版,第117页。

② 舒新城:《中国近代教育史资料》(上册),人民教育出版社1961年版,第128~129页。

③ 陈学恂:《中国教育史研究》(近代分卷),华东师范大学出版社2001年版,第36页。

及适应急迫的海防建设需要。左宗棠等洋务重臣根据他们对世事的分析认为建造海防、制造船炮已经提到日程上,成为关系到国计民生的头等大事。他们结合历次中外纷争,总结近年来中国饱受列强欺侮的惨痛教训,尤其是反省自海上用兵以来的那些经历,泰西各国火轮直达天津,藩篱屏障竟同虚设,昔日固若金汤的梦想,顷刻间化为烟云。江浙地区及滨海地区,海盗时常出没,朝廷水师不堪重用。不但守土无望,就连缉拿海盗维持治安也已经力不从心。面对如此之现实,当时的有识之士认为必须造船炮以资军用,为了防止外洋入侵,更应仿造轮船加以应对。

1866年闽浙总督左宗棠奏请创办福建船政学堂。如果说京师同文馆创办的最初动机是培养外语人才以应付对外交涉的急需,那么福建船政学堂的创办则是为了培养科技人才,具体地说是培养轮船设计、制造、驾驶人才,以满足近代中国造船工业起步和发展的需要,适应急迫的海防建设要求。当然,更长远的目标是为了使西方的科学技术知识在中国开花结果,这一点从开始时就十分明确。正如左宗棠所言:"夫习造轮船,非为造轮船也,欲尽其制造驾驶之术耳;非徒求一二人能制造驾驶也,欲广其传使中国才艺日进,制造、驾驶展转授受,传习无穷耳。故必开艺局,选少年颖悟子弟习其语言文字,诵其书,通其算学,而后西法可衍于中国。"①他们把创办学堂、培养新式人才看作发展中国近代工业的根本,这种思想难能可贵。各种语言学馆以及各类技术学堂的建立,使中国高等教育在教学内容上有了大幅的更新。这表明传统的孔孟之书、经史之学在学校的垄断地位开始式微,传统教育的培养目标开始被淡化。"重道轻艺"、"贵义贱利",轻视科学、鄙薄技术的旧观念受到冲击,培养仕宦之才再难以成为学校教育的唯一目标,而造就掌握各种新知识、新技术的专门人才,事实上成为此后各类新式教育机构创办的基本动因。只懂"中学"的封建士大夫已经不能满足社会急剧变革的需要,造就既懂外语又懂现代科技的洋务人才成为社会发展的迫切要求。

甲午战争的失败和《马关条约》的签订,给中国社会带来了巨大的灾难和冲击。与鸦片战争以来历次战争的失败有所不同:第一,它发生于清政府标榜的以"自强"、"求富"为中心内容的洋务运动整整搞了30多年以后;第二,割地赔款数量之巨比以往任何一次战败所造成的物质损失都大;第三,切肤之痛的是败给了素为国人所轻视的东瀛岛国。所有这些使中国社会各阶层受到了强烈的震撼。如果说19世纪60年代对"数千年未有之变局"有所觉悟和行动的还只是少数封疆大吏的话,那么至90年代中期,中国民族具有群体意义的觉醒从此开始。甲午战争后,清政府上层人士开始对洋务时期的新式教育进行反思。1896

---

① 中国史学会:《洋务运动》(五),上海人民出版社1961年版,第28页。

年,御史陈其璋在《请整顿同文馆疏》中说:“自开馆以来,已历三十余年,向有造诣精纯洞悉时务,卓为有用之才乎?”①同年6月,刑部左侍郎李端棻在一份奏折中不仅批评了新学堂收效甚微,并进一步分析了其中的原因,其要点有二:“一是学生徒习西学、西语、西文,而于治国之道,富强之原,一切要书多未肄及;二是格致制造诸学,非终身执业,聚众讲求不能致精。”②梁启超语辞更为激烈地批评到:“今之同文馆、广方言馆、水师学堂、武备学堂、自强学堂、实学馆之类,其不能得异才者何也?言艺之事多,言政与教之事少。其所谓艺者,又不过语言文字之浅,兵学之末,不务其大,不揣其本,即尽其道,所成亦无几矣。”③

洋务运动所遭受的重大挫折以及维新人士对洋务教育的批评,使得清政府开始对教育进行改革:在教育内容上不仅重视学习西学、西艺,更加重视西政;在办学层次上,不仅重视兴办专科学堂,而且萌现了大学的雏形。先是天津海关道盛宣怀于1895年奏请设立天津中西学堂,继而禀明两江总督刘坤一呈请设立南洋公学,他在办学章程中写明:“公学所教,以通达中国经史大义厚植根底为基础,以西国政治家日本法部文部为指归,略仿法国国政学堂之意。”④在现实经济变革的驱动、西方文化冲击的深入、维新志士不断呼吁的影响下,清廷于1898年开始进行维新变法,其中在教育方面的一大举措便是设立了京师大学堂。光绪帝在《定国是诏》中,为京师大学堂明定了培养目标,要求其培养“通经济变之才”。这种人才,必须是“努力向上,发奋为雄,以圣贤义理之学,植其根本,又须博采西学之切于时务者”。⑤

从总体上看,清末时期政府在人才培养的具体目标上发生了两次转型,但其核心的主导理念仍然是务求实用的专业人才。洋务运动前期的语言人才、洋务运动后期的技术人才、甲午战争以后的政治人才,无一不是清政府面对社会急剧变革形式的应急之举。过于追求实用甚至是急用成为这一时期人才培养理念中的典型特征。从某种意义上讲,这种培养理念暂时为政府提供了一些急用的人才,但从长远来看,这种过于功利的目的导致所培养的人才素质结构极其单一,既不能适应社会长远发展的需要,更没有起到挽救民族危亡之目的。

---

① 陈学恂:《中国教育史研究》(近代分卷),华东师范大学出版社2001年版,第102页。

② 陈学恂:《中国教育史研究》(近代分卷),华东师范大学出版社2001年版,第103页。

③ 梁启超:《饮冰室合集》(第1册),中华书局1941年版,第19页。

④ 陈学恂:《南洋公学章程》,见《中国近代教育史教学参考资料》,人民教育出版社1986年版,第312页。

⑤ 王学珍,郭建荣:《北京大学史料》(第一卷),北京大学出版社2000年版,第51页。

二、民国时期高等教育理念的变迁①

民国时期,由于军阀割据,缺少强有力的中央统一政权,为近代中国高等教育的发展提供了难得宽松的空间,也正是在这一时期,近代中国才真正开始致力于建立一种具有自治权和学术自由精神的现代大学。随着西方影响的日渐增大,中国高等教育先后学习德国、美国等欧美国家,高等教育的理念也呈现出纷繁多样、相互激荡的局面。

(一) 多元并蓄的发展理念

民国初年,中国社会经历了由传统封闭向被迫开放的转型,高等教育的发展也打上了时代的烙印。反映在高等教育发展理念上,多元并蓄成为这一时期的鲜明特点。不同性质、不同类型的高等学校共同发展,呈现出一种有序互补、和谐共生的状态。“对传统教育的摒弃与集成、否定与弘扬,对西方教育的接纳与拒斥、移植与抗阻,对民国教育的构思与运作、试验与调整等,交织成一个错综复杂的教育变革系统。”②

1912 年 1 月 1 日,中华民国宣告成立,孙中山在南京宣誓就任临时大总统。同年的 1 月 3 日,著名资产阶级革命家蔡元培被任命为中华民国第一任教育总长。由于政体变革的需要,清政府所制定的“忠君、尊孔、尚公、尚武、尚实”的教育宗旨显然有悖于时代潮流,蔡元培发表《对于新教育之意见》一文,提出专制时代教育与共和时代教育的最大不同,在于前者“教育家循政府之方针以标准教育,常为纯粹之隶属政治者”,而后者“教育家得立于人民之地位以定标准,乃得有超轶政治之教育”。③1915 年以后,随着新文化运动的兴起和西方教育理论、教育制度影响的日益加深,一场新的教育改革运动在全国范围内逐渐酝酿形成。这一时期,中国的知识界、教育界表现出了前所未有的学习、追赶世界潮流的活跃趋势。1919 年爆发的以反帝爱国为标志的五四运动更是对中国高等教育发展产生了深远的影响。当所谓“公理战胜强权”和“民治主义打败了军国主义”的第一次世界大战告终后,中国教育界新人物开始以民主主义的眼光重新审视世界教育。教育界开始对传统封建教育和德国-日本教育模式进行重新评估,自觉汇入欧美教育革新运动的新潮,加速了中国教育走向现代化的历程。当时社会的文化变革主要表现为承认中国传统文化的落后,主动学习西方文化。

---

① 房保俊:《国家高等教育理念创新研究》,华中科技大学博士学位论文,2011 年 5 月。

② 李华兴:《民国教育史》,上海教育出版社 1997 年版,第 1 页。

③ 高平叔编:《蔡元培全集》(第 2 卷),中华书局 1984 年版,第 130 页。

文化与教育的变革往往是如影随形的,文化的变革引致教育从观念到内容的革新,负有传承传统文化与建设新文化之责的教育又为文化的变革推波助澜。

在高等教育的发展上,这一时期开始全面借鉴欧美国家的教育理念。先是蔡元培以德国大学的理念对北京大学进行了成功的改造。随着留欧美派学者的大量归国并直接参与高等教育的改革实践,欧美先进的高等教育理念开始逐步发挥作用。如果说五四时期乃是北京大学"一枝独秀"的话,那么到了20世纪30年代,中国大学已开始出现竞相发展的较好态势,并有少数精英大学几近比肩世界知名学府。1926年,蔡元培在一篇文章中欣喜地指出:"中国大学已经取得了显著的进步,这既表现在数量的扩大方面,也反映在内容的提高方面。"他从科目设置、教学内容、学生观念以及开展科学研究等角度进行对比并得出结论:"不能不说今日的大学,比十五年前已经进步得多了。"①遗憾的是,在这个历史难得的发展机遇中,政府政策朝令夕改,加上吝惜教育投资,高等教育发展的地区差距被拉大。

南京国民政府成立以后,国民党试图通过对高等教育的控制来实现其一党专政的目的。1927年5月,国民党浙江省部拟定了《党化教育大纲》,规定以国民党党纪代替学校规章制度,以管理党的方法管理教育,以"忠孝仁爱信义和平"构建学生的"新道德"。蒋介石毫无掩饰地宣称,党化教育就是"以党治国"。抗战爆发后,国民党当局颁布《战时各级教育实施方案纲要》。在实务方面,国民党推行一系列党义教育政策,包括:1928年成立中央政治学校,以造就训政时代建设所需的人才;变更学校课程,专设党义课取代公民课;审查教材和参考书、检定党义教师资格;排除共产主义课程,并将国民党党义列为大学乃至留学考试的必考科目。② 为了控制教师及行政人员,国民政府规定高等学校的院长以上的行政负责人都必须加入国民党,更是以党政要员兼任大学校长,企图通过经费的分配掌控大学。国民党政府更以提高办学效益为名,裁撤、合并、解散学校。在1939年3月召开的第三次全国教育会议上,蒋介石对广大教育人士说:"今天我再不能附和过去误解了许久的教育独立的口号……应该使教育和军事政治经济一切事业相贯通。"③这种种倒行逆施的措施,试图通过加强对高等教育的控制来实现其独裁统治目的,不仅违背了高等教育发展之自由原则,更破坏了民国前期业已形成的高等教育多元融合的发展理念,但这不仅没能挽救国民党的统治,更使其在高校内部一次次的反独裁运动中加速灭亡。

---

① 高平叔编:《蔡元培全集》(第5卷),中华书局1988年版,第90页。

② 喻本伐,熊贤君:《中国教育发展史》,华中师范大学出版社2000年版,第485页。

③ 教育部教育年鉴编纂委员会编:《第二次中国教育年鉴》,商务印书馆1948年版,第二编,第54页。

（二）自由放任的管理理念

民国时期，政权的频繁更替，对高等教育产生了关键的影响。不同的掌权集团，因其统治基础、社会背景的不同，对于高等教育的介入程度、控制手段、产生的影响都各不相同。加之这一时期的大学校长大多具有美、德等国的留学背景，大学自治的理念对他们产生了很深的影响，他们在办学实践中一直努力追求大学自治，对于政府的控制进行抵制，以维护学校的自主权。因此，在这一时期，一方面，政府面临动荡的内外环境无力加强对高等教育的干预；另一方面，众多大学校长也在努力争取高等学校的自治权力。在两方面原因的共同作用下，高等教育管理上基本上呈现出一种自由放任的状态。

南京临时政府成立后，立即着手对清末封建高等教育制度进行改革，颁布了一系列法令，如《大学令》、《大学规程》等。但由于时局多舛，这些法令大都未能付诸实施。检阅民初教育部颁发的种种布告、通令、通电以及时人的议论，可以看出，人们把教育上适应政体转变的努力更多地理解为制定并颁布各项法令规章制度。在国家政策方面，无论教育的目的、宗旨或是制度均是一改再改。对于这种现象，当时就有人批评道："在教育部之意，亟欲整理全国教育，苟为教育上应有之事，无不为新令，陆续公布。此令之可行与否或非今日急务，均不暇计，此教育部注重形式教育之讥所由来也。"①在教育制度方面，最初是取法日本的壬寅癸卯学制，后来改为壬子癸丑学制，1915 年采用德国双轨制，1922 年调整为美国模式的壬戌学制。在教育行政管理方面，1915 年先后有自治区与地方教育行政权责规章的公布，而关系中央领导的《教育厅暂行条例》迟至 1917 年才公布，导致两头重、中央轻的局面。为此，舒新城认为，民国前期的教育改革同清末的教育改革一样，都是无目的、无系统之临时模仿。②

自袁世凯称帝之梦破灭以后，北洋军阀的统治陷入群龙无首的状态之中，根本无暇顾及教育。教育总长、次长的人选像走马灯似的在十几年间更迭近 40 人次，仅 1922 年一年内，总长、次长即各换了 7 次。民初至 1927 年的高等教育发展，在实务上如法规的制定、组织架构的建立、学科设置、课程讲授等均有建树，但因国家分裂，法规形同虚设，政策也未能落实。这一时期，高校数量有了大幅提高，由于北洋政府吝于教育投资，大学扩张的主要途径之一是鼓励私立学校的设置。至 1925 年，经教育部批准立案的私立大学有 13 所，经教育部同意试办的有 14 所，至于未经教育部批准而自办者更多。由于私人办学资金有限，理工科类专业需要购置大量的实验仪器设备，因此私立大学以设置文法学科为主，并集

① 庄俞：《元年教育之回顾》，《教育杂志》，1913 年第 4 卷第 10 号。

② 舒新城：《中国教育建设方针》，中华书局 1932 年版，第 100 页。

中于政治、经济、文化较发达的城市，又以北京、上海的私立大学数量最多。① 这种无序的发展还造成了在学科发展上的极度失衡。据1918年的统计数据显示，全国专科以上学校共77所，其中法政专门学校多达35所，全体在校学生17 950人，其中法政专业的学生高达9 222人。直到20世纪20年代中期，这种现象仍未得到明显改观。② 对于高等教育的发展，胡适给予以下评论："新起的大学，东抄西袭的课程，朝三暮四的学制，七零八落的设备，四成五成的经费，朝秦暮楚的校长，东家宿而西家餐的教员，十日一雨五日一风的学潮，也都还没有造就领袖人才的资格。"③

对于民国前期高等教育管理上的混乱无序，论著多归咎于国家分裂、北洋政府腐败以及政党介入等因素。胡适就曾言，高等教育失序的问题不在制度，主要在于当时经费不足、政治波动、人才缺乏以及办学者不安心。④ 民国前期，鲜少有大学能够免于政治的干扰。受到各方敬重的北京大学校长蔡元培为维护学术自由，八次请辞；著名的东南大学校长郭秉文为与地方军阀保持良好关系，却因此不能为国民党政府所谅解，最终被迫辞职，引发学潮。⑤ 经费不足，更是导致北洋政府在对高等学校的管理上有心无力。依据舒新城的论述，自1902年新教育制度成立之后，中国即有独立的教育经费。清末政治虽然不良，教育经费从无欠缺，民国之后情势大转。根据商丽浩的整理，1911年民国成立之后，中央教育经费数额在国家10个部门财政预算中，名列倒数第2位，至1916年名次提高到第6位。在比例上，1911年教育经费占中央财经费的近0.935%，1912年至1927年间，为1.8%。⑥ 以此比例解决扩张快速的各类大学，已是捉襟见肘。但这种无序状态，在客观上给予了各大学前所未有的自由，在自我改革与转型上展现高度的自主性。尽管这一时期经济极为困难，但兴建了许多风格各异的高等学校。就当时的情况看，蔡元培所领导的北京大学可以说是中国第一所现代大学，但随后清华大学凭借与美国的特殊关系，很快发展成为一所全国闻名的综合性大学。除此之外，浙江大学、武汉大学等也都按照校长自己的办学理念自由发展，很快成为著名的国立大学，具有自治权和学术自由在这一时期大学的发展中得到了充分体现。

南京国民政府成立后，政府在高等教育管理中试图加强控制。在这次转变

---

① 宋秋蓉：《近代中国私立大学研究》，天津人民出版社2003年版，第35页。

② 金以林：《近代中国大学研究》，中央文献出版社2000年版，第197页。

③ 季羡林主编：《胡适全集》(第4卷)，安徽教育出版社2003年版，第539页。

④ 黄书光：《中国教育哲学史》，山东教育出版社2001年版，第361页。

⑤ 张朋园：《郭廷以先生访问记录》，"中央研究院"近代史研究所1987年版，第114页。

⑥ 商丽浩：《论中央政府在教育近代化中的角色——以财政为中心》，《教育与经济》，2000年第2期。

中,1927年至1929年间,大学院与大学区制的实施与失败扮演了重要的角色。南京政府时代所推出的大学区制以大学院为核心,大学院是将全国学术领导机关和教育行政领导机关合为一体的制度;大学区制即以所在地大学作为当地的教育行政领导机关,以大学校长兼任教育行政长官,使地方的学术研究与教育行政合一。大学院的设计强调区域差距,以及不同学科的发展。实施之前,蔡元培曾召开全国教育会议,汇集各省代表集思广益。但试行之时便遇到挫折,出现了大学当局与校内行政部门各自为政、貌合神离的光景①,至推广之后,更引起各大学、地方政府、大学教师与学生的激烈抗议,以致学潮再起。其实,中国高等教育的发展,经过民初10余年自由放任的发展,多所大学已建立起自己的特色,地方也已拥有了自己的教育资源,蔡元培欲立意将这个各自为政的管理模式,改造成为一个学术集权式的管理模式,但最后以失败而告终。这恰如钱穆先生所言:"由政府来控制全国教育,并非坏事,毋宁说是政府一种进步的表现,但私人意见,仍望政府能采取较宽的自由主义。"②

(三)文实并重的通才培养理念

国民党政府在上台以后,提出了高等教育的人才培养目标。在1929年4月通过的《中华民国教育宗旨及其实施方针》中明确规定:大学及专门教育,必须注重实用科学,充实学科内容,养成专门知识技能,并切实陶融为国家社会服务之健全品格。③ 不难看出,国民党政府的人才培养理念是以专门人才和技术人才为主,但与之相悖的是高等教育实践中通才教育理念的实施。近代大学校长一方面继承了儒家教育思想,以全人教育为中心,坚持"知类通达"的通才培养目标;另一方面又借鉴欧洲自由教育和美国通识教育的理念,力图实现文科与理科平衡的学科布局、通识课程与专业课程并重的课程设置,以培养学生完整的人格。

1911年辛亥革命的胜利,推翻了在中国延续两千多年的封建统治,建立了中国历史上第一个资产阶级民主共和国。这一划时代的巨变,无疑给中国社会的方方面面带来了前所未有的变化。一直被世人视为立国之本的教育,迅速地被中华民国临时政府摆上了议事日程,目标就是批判忠君尊孔的封建旧教育,振兴和发展资产阶级新教育,培养共和国民和各类新式人才,以适应政体变更后中国社会政治、经济和思想文化各个领域的变革。早在1912年10月,北京政府教育部就颁布了《大学令》,废除了清末《奏定学堂章程》中的封建性,比如取消以

① 曲士培:《中国大学教育发展史》,山西教育出版社1993年版,第435页。
② 钱穆:《抗战中的中国文化教育》,上海人民出版社1961年版,第61页。
③ 宋恩荣,章咸:《中华民国教育法规选编(1912—1949)》,江苏教育出版社1990年版。

“忠孝为本,以经史之学为基”的教育宗旨,废止经学科和奖励毕业生科举出身等。蔡元培在执掌北京大学后,首先将整顿与改革的重心放在转变学生的观念上,他向学生郑重表明:“大学者,研究高深学问者也。外人没指摘本校之腐败,以求学于此者,皆有做官发财思想,故毕业预科者,多入法科,入文科者甚少,入理科者尤少,盖以法科为干禄之终南捷径也。”他接着向学生提出要求:“请君抱定宗旨,为求学而来。入法科者,非为做官,入商科者,非为致富。宗旨既定。自趋正轨。”①也就是说,高等教育所培养的人不仅要通达致用,满足社会需求,更要勇于承担社会责任。值得注意的是,蔡元培担任北京大学校长两年之后,五四运动就率先在这所大学爆发。

南京国民政府成立以后,开始着手加强对大学的控制,先后颁布了一系列的法规政策,并提出了具体的实施原则和方针。从国民政府对高等教育的培养目标来看,以培养专门人才和技术人才为主,如在 1929 年 4 月通过的《中华民国教育宗旨及其实施方针》中第四点明确规定:“大学及专门教育,必须注重实用科学,充实学科内容,养成专门知识技能,并切实陶融为国家社会服务之健全品格。”②专才教育固然重要,它能够迅速为国民经济发展培养实用人才,但片面狭窄的课程设置,则导致学生的知识结构严重失调,违背了高等教育发展的基本规律,教育的目的是育人而非制器。曾两次出任国民政府教育部长的朱家骅指出:“一个大学的功能齐全所以要各科系的打通,注重基本的功课,要使大学毕业生具有普通的常识,了解基本的理论”,“大学为研究学术之所,其所研究之学科,必须由基础而专门,作有系统之研究,倘轻重倒置,先后失序,轻于基础而重于专门,先于基础而后于专门,则学生先已乱其门径,研究学术,安得有济。专门学术之研究,就体系而言,决非大学四年之教育所能为功,必待学生于毕业后继续不断作专门之研究,方得有济。”③

无独有偶,自 1931 年始,担任清华大学校长长达 17 年之久的梅贻琦也是通才教育的积极倡导者,他在理论与实践中都坚持对大学生的通才教育。他认为,通才大于专才,大学应承担培养通才的任务,而培养专才的任务应由大学中的研究院、各高中级专门学校以及社会事业本身来承担。在具体的办学过程中,梅贻琦“要求学生具有广泛的知识,而‘不贵乎有专技之长’,即使是学工程的,对‘政治、经济、历史、地理、社会都得知道一点’,否则他就是只能做一个‘高等匠人’,而不能做一个‘完人’。就会完全变成一个极能干的工人,而不配称大学生——

① 蔡元培:《就任北京大学校长之演说》,《蔡元培全集》(第 3 卷),中华书局 1989 年版,第 11 页。

② 宋恩荣,章成:《中华民国教育法规选编(1912—1949)》,江苏教育出版社 1990 年版,第 45~46 页。

③ 王聿钧,孙斌:《朱家骅先生言论集》,“中央研究院”近代史研究所 1977 年版,第 151 页。

大学生应该有极完美的常识"①。1938 年陈立夫出任教育部长，开始通过改革课程设置来推行通识教育理念，他提出的课程调整原则第二条规定："先注意于广博基础的培养，文理法各科的基本科目，定为共同必修，然后专精一科，以求合于由博反约之道，使学生不因专门研究而有偏固之弊。"②在具体的实施中，大学各学院第一学年注重基本科目，不分学系，第二学年起分系，第三、四学年视各院系性质酌设实用科目，以为出校后就业做准备。通识教育的实施，对于人文科学、社会科学、自然科学三方面都有所兼顾，使大学生的知识不至于狭隘，综合素质得以提高。

抗日战争爆发以后，国民党政府开始把培养具有封建道德品行、政治上能维护国民党统治的人作为教育的首要任务。蒋介石指出："现在的教育，忘掉了这个最紧要的道理，文武完全分途，文人不学艺事，武人不知文事，甚至养成重文轻武的习惯，结果各个人最多也只知道一半的道理，因此，也就没有完全的学问，也就没有完全的人格，不能完全尽到他做人的责任。"③在具体的实施过程中，国民党政府主要是通过在学校中恢复"礼义廉耻"等固有社会之道德教育，以培养所谓健全之人格。蒋介石还进一步指出，无论为学做人，无论要挽救国家、复兴民族，都要首先发扬民族精神，提高国民道德。④ 因此，在教育中，应以养成学生之健全人格为第一要义。陈立夫指出，文武合一的教育目标，文使人人笃行主义，武使人人具备能力。在推行过程中，最为明显的是在学校中大力推行训育制度与军事化管理，将学生按军队编制进行组织，⑤学校每周三学时进行军事教育课程，每年暑假集中三星期进行严格的军训。"术德兼修，文武合一"的教育理念，在抗日战争中对动员国民共赴国难、灌输国防观念、养成健壮之体魄很有必要，但利用儒家传统道德宣扬封建思想，托古改制，借助军队训练方法以期管制学生言行，大肆宣扬要使青年学生的"全部生活都合乎礼义廉耻"，要有"忠孝仁爱信义和平"品德，实则是要实现国民党"一个党，一个主义，一个领袖"的法西斯专制统治，使这一教育理念又带有一定的虚伪性和反动性。

从总体上看，民国时期的人才培养理念深受欧美诸国的影响，一些著名的大学校长无不具有海外留学的经历，他国先进的教育理念为其推行人才培养制度的改革提供了理论源泉，而内忧外患的政治环境恰恰为其充分施展自己的办学理念提供了广阔的空间。在民国时期 30 余年高等教育发展的历程中，虽然也经

---

① 清华大学校史编写组：《清华大学校史稿》，中华书局 1981 年版，第 231 页。

② 教育部教育年鉴编纂委员会编：《第二次中国教育年鉴》，商务印书馆 1948 年版，第二编，第 7~8 页。

③ 董宝良，周洪宇：《中国近现代教育思潮与流派》，人民教育出版社 1997 年版，第 194 页。

④ 董宝良，周洪宇：《中国近现代教育思潮与流派》，人民教育出版社 1997 年版，第 194~195 页。

⑤ 张珊珍：《陈立夫与抗战时期的中国教育》，《抗日战争研究》，2006 年第 3 期，第 108 页。

历过袁世凯在高等教育中推行“尊孔读经”的复辟,蒋介石为维护其一党专政而导致高等教育中“党化教育”的甚嚣尘上。但从总的趋势看,这一时期初步按照世界大学的通例设计出了自己的大学制度。在人才培养理念上,通才教育理念在断断续续中占据着主流地位。

第二节 近代中国高等教育理念变迁的特点①

高等教育理念的发展演变,既要受到社会政治、经济、文化的影响,不可能独立于社会而存在,同时高等教育的发展又要受制于自身规律的影响,因此,我们在探讨教育理念的发展规律时应结合特定历史时期的时代背景。正如舒新城所言:“思想史的研究,应当从各时代底社会活动中求因果,不当专在思想本身上讨生活。”②通过对近代高等教育理念的考察,其发展脉络大致体现出如下特点。

一、政治形态是高等教育理念演变的决定因素

近代高等教育的发展大致有两种导向,一种是以“认识论”为导向,另一种是以“政治论”为导向。认识论指导下的教育理念趋向于以闲逸的好奇精神去追求知识,即大学主要为学术自身发展的理由而存在。政治论指导下的教育理念倡导人们探讨深奥知识不仅出于闲逸的好奇,还因为它对国家有深远影响,对理解复杂社会问题有帮助,即大学探索知识主要为满足社会需要。高等教育的两种哲学在不同的国家或者同一国家的不同历史时期都会有不同的表现。

近代中国高等教育从发轫之初,便负有富国强兵、救亡图存之重任,具有强烈的国家功利主义色彩。标志近代高等教育发端的京师同文馆的诞生并非高等教育自身演绎的结果,而是面临西方列强的步步紧逼,迫切需要与之打交道的精通外语之才,囿于这种形势需要,在内阁总理大臣恭亲王奕䜣的大力支持下才得以成立。随后,高等教育的发展更是背负着沉重的政治枷锁。面对西方坚船利

---

① 刘献君,房保俊:《近代中国高等教育理念的变迁及启示》,《中国高教研究》,2009年第9期。

② 舒新城:《近代中国教育思想史》,福建教育出版社2006年版,第3页。

炮的耀武扬威,清政府设船政学堂、军事学堂、武备学堂,试图师夷长技以制夷。甲午战败,洋务梦醒,面临数千年未有之变局,清廷才真正从思想上认识到高等教育对于一国强盛之重要性。这才有了京师大学堂的设立,甚至在戊戌政变后仍能幸存,成为乌云密布之北京城上的唯一曙光。

科举制度的废除,似为近代高等教育发展扫清了障碍,在学制改革上效仿日本,从形式上看不可谓不完备,但由于清政府发展高等教育之目的实为富国强兵、抵御外辱、延缓统治,因此表现在人才培养理念上依然与传统高等教育培养仕官之目的无异。民国成立,蔡元培出任教育总长,本可能使高等教育理念走上学术至上之路,但袁世凯的复辟使《大学令》成为一纸空文。袁世凯去世以后,中国重新走上了混乱割据之状态,没有强有力的中央政府,这反而给践行高等教育理念带来转机。蔡元培开始有机会对北京大学进行大刀阔斧的改革,使其一举由弊病缠身的官僚养成所转而成为中国现代大学发展之楷模。南京国民政府在形式上完成对中国的统一以后,便开始加强对高等教育的控制。这也宣告了民初高等教育自由放任发展时期的结束,高等教育重新沦为了国民党一党专政之工具,更是随着抗战的爆发而达到顶峰,高等教育成为国民政府手中的玩偶,进步师生屡遭迫害,国民党的种种暴力行径为世界近代高等教育发展史上所罕见。总之,从近代中国高等教育的发展看,每次重大社会变革之后,在高等教育领域都会有重大的调整,以适应政体转变之需要,无论高等教育的宏观管理还是人才培养都带有浓厚的阶级烙印。因此,无论时代怎么变迁,思想都不能脱离社会政治形态而独立存在,在中国尤如此。

二、社会需求是高等教育理念变化的直接诱因

剑桥大学前校长阿什比爵士曾说:“任何类型的大学都是遗传和环境的产物”。[①] 同样,任何教育思想都不能离开实践活动而独立存在,它是对教育环境的一种反应。各种教育理念都是以解决当前教育问题为出发点的,特定时代的某种教育理念由当时社会上的种种需要诱发,至于这种理念在实际上是否有效果,其效果的大小如何,又各受其环境的种种限制。

由中国近代高等教育的发展观之,鸦片战争打破了中国传统社会稳定的结构,坚船利炮使清王朝意识到技术的重要性。于是“师夷长技以制夷”成为洋务派兴学图强的旗帜,一时间以培养外交及翻译人才的西语教育思潮、偏向自然科学及应用科学的西学教育思潮、从军备延伸至声光化农工医的西艺教育思潮等

---

① ［英］阿什比:《科技发达时代的大学教育》,滕大春,滕大生译,人民教育出版社 1983 年版,第 47 页。

纷至沓来,贯穿于整个洋务运动时期。甲午战争的失败,使清政府意识到中国与西方的差距不仅仅在于器物,更在于制度,反映在教育领域就是转而向制度层面学习,强调法政学门的西政教育思想、强调"术德兼备"和"军训教育"的军国民教育思想借以"政急于艺"之论而成为主流。至民国时期,民族工业的发展迎来了短暂的春天,对实科人才的需求激增,文法科学生就业困难,于是政府开始对高等教育的学科布局进行调整。抗战爆发以后,鉴于民国前期高等教育发展混乱失序之局面,着手加强对教育领域的整顿。培养既能忠孝国家又能抵御外敌的具备正确意识形态的技术精英,便成为国民政府后期在人才培养上的指导理念。

三、借鉴转化是高等教育理念变迁的理性选择

近代高等教育从制度演变来看,由清末时期的旁采泰西到北洋时期欧洲大学的凯旋,进而到国民政府时期的美国模式。从理念演进来看,是一个艰难的历程,随着政体的更迭多次推倒重来,甚至是在同一政体下由于领导人的更替而骤变。它是一个曲折与反复的过程,但通过对各种纷乱庞杂理念的梳理,还是能发现其中隐含着一条主线,即从被动模仿到自觉创造的渐进过程。

从"西语"、"西学"到"西艺"再到"西政"教育都是清政府面临内忧外患,企图通过变革以图自强的产物,改革者无不是处于一个被动地接受过程中,急功近利成为高等教育理念发展的典型特征。以 1904 年颁布的"癸卯学制"为例,该学制效法日本,在课程设置上注重实用性,但在借鉴的过程中没有抓住日本学制的核心,即"学术自由"、"大学自治"、"教学与科研相统一"等理念,也没有从中国国情出发,仅是囿于表面的认识。同样,清末提倡的军国民教育,亦是在看到日本自维新后,日以扩充军备为事,结果屡次战胜中、俄,称雄世界。中国处此环境下,自不能不受其影响,因此,自庚子之变后,盛倡一时。国民政府时期,开始自觉追求对高等教育理念的探索,看到教育发展受到政府控制的种种弊端,以蔡元培、胡适等为代表的一批学人开始为教育独立而奔走呼号。面临日本的全面侵华,国民政府开始主动探求人才培养的新理念,"术德兼修,文武合一"也是独具特点,不同于历来教育理念的借鉴与模仿,实施效果暂且不去评述,但其开启了自觉探求教育理念之路。

第三节　近代中国高等教育理念流变对高等教育强国建设的启示

近代高等教育的发展历程,向我们展示了一幅近代意义之高等教育在中国从草创初期到逐步艰难自主发展的画面。在这一过程中,高等教育理念的创新是先导。理念创新过程可以有两条途径,一是横向移植,借鉴欧美;二是纵向比较,取法历史。有时候通过历史的比较会更有效,正如北京大学的陈平原所言:"今天谈论大学改革者,缺的不是'国际视野',而是对'传统中国'以及'现代中国'的理解与尊重。在我看来,大学需要国际视野,同样需要本土情怀——作为整体的大学如此,作为个体的学者同样也不例外"。① 通过对近代高等教育理念变迁之分析,可以为建设高等教育强国提供如下启示。

一、宽松环境是创新理念的前提

近代高等教育的发展历程告诉我们,当高等教育的政策环境宽松时,高等教育理念就会呈现出绚丽多彩的局面;当国家控制过强时,高等教育的理念就整齐划一,毫无特色。清末时期,垂死挣扎的清政府试图挽救社会危亡,高等教育的理念就仅仅是国家的意识形态的体现;民国前期,内外交困,缺乏强有力的中央政府,军阀混战,对高等教育的发展也就无暇顾及。正是在这种情况下,高等教育理念在无序型社会中开始多元发展,如学术自由、教育独立等理念蓬勃而发;到国民政府时期,开始加强中央集权,开始重新控制高等教育领域,以培养术德兼修、文武合一的人才为目标,以为国民党统治服务的三民主义教育一统天下为宗旨。

高等教育隶属于文化领域,大学所遵循的应该是一种文化的、知识的逻辑,这种逻辑是一种自主的逻辑,也就是"理"的逻辑,理有自身的演进规律,而最重要的一条就是保持相当的自治与自由。也正因为如此,高等教育的历史也可以说是大学争取自治的历史。新中国成立后,在相当长的时间内,倡导学习苏联,政府对高等教育采取直接的行政管理手段,使高等教育的自由空间很小,高等教

---

① 陈平原:《阅读大学的六种方式》,《社会科学论坛》,2009 年第 4 期。

育理念也主要是国家意志的体现。例如,教育为无产阶级政治服务、培养又红又专的社会主义接班人等无不带有强烈的政治色彩,这有其合理的一面,但很不全面。随着“权力转移”的推进,中国高等教育呼唤自身的自主,“给大学一点自主权”成为新时期高等教育发展的宣言。自20世纪80年代以来,中国政府一直在推进高等学校办学自主权的落实,试图重构政府与高等教育之间的关系,给予高等教育以合理宽松的自由发展环境。这一政策努力的效应也已初步显现,中国高等教育发展迅速,高等教育的理念趋于多元。

二、立足国情是借鉴理念的关键

近代中国高等教育在百余年的发展历程中,曾经经历了多次的探索尝试,先后借鉴了日、德、法等国的模式,但总体效果不佳。1930年前后,清华大学的探索取得了较大的成功,在大学界产生了导向作用。究其经验来讲,主要是以美国模式为蓝本,同时兼顾中国国情。罗家伦讲到:“我对于清华只希望他能够成为与美国普林斯顿大学一般的学校,学生人数不过二、三千,可是这种精而不多的队伍却产生了许多学术贡献。至于美国许多二、三万学生的大学,虽然规模宏大,却非我所希望的。”[①]这与当时中国高校整体规模有限的具体国情是密不可分的,以1934年为例,当时全国仅有教员7 205人,在校生41 768人。[②] 时至今日,高等学校的规模已发生巨大变化,不再是纽曼时代的乡村,也不是弗莱克斯纳时代的城镇,早已成为科尔时代的大都市,多元化巨型大学不再是新奇事物。教授治校理念相应也要因时而异、因地而宜,体现出时代特征,“依靠教师办学,实施民主管理”相应的便成为符合中国国情的现代大学新理念。

同样,从国家层面高等教育理念来讲,更是如此。蔡元培基于教育独立理念借鉴法国大学区制进而推广大学院制,企图打通教育行政和学术之间的关系,确保专家对教育事务的参与和领导,避免外行的过度干预。理想虽好,但其忽视了民初中国社会经济落后,城市化水平低,在民族性格及文化传统方面都有别于法国精英主义及其法制主义传统的现实,导致其在实施的短短两年时间内便以失败而告终。同样,新中国成立初期,在高等教育领域全面模仿苏联,因为苏联一度被认为属于东方世界,但在文化上,它无疑代表着西方。正如许美德所指出:

---

① 罗久芳:《罗家伦与张维桢——我的父亲母亲》,百花文艺出版社2006年版,第131页。

② 刘超:《中国大学的去向——基于民国大学史的考察》,《开放时代》,2009年第1期。

"它的高等教育模式,深深扎根于欧洲文化传统,特别是法国的文化传统土壤之中。"①因此,在借鉴别国理念时,必须反复对比引进国与本国在经济、人口、环境等方面的特点,充分估计会遇到的问题,同时也要注意到文化传统与民族性格也是一重要的国情。诚如陶行知所言:"只有透彻地研究自己的需要和问题,才能确有把握地制定出一套真正适合中国国情并为中国服务的教育制度来。"②

三、尊重规律是创设理念的基点

高等教育理念是高等教育对自身本质与功能、管理运作方式、存在与发展的真理性、规律性认识。高等教育发展既有适应经济社会发展、服务经济建设大局的一般外在规律,又有其自身发展的特殊内在规律。例如,近代高等教育理念中的"教育独立"、"大学自治"、"倡明学术"、"倚重研究"等内容,都是带有规律性的教育理念。对于这些宝贵的精神财富,在新的大学办学实践中应当继续坚持和弘扬。譬如,蔡元培有关兼容并包、择才而用乃至提倡美育等精彩教育理念,从蒋梦麟到胡适等后任校长都能承续推行并加以发扬光大,这样才能在数十年内形成北京大学优秀的传统校风——北大精神。

任何教育理念的形成都不是一蹴而就的,需要一代代学人共同的努力与坚守。正如雅斯贝尔斯所言:"大学的理想要靠每一位学生和教师来实践,至于大学组织的各种形式则是次要的。如果这种为实现大学理想的活动被消解,那么单凭组织形式是不能挽救大学的生命的,而大学的生命全在于教师传授给学生新颖的、符合自身境遇的思想来唤起他们的自我意识。"③洪堡的大学理念是在其之后,经过柏林大学历任的校长在长期的办学实践中不断地检验和证明,并在人们对其进行理论提升和哲学总结后才得以形成的。纽曼的大学理念更是如此,它是对漫长的、中世纪以来的大学理念进行全面阐述和系统总结才得以形成的。在某种意义上,纽曼是这种传统的大学理念的代言人,而不是其创造者。因此,理念的创新固然重要,但对客观规律的遵守是根本前提,否则,朝秦暮楚难以发挥实际功效。

---

① [加]许美德:《中国大学1895—1995:一个文化冲突的世纪》,许洁英译,教育科学出版社2000年版,第105页。

② 陶行知:《陶行知全集》(第1卷),湖南教育出版社1984年版,第510页。

③ [德]雅斯贝尔斯:《什么是教育》,邹进译,生活·读书·新知三联书店1991年版,第121页。

四、制度建设是践行理念的保障①

思想观念的转变滞后于制度层面的革新。按照文化变迁的一般理论,文化可分为三个层面,即最表层的物质层面、中间的制度层面和最深层的思想观念层面。表层的东西最容易为人们所接受,但要接纳一种新观念,抑或改变某种旧观念,却不是一件容易的事。制度层面的革新与思想观念的转变是相辅相成、交互作用的。观念的更新只有以制度层面为中介,才能真正落到实处,起到指导实践、改革现实的作用;反之,新制度的建立也只有以思想观念上的变化为基础,才不致流于形式。正因为观念更新是如此重要和艰难,对于改革者来说,就必须把握两者间的辩证关系,在进行制度、政策层面的革新时,把思想观念的转变放在一个十分重要的位置。

翻开近代高等教育史,特别是民国建立到抗战爆发前这段时期,是一个大学大发展的时期,产生并发展了数量众多的国际知名高等学府以及星光璀璨的学术精英,这得益于先进教育理念之指导,更离不开完美制度之设计,正是由于一系列具体制度的设计使抽象的教育理念得以实施。例如,“三会制度”(评议会、校务会、教授会)之实行,使得教授治校、民主管理等理念不再是空文;破格录取制度之实施,为拔尖人才预留了宝贵空间,使得罗家伦可以以数学零分入北京大学,钱伟长以英文零分入清华大学,钱穆、梁漱溟等以中学毕业资质而成教授,给中国大学发展留下了一段段佳话;转系转学制度之实施,对升学制度是一个救济,对于不少优秀学子而言,可以通过转学考试而进入理想学府,这使得于光远、曹禺、吴祖缃等可以发挥所长,成为一代宗师等。也就是说,我们在打造理念的同时,要通过良好的制度设计来加以推行,否则只能是纸上论道,虚浮无用。

通览世界公认的高等教育强国,拥有一定数量的世界一流大学不可或缺。因此我们要建设高等教育强国,就要有一批高水平大学能够脱颖而出,进入世界一流大学行列,要建设一流大学,必须先要建设一流的现代大学制度。在我国高等教育历史上,若从国家层面的高等教育制度看,则可以视其为原创;若从具体大学的层次上看,又可以视其为恢复或发展。在我国某些大学的历史上,其制度设计已经达到了“世界大学通例”的水平,并且形成了优秀的传统,我们可以重新加以借鉴和利用。因此,现代大学制度建设在我国亦难亦不难,关键是看我们对此持什么样的态度,是否有勇气超越现实大学制度中裹挟的利益追求,为我国大学设计出具有前瞻性、长远性、稳定性、全局性和科学性等特色的制度体系。

---

①　房保俊:《百年中国大学理念的变迁及启示》,《现代大学教育》,2010年第1期。

第四章　百年中国高等教育理念的流变(下)

尽管在近代,西方教育理念的涌入曾一度为中国大学理念带来转机,使凌驾于中国大学的传统儒学知识和科举制度遭到解体,大学从普通教育性质的官学转为中学后教育或直接与社会职业相适应的多科性高级专门人才的教育。然而,由于国家高等教育理念的变革仍在体制内进行,高等教育的现代性仍无力生成。1949 年新中国成立以来,尤其是改革开放以来,我国从各个层面提出了一系列与国家战略目标相适应的高等教育理念体系,引领高等教育以超常规的速度实现了跨越式发展,将我国从人力资源大国转变为教育大国,这在世界高等教育史上堪称特例。

第一节　新中国成立六十年来高等教育理念的变迁

随着社会主义国家性质的确立,构建中国特色高等教育理念主要围绕着实现教育现代化而展开,在此阶段大学面临的突出任务不再是理念的近代化延伸与再生,而是社会主义性质大学理念的探索。新中国成立六十年来,国家高等教育理念的变迁大致可以改革开放为界,前后划为两大时期,主要经历了三次重大历史转向。

一、改革开放前三十年中国特色社会主义高等教育理念的艰难探索

新中国成立伊始,整个社会进入了权力高度集聚阶段,政治、经济、意识形态三个权力中心高度重叠,整个社会价值取向呈一元化趋势:知识权力由国家控制,政府作为国家高等理念建构的唯一主体。这一阶段国家高等教育理念的目标在于,要求大学由旧教育向社会主义方向转变。国家加强了对高等教育的干

预,建立了以马列主义为指导的“苏联模式”教育理念体系,强调教育服务政治与培养“专才”。①

国家高等教育理念在新中国成立之初即改革开放前的短短三十年内发生了两次重大整体转向:第一次转向自新中国成立后,为逐渐恢复和发展工业经济,国家确立了优先发展工业的建设方针,要求高等教育积聚力量发展工科。国家高等教育理念遵照新民主主义教育方向,用“苏联模式”替换原近代教育理念体系,实行专业教育;而1966年的政治运动则驱使国家高等教育理念发生了第二次重大转向:“文革”十年将中国高等教育带入了封闭停滞期,高等教育成为政治“革命”的工具,在“反修”、“防修”等思想下实行工农兵“上、管、改”。一场浩浩荡荡的“革命”性运动将原有的好的高等教育理念一并破坏,带来国家教育理念的激进式变革。

从总体思想脉络看,新中国成立之初即改革开放前三十年国家教育理念突出体现了政治意志与教育理念的嫁接,适应了建设新中国所必需的社会主义方向和重工业发展需求,成为一个以政治家教育理想为主流话语的时代。

二、改革开放后三十年中国高等教育理念的现代化重构

恢复高考标志着国家高等教育理念的全面拨乱反正,具有深刻的历史意义。始于1978年的改革开放,从源头上讲是以高等教育思想的转变为突破口的。以市场体制改革为特征的一系列制度与观念的变革,将自由与竞争的现代价值观渗透方方面面,教育尤其是高等教育的经济价值被纳入国家战略地位,国家层面提出“三个面向”、倡导“教育优先”、“科教兴国”与“人才强国”战略,中国高等教育不断突破封闭的思想樊篱与体制性障碍,以更为开放的心态借鉴西方经验,国家高等教育理念在经济转型中迈向现代化,实现了由“政治挂帅”向“服务经济”的第三次历史性转向。

总的来看,改革开放后三十年的高等教育理念主要围绕着三大基本问题而展开:一是国家如何看待高等教育,即将高等教育摆在什么样的战略地位;二是国家如何管理高等教育,即如何体现权力分配问题;三是国家要求高等教育培养什么样的人才,发挥哪些功能的问题。对这三个问题的回答也体现了中国高等教育理念近三十年的重大变化。

---

① 刘献君,周进:《建设高等教育强国:六十年的理念变迁及其启示》,《高等工程教育研究》,2009年第5期。

（一）高等教育的社会身份由"服务政治"转向"科教兴国"

在新中国成立初的三十年，革命思维主导着社会方向。随着拨乱反正和改革开放的进行，国家的工作重点转移到经济建设上来，社会对高等教育的发展也提出了新要求，教育的地位日益受到重视，邓小平高瞻远瞩地首先提出"把教育提到优先发展的战略高度"①。1982年中共十二大把教育和科技列为社会主义现代化建设三大战略重点之一，国家对教育的投入有了较大程度的增长，从1982年到1991年国家教育经费总投入增长了3.6倍。② 随着高等教育在知识创新、人才开发以及对经济发展社会进步的重大作用受到高度重视，国家进一步提出"科教兴国"战略和"人才强国"战略，要求切实把教育摆在优先发展的战略地位，推动我国教育事业全面协调可持续发展，努力把我国建设成为人力资源强国，为全面建设小康社会、实现中华民族的伟大复兴提供强有力的保证。

（二）高等教育管理从"高度集权"转向"适度放权"

在经历了改革开放前的社会剧变后，随着教育部的撤销，整个国家的高等教育陷入无序与停滞状态。改革开放后，中央在《关于恢复和办好全国重点高等学校的意见》中要求对高等教育实行"统一领导、分级管理"的体制。③ 最具标志性的举措是以时任复旦大学校长苏步青等为代表的一批大学管理者，在1979年12月6日的《人民日报》上发文倡导扩大高校自主权，引起社会的强烈反响。作为回应，国家层面在1985年中共中央《关于教育体制改革的决定》中明确指出"在加强国家对教育的宏观管理原则下，扩大高等学校的办学自主权"④。同时一系列政策法规相继出台，如1998年颁布的《高等教育法》明确规定"高等学校应当面向社会，依法自主办学，实行民主管理"等，与完全依靠国家政策相比，高校自主性在一定范围内略有好转，但大学面向政府办学、行政权力凌驾于学术权力的问题仍未获得实质性好转。学术自由一直就是世界高等教育发展之魂，历史事实证明，违背学术逻辑的发展也将失去灵魂的卓越。

（三）人才培养从"专才为主"转向"通专结合"

改革开放以后，社会急需大量科技、经济及管理类人才，以满足经济现代化需求。高等教育目标发生了相应转变：大量财经、法律、管理类高校及学科专业获得资源支持，人才培养目标转向"一专多能"，突出对知识、能力、素质的培养，高等教育政治功能让位于经济功能。

---

① 《邓小平文选》（第2卷），人民出版社1994年版，第68页。

② 何东昌：《当代中国教育》，当代中国出版社1996年版，第122页。

③ 王英杰，刘保存：《中国教育改革30年》（高等教育卷），北京师范大学出版社2009年版，第65页。

④ 王英杰，刘保存：《中国教育改革30年》（高等教育卷），北京师范大学出版社2009年版，第66页。

由于专业教育模式带来人才片面发展等弊端不断显现,国家连续出台政策,调整部分专业结构不合理等问题。在1985年的《中共中央关于教育体制改革的决定》中明确要求:"改变专业过于狭窄的状况,精简和更新教学内容,增加实践环节,减少必修课,增加选修课等等。"①1993年2月颁布的《中国教育改革和发展纲要》强调:"高等教育要进一步改变专业设置偏窄的状况,拓宽专业业务范围,加强实践环节的教学和训练,发展同社会实际工作部门的合作培养,促进教学、科研、生产三结合。"1998年4月6日,教育部发布《关于加强专业结构调整力度,尽快缓解部分科类毕业生供求矛盾的通知》,围绕社会需求调整高校专业与学科结构。经过整合后的本科专业数由1980年的1 039个缩减到了1998年的249个②。国家人才培养与建设思路逐步转向"拓宽专业口径,增强人才适应性"方面。

随着国家经济不断发展和高等教育大众化向纵深演进,高等教育的人才培养结构、质量与规模、效益间的矛盾不断加大,高等教育价值取向的市场化、功利化与人才素质的单一化、片面化日益突出,难以满足社会的多样化需求,必须通过新的全局性、战略性调整,形成高校人才培养多元化的局面。党的十六大以后,在科学发展观的指导下,国家高等教育理念及时作出了重要反馈,开始关注人的主体地位,从人的发展视角来审视整个高等教育全局性任务,并提出"素质教育"的目标与要求。2004年2月10日,教育部颁布《2003—2007年教育振兴行动计划》,提出要"培养数以千计的高素质劳动者、数以千万计的专门人才和一大批拔尖创新人才",要求"以培养学生的创新精神和实践能力为重点,继续全面实施素质教育",这被视为国家高等教育人才培养理念的重大转变。但在实践中,大学素质教育理念仍缺少相应的制度与环境支持,在实施中面临重重困难。当前,中国各类拔尖创新人才的极度匮乏,已严重阻碍了社会经济的发展,引发了人们对高等教育改革的深刻反思。未来要实现高等教育强国之梦,必须首先转变人才培养理念与模式,使教育回归到"实现人的全面发展"这一本源目的上来。

总的来讲,改革开放后三十年国家高等教育理念可以说是一次全面的现代化重构,呈现出开放、多元、变革、创新等特点。在创立建设中国特色社会主义理论的过程中,国家高度重视教育对经济发展的基础作用,把教育的改革发展纳入我国改革开放和现代化建设的总体设计中,高等教育逐渐走入良性发展的轨道。在中国特色高等教育理念的探索与实践中,我国高等教育实现了跨越式发展

① 《中共中央关于教育体制改革的决定》,《中国教育报》,1985年6月1日。

② 《中共中央、国务院关于印发〈中国教育改革和发展纲要〉的通知》,中发[1993]3号。

和历史性突破，不仅体现在高等教育规模的扩张和办学条件的改善上，也体现在高等教育体制改革不断深入，各种关系逐步理顺，高等教育质量不断提高，高等教育国际交流与合作不断深化等方面，为建设高等教育强国奠定了一定基础。

然而，我们也必须清醒地认识到，相对于西方高等教育强国而言，中国高等教育仍存在许多亟待解决的深层次问题。坚持教育优先发展并不是一句空话，培养创新型人才也并非一日之功，高等教育实现与社会政治经济协调发展也并非仅靠教育自身努力就能达成。当前，高等教育要充分发挥振兴民族、提升人性、实现小康的基础性作用，国家层面上若没有根本性的观念转变和实质性的政策举措，任何努力都是无济于事的。必须深刻认识到高等教育在建设人力资源强国与创新型国家建设中的决定性作用，尊重并认清教育规律，进一步解放思想，实现高等教育强国理念的战略性转变。

第二节　新中国成立六十年来高等教育理念的发展与形成

中国高等教育理念的变革是一个渐进的过程。这种过程既有自上而下的政治推动，又有自下而上的变革诉求，反映了中国社会变革的一般特点。当然，在这期间也存在某些局部的突变或断裂现象，但总体趋势来看，是朝着一个更加理性、更为系统化、更符合社会需求的方向发展。依据理念的产生机制，中国高等教育理念大致可分为以下三种类型：外生转换性理念、政治嫁接性理念和自发内生性理念。外生转换性理念是指那些由外域传入，在本土获得成功移植的理念；政治嫁接性理念是由国家的意志在向教育领域的渗透中而转化形成；自发内生性理念是在中国高等教育的发展中由本土教育家提出并成功实践的教育理念。① 我们拟以此为框架，分析新中国六十年来对中国高等教育产生突出影响的教育理念。

① 刘献君，周进：《建设高等教育强国：六十年的理念变迁及其启示》，《高等工程教育研究》，2009 年第 5 期。

一、外生转换性理念

“外生转换性理念”体现了我国对世界高等教育理念的借鉴和吸收。中国现代意义上的高等教育是“西学东渐”的产物,具有典型的“后发外生型”特征,经历了由取法日本、欧美到借鉴苏联再到模仿美国,从“横向移植”到“有选择地借鉴”的变迁过程。“窥西学之精,为我所用”可谓百年高等教育理念发展之主要路径。改革开放以后,诸如“服务社会”、“大学自治”、“通识教育”、“国际化”、“民主化”、“教育可持续发展”、“终身教育”等各种国际教育理念纷至沓来,并在制度转换中实现了“中国化”,其中影响力较大的有三种。

(一)面向社会

源于19世纪下半叶的美国威斯康星思想提出高校应走出“经院模式”的象牙塔,全方位、多角度地为社会提供直接服务,促进教学科研与实践一体化。“服务社会”作为高等教育的第三大功能,自产生起就引导着世界高等教育理念的变革。

新中国高等教育“面向社会”的理念是伴随着国家经济复苏与体制改革的深入而逐步实现的。新中国成立之初,为服务科技与工业经济发展,高校主要以“教劳结合”、“多样办学”等方式面向社会,建立供师生从事劳动与科研加工的校办产业,取得了一定的社会效益。但这种政府支配下的“社会服务”是指令性的和被动的。市场经济体制建立后,高等教育社会化改革迅速展开。从办学层面看,起步最早的是高校后勤管理与就业分配制度的“社会化”。1984年《中共中央关于经济体制改革的决定》和1985年《中共中央关于教育体制改革的决定》相继出台,高校后勤部门从国家拨款的行政管理单位转为独立核算、自负盈亏的经济实体;就业制度也由国家“统包统分”向“自主择业”转变,并于1997年完成了高校招生、收费和就业的并轨改革。20世纪90年代初,我国启动了教师人事管理“社会化”,1993年颁布的《中国教育改革和发展纲要》提出建立新型的教师管理体制,教师终身制和人才流动壁垒被打破。2000年《关于深化高等学校人事制度改革的实施意见》催生出一南一北的“北大方案”和“中大改革”,各大高校纷纷以“渐进式改革”方式推行教师聘任制,并取得了初步成效。从国家层面看,“面向社会”主要体现在办学自主权的松动上。1979年苏步青等校长呼吁“给高校一点自主权”后,国家逐步淡化隶属观念。1998年出台的《高等教育法》第11和12条规定:“高校应当面向社会,依法自主办学”,鼓励高校与社会组织协作互补,提高资源利用率,“面向社会”理念由此确立。

“面向社会”是六十年来涉及面最广的高等教育理念。一方面,改革开放为

"面向社会"提供了制度环境,另一方面,高校自身发展又使社会服务成为教学科研的实现载体和互动目标。社会是高校赖以生存和发展的环境基础,服务社会、引领社会不仅是历史的必然要求与经济社会发展的目的所在,更已成为增强高校办学活力和促进人才培养的有力手段。然而,随着大学在社会发展中的作用日益增强,高等教育也承担着日益增多的社会职能,也显现出有偏离"育人"这一基本前提和目的的迹象。当前,我国集权式管理观念尚未转变,高校自我约束机制仍不完善,与"面向社会"相适应的高等教育体制改革进展缓慢,对社会服务的"范围"和"限度"缺少理性分析:或直接与创收相联系,或与人才培养相分离。必须进一步澄清认识,积极探索"面向社会"的办学机制,促进教育与社会良性互动、健康发展。

(二) 高等教育国际化

这一理念的雏形最早可追溯至古希腊和古埃及盛行的"游教"和"游学"之风,随后兴起于欧洲。20 世纪 40 年代,联合国教科文组织积极倡导广泛开展国际教育交流合作,把国际的、跨文化的、全球的观念融合到高等学校教学、科研和服务等诸项功能中的过程。① 高等教育国际化是高等教育产生和发展的基本动力,探索真理和发现知识本身,就是一项没有国界的事业,因而,高等教育是一项国际性的事业。当前,"国际化"已成为世界高等教育发展的共同趋势和基本理念。

今天的中国高等教育也是一种不断学习西方,逐步使本国高等教育具有国际性的历史,也是一部建立具有中国特色的高等教育的曲折发展史。新中国成立后,我国在效仿苏联时期还没有明确高等教育国际化的理念,在高等教育领域内实施的这些措施也还谈不上真正意义上的国际化,仅仅只能称为借鉴而已。而真正意义上的国际化是在改革开放之初,邓小平提出的"教育要面向现代化、面向世界、面向未来",全面启动了中国高等教育的国际化进程。政府向发达国家大量派遣留学生后,我国国际交流与合作活动迅速展开,对外开放的发展格局基本形成。21 世纪以来,我国在宏观上重视观念更新和制度借鉴,微观上强化国际内容的教学,加强国际学术交流,集中精力打造若干国际一流的学科和方向。高校高度重视观念更新和制度借鉴,强化跨文化交流,大力引进海外高层次人才,加强国际学术互动;积极向各国开放国内教育市场,充分利用国际资源,不断拓宽联合办学渠道,在合作中参与国际教育事务,加强多边合作,大胆吸收世界各国的文明成果,提高了我国高校的国际学术地位。

---

① 陈学飞:《面向 21 世纪国际高等教育发展的基本趋势》,《辽宁高等教育研究》,1998 年第 6 期。

克拉克·克尔在阐述国际教育的必要性时指出“知识无国界”①。高等教育国际化所确立的教育目标应当是人才的国际化,是人才素质竞争力的国际化,特别是那些适应国际风云变幻的人的内在品格素质的练就。② 联合国教科文组织在《关于高等教育的变革与发展的政策性文件》中指出:“国际合作是世界学术界的共同目标,而且还是确保高等教育机构的工作性质和效果所不可缺少的条件。”③。依据这一理念,大学要勇敢地走向国际教育舞台,大胆地吸收世界的文明成果,积极融入世界新文化,培育和发展跨国高等教育机构,促进全球高等教育交流合作,在合作中参与国际教育事务,提高国际学术地位。我们必须善于吸取世界先进的教育理念,培养具有国际眼光和国际竞争力的人才,在推进国际化的同时保持本民族的优秀文化传统,立足中国实际,把握时代需求,建设富有本土特色的高等教育理念体系。

(三)高等教育可持续发展

可持续发展思潮产生于国际上对自然资源、环境及人口与人类社会发展关系的探讨,提出社会的发展应是既满足当代人的需要,又不损害后代人满足其需要的能力的发展,随后这一思想渗透到教育领域。1998 年 10 月,联合国教科文组织发表《21 世纪的高等教育:展望和行动世界宣言》,开宗明义地指出:“应保持、加强和进一步扩大高等教育的基本使命和重要作用,特别是促进整个社会的可持续发展和进步的使命。”④党的十六届三中全会将“可持续发展”理念列入科学发展观,成为我国构思教育与社会发展战略的重要依据。

高等教育可持续发展问题主要包括两个命题,一个是高等教育如何促进社会的可持续发展,另一个是高等教育自身如何实现可持续发展。高等教育自身的可持续发展是指高等教育按照自身规律,以健康、持续、稳定地与经济协调发展为目的,立足现实、着眼未来,以最大限度地与社会经济可持续发展相协调为准则,来选择自身的发展道路。⑤ 高等教育可持续发展的重要特征是:教育发展的持续性、教育视野的超前性、教育生态的平衡性、教育运行的协调性和教育功

---

① [美]克拉克·克尔:《高等教育不能回避历史——21 世纪的问题》,王承绪译,浙江教育出版社 2001 年版,第 32 页。

② 卢晓中:《当代世界高等教育理念及对中国的影响》,上海教育出版社 2001 年版,第 227 页。

③ 高宝立,杭国英:《以创新促进高等教育发展——读联合国教科文组织世界高等教育会议的三个文件》,《复旦教育论坛》,2003 年第 6 期。

④ *World Declaration on Higher Education for the Twenty-First Century: Vision and Action and Framgwork for Change and Development in Higher Education*. Adopted by the World Conference on Higher Education, Higher Education in the Twenty First-century: Vision and Action. 1998.

⑤ 王德宠:《确立 21 世纪高等教育的可持续发展理念》,《北京邮电大学学报》(社会科学版),2001 年第 2 期。

能的整体性。

高等教育可持续发展理念有两个核心，一个是“可持续”，从高等教育培养人的角度来说，高等教育的可持续发展应当以人的可持续发展作为立基点，体现出高等教育对人的终身关怀这一本质。今天我们所倡导的素质教育和终身教育正是基于可持续发展的理念。终身教育作为一种现代教育思潮，是在1970年的《联合国教育发展国际报告》中提出的，其核心思想是以个人一生主动自愿学习为基础，以个性化、多样化、非职业化学习为特征，以个体发展多样性、个体享受丰富性为原则，其本质是不断促进人的全面发展。党的十六大报告中指出要形成全民学习、终身学习的学习型社会，促进人的发展。只有培养高素质的、适应社会的人才能实现可持续发展，而对人的培养又不仅仅限于人生的某一时期，而是其整个的人生历程。另一个核心是体现以人为本的思想。不论关怀当代人的需求，还是泽被后代人的生存与发展，“人”贯穿于其全部思想体系之中。可持续发展理念的提出在很大程度上唤起了高等教育的人文觉醒，回应了高等教育哲学的人文主义价值观的复兴趋势。目前我国乃至世界所提倡的人文与科学相结合的高等教育人才培养模式正是高等教育可持续发展理念影响的结果。

自1999年大学扩招以来，我国仅以不足十年的时间就实现了高等教育大众化，然而，当前国家有限的教育经费投入越来越难以支撑日益扩张的教育规模，高等教育公平与质量问题十分突出。实现“高等教育可持续发展”，必须将教育发展重心转移到提高质量、走内涵发展的道路上来，促进教育规模、质量、结构、效益、公平协调发展；高度重视高校战略管理，致力于实施中长期战略目标规划，克服教育发展的盲目性；以人的可持续发展为立足点，促进教育公平，体现高等教育对人的成长的全程关怀，发展终身教育，建设全民学习、终身学习的学习型社会，最终促进教育、人与社会的协调发展。

二、政治嫁接性理念

政治嫁接性理念体现了政治家的教育理想和国家对高等教育发展的要求。现代大学已成为支撑社会发展的“轴心机构”，以至于越来越多地受到政府直接或间接干预。政治家的经验决策和权威性的行政指令通常主导着教育理念的活动方向，并反映在国家方针政策和政治家的教育理想中。其中最具代表性的理念有三个。

（一）教劳结合，服务政治

“教劳结合，服务政治”是新中国成立初期为体现国家政治意志、巩固党的政权、服务经济生产而提出的高等教育理念。早在16世纪，托马斯·莫尔在

《乌托邦》一书中就阐述了劳动教育的思想,认为“教育与生产劳动相结合”的实质是以“教育”为纽带,将从事生产劳动的“人”与科学技术相结合,推动科技向生产力的直接转化。而服务于经济生产。① 马克思在分析了大工业生产的特点后,提出教育与生产相结合“不仅是提高社会生产的一种方法,而且是造就全面发展的人的唯一方法”。② 同时,他认为教育作为一种意识形态,是上层建筑的一部分,具有阶级性,并为统治阶级服务,指出教育与政治间的辩证关系是政治决定教育,教育反作用于政治。这一理论为“教劳结合,服务政治”提供了生成依据。

在实践观的指导下,1949 年的《共同纲领》提出教育为无产阶级政治服务,建立民族的科学的大众的新文化理念,明确了当时教育方针是“教育为国家建设服务”。1958 年毛泽东在《关于教育工作的指示》中首次提出:“党的教育工作方针,是教育为无产阶级的政治服务,教育与生产劳动相结合……为了实现这个方针,教育工作必须由党来领导。”③同年,他在《工作方法》(草案)中,要求各级各类学校要举办工厂或农场,实行“自给或者半自给”,试办“半工半读”高校。高等教育逐步向工农开放,以“两腿走路、多样办学”的形式,促进劳动人民知识化、知识分子劳动化,在教学上重视实践环节。1961 年出台的《高教六十条》规定,学生每年要参加一至一个半月的生产劳动,大力提倡勤工俭学,“劳动育人”。④ 时任中共中央宣传部部长陆定一在当年《红旗》杂志上发表《教育必须与生产劳动相结合》一文,反映了当时由于教育同生产劳动相结合的需要所指出的办学形式、教育结构等方面的改革方向。随后《高教六十条》中明确了高校的基本任务是“贯彻执行教育为无产阶级的政治服务,教育与生产劳动相结合”和培养“为社会主义建设所需要的各种专门人才”。

“教劳结合,服务政治”是六十年中影响最深远、分歧最大的教育理念。从政治与经济层面上讲,它要求教育为劳动者服务,学校为政治需要服务,对促进国家工农业生产和维护政治稳定起到了关键作用,是新中国成立之初高等教育的理性与现实选择。而就教育层面看,由于在实践中过多强调生产劳动,以经验技术的传授代替学科理论的系统学习,难以保证课堂教学的合理和正常进行,影响了人才培养质量。

---

① 托马斯·莫尔:《乌托邦》,商务印书馆 1982 年版,第 55~58 页。

② 《马克思恩格斯全集》(第 23 卷),人民出版社 1972 年版,第 530 页。

③ 中央教育科学研究所编:《中华人民共和国教育大事记:1949—1982》,教育科学出版社 1984 年版,第 231 页。

④ 《中国教育年鉴》编辑部:《中国教育年鉴:1949—1981》,中国大百科全书出版社 1984 年版,第 233~235 页。

(二) 红专结合,全面发展

教育培养什么样的人决定了高等教育的性质和目标。人的全面发展是人的各方面才能和素质的提高,它意味着一个人身心的和谐发展,个人潜能的实现,人的主体性程度和自由、解放的程度不断提高,人的个性越来越丰富多彩。在促进人的全面发展中,教育起着至关重要的作用。在我国基本完成社会主义改造以后,毛泽东运用并发挥了马克思主义关于人的全面发展和全面发展教育的基本观点,坚持使受教育者德智体全面发展。他在1957年2月27日发表的《关于正确处理人民内部矛盾的问题》中提出:“我们的教育方针,应该使受教育者在德育、智育、体育几方面都得到发展,成为有社会主义觉悟的有文化的劳动者。”①此后,“三育两有”成为我国教育或各级各类学校的共同培养目标。这一关于我国的社会主义教育方针、教育目的的表述,反映了当时社会主义经济和政治对教育的客观要求。

“红专结合,全面发展”强调政治思想与专业能力相统一,促进人的全面发展。新中国成立伊始,根据老解放区的教育经验,人们对旧教育中培养“万金油”式的“通才”教育和“大学管理论、专科管实际”的主张持否定态度。1950年6月,时任教育部部长钱俊瑞提出:“新中国的高等教育必须适应国家建设,首先是经济建设的需要,实行在系统理论知识上的适当专门化教育。”②。1951年,我国进行了大规模的院系调整,综合大学只保留了文理两科,其余组建的专门学院多为单科性高校,八百多个专业大量集中在三、四级学科上,许多高质量的名牌高校被无情拆散。社会主义改造完成以后,在学术问题上“拔白旗、插红旗”,大搞“红专辩论”。毛泽东提出要培养“又红又专”③的社会主义建设人才。在实践上,除注重政治思想教育外,还要求学生“以学为主,兼学别样”④,强调在以学业为本的前提下,注重德智体全面发展。为迎合中央关于高等教育要配合国民经济发展和工业建设的要求,这一时期高等教育全面学习苏联,以俄为师,全面推行专业教育。然而,简单教条地照搬苏联模式也使我国大学教育呈现出强烈的功利主义和狭窄的专业教育倾向。

“红专结合,全面发展”既为当时国民经济恢复提供了专门人才支持,又构成了一个较完整的目标与途径相统一的思想体系,对后期我国高等教育人才培

---

① 《毛泽东选集》(第5卷),人民出版社1977年版,第385页。

② 钱俊瑞:《团结一致,为贯彻新高等教育的方针,培养国家高级建设人才而奋斗——一九五〇年六月九日在全国高等教育会议上的结论》,《人民教育》,1950年第8期。

③ 毛泽东:《毛泽东文集》(第7卷),中央文献出版社1999年版,第309页。

④ 中央教育科学研究所编:《中华人民共和国教育大事记1949—1982》,教育科学出版社1984年版,第399页。

养理念的发展有着重大历史意义。但这种政治意义下的“全面发展”在内涵和实践中表现出其局限性和片面性,忽略了人的个性自由发展。“红专结合”更多的是强调“为红而专”。高校按统一的教学计划、课程设置、教学内容培养单一模式的人,这种强求整齐划一、抹煞个性的做法与高等教育培养具有全面的知识、能力和素养的人才目标出现了严重偏离。

(三)办人民满意的教育

“办人民满意的教育”是新时期国家政治理想的嫁接,但与以往不同的是,这一理念既考虑了国家建设和谐社会的政治需求,又遵循了高等教育发展的本质规律,是坚持执政为民、与时俱进的集中体现。

在我国传统文化中,“大学之道,在明明德,在亲民,在止于至善”、“民为贵”等思想就体现了以“民”为本的教育观。1950 年首届全国教育工作会议上,中央首次提出:教育要“发展为人民服务的思想”①。1999 年江泽民在第三次全国教育工作会议上要求“坚持教育为社会主义、为人民服务”。不同时期虽有不同的提法,但教育“为人民服务”的宗旨始终没有改变。根据国情和党在新历史阶段的工作重点,胡锦涛在党的十六大报告中创造性地提出了“办人民满意的教育”理念,他强调:“教育是体现发展为了人民、发展依靠人民、发展成果由人民共享的重要方面,要坚持党的教育方针,坚持以科学发展观统领我国教育事业发展全局,坚持教育为社会主义现代化建设服务、为人民服务,努力办好让人民群众满意的教育。”②

“办人民满意的教育”是体现政治、教育与人全面协调发展的新理念。我国是穷国办大教育,必须坚持“办人民满意的教育”的核心信念,从实践上、实质上满足人民群众的教育需要。首先,教育的根本任务是提高广大人民群众的素质,其衡量标准是能否使教育改革符合人民的利益、体现人民的意愿、提高人民的受教育程度,通过教育最大限度地满足人民群众对物质文化和精神文化与时俱进的需求;其次,“办人民满意的教育”的核心是保证人民受教育的权利。要坚持教育公平与效率相结合、社会发展与人的发展相结合,在保证社会公平的前提下,不断提高教育质量和办学效益。

三、自发内生性理念

自发内生性理念即高等教育界人士立足国内和教育实践而形成的理念。大

---

① 卓晴君:《中国教育改革全书》,大连出版社 1992 年版,第 81 页。

② 胡锦涛:《高举中国特色社会主义伟大旗帜 为夺取全面建设小康社会新胜利而奋斗——在中国共产党第十七次全国代表大会上的报告》,《人民日报》,2007 年 10 月 25 日。

学校长及教育专家作为一个特殊群体，往往能够审时度势，结合自身的院校研究和办学体会，准确把握时代的脉搏，顺应教育发展的趋势，恰当地提出大学发展的战略目标，引导大学向前发展。新中国成立六十余年来，一批杰出的教育家对推动我国高等教育理念的发展功不可没，如华中科技大学原校长杨叔子院士倡导的"绿色教育"、"文化素质教育"、"全人教育"；[①]时任华中科技大学校长周济提出的"育人为本，产学研三足鼎立、协调发展"；[②]清华大学原校长王大中院士提出的"创建一流、以为人本" 等。[③] 这些理念因其立足于国内办学实际，且产生了一定的示范效应，从而由下至上地引领着我国高等教育理念的变迁，其中较有借鉴意义的理念有以下几个。

（一）文化素质教育

文化素质教育是以提高人的综合素质为目的的一种教育，指向人的素质的全面和谐发展，是以人为本的人才培养核心理念。文化素质教育是我国在世界新的科技革命大背景下，从传统的知识教育到素质教育、从重科学教育到科学与人文相结合的理念创新。我国早期的素质教育主要是相对于基础教育中的"应试教育"而言的，在高等教育领域，素质教育主要是针对科学主义教育和狭隘的专业教育的弊端而提出的，侧重于以"文化素质教育"为突破口。

高等教育首先是一种人文精神的教育，科学文化与人文文化应是相通的，科学中必然渗透着人文精神。[④] 但是，1952 年以后，我国学习苏联经验发展专业教育，在片面崇尚科学的实用主义理念支配下，科学教育与人文教育之间出现了难以逾越的鸿沟。特别是高中阶段实行文理分科后，大学新生缺乏完整的科学与人文知识结构，而高校人文学科因无"实用价值"而被置于课程的最底层，教育的人文精神被明显抑制。科学教育与人文教育冲突的实质是两种不同的教育价值取向之间的冲突。科学教育主要向人们传授自然科学知识，培养自然科学素养，重视智力开发，以征服和改造自然、促进物质财富增长为根本目的，以培养科学精神为最高价值标准；人文教育则注重人性的养成与人格的塑造，以培养受教育者的人生态度、基本品质、处事能力为根本目的，以培养人文精神为最高价值标准。高等教育应使科学文化和人文文化相互统一，形成完整的教育。

针对高等教育"过弱的文化陶冶，过窄的专业教育，过重的功利导向，过强的共性制约"等问题，1995 年 11 月，在周远清同志的主持和推动下，教育部在原

---

① 汪青松等：《杨叔子院士文化素质教育演讲录》，合肥工业大学出版社 2007 年版。

② 周济：《育人为本 三足鼎立——21 世纪一流大学的发展思路》，《海峡两岸面向 21 世纪科技教育创新研讨会论文集》，华中科技大学出版社 2000 年版。

③ 王大中：《建设世界一流大学的战略思考与实践》，《清华大学教育研究》，2003 年第 3 期。

④ 刘献君：《专业教学中的人文教育》，华中科技大学出版社 2003 年版。

华中理工大学召开“加强高校文化素质教育试点工作研讨会”,首次提出了科学教育与人文教育相融合的理念,并在52所高校试行文化素质教育活动,成为高校推进素质教育的切入点和突破口。1999年6月召开第三次全国教育工作会议,以及当年发布的《中共中央国务院关于深化教育改革全面推进素质教育的决议》,提出要“普遍提高大学生的人文素养和科学素养”,表明文化素质教育受到国家政策肯定和推行,并迈向了一个新阶段。1999年9月,教育部在华中理工大学召开“贯彻‘全教会’精神,进一步加强文化素质教育工作研讨会”。刘献君通过对百位教师教学经验的总结,指出,结合专业教学进行人文教育,是深化大学文化素质教育的关键。他认为,结合专业教学进行人文教育的方式是丰富多彩的,主要有八点:“起于知识、启迪精神、渗透美育、行为互动、营造氛围、以悟导悟、以人为本、止于境界。”①刘献君特别指出,着力提高教师自身的人文素养,是在专业教学中渗透人文教育的必要前提,也是当前的迫切需要。

从国内高校的实施经验看,有以下几点值得借鉴。一是强调人文知识不等于文化素质,必须重视“内化”。二是强调在专业教育与知识教育中渗透人文精神和文化素质教育。自1997年起,华中科技大学、北京科技大学、四川大学等高校陆续启动了人文社会科学课程,南开大学等近年还开设了自然科学课程。三是强调环境与校园文化对大学生素质形成的影响。四是要求高校教师必须提高文化素养。经过10多年的努力,文化素质教育由试点到全面铺开,由造势到自觉,由单一到多样,理念的实施效果和影响力不断提升。

就当前而言,在宏观战略上,需要深入到特定的办学环境之中,要有相应的高水平人文学科和自然科学学科作为支撑,依托区域教育合作与学术互动实现学科生态平衡;在微观战术上,要深入到人的认识过程之中,通过社会实践将知识内化为素质。“文化素质教育”理念的提出是改革开放以来我国高等教育理念转变的一次重大突破,对转变教育观念、培养创新人才有着积极的指导意义。

(二)育人为本,产学研三足鼎立、协调发展

在世界高等教育发展历程中,大学教学与科研的关系经历了分分合合的曲折历程,而唯有在19世纪初期洪堡领导的柏林大学中,教学与科研既在理论上达成统一,又在实践中得到较好地结合。20世纪下半叶以来,大学教学与科研呈现出这样两种倾向。第一,出现了“教学漂移”与“科研漂移”,教学与科研从融合到分离。第二,整体而言,世界各国的大学都出现了“重科研轻教学”的现象,并且,这种现象还有日渐加重的趋势。现在,“重科研轻教学”已经成为了世

---

① 刘献君:《高等学校文化素质教育的现状及发展》,《湖南文理学院学报》(社会科学版),2003年第6期。

界高等教育的一个普遍特征。

新中国成立至改革开放前,大学几乎不做和很少做科研,基本以教学为主。由于科技体制的变化和政治需要,从高等学校里抽走了大部分研究人员成立大量的校外独立研究机构,国家的科研任务基本集中于科学院及各地分院和各个部门办的研究所,造成了科研与教学的脱离,它所造成的后果已经反映在我国高级科研人员和高级教学人员即将面临的人才断层上。恢复高考后,邓小平同志高瞻远瞩地提出了高等学校,特别是重点高等学校要办成两个中心——"既是教育中心,又是科研中心"①。1985年,国家颁布了《中共中央关于教育体制改革的决定》,进一步阐明了"教学与科研相结合"的基本理念。然而,随着高校科研逐渐向研究型院校和研究生层次"漂移",科研功用的"立竿见影"性和教学价值的滞后性导致高等学校普遍重"术"轻"学",影响了人才培养质量,大量科研成果因低水平重复并脱离实践而沦落为"口袋科研"与"职称科研"。此外,高等学校的社会服务职能普遍未能很好地得到体现。针对这些问题,时任华中理工大学校长周济率先提出了"育人为本,产学研三足鼎立、协调发展"的办学理念,同时确立了"三个层次、三条主线",全面推动这一理念的实施。这三个层次包括:第一,从构建校内产学研结合起步,营造学校良好的科技创新环境,充分发挥高等学校的自身优势;第二,投身社会,促进产学研结合,与产业界建立紧密合作的伙伴关系,进入国家技术创新主战场;第三,进一步拓宽产学研结合的视野,探索国际产学研结合模式,瞄准国际高技术前沿,缩小与国外创新平台的差距,促进国际先进技术优势转化为国内的技术创新能力。三条主线包括:第一,通过人才培养,为提高创新能力培养大量的高素质创新人才;第二,通过科研攻关,为企业技术进步提供大量的创新成果;第三,通过科技服务,致力于高新技术产业化和传统产业的高新技术化,在国家创新体系中正确定位,充分发挥应有作用。

在建设高等教育强国进程中,中国高等教育应该发挥,也必将发挥三个方面的重要作用:一是提供全面的人才支持;二是发挥科学研究优势;三是建设创新文化。高等教育要落实育人为本,就必须理顺产学研的关系,促进产学研协调发展是作为创新源和动力源的大学主要功能。就当前整体状况看,我国高等学校产学研合作的覆盖面仍然偏小,层次仍然偏低;办学中偏重经济效益,而忽视人才培养的社会效益。必须深刻理解社会服务的内涵,坚持以人为本,开展各种形式的服务社会活动,提高学生实践创新能力;用科研之"源"来充实教学之"流",使教学反映学术的发展,特别是吸收前沿研究的成果;建立全方位的社会服务体系,多种渠道了解社会需求,重视合作机构与相关制度建设,大力推进科技成果

① 《拨乱反正恢复高考 邓小平同志在1977年》,《光明日报》,2007年6月11日。

的转化。产学研合作办学的核心是教育创新,必须使人才培养质量符合社会发展需求,形成育人、教学、科研、产业相互促进、协调发展的格局。

第三节　新中国成立六十年来高等教育理念的发展经验

恩格斯说过:“历史从哪里开始,思想进程也应当从哪里开始,而且思想进程的进一步发展不过是历史过程在抽象的、理论上前后一贯的形式上的反映。”①社会的激荡变革使中国高等教育处于古今、中西的时空交汇点上,理念表现出静态与动态多种因素同时并存和不断除旧布新的特征。尽管如此,理念仍有其亘古不变的内涵,表现出超越历史瞬间的稳定个性。高等教育作为一种社会现象和文化系统,是人类社会发展到一定阶段后应运而生的,它不可能脱离社会需要而孤立发展。为了全面地反映理念的运行规律,必须综合分析理念背后具有普遍意义的影响因素及其与理念发展之间的逻辑联系。

一、社会转型是高等教育理念变迁的直接动因

教育理念是时代变革和社会转型的产物。无论社会变迁的成因中是否会有教育的作用,社会变迁早晚都将导致教育理念的变迁。百年来,我国整个社会系统大体由激进式变革、倒退式“变革”走向渐进式变革,教育理念也从“政治嫁接”为主走向“外生转换”与“自发内生”相结合,带有强烈的时代烙印。

为巩固新政权、发展新教育,新中国成立之初进行了急风暴雨般的社会改造。在高等教育系统内强制推行院系调整,这种激进的水平式变迁的表征是“政治嫁接性”理念的盛行,高等教育有所发展但就其实质而言进程缓慢;“文化大革命”期间,由于政治上的专制、思想上的禁锢、文化上的愚昧和经济上的无序,高等教育理念经历了一次“断裂”式的震荡,从而使教育失去了发展的连续性和稳定性;改革开放后,先前存在及改革中新引发的许多不协调因素也随之爆发,政治、经济体制和社会结构的变动引发了原有利益格局的重组和整合,“外生转换性”理念为高等教育发展开辟了新境界,打破了长期以来“政治”主题包揽教育理念的格局。党的十七大以来,立足本土的“内生转换性”理念不断涌

---

① 《马克思恩格斯选集》(第2卷),人民出版社1972年版,第122页。

现,高等教育理念由模仿走向自觉,标志着我们对人类社会发展规律和教育规律的认识达到一个新高度。

历史表明,社会的重大转型是教育理念变迁的根本动力。在常态社会,不同群体的价值观冲突较缓时,理念认同度相对较高。反之,转型期原有社会结构的稳定性开始被打破,不同利益主体之间的冲突在教育领域中开始凸显,促使高等教育寻找新的理念与秩序。然而,教育的相对独立性、稳定性与保守性使其难以适应急剧的社会变迁,决定了高等教育理念只能对可变因素作局部性调整,但正是不可变因素的存在才使高等教育保持内在稳定性。只有当不同社会阶层之间、国家与大学层面之间的思想碰撞能在重大的、根本性的问题上趋于一致时,高等教育才能有新的理念可循。

教育理念的变迁是对社会制度与时代环境的条件反应。从空间维度看,社会局势震荡,高等教育就发展迟缓甚至倒退;社会制度开放、外生转换性理念占主流时,教育发展迅速但缺少植根于自身条件的自主抉择,不足以形成战略性的特色优势;社会环境宽松、自发内生性理念积极萌生时,高等教育方能体现自身规律而且稳步健康发展,最终将自立于世界高等教育强国之林且独领风骚。从时间维度看,社会变迁所形成的时代境遇是教育理念变迁的先决条件。新中国成立六十年来,正是我们抓住了改革开放的时代机遇,与时俱进,重视教育战略发展理念与战略规划建设,才使高等教育获得了跨越式发展。

二、学术属性是构建高等教育理念的逻辑起点

高等教育作为独立的学术与文化组织,是知识生产和文化传播机构,具有知识性与学术性。而新中国成立六十年来,我国高等教育始终处于政治与市场的双重制衡之中。从政治层面看,尽管改革开放前后“自治”与“控制”的矛盾在程度与表现方式上有所不同,但政治对教育的制衡无非是从传统农业社会的“防范与教化”转向工业社会的“内隐与调适”,政治制衡的内核始终未变,表现在:一是通过国家政策、制度与法规使教育理念“合法化”;二是以“政治论”为教育理念的哲学基础,倡导国家主义的工具价值论;三是以行政权力控制教育理念的活动方向。自1985年以来,高校“自主办学”的呼声已持续了二十多年,但自主权下放远远不够,“大一统”的理念和科层管理模式对大学的干预一如其旧。从经济层面看,高等教育卷入市场意味着教育理念将不可避免地受到市场的引导而主动做出自我调适,教育的经济功用与日俱增。在市场经济作用下,我国高等教育一系列内部体制改革全面展开,高等学校突破传统办学体制,逐渐以各种形式主动服务社会,产学研结合向纵深发展。然而市场本身存在固有的弱点,教育

之追求“成人”的无限目的,被窄化为适应政治需求与经济生存的有限目的,导致有些大学盲目追求经济效益和攀大求全等非理性行为,与高等教育从事精神生产以实现社会效益的主要目标渐行渐远。

德里克·博克对此有过精辟的分析:“大学凭常规的学术功能,通过教学项目、科学研究和技术援助等手段承担着满足社会需求的重要职责”,“如果采用……非学术性手段,那样做很难说有正当理由。”①教育理念对政治与市场的“适应性”,必须以坚持“学术性”为前提。高等教育的学术属性追求大学的“自由”与“自治”,而新中国成立六十余年来,唯一体现我国学术自由理念的“百花齐放、百家争鸣”在新中国成立初的阶级斗争中不断受到政治干扰,直到“文革”中完全消失。从社会学角度看,新中国大学理念的变革是出于执政党进行意识形态整合的需要,即将社会中不同思想文化因素的矛盾、冲突、纠葛调整和协调到一个统一体系,以适应社会政治经济变迁的要求。② 而这同时也隐含着权力决定知识的论题,在这种理论框架下,大学的各种科学理论、推论和实验,就不再是以求真为目的,而是以求用为目的。

学术作为大学理念的逻辑起点是由大学与高深知识的普遍联系决定的。从大学发展史看,大学的知识功能主要经历了由传授知识、探究知识到应用知识的演变,相应地,大学组织从单纯性的育人机构向着发展学术、服务社会的机构转型。从学术属性与社会属性的关系看,学术逻辑应当高于社会需求逻辑,并形成一种导向,引领社会思想,保持大学与社会逻辑的主体性、目的性的契合。尊重大学学术逻辑,对科学研究与学术事务的决策管理享有自由,保障学术的独立自主性是建设高等教育强国必须坚守的最高原则。

三、文化特色是创设高等教育理念的内生动力

高等教育理念的创新过程也是社会文化合法性的协商过程,理念与特定时代的文化认知之间存在着十分密切的联系,即只有那些符合民族文化特色的教育理念才能被赋予一定的合法性。罗纳德·伯奈特在回顾了西方大学理念的起源和发展后指出:“我们研究大学理念,必须从大学所处的历史和文化出发,并且要充分考虑大学所代表的社会利益。”③实际上,世界高等教育强国无不培育

① [美]德里克·博克:《走出象牙塔》,徐小洲等译,浙江教育出版社 2001 年版,第 338~342 页。

② 王先俊:《建国初期的社会变迁与党对思想文化的整合》,《当代中国史研究》,2003 年第 3 期。

③ Ronald Barnett. *The Idea of Higher Education*.The Society for Research into Higher Education & Open University Press. 1997:23.

和积淀着各自特有的传统文化，正是这种对传统理念坚守不渝的精神才维护和延续了其教育强国的地位。

我国古代高等教育以明德、亲民、止于至善为理念，作为“学者共同体”的书院有着远离尘嚣的学术自由和追求学术人生境界的传统。然而，我国现代高等教育主要发扬的是“外生转换性”理念，由照搬苏联转向学习美国，其价值趋向与基本路径乃西方社会之“舶来品”，主要是“旁采泰西”而非“上法三代”的结果。这正是我国当前理念创新的困境之所在：大量移植了欧美的教育制度与经典理念，却遗失了中国古老的“大学之道”①；借用了西方教育的“躯壳”，而没有注入西方大学的“灵魂”——自治、自由、民主、批判精神。新中国成立六十年来，源自西方的“博雅教育”、“教学与科研相统一”、“通识教育”等理念在我国始终难以生根的现实表明：在借鉴别国理念时，必须反复比较两国在教育水平、政治形态、经济发展、人力资源、文化环境及民族性格等方面的特点，充分估计可能会遇到的问题，注重体现我国教育实际中的个性需求。

历史证明，当大学理念封闭僵化，对外来文化持全面否定态度，完全依赖于政策指令时，其理念发展趋于向心性萎缩，从而失去弹性；当整个教育理念完全是外域转换而来的，对民族文化持全盘否定态度时，大学发展将失去根基，抵御不住外来文化的任何冲击；当教育秉持既植根于民族文化土壤，又全面开放的态度时，理念才可能获得较高弹性，最终促进大学的健康发展。从变革起点看，文化与思想上的启蒙运动总是先于社会行为，文化变迁是教育创新的内生动力。

纵观历史，新中国成立六十年来，我国高等教育理念的形成主要是通过借鉴，在借鉴中有所创新，今后则要立足本国文化，创造有中国特色的高等教育理念体系。教育理念的创新并非仅仅是对文化传统的改造，还包括要把传统的文化和价值观改造成一种将有助于实现社会平等的新文化和新价值体系。唯有结合自身实际，方能避免那种以他人正欲摆脱的赘疣为“理想”的尴尬；唯有发扬民族特色，方能把握和显示在高等教育国际竞争中本固枝繁、万变而不离其宗的自主性优势。

四、“人的主体发展”是教育理念变迁的根本主旨

人是一切社会活动的起点和归宿。新中国成立之初，我国一直注重发展与经济建设直接相关的工程与科学技术教育，培养以理工科为主的实用专门人才，极大地削弱了教育中的人文因素。改革开放以来，人们在重视科学技术与科技

① 陈平原：《大学何为》，北京大学出版社 2006 年版，第 2 页。

开发的同时，也更加强调科学教育对生产力的直接推动作用，创造经济价值成为衡量高等教育的主要标准，人的自身价值被功利价值和工具价值所取代，教育中的人文精神严重缺失。1984年后，理论界反思了高等教育理念中唯经济至上的问题，重点关注高等教育经济功能的形成、扩张与人文精神培育间的矛盾。在分析教育、文化、人的关系的基础上，提出了“科学与人文教育相结合”、“文化素质教育”等理念。继党的十六大将“以人为本、可持续发展”列入科学发展观后，党的十七大提出“育人为本、德育为先”、“办人民满意的教育”，指出了高等教育发展的根本目标是提高人的主体意识，实现人与社会的和谐发展。

大学理念的根本问题是人的发展问题，任何时期的大学，最终只能通过培养人才能生产知识、服务社会。否定大学理念的育人价值，就等同于否定了大学的社会价值，离开对人的培养，大学对社会也将无所作为。一方面，人构造了国家与大学，人既是国家意志形态的建构者，也是大学教育的主体；另一方面，在充分尊重人的主体价值满足的前提下，推动社会发展和个体发展相统一是大学存在的唯一理由。忽视培养人这一根本使命，就意味着将大学泛化为其他社会生产机构，否定了大学的教育性。

五、信念与制度是理念转化为行为的动力保障

教育理念是特定主体在实践基础上对如何发展教育的理性认识。理念本身是形式化的哲学概念，如何将“形式化”的理念塑造为“稳定性”的制度，再从“规范性”的制度转化为“实质性”的行为才是问题的关键。制度是行动的保障，而政策是制度的派生物。但实际上，完全依赖政策是行不通的。正如涂尔干所言：“理念是不能通过立法的形式就变成现实的；必须由那些担负着实现理念职责的人去理解，去珍视，去追求。只有在法令法规得到信念的支撑时，才能与现实取得关联。”①

从学理上讲，高等教育理念的制度规定性越强，就越能促进实质性行动的展开。制度是通过责任、权利、利益来规范教育主体行为和调整主体间关系的规则体系，是理念转变为办学实践的中介。理念是制度建设的向导，是制度之魂。制度本身主要回答教育实践中产生的共性问题而解决不了人们精神上的疑虑。经验表明：无论制度上的决策多么英明，如果只是停留在政策文本上，而没有正确理念的驱动，那就仍然难以产生真正的效力。

---

① ［法］爱弥尔·涂尔干：《教育思想的演进》，李康译，上海人民出版社2003年版，第9页。

第四节　百年中国高等教育理念变迁的启示

百年高等教育的发展历程,向我们展示了一幅现代意义之高等教育在中国从草创初期到逐步变强的画面。当前,国家确立了建设人力资源强国和创新型国家两个战略目标,形成了两大战略支柱,并适时提出了“以提高质量为核心、加快从高等教育大国迈向高等教育强国”这一新的历史使命。这意味着一种新的理念正在打开国家战略设计的视野。探索建设高等教育强国理念必须以史为鉴,坚持以科学发展观为核心信念,体现时代性、把握规律性、基于本土性、合乎目的性、富于创造性,这样,才能构建有中国特色的高等教育理念体系。

一、体现时代性:把握社会变革机遇实现理念的跨越与突破

高等教育机构具有不同于其他社会组织的特殊文化品性,在不同的时空条件下,高等教育理念的运行逻辑既受到文化、制度、体制等客观环境条件变化的约束,又受教育主体的选择性因素制约。这种特殊性使得现实具体情境成为高等教育理念的一种变量。从历时态来看,高等教育理念是社会变革的产物,随着社会关系的新旧交替,大学理念与国家的本质联系方式也会随之变化,因而客观情境往往是高等教育理念赖以形成并指导实践的前提和条件。从共时态来看,在不同的社会形态中,大学理念赖以发生作用的条件、作用的方式以及人的认识、选择方式和利用程度都存在其各自的特点,即使在相同的社会结构下,不同的理念主体拥有不同的价值判断,对大学与社会联系的把握方式和对教育内部要素的结构性建构方式也必然存在差异性。在这种情形下,基于社会变革实现理念的跨越性突破是高等教育的必然选择。

从世界历史看,西方教育强国正是抓住了社会变革的历史机遇,才最终实现了理念的突破与创新。19 世纪的德国大学之所以能引领世界高等教育发展潮流,是源于洪堡在办学理念上实现了大跨越,创造性地提出了“教学与科研相结合”的思想;美国将洪堡理念制度化后,结合时代要求提出了威斯康星思想,这种创新不仅是财政投入和硬件建设,更具决定意义的是办学理念上的突破。我国近现代高等教育的发展也有成功的例证。在蔡元培“思想自由、兼容并包”的理念引领下,北京大学经历了 20 世纪 20 年代的学校改造、50 年代的院系调整

和90年代的“985”工程,先后实现了三次历史性跨越,其前提就是把握时代机遇,重视高校战略思想的变革。新中国成立以来,由于没有办学自主权,多数高校战略意识不足。教育部原部长周济在担任华中科技大学校长期间,非常重视战略发展理念。在分析学校实际所处背景与优劣势后,提出了建设国际知名高水平大学的战略目标,确立了“育人为本、学研产三足鼎立”、“人文教育与科技教育相融合”、“突出特色的综合化”、“开放式国际化”等理念,①同时采取了一系列重大措施,使学校获得了跨越式大发展。

当前,经济全球化空前高涨,知识特别是高科技知识日新月异,综合国力竞争日趋激烈。在我国从人力资源大国迈向人力资源强国的新世纪,培养具有创新精神和创新能力的各方面领军人才,这关系到国家发展的根本性战略,也是建设高等教育强国的客观要求。增强我国人才的核心竞争力,必须建设能代表我国高等教育特色与水平的世界一流大学。在办学中要有大视野、大智慧和大手笔,将办学者的教育信念合理地转化为办学理念和战略构想,认真分析大学所处的地域、环境及时代要求,在合理定位的基础上形成独特的核心理念。

二、把握规律性:以学术的逻辑全面协调政治经济与教育的关系

高等教育具有崇尚科学、追求真理的使命,遵循着独立于外在现实需要的学术逻辑。但这种独立性不是无条件的:它既要受制于政治决策,又不可逾越经济规律,必须在满足社会需要的基础上满足自我发展的需要,并适应社会为高等教育提供的物质条件。这些约束条件往往使高等教育独立性的逻辑前提变得模糊不清。

新中国高等教育理念的变革主要是适应意识形态整合的需要,即将社会中不同思想文化因素的矛盾、冲突、纠葛调整和协调到一个统一体系,以适应社会政治经济剧变的要求。而这同时也隐含着权力决定知识的论题,在这种理论框架下,大学的各种科学理论、推论和实验,就不再是以求真为目的,而仅仅是为满足政治权力的要求。高等教育为社会政治经济服务,必须以保持自身的相对独立性为前提。

随着教育体制改革的不断深入,国家对高等教育逐渐由直接控制转向间接监督,由“管理大学”转向“治理大学”。新的“民主开放的治理型社会”要求政府必须摆脱对权力的片面依赖,主动进行权力让渡,引导高等学校主动承担社会责任,实现政治、市场与教育的协调发展。首先,必须坚守大学的核心使命,以维

---

① 刘献君:《高等学校战略管理》,人民出版社2008年版,第136页。

护学术自由、保证大学独立价值为基础,建立以发展学术为其内在逻辑的现代大学制度,赋予高校更多办学自主权,减少不利于学术发展的外部因素,营造宽松活跃的学术氛围和学术土壤,培养追求真理和科学创新的大学精神。其次,要完善高校自我约束机制,提高学术权力在高校管理中的地位。最后坚持服务社会,探索面向社会的运行机制,在产学研合作中培养创新人才,以人民的满意为使命,推进高等教育民主化、法制化。

三、基于本土性:在特定文化语境中丰富高等教育理念的内涵

当人们提出某种理念时,他们心目中首先有自己的历史、大学的历史和专门领域的知识。因而理念产生的思维只有在特殊的环境下才有适用性,即使这种理念是能广泛应用的,但它也只涉及存在的特定范围,而对于想要理解并以它指导教育的人来说却是不够的。作为行动者的理念主体,对大学现实有着各自的经验和理智,任何武断的判断和非理性的认识都将是片面的,不能用单纯逻辑的方法去理解。大学理念是知、情、意的复合体,既不能离开组成它的基础情感和心理根源,也离不开它赖以发生和蜕变的文化情境。

立足本国实际、守望文化传统是理念创新的根本路径。正如金耀基所言:"大学像一切组织体,不可能一成不变;变的是发展的契机,但成长的钥匙却在变中保有不变,所有文化的成长都是承续与变迁的结合。"①历经百年的中国高等教育传统具有永恒的价值,只不过在现代社会,这种永恒价值需要我们有一种"文化自觉"精神使其"祛蔽"而"返魅"。费孝通先生在反思一生学术研究时说:生活在一定文化中的人对其文化要有"自知之明",明白它的来历、形成的过程、所具有的特色及其发展趋向,自知之明是为了加强文化转型的自主能力,取得决定适应新环境、新时代文化选择的自主地位。② 传统文化中积极与消极因素并存,形成一种强大的惯性,既可能成为教育理念变迁和教育改革的阻力,也可能具有某种缓冲价值。这就需要我们以"文化自觉"为先声,在文化自知的基础上保持开放的国际视野。美国能成为当今高等教育强国,正是由于其开放的心态和善于学习的精神,不仅将他国的成功经验拿来借鉴,而且将其制度化了。本土的理念就其理论价值而言应该是全人类普适的,必须在创新本土特色的同时坚持国际化,体现其普适性。高等教育理念自身并非超功利的纯粹精神,它的背后反映了大学利益相关者各自的价值追求。

---

① 金耀基:《大学之理念》,生活·读书·新知三联书店 2008 年版,第 14 页。

② 费孝通:《论文化与文化自觉》,群言出版社 2007 年版,第 190 页。

因此,探索高等教育理念要重视文化自觉与文化传承,充分吸取大学利益相关者的意见和智慧,根据科学发展的需要,围绕人才培养,形成自己的理想、信念,从而在实践中生长出自己独特的大学理念。总之,迈向教育强国之根本,在于让高等教育不是“办”在中国,而是“长”在中国。

四、合乎目的性:以人的自由全面发展为基本价值取向

高等教育作为一个特殊的社会系统,其最高目的在于发展自由精神,达臻自由个性,实现自由人格和心灵的自我解放。而今,高等教育担负的重大社会责任使得大学不再可能完全掌控在学者手中。换言之,大学不再是学者的自治团体,其实用目的已远远压倒了人文教化目的。建设创新型国家和高等教育强国,最终要落实到创新人才的培养上。必须坚持“以人为本”,以人的自由全面发展为教育发展之基本价值取向,消解社会工具价值对人文价值的威胁,回归人在教育中的主体地位。

考察百年来我国高等教育理念的发展史,可以清晰地看到,工具主义价值观和人文主义价值观此消彼长、交替发展,但总的趋势是后者将取代前者,人文主义是科技发达时代的主要价值取向。“以人为本”将发展的逻辑起点与终极目标归结为人自身,发展是人的发展,发展是为了人的发展,人是发展的关键因素。因此,高等教育必须从普遍的人性出发来确立自己的独立基础。第一,“人是精神性的存在”,要积淀求真崇实的大学精神,以人的主体发展为目标,培养学生对人与社会的关怀,促进其自我教育。第二,“人是自由性的存在”,自由是发展的前提,必须坚持自主办学,实现教育公平,推动高等教育与人和社会可持续发展。第三,“人是创造性的存在”,理念要有利于发挥学生的主体创造性,在产学研结合的实践中“育人”,要有利于教师创造性的发挥及其专业的发展。第四,“人是整体性的存在”,要注重人才培养结构的完整性,将人文素养和科学精神相结合,大力实施文化素质教育;注重通专结合,实施通识教育基础上的专业教育,培养宽口径、厚基础的复合型人才。

五、富于创造性:在对错误理念的分析批判中不断创新

现在,仍然有不少理念制约、束缚着人们的思想,影响着高等教育的发展,要认真梳理这些理念,展开严肃的学术批判,进一步解放思想,实现理念的创新和高等教育的发展。从历史上看,十一届三中全会、邓小平南方讲话及党的十六大为我国带来了三次思想大解放,每一次思想解放都是在对错误观念的分析批判

中促进了高等教育理念的创新。改革开放后的“拨乱反正”是对前期教育理念的一次大批判，将高等教育从政治的桎梏中解放出来，带入了良性的发展轨道。20世纪末，市场机制激起了理论界对“教育产业化”的争论，教育作为准公共产品，具有产业属性和文化属性。而产业化引发的是教育公平的失位，民营教育的活力仍无法释放。2005年，国家明确了教育的“公益性”地位，通过理论批判使高等教育的本质属性得以彰显。当前，来自世界各国的高等教育理念使人们陷入了现代教育理念的选择性困境：学术和政治、求真和致用、自主与控制、社会与个人、传统与创新、继承与变革等关系如何处理？对现代高等教育发展的潮流“适应”还是“超越”？凡此种种，无不需要有批判、反思和质疑精神，从比较、问难与辩论中产生理性认识，既不盲目跟风，简单照搬国外的成功经验，又不墨守成规，无视世界高等教育发展的必然趋势，而是植根于本国国情，在继承传统的基础上锐意创新，在高等教育国际化的大潮中始终保持批判性的眼光、跨越式的步伐和独树一帜的强者风貌。

大学的批判精神，源于对真理的不懈追求，要以其超越现实价值体系的精神向度和强烈的理想主义情怀，从普遍的人文关怀出发，通过对理念的批判创生新的价值观念，为变化中的教育秩序提供内在的精神支撑和思想整合基础，使高等教育得以不断地自我反省、自我纠正和自我定位。而只有通过学术争鸣，才能纠谬返正、去伪存真，接近理念的本质。总之，批判是创新的前提，创新则是在科学批判基础上对现实的超越。我们要在分析批判中不断厘清认识，打破思维定势，在实践中不断创新高等教育理念，实现从高等教育大国向高等教育强国的转变。

第五章　百年中国大学理念考察

大学是产生独特思想的独特社会机构，是形成高等教育理念的源头，也是知识创新和建设高等教育强国的主体。在知识经济时代，教育对经济增长和人力资源能力提高的贡献率不断提高，文化竞争、人才竞争日渐取代资本竞争成为国家兴盛的关键，社会经济发展与科技进步更加依赖于教育，尤其是高等教育的强弱。大学作为一个系统复杂、功能多样的社会“轴心机构”，是发展高等教育、培育汇聚各类精英、服务国家知识创新和技术创新的“动力源”，在推动国家发展战略进程中发挥着不可替代的作用。未来中国能否建成高等教育强国，关键在于能否引导各级各类大学充分发挥其主观能动性，结合本土文化，顺应时代要求，把握我国大学教育自身的问题、规律与特点，在办学实践中生长出具有中国特色的、先进的、多样化的大学核心理念，并自下而上地影响国家高等教育理念的创新，从根本上解决制约高等教育发展的观念性障碍，进一步提高创新人才培养的质量与水平，形成健康有序的大学格局，促进转型期社会科技经济发展，这才是建设高等教育强国的根本目的。

第一节　百年中国大学理念的流变

办好一所大学有五个基本要素：理念、制度、教师、资源、文化。其中理念是先导，是第一位的，是大学的灵魂。作为一个理性视域中的哲学概念，“大学理念”是以大学为主体，围绕着大学发展与人才培养等大学教育基本问题，在教育实践活动中所形成的对大学教育与发展等基本问题的理性认识，体现了对大学核心使命的现实把握和哲学思考。大学理念是大学存在的基础、自我建构的核心和持续发展的动力。从内涵上体现了高等学校办学者在特定的社会语境下，基于对大学知识存在价值的判断所形成的关于大学教育基本问题的理性认识①;从层次上涵盖了各类高校的办学理念,综合反映了特定时期大学的使命陈述、社会定位及角色期待,并影响着国家层面高等教育理念的建构。

大学作为一种社会建制,其思想的生成与变革离不开社会环境。正如社会学家涂尔干所指出的:“教育的转型始终是社会转型的结果与征候,要从社会转型的角度入手来说明教育的转型。”②百年来,中国大学理念随着社会转型而经历着艰难的现代化变革,对国家高等教育理念的顺应和超越形成了大学转型发展的总体脉络,呈现出较大的波动性和非连续性的特点。根据理念变迁的方向、特点与动力,大学层面相应形成了三次历史性转向。

一、中国大学理念的现代性转向:以文化转型为主导

中国最早的高等教育机构始于先秦时期,产生于“家国同构”的前现代社会,国家与社会之间边界模糊,国家依靠道德治国而非技术治国,在以“礼”与“法”为核心文化的伦理性知识中,古代高等教育形成了以“礼治”为特征的观念体系和传统“大学之道”。“大学之道”贯穿了整个中国古代高等教育发展史③。从严格意义上来看,现代意义上的中国大学始于 1898 年京师大学堂的创办,直到 1905 年废除科举制度后,传统思想所依存的社会制度的转变迫使中国大学理念发生第一次现代性转向。

清光绪二十四年(1898)京师大学堂的建立标志着中国大学由传统向现代的转型,引发这一转型的主要因素是新文化运动。鸦片战争后,西方强国的坚船利炮激发了民族危机意识,维新派将“蕞尔小国”战胜“泱泱大国”的原因归结为教育,提倡“泰西之所以富强,不在炮械军兵,而在穷理劝学”④。面对积弱积贫的时局,清政府不得不依靠“教育救国”,主张破旧立新。从借鉴日本新学制、建构相对开放的教育制度体系到吸收美国教育的自由与民主思想,大学理念伴随着“五四新文化运动”,开始由器物、制度逐步向思想现代化转向。

京师大学堂等一批新式学堂的建立正值世界范围内进步教育运动方兴未艾之时。一批中国现代大学的先驱者借鉴西方科学和民主价值观,对中国传统文化进行了现代性改造。以西方为蓝本创设教育过程和目标,以传统大学的改造

---

① 周进:《大学理念的知识审视与社会建构》,华中科技大学博士论文,2012 年 5 月。

② [法]爱弥尔·涂尔干:《教育思想的演进》,李康译,上海人民出版社 2003 年版,第 231 页。

③ 涂又光:《中国高等教育史论》,湖北教育出版社 1997 年版。

④ 汤志钧:《康有为政论集》,中华书局 1981 年版,第 130 页。

和承袭为基础,在移植西方理念的过程中仍保留了中国文化的特点。如始建于1911年的清华学堂、1897年的求是书院、1898年的南洋公学等近代新式技术、语言、军事学堂,发展为今日的清华大学、浙江大学、上海交通大学等,成为代表中国高水平大学的老牌名校。

这一时期的大学面临的基本问题是“传统”与“现代”、“中学”与“西学”的矛盾,其核心任务是现代新文化的融合与重建,实现由“忠孝为本”向“学术本位”转变,由“经学为基”向“有裨实用”转变。这些转变集中反映了近代大学理念的“两重性”,即学术性与实用性的结合,其特点如下:第一,改良与保守并存。“洋务派”主张“变器不变道”,在学习西方的同时保持封建秩序与纲常;“保守派”主张“明教正学”,讲求圣人之道,将西学视为“变而从夷”;维新派则主张“变法革新”,反对因循守旧。在“中体西用”思想下,1988年管学大臣孙家鼐在《议复开办京师大学堂折》中要求“以中学包罗西学,不能以西学凌驾中学,此是立学宗旨。”①大学理念向整合中西的“文化融合观”转变,这一特点在西南联大追求“民主进步、关注社会”等理念中体现得尤其显著。第二,通专结合,政艺兼修。在“新思潮派”与“古文派”的对峙下,梁启超主张以政学为主义、以艺学为附庸。② 大学强调“政艺兼修”,将西方科学知识视为“学”而非“长技”。大学重点改革课程体系,实施主辅修选课制度和学分制等,致力于为国培养“桢干大材”与“政治精英”。第三,双轨制管理。在大学内部管理上,废除一言堂与学监制,成立学术评议会,实行双轨制行政管理体制,在董事会领导下将校长负责制与教授治校制相结合,③倡导学术民主。由此确立了大学学术的主体地位,中国大学教育理念因此获得了文化意义上的理解。

遗憾的是,鉴于近代中国救亡图存的现实环境,从政府到大学都抱有急切的功利态度。随着南京政府的建立,自由主义精神渐为当局“党化教育”所挤压,政府采取限制文科、鼓励实科发展政策,“中体西用”的文化设计在现实中也发生了异变,建设民族新文化的使命并未真正完成。

总的来看,这次大学理念变革与当时要求科学、民主的文化思潮相适应,客观上符合了当时民族资本主义工业发展对人才的需求。在转变过程中,蔡元培、梅贻琦、竺可桢等一批杰出校长、教育家的办学理念为现代大学提供了思想源泉。这一阶段有关现代大学的理念是围绕着文化优劣之争而展开的,可见对大

---

① 顾明远:《中国教育大系·历代教育制度考(二)》,湖北教育出版社2004年版,第1836页。

② 梁启超:《学校总论:饮冰室合集》(第1册),中华书局1941年版。

③ 孟中媛:《百年来中国大学的三次转型发展的历史回顾》,《黑龙江高教研究》,2008年第5期。

学理念现代化认同上的分歧。大学在根深蒂固的传统学术文化的影响下，还不能适应现代大学思想系统建构的要求，使得理念的转型温和缓慢，并一直在原有体制内进行。但这些现代理念的萌芽对确立中国大学的基调有着积极而深远的意义。总的来说，这是一次由大学内部力量推动，由文化转型所主导，进而导致国家高等教育理念与政策改变的、自下而上的大学转型。

二、中国大学理念的革命性转变：以政治转型为主导

中国大学教育理念的第二次转变以1950年中国人民大学的成立和哈尔滨工业大学的改革为历史标志。为改造旧大学和教会大学，国家要求大学适应社会主义新型教育的转变，中国大学面临着革命意识的重建任务，担负着国家培养专才与稳定政局的双重需求，形成了以工程技术和专业教育为主的教育思想格局。总的来看，这一时期的中国大学理念发生了三大变化。

（一）由"倚重通识"向"以专概全"转变

中国近代大学倚重西方"通才教育"理念，设宽口径学科，实行学分制、选课制等较灵活的教学管理。新中国成立之后百废待兴，大学实行"以专业为中心、实行统一计划"的专业教育，表现在：第一，教育目标的设计紧紧围绕国家经济建设计划要求；第二，学科与专业以工程与科学技术教育为重心；第三，按产业部门需求设立窄口径学科与专业，以削减综合性大学为代价，国家集中力量发展工科类、单科性专门学院，大学着力于为产业部门输送专门工业科技人才。但过度推崇专业教育对大学的负面作用也是深远的。第一，大学追求的是实用性而非学术之目的，一批综合性大学的研究功能基本丧失。被视为现代大学教育轴心机构的综合性大学，如清华大学、浙江大学等一批代表国家最高学术水平的综合大学被调整为工科院校。数据表明，从1949年到1952年，全国综合性大学所占比例由23.9%降至10.9%，到1986年时仅余4.3%。① 这一调整可以说大大延迟了中国高校迈入世界一流之列的时间表。第二，奠定了以工程技术和专业教育为主的"重理轻文"格局。人文知识与科学知识是不可分离的整体，而经过1952年后的两次大规模院系调整后，人文学科遭到无情打压。从1949年到1962年，高校文科学生所占比例由33.1%急剧降至6.8%，这一比例比全球范围内文科生权重最低的国家还要低10%，②在整个世界高等教育史上堪称罕见。第三，专业

① 中国教育年鉴编辑部：《中国教育年鉴1949—1981》，中国大百科全书出版社1982年版。

② 杨东平：《走向公共生活的教育理论——教育的文化传统与社会使命》，北京师范大学出版社2009年版，第26页。

设置的高度细化，导致人才知识与人格结构片面偏狭。文理分家后，大学教育的完整性受到严重损害，其流弊仍为当今大学改革之痛。

（二）以“政治哲学”消解“学术理性”

新中国成立以来，我国建立起一种整体主义的政治社会，大学的一切运行均要基于政治的考量：坚持“服务政治”、形成“教、研、劳”相结合的教育理念等。至此，大学建立起党委领导体制，走上“工农结合”的道路，组建新技术专业，立足“行业合作”，倡导“生产实践教育”，培养社会主义建设人才。尽管一度提出要“德智体全面发展”，但在以阶级斗争为纲的时代，这种全面发展仍是以政治为逻辑前提的，“学术自由”、“人性论”等被视为资产阶级思想而受到批判，“政治标准”凌驾于学术之上，学术基础进一步弱化。这主要源于认识上的偏颇：将政治视为经济的集中表现，将教育视为上层建筑，教条地误读了马克思主义，并以此作为革命教育的正当性与合法性依据。当大学越使自己成为意识形态的阐释者，其理念就越倾向于政治实用主义：向外界宣扬政治思想战线的必要性，并渗透这种思想隐含的本体论和认识论。

（三）从“平民大众”迈向“象牙塔尖”

新中国成立之初的教育“革命意识”与“平民意识”并存，既要迅速普及教育，扩大劳动人民受教育权利，又要为工业化与国防建设培养专门人才。如何既满足大众教育需求，又与国家经济建设接轨，对当时的大学而言无疑是种艰难选择。在“普及与提高”的发展方针下，大学十分重视平等与公平价值，强调教育面向大众、服务工农，并于 1951 年将各类干部教育、业余教育等纳入学校系统，形成工农速成教育、成人业余教育和正规教育三足鼎立的格局，大学教育在相当长时间内以普及为主。① 尤其是 1956 年教育“大跃进”后，全国高校数量由 1957 年的 227 所猛增至 1960 年的 1 289 所，而当时落后的经济建设远远跟不上大学扩张的速度。随后在“冒进—紧缩”的整顿中，大学开始“泻肚子”，发展进入了剧烈震荡中。在专才教育理念下，那些来自解放区的非正规大学逐渐失去价值。经过大幅精简，高校招生量从 1958 年的 26.6 万降至 10.6 万人。② 同时，教育对“正规化”建设与质量、效率的重视，使大学走上了“精英教育”路线，国家从战略高度优先发展教育，对大学生免收学费，致力于培养“技术英才”。

总的来看，这一时期大学理念以政治论哲学为基础，理念的转变主要围绕三大冲突进行，即“知识化、正规化、制度化”与“革命化、大众化、劳动化”的冲突。

---

① 中央教育科学研究所：《中华人民共和国教育大事记 1949—1982》，教育科学出版社 1988 年版，第 8 页。

② 宋恩荣，吕达：《当代中国教育史论》，人民教育出版社 2004 年版，第 253 页。

一是在理念发展路径上,表现出对苏联模式的照搬与抵制、突破并存。二是在如何处理政治与教育的关系、党与知识分子的关系的不同主张上的冲突。这些冲突在“文革”中得到总爆发,最终以粗暴而荒诞的方式得以显现。从这次转型的动力来看,政府的决策起了决定性的推动作用,其特点表现在四个方面。一是由国家层面发起,从理念到制度、政策的建立都是通过国家强制力量,在极短时间内迅速完成的,这在世界大学现代化进程中是一特例。二是大学在此阶段经历了数次体制转换和“运动式”波动,其理念变迁并非是渐进的、融合的,而是大起大落、意识形态混乱、激进的过程。三是将学术问题纳入政治思想范畴,大学在过强的政治功能和过多的行政干预下,缺乏应有的灵性与活力,缺少应有的主体意识。四是在学习苏联的同时,轻率割断传统文化,排斥欧美思想,对现代大学原型的激烈否定,严重阻碍了大学的现代化进程。因而这是一次自上而下的、由政治转型主导下的大学理念变革,大学存在的一切目的都在于支撑政治合法性,而社会局势的突变决定了大学理念带有爆发式、外扰动强、颠覆性等特点,大学的内发性、自主性表现并不明显。

三、中国大学理念的全方位转换:以经济转型为核心

中国大学教育理念的第三次转变与国家教育理念同步。以1985年《中共中央关于教育体制改革的决定》颁发为标志,恢复高考后,高校在学习欧美之后走上自主探索中国特色大学理念的发展道路。教育作为经济增长的强劲推动器,是工业文明时代的新特点。世界新技术革命的兴起,知识成为社会的重要生产力,科技与教育在经济发展和国家竞争中的主导性作用开始显现。

随着经济体制改革向市场化、集约化推进,我国社会结构在改革开放之后发生了整体性、历史性变革,国家适时提出“科教兴国战略”。大学在此阶段的突出任务是构建与市场经济相适应的教育理念与制度,所要解决的核心问题有两个:一是大学如何与市场经济需求相匹配,最大限度地发挥其经济功能;二是大学如何协调政治、市场与学术三者之间关系,保持大学的相对独立性。

(一) 此次转变源于国家决策的理性化和民主化,但根本上是由大学主体自觉发动而实现的

改革开放之初,中国大学改革的出发点是对政治论大学理念的反思与调整,从哲学上厘清思想的混乱无序。随着中西方文化交流的恢复,诸如“学术自由、教授治校、办学自主、以生为本”等欧美经典大学理念迅速回流,但受思维惯性的制约,国家层面的高等教育理念对此依然有所保留和抵制。鉴于此,高校层面率先冲破压力,一批对西方大学理念与中国办学实践有着更深刻认识的大学校

长，积极以经典大学理念为蓝本，自主创新办学理念。如朱九思领导下的华中工学院大胆提出“大学要办成两个中心”、“师资队伍是关键”、“学科综合化”等。随着经济市场化导向的改革，大学在市场化与国际化大潮中，以观念的变革为先导进行了“去行政化”改革的尝试，确立了大众化发展方向，全面实施素质教育理念，大学的社会功能和人文价值受到重视，由二元对立向相互融合的哲学观转变，但这种转变依然受到根深蒂固的工具主义思想抵制，尽管大学旧的利益格局开始被打破，但新的权力秩序尚未形成，“去行政化”改革仍是未来中国大学面临的一大难题。

（二）此次转变的重心在于经济体制转型，大学被赋予明显的市场文化特征

中国社会的转型以市场经济改革为启动点，社会结构由“支配型”为基础向“调和型”转变，形成以市场竞争与政府主导相结合的形态。市场经济使国家与社会相对分离，国家不再是社会资源的唯一占有者与分配者，大学受到市场与政府双重支持的同时，也需要满足社会更广泛的教育需求，由社会边缘走向中心。至此，大量实用性、应用性、与经济建设直接相关的课程开始兴起。高等学校大力推进知识创新和技术创新，在知识应用和科技成果转化上做出突出贡献。大学逐步由“教学科研相结合”向“官产学研”相结合转变，从“资源依赖”向“需求依赖”转变，由“管理大学”向“经营大学”、“治理大学”等理念转变。然而，中国现有的市场文化使大学理念建立在“功用”与“效率”基础上，具有“去道德化”风险，将学术性质的大学以市场逻辑来理解，滋长了大学的功利性。

（三）大学变革的趋势指向多元化与人文化，这种多元思想对中国大学的最大影响是高等学校的综合化

新中国成立之初的中国社会属于以集体主义为特征的一元化结构。邓小平1992年南巡讲话后，中国特色社会主义道路逐渐廓清，社会向着更为开放、人本、科学、民主、多元方向发展。社会思潮多元化表现为需求的多元化，大学开始走综合化道路，以整合多方资源适应市场结构的变化，表现在三个方面。一是办学资源的重组。作为弥补1952年院系调整后遗症的举措，大学间的合并重组成为历史的必然。如1998年9月杭州大学、浙江农业大学与浙江医科大学合并为新浙江大学，组建为实力更强的综合性大学。大学规模与结构迅速变化，由“专业化”走向“综合化”。但政府的过分干预，使20世纪90年代中后期开始的合并大潮出现了一些问题，大学间的相互效仿，加剧了办学的雷同。二是由科学至上向文化融合转变。如原华中理工大学积极倡导“科学教育与人文教育相融合”，大力推动文化素质教育，恢复和增设人文社会学科，带动部分理工类大学向学科齐全的综合化方向发展。三是从精英教育向大众教育转变。经济增长方式的变革要求大学采取内涵式与外延式相结合的方式，通过办学层次升格与规模扩张，扩大现有高校的规模与新建本科院校，走向巨型大学。

总体而言，改革开放后三十年的大学理念是一次全方位的变迁，大学在不断适应我国急剧变革的多样化的社会政治、经济、文化的过程中，在诸多方面都有了重大突破。从转型的趋势与向度看，大学理念开始走出整齐划一、封闭守旧的思维模式，由“二元对立”向“会通并存”转变，由“管理大学”向“治理大学”转变，从“资源依赖”向“需求依赖”转变，由“追求统一”向“发展个性”转变，从“适应社会”向“自主创新”转变，由“横向移植”向“理性选择”转变，从“以物为本”向“以人为本”转变等，大学理念呈现出多元、开放、包容、连贯、辩证等特点，总体上是一个渐进变革的过程。从这次转型的动力来看，立足于适应中国社会主义现代化发展的实际需求，是中国大学发展的核心动力；政治上的思想解放和社会经济的发展对大学转型的迫切要求是理念变迁的直接因素。此次大学转型的力度较温和、平稳，带有“渗透式”、“局部性”和“非连续性”等特征，而由于缺乏社会变革的强烈冲击，理念变迁仍相对迟缓，大学难以坚守自身合理的价值取向，随社会的“钟摆”而摇摆不定，陷入了价值选择的迷惘之中，失去了对大学存在逻辑的认同性，使得真正意义上的中国大学转型仍难以在短期内实现。在此次转型过程中，中国学者与校长群体对高等教育理论与实践的主动探索起到了积极的推动作用。总的来说，这是由社会经济体制转变与大学内部适应性变迁共同推动的一次理念转型。

第二节　百年中国典型大学理念

从历史角度看，大学理念的创新过程是几代人在实践中精心勾勒大学蓝图的过程，是致力于探寻大学理想、追求大学内在价值的过程。百年来，基于对大学理念的理性认识与实践创新，一些典型的大学教育理念不但影响和引领了我国百年大学发展的方向，而且成为各类高校办学理念创新的思想标杆和先驱力量，在指导中国现代大学实践发展中具有不可替代的重要地位和社会价值。在此对三类大学中有一定代表性的教育理念进行了系统研究：一是与现代化发展同步，如产生于近代的北京大学、清华大学、浙江大学、上海交通大学等老牌大学，这类高校历史悠久，是中西方理念交互建构的产物；二是与新中国发展同步，如华中科技大学，可谓新中国成立后中国大学发展的缩影；三是与国家经济体制改革同步,如以吉首大学和临沂大学为代表的新建本科院校。研究推动中国大学发展的典型教育理念,目的在于将理念置于特定的时代环境,理性认识大学教育理念的精神实质及其实践路径,探讨不同历史条件下的大学适应性变革,合理地解释中国大学理念发展的思想基础。

一、"所谓大学者,非谓有大楼之谓也,有大师之谓也"

1931 年,梅贻琦在清华大学就职演讲中提出:"所谓大学者,非谓有大楼之谓也,有大师之谓也。"①在他看来,大学之所以为大学,全在于有没有好的教授,这是实现学术独立的前提和保证。这种崇尚大师、注重延聘一流学者的理念传统在后期不断发扬光大,也成为当今中国大学"人才强校"理念的源头。

清华大学最初为清华学堂,是独立于中国教育系统之外的一所留美预备学校,学制设置完全在于使学生毕业出洋后能够适应美国的大学。1931 年,梅贻琦任校长,称清华大学"改办大学部的目的,是想把清华大学改成一个自己能够造就专门的人才,研究高深的学术的独立机关"②。在《赠别大一诸君》和《大学的意义及学校之方针》诸文中,他提出"办学校,特别是办大学,应有两种目的:一是研究学术,二是造就人才"③,而大学要研究高深学问,必须具备两个条件,一是设备,二是教授。他说,"设备这一层比较容易办到……可教授就难了。"④清华大学早期主要通过"教授治校"制度来贯彻这一理念。清华大学最初实行的是美国民主治校体制,后来董事会成为全校最高权力机关,校长权力被削弱,实际上成了董事会专权。⑤ 1926 年 4 月 15 日,清华校长曹云祥在师生的压力下颁布《清华学校组织大纲》,在这个组织大纲中有两个重要权力机关:"评议会"与"教授会",二者互相制衡,以"评议会"权力较高。清华的"教授会"由全体教授组成,其权力超过 1924 年《国立大学校条例》之所赋予者,使其后来居上,独树一帜。⑥ 但是两年后,教授的权力面临来自政府的挑战,以至于清华动荡不安了三年,终于在 1928 年"改隶废董",归属于教育部,并废除董事会制度。梅贻琦出任校长后,反复强调"师资为大学第一要素,吾人知之甚切,故亦图之至

---

① 《国立清华大学校刊第 341 号》,1931 年 12 月 4 日。

② 刘述礼,黄延复编:《梅贻琦教育论著选》,人民教育出版社 1993 年版,第 18 页。

③ 刘述礼,黄延复编:《梅贻琦教育论著选》,人民教育出版社 1993 年版,第 12 页。

④ 刘述礼,黄延复编:《梅贻琦教育论著选》,人民教育出版社 1993 年版,第 10 页。

⑤ 清华大学校史编写组:《清华大学校史稿》,中华书局 1981 年版,第 16 页。

⑥ 苏云峰:《近代中国高等教育研究》,生活·读书·新知三联书店 2001 年版,第 3 页。

急”[①]，他主动放弃政府授予的权力，赋予教授参与大学决策与管理制度的权力，将评议会作为清华大学的最高权力机关，教授会担任制衡角色，校长为“王帽”，校务依循民主规制运作，凡与会者均有提案权与自由发言权。[②]在梅贻琦的倡导下，清华的大师实质上享有其他国立大学未曾有的治校权力，最终使清华后来居上，独树一帜。[③] 当时教授多为专业方面训练有素的专家学者，且有学校物力支持，清华研究院设立文、理、法三个研究所，包涵十个学部，为全国大学之最，成为全国学术研究中心之一。[④]

业以才兴。清华大学既强调教授要向学生传授知识和智慧，又强调大学的精神修养依赖于教授的精神，始终将大师视为一所大学的灵魂与瑰宝。清华大学在实践中，一是重视充实师资队伍，提升教师品质。如在 1924 年至 1927 年年间，清华输送的留美学生陆续回母校服务任教，清华教师队伍主体结构发生了蜕变，推动了学术独立。[⑤] 北伐统一后，罗家伦和梅贻琦以更开放的心态，不拘一格延揽国内外名师，汇聚清华执教讲学，一时间清华园名师云集。自 20 世纪 30 年代到抗日战争前，清华大师的资历与集中度在国内无与伦比。二是教师都有较高的民主素养。留学人员在长期的美国自由主义文化沐浴熏陶之下，养成崇尚自由的人格，都有民主参与的共识和涵养。三是确立了一整套在当时条件下行之有效的校务管理制度，发扬民主作风。四是经费独立，不受政潮影响。即使在艰难的抗战时期，由北京大学、清华大学和南开大学合并而成的西南联大仍非常重视教师的聘用，在每次常务会议上基本都有关于师资方面的内容，使西南联大网罗各方一流学者，造就了中国大学教育史上的辉煌时代。

新中国成立初期，中国教师的地位一度较低，特别是“文革”期间，学生“上大学、管大学、改大学”，教师在高校的主体地位不能得到体现。但在后期办学中，凡是认识到人才的社会价值，把人才放在适当的岗位上，最大限度地发挥人才的创造性，不拘一格选用人才的高校都能在学校发展中保持较大的核心竞争力。随着教育理念的不断发展，如今“大师、大树、大楼、大爱”已成为名校的基本要素，既要求大学有堪称现代化的硬件设施；有绿色生态的校园，蓬勃向上的精神风貌和悠久的文化积淀；有引领学校不断走在学术与教学前沿，培育高水平

---

① 刘述礼，黄延复编：《梅贻琦教育论著选》，人民教育出版社 1993 年版，第 70 页。

② 苏云峰：《近代中国高等教育研究》，生活 · 读书 · 新知三联书店 2001 年版，第 50 页。

③ 苏云峰：《近代中国高等教育研究》，生活 · 读书 · 新知三联书店 2001 年版，第 3 页。

④ 傅林，胡显章：《追寻大学理想——清华大学办学理念的形成与发展》，《清华大学教育研究》，2005 年第 12 期。

⑤ 黄延复，马相武：《梅贻琦与清华大学》，山西教育出版社 1995 年版，第 26 页。

人才的大师;还要有超越自身、超越国界的“大爱”。而在这些诸要素中,“大师”必为第一要素,如梅贻琦所言“大学之良窳,几乎全系于师资与设备充实与否,而师资为尤要”①。这充分表明人才是学校发展和学校一切事务的基础、前提、关键和保证,大学的教师对学生成长和大学发展有举足轻重的作用。

二、“思想自由,兼容并包”

“五四”运动之前的中国大学,处在新旧理念转折的历史交叉点上。北京大学的前身京师大学堂一度充满封建官僚习气。在这种背景下,蔡元培改革北京大学的第一步是明确大学宗旨并转变办学理念,旨在创造研究高深学问的条件和氛围。他在1918年11月10日《〈北京大学月刊〉发刊词》中提出:“大学者,‘囊括大典,网罗众家’之学府也。”次年3月,在与林纾论战中,蔡元培强调,“对于学说,仿世界各大学通例,循‘思想自由’原则,取兼容并包主义”,②这最终成为北京大学的核心理念。“思想自由、兼容并包”主要有三层含义。一是大学是包容各种学问的机关,当博采众长,吸收古今中外一切学术思想和文化成果,择其善而从之。二是学习优秀文化的“底蕴”,即精华所在。蔡元培认为西方文化的“底蕴”是学术,“学为学理,术为应用”,学习西方文化的整个理论体系。三是旨在通过容纳不同学术派别,对高深学问的追求营造学风,由此带来学术自由的氛围。这一理念不仅在改造旧北京大学中起了确定方向的作用,对建设高等教育强国亦不失其指导意义。

北京大学“思想自由、兼容并包”的核心理念主要体现在对文化和人才的尊重上。一方面,学校唯才是用,不拘一格揽聚人才。既有骨干的革新派,也有营垒派的保守学者,尽管他们政见不同,但在学术上各抒己见,“各行其是,并不相妨”,使得北京大学成为国内学术界群英荟萃之地和百家争鸣之所。另一方面,体现在学术自由和学习自由上。以开放原则设置课程,学生拥有选择教师、选择科目的自由。蔡元培认为:“无论为何种学派,苟其言之成理,持之有故,尚不达自然淘汰之命运者,虽彼此相反,而悉听其自由发展,”③强调开展不同学派、不同学术观点的自由讨论,从不同派别的比较研究中引出新的见解,一时间北京大学学术空前繁荣。

1928年蔡元培出任上海交大校长后,又将“思想自由、兼容并包”的思想融

---

① 刘述礼,黄延复编:《梅贻琦教育论著选》,人民教育出版社1993年版,第69页。

② 中国蔡元培研究会:《蔡元培全集》(第3卷),浙江教育出版社1997年版,第451页。

③ 高平叔:《蔡元培教育论集》,湖南教育出版社1989年版,第618页。

入上海交大,推动"改科设系与科系并存"的教学体制改革,并专设"元培班"培育一流人才。他辞职后,上海交大历经了多次改组与分合,校长频繁易人,直到铁道部委任黎照寰为校长后才结束这一局面。受西方文明熏陶的黎照寰校长坚持"自由教育"原则,提出研究学问者,其目的并不在于能否成为一位科学家,而在于是否具备"自由研究学问之精神"①。他反对划一的模式化教育,主张"学术独立"、学术自由及人的自由全面发展,要求师生研究科学必须有大无畏的精神及信仰真理之意志,发挥个人自由理想,营造宽松自由的学术研究氛围,使得19世纪30年代的上海交大迅速成为一所理工管结合的国内外知名大学。

学术创新与思想自由存在着内在的必然联系,思想自由是兼容并包的前提。而长期以来,学术自由在现实中不断受到各种力量的制约,中国高度集权管理体制的惯性与弊端依然难以在短期消除,专制型、行政化的大学管理模式一仍其旧,大学既不具备真正独立的法律地位,也不存在独立自主和学术自由,极大抑制了大学发展。

三、"大学最大的目标是蕲求真理"

重视科研的教育价值,通过学术研究来习得前沿知识、培育学术精神、服务国家发展,是洪堡"教学科研统一"理念的中国化转换,也是现代中国大学发展的重要历史经验。1897年创建的"求是书院"为浙江大学前身,是清末创办的4所新式高等学堂之一。竺可桢担任校长后,从哈佛大学借鉴了两点经验:一是主张学校思想之自由,反对政治干涉学校行政与教授个人的主张;二是学校所研究的课程不能全注重于实用,理论科学应给予充分发展的机会。他在哈佛大学"与真理为友"的理念基础上,提出"大学最大的目标是蕲求真理",并且指出,我们对教育应采取自由主义,对科学注重纯粹抑或注重应用,尚有争议的余地,而我们大家应该一致研究真理,拥护真理,则是无疑的。② 在"求是"精神的倡导下,竺可侦要求人们明辨是非,在大量的观察和思考中去不断地探求社会和科学中的真理。

(一) 强调学术研究是追求真理的必要条件

在竺可桢看来,研究科学的目的,本在于求真理③。他认为大学应提倡开展

① 盛懿,孙萍:《三个世纪的跨越——从南洋公学到上海交通大学》,上海交通大学出版社2006年版,第147页。

② 竺可桢:《竺可桢全集》(第2卷),上海科技教育出版社2014年版,第370页。

③ 竺可桢:《竺可桢文集》,科学出版社1979年版,第3页。

学术研究，想方设法为蕲求真理创造条件，并将此视为提高教学质量的必要条件。他把大学的研究和教学比作源和流的关系，还引用朱熹的诗句加以说明"半亩方塘一鉴开，天光云影共徘徊，问渠哪得清如许，为有源头活水来"①。在竺可桢掌校之初，浙大只有文理、农、工三个学院，下设若干个系，并无专门的研究机构。于是，他在广西宜山和贵州遵义办学期间，先后将研究力量较强的几个学科设立研究所(室)。学校规模"从原来的文理、工、农三个学院 16 个学系，发展到文、理、工、农、师、法、医七个学院 25 个学系(最多时为 30 个学系)，10 个研究所；教授队伍从 70 名增加到 223 名，教职员总数达 624 名(1948 年底数)；在校学生人数从 512 名剧增到 2 171 名(1948 年底数)"②。这些思想和举措将浙大推向了研究型大学之路。

(二) 主张学生应该有读书的自由和探索真理的自由

追求真理离不开学术自由，在当时的浙大，各派学说、各家思想，都可以在校讲授，要求师生不盲从，不附和，一切以理智为依归。学校非常注重学生的智能培养，激发学生的创造精神。竺可桢认为，"研究不仅限于自然科学与应用科学，即人文科学亦应提倡，凡所以有利于苍生，无一不在大学范围之内也。"③他还强调，唯有多学科的交叉和渗透，才能形成良好的学术氛围和育人环境，"若一个大学，单从事零星专门知识的传授，既乏学术研究的空气，又无科学方法的训练，则其学生之思想即难收到融会贯通之效。"④在他看来，对真理的探索，需要有全面的知识基础，只有让学生兼收并蓄，具有广博的知识，才能感悟真理的存在。在这一理念的倡导下，浙江大学学术蔚然成风，师生潜心研究学问，成绩斐然。

(三) 大力倡导民主办学，为追求真理创设环境

竺可桢虽然是一校之长，却从不独断专行，而是召开各种会议，集众家之长，共同作出决策，并强调"科学精神就是求真，要'只问是非、不计利害'，这就是说只求真理，不管个人的利害"⑤。在他任期之内，浙大没有设立副校长，校务委员会和各专门委员会为学校最高权力机构。凡重大问题，概由校务委员会和专门委员会审议决定。而校务委员和各专门委员会主任则遴选作风正派、在学校中有威望的教授担任。竺可桢很注重民主管理，支持学生自治会工作，允许学生一定限度范围内参与时事评论，即使在极其艰难的岁月里，浙大的内部组织也能始

① 竺可桢：《竺可桢日记》(第 2 册)，人民出版社 1984 年版，第 921 页。
② 浙江大学校史编写组：《浙江大学简史》，浙江大学出版社 1996 年版，第 151~152 页。
③ 竺可桢：《竺可桢日记》(第 2 册)，人民出版社 1984 年版，第 922 页。
④ 竺可桢：《大学生与抗战建国》，《国立浙江大学校刊》，1941 年第 100 期。
⑤ 竺可桢：《竺可桢文录》，浙江文艺出版社 1999 年版，第 34 页。

终保持着较高的运行效能。

尽管在竺可桢任校长的十余年间,战乱不断,学校频迁,经费短缺,但却创造了浙大办学史上重要的强盛发展时期,被誉为“东方的剑桥”。其重要原因就在于他从教育的本质出发形成了先进的大学教育理念。大学原本就是个公开追求真理的场所,在这里只有真理才有发言权,这是大学首要的最基本的性质。如雅斯贝尔斯所言:“大学是一个由学者和学生共同组成追求真理的社团。”①既然大学是个公开追求真理的场所,那么所有的教育行为都要不惜一切代价、无条件地为真理服务,失去了追求真理,大学就成了无源之水,无本之木。无论世事如何变迁,大学作为以追求真理为目的的共同体的身份却不能改变,追求真理始终是大学发展的最高理由。

四、“科学教育与人文教育相融合”

博采各科文化之长,熔铸成一种新的中国文化是中国特色大学的重要传统。民国初年,蔡元培先生提出要“融通文理科之界限”,认为文科的哲学,必植根于自然科学;而理科学者最后的假定,亦往往牵涉哲学。在教学管理上实行单位制、选科制,使学生于选修课中有一定的选择自由,因此主张文理“兼习”。上海交大的唐文治校长在掌校时提出要“中西并重、体用兼备”,确立“以工为主、工管结合”的办学理念,使学生能够有比较广博的学术基础,既精于所攻专业,又能触类旁通。但当时的“通才教育”无论对文化整全性的关注上,还是在文化-人-教育的关系认识上,以及在文化素质与个体素质等范畴间内在联系的理解上,都显得较为薄弱,最终难以抵制科学教育的侵蚀。

新中国成立后,为了适应国家建设的需要,全国各高校统一实行苏联的专才教育模式,教育虽取得了一定成就,但经过院(系)调整及“文化大革命”的历史性断层,大学不加分析地蔑视、批判传统,学生知识结构单一薄弱,专业口径和知识视野十分狭窄。为转变传统的教育观念,改善学科分家的状况,原华中工学院朱九思院长在我国较早提出了大学的“学科结构综合化”思想,率先在全国理工科大学中创办文科。学校认识到,没有一流的文科就不可能有一流的理科、工科。由于当时学校历史短、底子薄,学校决定对文科建设实行跨越式发展:一是在学科建设上,从高起点研究入手,先创硕博点,尽快进入学科前沿;二是采取超常规措施,大力引进大师级学者及骨干,集中建设若干高水平国内一流学科;三

---

① Karl Jaspers.*The Idea of the University*. Peper Owen Ltd,1965:19.

是加大硬件投入,依托理工背景走学科交叉之路,以特色取胜。① 这使学校在短期内实现了规模扩大和快速发展,形成了综合性大学的轮廓,实现了以理工为基础,理、工、文、管多学科相结合的综合化发展的目标。②

改革开放以来,科学技术的迅猛发展极大地推动了经济增长、意识观念的更新乃至整个社会的进步,带动我国进入"技术理性时代"。从某种意义上说,专业教育主要体现着社会发展的需要,但是它的片面性也随着自身的发展而日益显露出来:人与自然之间和谐关系的打破,在对科学的顶礼膜拜中逐渐异化为"单向度的人",造成人类精神追求的失落和对生活意义关注的缺乏。20 世纪 80 年代,针对高等教育"过弱的人文熏陶,过窄的专业基础,过强的个性制约,过重的功利导向"之时弊,原华中理工大学审时度势,提出了"科学教育与人文教育相融合"的理念。20 世纪 90 年代初,通过两次大规模调研,学校认为重视大学生素质教育势在必行,在大学生中开展文化素质教育逐步成为共识,率先在理工科大学高举"文化素质教育"大旗。杨叔子任校长期间,非常重视文化素质教育,他一再强调教育是"育人"而非"制器"等观点。全校上下齐心协力、实践研究相互推进,以 1994 年 3 月 3 日举办第一期人文讲座为标志,华中科技大学开展文化素质教育已达十余年,作出了一系列卓有成效的努力:率先有组织、有计划地开设人文讲座,并将精华整理、结集成《中国大学人文启思录》出版,受到广泛好评;首先在大学生中举行中国语文水平达标测试,并作为授予学位证书的依据;率先着手将人文科学课程纳入课程体系的研究、试点工作,提出结合专业教学进行人文素质教育,推动全体教师参与文化素质教育,提高教师的文化素养;率先将《社会调查》确定为本科学生的必修课程,通过实践,推动大学生将人文知识内化为人文精神;第一个在高校设立文化素质教育基地,成为教育部首批国家级大学生文化素质教育基地之一;率先提出应确立文化素质教育的基础性地位等。③ 如今,学校由造势到自觉、由形式单一到形式多样、由局部试点到全面推开,初步形成了科学与人文相融、通俗与高雅相通、课内与课外互补、教师与学生互动这样一种新的局面。"融通文化、凝练素质"理念的形成是对教育本质认识的一次重大突破,在国内高等学校得到普遍重视和推行,产生了广泛而深入的影响。

"科学教育与人文教育相融合"包涵了学校对教育本质的深刻体认。其一,

---

① 华中科技大学人文社会科学办公室:《华中科技大学文科发展十年:1994—2004》,华中科技大学出版社 2004 年版,第 3~16 页。

② 校史编写组:《缩影:华中理工大学四十年》,华中理工大学出版社 2003 年版,第 188 页。

③ 刘献君:《实践研究相互推进——华中科技大学十年文化素质教育回顾》,《高等教育研究》,2005 年第 3 期。

素质教育是一种教育思想、教育观念，提高大学生全面素质，必须注重“科学教育与人文教育相融合”。其二，文化素质教育是实施全面素质教育的切入点、突破口，人文素质是形成综合素质中其他素质不可或缺的条件，人文文化决定着一个民族的生死存亡，有利于培养学生如何做人、做事。在形成大学生素质的过程中，内化是关键。其三，“办大学就是要办一个氛围。”一所学校的力量主要来源于它深厚的文化，大学的文化氛围决定所培养的学生素质，文化素质是形成综合素质的基础。① 其四，结合专业教学进行人文教育，确立文化素质教育在课程体系中的基础性地位。时任校党委副书记的刘献君提出并总结了八种结合方式：起于知识、启迪精神、渗透美育、行为互动、营造氛围、以悟导悟、以人为本、止于境界。这些理念与经验不仅对转变教育观念，推进全国大学素质教育和高等教育改革起到率先示范和指导作用，而且极大地促进了本校办学质量与水平、知名度和影响力的提升，这些都是与文化素质教育分不开的。

如今，“科学教育与人文教育相融合”的理念已得到中国大学的广泛认同和实施，在教育部的积极推动下，全国 157 所大学、93 个文化素质教育基地相继建立。大批高等院校开始注重文理学科融通，促进知识的交叉复合，在近年来发展步伐迅速加快。总的来看，“科学教育与人文教育相融合”是针对专业教育弊端的必要纠偏，通过多种的文化整合培养文理相通，具有科学素养与人文精神的高水平、高素质、全面发展的人才。一方面注重高级专门学术人才的培养，另一方面又主张学科综合化，强调文理相通、科学与人文相融合，健全人格人才的培养。当前，我国对这一理念实践主要从学科建设出发，强调学科综合化，建立科学与人文文化之间的内在固有联系，促进整体素质发展的同时增强办学实力。从整体来看，我国对这一理念的实践仍主要建立在教育内部结构的调整上，大学专门教育的基本框架还没有发生根本性的变革，倡导价值理性的通识教育和文化素质教育越发显得必要和迫切。

五、“育人为本、产学研三足鼎立，协调发展”

大学从它诞生之日起，就把“育人”作为自己应当承担的永恒的第一社会责任，教育的主体功能就是其育人功能。从大学发展史看，大学教育经历了“教学—教学与科研相统一—产学研相结合”三个阶段，培育人才、发展科研与服务社会间的关系也随大学组织的复杂化而有了非线性关联的特征。

为适应新中国科技发展与政治需要，新中国成立之初高校大批研究人员被

① 刘献君：《大学之思与大学之治》，华中理工大学出版社 2000 年版，第 74 页。

抽走，成立独立研究机构，造成“学”与“术”相脱离。这也从根本上影响了我国科技发展的速度和水平，它所造成的后果已经反映在我国高级科研人员和高级教学人员即将面临的人才断层上。改革开放以来，党中央及时把工作重点转移到实现四化的轨道上，这对高校提出了新的、更高的要求。邓小平同志高瞻远瞩地提出了高等学校，特别是重点高校要办成“既是教育中心，又是科研中心”的口号。1985 年颁布的《中共中央关于教育体制改革的决定》，使我国高等学校对“教学与科研相结合”基本达成共识。1978 年，时任华中工学院朱九思院长大胆提出“科研要走在教学的前面”，“只有有了科学研究，即有了科学实验的实践，并把实验经验总结成为理论体系，才有可能进行教学，从这个意义上说，科学研究是‘源’，教学则是‘流’，科学研究总是走在教学的前面”，[①]这些思想进一步阐明了科研和教学两大基本职能的关系，对推动中国大学发展有着重要的指导意义。

随着高校科研逐渐向研究型院校和研究生层次“漂移”，科研功用的“立竿见影”性和教学价值的滞后性导致高校普遍重“术”轻“学”，影响了人才培养质量。此外，大量科研成果因低水平重复并脱离实践而沦落为“口袋科研”与“职称科研”。面对这些问题，时任华中理工大学校长周济于 1998 年首次明确提出了“育人为本，产学研三足鼎立，协调发展”的教育理念，提出要落实育人为本，必须理顺产学研的关系，促进产学研协调发展，按照“教学是根本，科研上水平，产业（社会服务）添活力”的思路来处理三者的关系。学校利用教育资源和技术优势加大校企合作，兴办科技园，通过技术研发、生产实践和技术推广等形式培育学生的创新思维、科学精神和实践能力，促进了高等教育三大功能的协同发展。

理解这一理念必须摆脱线性思维方式，不能简单地认为“育人”与“产学研”的关系是正相关、负相关或零相关。现代高等教育是个复杂的有机系统，从结构上看，其内部功能之间呈多维度、多向度的非线性动态协同发展关系。第一，高等教育的根本使命是“育人”而非“制器”，而产学研合作的根本目的则是使人的“潜能”得到充分展现，培育创新性人才；第二，“育人”需要在产学研结合中进行，要将“育人”贯穿到教学、研究与社会实践过程中，通过高校三大职能的有机结合来实现人才培养；第三，产学研要相互促进，共同推动社会科技进步与高等教育发展，为“育人”服务。

而就当前的状况看，高校办学中偏重经济效益，而忽视人才培养的社会效益；产学研合作的覆盖面仍然偏小，层次仍然偏低。必须深刻理解教学、科研与

---

① 朱九思：《高等教育散论》，华中理工大学出版社 1990 年版，第 1~3 页。

社会服务关系的内涵,坚持以人为本,以实现人的全面自由发展为根本目的。首先,大学必须以人才培养为基础,依托高校教学、科研与人才优势为社会经济文化发展提供有目的性的活动,以适应社会需求,引领社会与教育和谐发展。而高校社会服务必须以“育人”为前提,这是教育服务社会的“限度性”。其次,要用科研之“源”来充实教学之“流”,使教学反映学术的发展,特别是吸收前沿研究的成果。最后,建立全方位的社会服务体系,多种渠道了解社会需求,重视合作机构与相关制度建设,大力推进科技成果的转化。产学研合作办学的核心是教育创新,必须使人才培养质量符合社会发展需求,形成育人、教学、科研、产业相互促进、协调发展的格局。

六、“建设平民大学”

在高等教育从精英化教育走向大众化教育的今天,一所高校之所以存在,当有其存在的价值。每所成功的大学,都要有自己标志性的理念与个性,有着准确的发展定位。创办于1958年的吉首大学是一所办在湘鄂渝黔四省(市)边区的具有地方性、民族性的湖南省属综合性地方大学。从诞生之日起,吉首大学就认识到自己集两个“特殊性”于一身:一是地域的特殊性——“老少边山穷”(革命老区、少数民族聚居区、边远地区、武陵山区是全国18个贫困区之一);二是功能的特殊性,湖南西部及周边民族贫困地区迫切需要吉首大学为其提供人才、科技和社会服务等方面的支持,尽快缩短与其他地区的差距。由此,学校确立了“教学服务型大学”的定位,凝练出了“建设平民大学”的办学理念。学校提出,直接为民族地区经济社会发展服务,强化教学、优化科研,将“服务地方”作为自己的首要使命,培养厚基础、宽口径、高素质、强能力、优个性的高级专门人才。①正如其校党委书记游俊所指出的,“北大、清华要解决的是‘卫星上天’问题,吉首大学要解决的是‘湘西老百姓脱贫致富’问题”,力图将传统意义上骛在高远、追求尖端、成就名望的精英学府变为贴近民众、服务地方、造福百姓的“平民大学”。②

正是在“建设平民大学”的理念指导下,吉首大学坚持服务社会、根植社会,在激烈的竞争中,寻找到了自己生存与发展的空间。学校面向广大服务区域提供了智力与科技服务,特别是科技成果的产业化,带动了一大批老百姓脱贫致

---

① 游俊,张建永:《吉首大学形象与精神阐释》,高等教育出版社2006年版,第12页。

② 游俊:《西部高校在建设创新型国家中的地位与作用——以吉首大学办学实践为例》,《中国高教研究》,2006年第12期。

富，对湘西等地的开发产生了重要作用。在实施上，主要通过以下两大路径进行。

（一）开发地方人文自然资源

吉首大学充分利用科研能力，为改进生产力服务，为经济建设服务。学校始终坚持“立足湘西、服务社会”的办学思路，努力实践“知识传授、知识生产、知识物化”三大功能。“十五”以来，学校瞄准区域资源的开发利用，科研课题中绝大部分是面向湘西资源开发的，主要以区域民族经济、文化和历史为重点，通过发掘、整理和研究人文历史资源弘扬民族传统，激发民族自信心，并通过这些课题研究寻找与经济发展对接的有效途径，取得了显著的经济和社会效益。

（二）为地方培养各类建设人才

湘西贫困落后的原因很多，但主要是人口综合素质低。1990 年全区大学毕业生仅为全国平均水平的 53.8%。针对这种现状，学校紧密结合湘西及周边地区社会发展的实际需要大力调整学科专业结构，在突出“应用性、地方性和民族性”上下工夫。一是提高质量，调整、优化课程结构和内容。以山区和基层工作岗位的实际需要和少数民族学生的文化基础知识为依据，在保证基础知识、基本技能教学的前提下，压缩了某些与培养目标结合不紧密的课程，增开了一些有利于培养学生实际工作能力的选修课及职业技能训练课。二是招生上确保民族地区招生计划的落实，开办少数民族预科班、预科教育基地等，解决更多少数民族考生上大学难的问题。目前湘西土家族苗族自治州人口中大学毕业生所占比例接近全国平均水平。吉首大学的毕业生在湘西被誉为“下得去、留得住、用得上、干得好”的“永久牌”高级专门人才。如今，吉首大学已由最初的弹丸之地发展到今天占地 1 000 余亩，教职工 1 400 余人，已为国家培养各类毕业生 4 万余人的高校，时任国务院总理朱镕基称赞“吉首大学是湖南的骄傲”。

这一理念的内涵可从三个维度去理解。一是理论维度。即它的理论基础主要是“以人为本”的现代教育理论、高等教育公平理论和高等教育大众化理论，追求的是使更多的平民百姓从大众化高等教育中受益，强调的是高等教育的人本性、公平性和普惠性。二是使命与功能维度。“精英学府”是以少数社会精英为教育对象、探究高深学问的大学，而作为地方大学，则更应担当起服务社会的责任，关注解决社会生活中的现实问题，不断满足区域发展需求，关注当地平民百姓和当地经济社会的需求。三是人才培养维度。实行“大众化教育”，主要面向当地、面向基层培养“复合型、应用性”人才，研究解决地方经济社会发展的现实问题。

“建设平民大学”的理念既符合高等教育类型层次多样化发展的客观要求，又突出了“教学服务型大学”的定位与使命，在服务社会需求与寻求大学发展之间找到了合理的契合点。经验表明，不论大学办学条件如何，只要科学、合理地定位好，并在这一前提下充分利用一切有利条件，形成独特先进的教育理念，就能够在激烈的竞争中获得自己生存和发展的空间。

第三节 百年中国大学理念的发展特点

尽管大学理念在其发展历程中存在亘古不变的共性特征，但大学首先是某个国家、某个民族所有，扎根于不同的社会基础和教育体制、文化传统之上，特别是随着大学的功能的高度分化，世界各国大学出现了不同的形态与特征，也必然拥有独特的内涵与个性，形成了不同特点的大学教育理念。

一、百年中国大学理念在多极关系的博弈中发展

百年来，中国社会始终处于由农业社会向工业社会的现代化转型期。作为一项特殊的“结构性变动”，社会转型必然带动国家政治经济体制、教育政策、文化思潮、价值取向等发生相应地转变。对于大学这样结构复杂、使命特殊的机构而言，自身的变革必然较其他社会组织更具复杂性与挑战性。这些广泛而深入的社会变化，往往会改变大学的传统走向，引起大学社会定位与认知方式的变化，不断赋予现代大学新的功能、使命和内涵，打破大学赖以生存和发展的社会基础及固有秩序，对原有大学理念提出转变要求。

中国社会转型至今不过一百余年，却经历了较西方国家更为强烈而频繁的艰难转型，且转型的基础、向度、力度与频度都明显不同，具有高度的复杂性和跳跃性，大学教育理念往往与社会转型同步，始终缺少应有的稳定性与延续性。自五四运动以来，中国大学以文化转型为启动点，积极吸收先进思想，大学教育有所发展但缺少对现代性的深层认识。在接受了辛亥革命及抗日战争的洗礼后，中国大学教育现代化的探索遭到不同程度的断裂与转换。新中国成立后，大学教育理念随着一场急风暴雨般的政治体制转型，经历了一次革命性的新旧转换，其间受“文化大革命”的冲击又造成了致命性的历史性断层。改革开放以来，中国的社会转型是以经济体制的转轨为启动点的。经济结构的变动从一定意义上决定了整个社会转型的性质与向度，社会内部正在经历一场不可逆转的“权力分裂”过程，逐步发育出一个相对自治的社会空间，国家与社会的关系发生了实

质性的变化，由传统的城乡"二元结构"向"市民、国家、市场"的三元结构转换，这种多极化态势使教育基本权力结构关系逐步演变为举办者、办学者和管理者三个主体之间的博弈，大学被卷入多极变化的关系中：既要满足社会进步的要求，赢得公众支持，又要追求批判独立、达臻真理。大学随社会潮流左右摇摆而失去了知识创新的阵地，最终难以实现学术与社会的协调发展。面对这一矛盾，大学如何做出理性回应是中国教育面临的"世纪难题"，也是办好大学的一个根本性问题。

在整个社会转型和大学教育自身的转型过程中，我国大学教育中存在的旧的利益格局尚未被完全打破，而新的利益格局又未完全建立起来，利益冲突与价值混乱交织在一起，使得转型期的中国大学正陷入越来越深的现代性二重困境之中：不随世俗潮流，大学难以生存发展；随波逐流则越来越异化，追求的是工具和手段的合理性，而忽视了目的本身的合理性。这表明，中国大学理念与社会转型间尚未实现良性互动，二者相互纠缠，制掣着我国大学理念的转变与创新。

二、国家意志决定了中国大学理念的基本向度

从整体上看，中国百年大学理念是"现代政治意识形态"的产物。我国现代政治合法性的来源，是由政治革命所追求的文化价值体系所奠定的，并以此区别于传统政治的合法性。鸦片战争后的中国新文化，是沿着全盘西化到本位文化论再到"民族的、科学的、大众的"文化的方向为转移的。新中国成立之初的30年，虽然国家对高等教育理念进行了有益的探索，然而经过"文革"的破坏，一些好的理念几乎荡然无存。

改革开放以后，我国社会发生了历史性的变革，各种社会关系旧有的平衡被打破，大学教育理念的变革实际是从包括主流意识形态的变化开始的。政府与高等学校之间传统的关系所赖以存在的社会基础日渐被削弱，一方面政府对各种社会事业的综合管理模式逐步向着宏观调控、微观放权模式转变；另一方面，大学从过去与政府主管部门的依附与隶属关系中解脱出来，与社会经济文化的联系更为紧密。但在经济领域中推行的市场经济体制，激发和唤醒了大学教育中的功利主义意识及消费主义观念。显而易见，这种意识形态的主旨并非强调由于大学是一个专门培养高级人才、创造文化和知识的学术性机构，就应该具有专门机构所具有的独立身份和地位，而是认为大学是必须满足社会各种需要尤其是政治需要的工具，其组织应该纳入社会的行政序列之中，成为隶属于政府某些部门的行政机构或准行政机构，从而使大学必须宿命般地面对知识、文化生产与行政性组织原则的结构性矛盾。

总之,国家意志对大学教育的影响深刻而复杂。大学原本的社会文明灯塔、新文化创造者、培养“硕学闳才”的专业学术机构性质和原本相对独立的地位被政治逻辑所覆盖。杨东平曾深刻地指出:“和世界大学相比,中国大学的问题和处境仍然是十分独特的。大学里运行着官、学、商三种功能、目标完全不同的机制,大楼多于大师,设备重于人才,仍是普遍的现实。”①这些问题的形成必然有其深刻的社会根源,主要可归为四点。一是奠定大学基础的主流文化是一种未经改造和革新的半封建文化,中国有着尊奉实用理性的悠久传统,而近代大学的“中体西用”观及其变种,使人们始终更多关注其工具价值和实用技术,漠视甚至蔑视理论知识以及纯学理的研讨。二是主导或领导大学活动的依据是政治的标准和规则,教育活动目标也被明确地规定为政治性目标。这使大学本身的目的和规律缺少了基本的活动空间,大学的特征和品质则明显地被抑制。三是我国的现代高等教育最初是在现代科学的荒漠上由政府承建的官方工程,公共领域、上层建筑领域的变革普遍滞后于生产领域、经济基础领域,难以发挥引领社会的功能。

三、中国大学理念总体呈现高度趋同性

近十年来,中国大学开始形成特色意识,但主要专注于总结办学优势与特点,忽略了理念特色的创建。近年来一项中国校训文化调查的数据显示,在受调查的 256 所中国高校中,有 192 所学校的校训为“四词八字”的口号式,比例高达 75%;校训中带有“勤奋”字眼的有 68 所,“求实”的有 65 所,“创新”的有 59 所,“团结”的有 49 所,“严谨”的有 25 所;校训中包含以上 5 个词语任何一词以上的有 147 所,占到被调查高校的近六成。② 从内容上看,这些校训多属于大学的“非典型性特征”,体现的是一般社会机构(如政治团体)而非学术组织的目标要求;从性质上看,校训高度雷同的现象说明许多大学一味求全求大,往往用多个概念来表述自己的理想,办学目标不清晰,缺少对大学的独立思考。这些空洞的口号和标语,对大学的指导基本是空洞无力的,常常流于形式。

大学作为一种复杂化的社会组织,任何一项改革都将牵一发而动全身,在实践中往往受多个理念的指导和协调,而这多个理念之间必须是逻辑清晰、层次分明的,需要有一个核心理念来协调彼此的关系和力量对比,否则将会陷入混乱与无序。核心教育理念从性质上说并非一种个体的理想信念,而是组织的核心理

① 杨东平:《大学精神》,辽海出版社 2000 年版,第 1~11 页。

② 倪方天,李晓静:《中国大学校训文化调查》,《江南时报》,2004 年 12 月 4 日。

念,它要激励、维系和约束所有成员的行为。从这个角度来说,学校核心理念并不是大学目标、目的或使命的一部分,而是实现诸多学校目标必须遵循的客观价值原则,在大学理念体系中居于最高层面,是学校在实现学生预期发展目标中应该反复应用和始终坚守的基本信念。

从教育强国的发展经验看,德国大学早在19世纪就开始创新各自的核心理念,为社会培养着不同类型的人才,既有从事纯科学研究的大学,又有从事应用科学研究的技术学院,不同性质与类型的高校相得益彰,共同促进国家科学技术的发展。当代美国也如克拉克·克尔所指出的,早已超越了德、英模式,而发展出自我的性格。① 毫无疑问,世界一流大学的形成和发展固然有多种因素,但起基础性作用的是独具特色的大学核心理念。一些世界名校正是借助其核心理念的力量,着力于构建学校的核心价值观与目的,形成了独特而又符合自身特点的核心理念与办学模式,才最终从名不见经传的普通学校一跃跻身于世界一流大学之列。如1885年创办的斯坦福大学,直到20世纪40年代仍是一所默默无闻的乡村学院。土库曼就任副校长后,认为现代工业发展最主要的资源是人而非物,应紧靠大学建立科技园区,于是提出新的核心理念"大学应是研究与发展的中心"。正是在这种理念的指引下,斯坦福大学于1951年创办硅谷科技园。从而造就了斯坦福大学的辉煌。

然而,中国大学在办学中始终缺乏自己的大学核心理念,突出反映在如下几个方面。一是大学发展认识混乱,办学理性不足。表面看来,我们每所大学都有各种表述繁杂的理念性内容,涉及方方面面,但许多高校始终不明确自己的核心理念或核心价值观,缺乏整体发展的"主心骨"和"灵魂"。二是各种教育理念缺乏系统整合,终极目的不明晰。大学教育理念与目标繁多,各功能子系统都有相应的子理念,诸如人才培养理念、学科建设理念、大学管理理念、教师发展理念等,但这些子理念之间经常相互抵触或各自为政,没有反映教育的本质,无法形成合力。三是大学理念与实际运作相互游离。要么不能一以贯之,一任校长一套理念;要么仅将理念纳入形象设计,成为空洞生硬的口号,与办学行为和战略顶层设计不匹配。四是教育理念缺乏参与主体的广泛认同。大学是典型的利益相关者组织,办学者的教育理想再怎么先进,也需要通过利益相关者的广泛认同实现合法化,使大学理念具备"有效性"。这些问题归结起来,都是缺乏核心理念的结果。从某种意义上讲,一所学校的核心理念先进与否,直接影响到学校的可持续发展,拥有特色内涵的先进核心理念是建设"强校"的必要前提。在建设高等教育强国进程中,大学必须在整个系统框架下,找准发展目标、加快内涵建

① 金耀基:《大学之理念》,生活·读书·新知三联书店2008年版,第7页。

设,注意特色延续、体现大学核心理念的文化竞争力。

四、从定位出发是大学理念特色化的前提

定位是大学战略的核心。从某种意义上讲,一所学校办学定位的科学与否,直接影响到学校的可持续发展,而在发展过程中如果循规蹈矩、按部就班,也不可能实现跨越性突破。这些大学成功的关键在于,为学校找准了定位,明确大学必须靠特色生存。如清华、浙大、上海交大、华中科大等研究型大学,从建校之始就将自己定位为培育精英的国内一流学府,在办学中一直注意专业特色的长期延续,使一些传统优势能够伴随科学技术的新进展和国家经济建设的新需要,不断实现自我超越,始终保持国内高水平研究型大学的领先地位。而作为处于不发达地区的地方民族性质的吉首大学,确认了绝不能充当名牌高校的"影子",而必须充分体现"湘西办大学"这个特殊的政治意涵的办学理念。变传统意义上骛在高远、追求尖端、成就名望的精英学府为贴近民众、服务地方、造福百姓的"平民大学",致力于充当民族贫困地区的智力库、人才库、动力源,将大学的价值选择和使命取向与地方经济建设、社会发展实施"对接",发挥其他高校无法替代的作用。正是在这种办学定位思想的指导下,吉首大学在竞争中寻找到了自己生存与发展的空间。我国典型大学的发展经验表明,办教育需要国家统一大原则和路线方针,但适于不同层次类型学校的大学理念、政策措施和发展出路,要靠自己去开拓和探索。在建设高等教育强国进程中,大学必须在整个系统框架下,找准发展目标、加快内涵建设,注意特色延续、体现差异性和竞争力。

拥有一个层次、结构、类型多样化的开放高等教育体系,以及若干世界一流大学和一批高水平大学是世界高等教育强国的基本评价指标。当前,我国部分国内高水平大学在办学实力上已显现出争创世界一流的优势。但也应该清醒地认识到,大众教育与精英教育,在建设高等教育强国中都赋有重要使命。"精英大学"实行的是"精英化教育",培养的是"研究型、创新型"人才,研究的是高深学问;而非研究型大学实行的是"大众化教育",主要是面向不同层次和区域培养"复合型、应用性"人才,研究的是解决社会经济社会发展的现实问题。高等教育强国的前提和基础是多样化和差异化,只有在类型、层次、质量标准、培养目标上满足社会多元需求,才能符合高等教育发展的客观要求,反映时代特征与本国教育特色。大学要坚持分类发展,把提高质量真正作为大学发展的生命线,坚持合理定位、特色发展,满足社会发展对不同类型的高素质创新人才的需求。

五、学校与国家层面的教育理念存在高度互构性

高等教育理念是一个完整的体系,学校层面与国家层面的教育理念是相互关联的统一体,各个高等教育理念所涵盖的内容是相互联系、相互包含的,甚至有的在本质上就是一致的,二者存在明显的互构性。国家层面的理念为学校设定大的原则、方向与纲领,自上而下地指导本国大学发展,如“面向社会”、“以人为本”等高等教育理念落实到具体办学中,则演化为“产学研结合”、“育人为本”等大学理念。学校层面的教育理念创新一旦在实践中取得有效性与合法性,也将自下而上地引领国家高等教育理念的转变。如华中科技大学立足自身办学实践,突破了现有的思想樊篱,自发内生地形成了“科学与人文教育相融合”的教育理念,得到国家的积极倡导和成功推行,形成了“文化素质教育”的国家高等教育理念,引发了中国高等教育人才培养观念的重大变革。

当然,各层次教育理念的互构过程也是价值选择的过程,不同的理念主体所代表的利益和立场各有不同,各自所信仰的教育理念难免存在价值冲突,这种情形下,大学与国家关系的博弈则决定了教育理念的互构程度。从另外一个角度看,也是教育话语权由谁主导的问题。从近代中国大学的历史背景看,清政府的衰弱使国家不得不依赖教育的力量救亡图存,在乱世中开辟了一条开放多元的社会环境,西方先进的教育理念在实践转换中得到了广泛传播,深刻地影响了近代乃至当代国家高等教育理念的发展。新中国成立后,尽管中国大学的管理体制几经变迁,宏观管理体制始终在中央和地方政府之间对高等教育管理范围的划分方面变化,大学发展过于依存于政治指令,盲目跟风发展,许多办学者对教育本质缺乏应有的体认和思考,在思想上缺少理念创新的内在动力和主体意识。

究其根源,中国自古就有政教合一的传统,教育与政治始终纠缠在一起,大学与国家的关系较其他世界高等教育强国而言更为紧密。正是这种密切的相关性将中国高等教育理念与学校层面相互整合并形成体系,使整个高等教育实践活动都置于特定的理念体系指导之下。就这个意义而言,大学必须先有独立的思想,才可能有独立的身份,未来中国必然要加强学校层面的话语权,消除权力分配的制度障碍。高校更要担当起教育理念建构的主体责任,以大学自身的内在逻辑指导高等教育发展,不断实现自身的目标诉求。

第四节　百年中国大学理念反思

百年来,中国大学经历了传统与现代、国际化与民族化的碰撞与选择,从理念层面到实践层面分别进行了一系列卓著有效的探索和改革,实现了从观念突破到形成制度,由制度建设到实践使制度思想化的过程的转变。建设高等教育强国,意味着我国大学理念、制度和管理模式需要深刻地变革与创新,必须以科学发展观为指导,体现大学理念的规律性特征,把大学教育的普遍性与学校的个体特殊性和必要性相结合,将教育理念的稳定性、延续性与灵活性、适应性相结合,以对外部的变革与社会期望做出回应,这也是建设高等教育强国的基本要求。

一、从文化根基上认识现代大学,促进学术思潮多元并存

从发展社会学来看,大多数不发达国家实现现代化的道路之所以充满曲折,一个基本的原因就是这些国家开始现代化转型时只实行了经济现代化或政治现代化,也就是说把现代化只做了经济或政治方面的理解,而没有从整体上特别是从文化上全面认识现代化,以至于遮蔽了社会发展的原动力。经济层面几乎全球趋同,政治层面也在逐步走向世界性。但文化形态的差异是保持各个社会形态不同的根本原因和基本标志。

百年来,中国大学理念与社会转型所表现出的集中、剧烈而复杂的特殊性有着密切关联。规律表明,当社会结构中的政治转型占主导地位时,大学理念受政治干预而向国家主义转变,过于直接地承担着巩固政治地位和提升国家实力的历史责任,压制了大学独立发展的空间;当社会结构中的经济转型占主导时,大学理念保持了一定程度的开放和活力,而又不可避免地承担过多的服务责任,工具理性的泛化使大学失去了知识创新的阵地;只有当社会结构中的"文化转型"占主导时,大学理念才可能形成以文化为内核的价值体系,回归到以文化为使命的理性选择视域之中。可见,文化是大学理念合法化的中介与桥梁,转变理念首先要从文化根基上认识现代大学。

中国近代大学之所以成就辉煌,与五四运动掀起的新文化风潮息息相关。蔡元培等正是借文化转型之东风,破旧立新,在传统与现代、中学与西学的价值

冲突中坚持科学与民主的文化选择，在中国大学肌体中迅速注入现代文化元素，对各种学术思潮“兼收并蓄”。即使在民族危机的时代，社会仍在有识之士的坚持下，有选择地借鉴了符合教育规律的西方理性文化。在这种理性文化的渗透下，近代大学在重视学术研究的同时，也注重“间接”地发挥社会价值，强调对国家履行责任并非要直接参与政治，而是通过科学研究和人才培养来促进社会进步。梅贻琦在《大学一解》中说：“今日之大学教育，骤视之，若与明明德、新民之义不甚相干，然若加深察，则可知今日大学教育之种种措施，始未能超越此二义之范围。”①

然而，当“文化大学”被“市场大学”等所取代后，现代大学的合法性遭到严重质疑。究因原因，仍在于文化基因的影响。中国古代大学一直有着明道济世的理念，自产生之日起就被赋予承担国家意识形态的角色，全面承担着捍卫民族文化、服务国家建设和满足社会需求的历史责任，而现代大学理念中依然保有这种传统，在办学中始终有着强烈的社会责任感，把自己与国家、社会的需求与发展紧密结合。但对社会服务的片面强调，也将大学带入了价值混乱与迷惘，离自身追求学术真理的独立价值渐行渐远。就这个意义来讲，大学理念正是需要以多元文化为依托，发展主流文化，同时允许社会非主流文化的存在。只有在对立思潮的存在下才能形成和发展主流价值观，促进学术思潮的繁荣争鸣，保持大学自身的知识理性。

二、从人的意义上确立大学理念的价值基础

以人为本就是从普遍的人性出发来确立理念的形成基础，在世界及人类发展的大视野中去思考教育问题，这既是世界高等教育强国理念的共性特征，也是中国大学发展的重要经验。教育的最终理想，是使人的“潜能”得到充分展现，个性得到张扬，人格获得自由。大学教育的一切活动都要以满足人的需要为出发点，以人的个性发展和素质全面提高为本，以实现人的全面可持续发展为归宿。

大学理念现代化的过程就是社会价值观转型的过程，也是传统教育理念的消解和现代教育理念的生成过程。随着大学步入社会的轴心，教育的价值在很大程度上是通过满足社会需求而呈现出来的，大学自身的使命则游离于教育场域之外。从教育强国的大学史看，世界高等教育理念体系从来都不是单一的价值观在起作用，而是在社会需要的前提下，全面考虑到个体、文化和社会发展的

---

①　梅贻琦：《大学一解》，《清华学报》，1941 年 4 月第十三卷第 1 期。

需要，并向着以人文主义价值观为“轴心”、占主导的趋势发展，人文主义价值观是科技发达时代的主要价值取向，是现代高等教育的应有之义。

党的十六大以来，“以人为本”的科学发展观在很大程度上唤起了高等教育的人文觉醒，回应了世界高等教育人文主义价值观的复兴趋势。当前我国部分高校提倡的“科学教育与人文教育相结合”、“以生为本、人才第一”等教育理念正是对“以人为本”的现代阐释。大学教育应在满足社会发展需要的前提下，充分尊重人的主体价值，使高等教育在推动社会发展和个体自身发展间取得平衡。正如何清涟所言，“转型期的中国，比以往任何时候更需要人文精神。没有根植于人文精神这块沃土的人文关怀，人只会沦落为经济动物，丧失人所具有的一切生存意蕴。”①值得反思的是，当前，中国大学倡导“以人为本”的比比皆是，而能从根本上理解其实质意义，并主动践行的高校却是凤毛麟角，可以说，“人”在中国大学教育发展中的主体地位至今仍没有真正确立，“以人为本”还没有生根，“人的自由发展”不能得到应有的重视和保障，其根本原因在于教育信念的缺失。在现代高等学校的职能体系中，培养人才是现代高等学校的根本使命，把培养高素质人才作为一切工作的出发点和落脚点，从根基上认识大学教育中存在的问题，尊重大学教育的内在规律，从提高人才培养质量、重视人才的可持续发展入手，把“以人为本”贯穿到学校教育的全过程。

从宏观层面看，大学要“坚持一切为了人才，为了人才的一切，为了一切的人才”的理念，将聚才、用才和育才相结合，推进人才强校战略，从微观层面看，必须坚持以“以学生为中心”，挖掘学生的潜能，启迪学生的心灵；坚持通专结合、科学与人文教育相结合，提升学生人文素养；坚持在产学研结合中育人，倡导终身学习理念，在“服务学习”实践中构建大学的“创新链”。在现阶段，社会更应尊重大学教育的特殊性、自主性，真正从信念上确立“以人为本”，逐步消除种种不利于人才全面发展的因素，唯有如此，大学方能在知识经济、科技创新时代，充分发挥其日益重要的社会功能。

三、每所大学都应凝练独具特色的核心理念

每所成功的大学，都有自己标志性的核心理念与个性特色，那些行走在现代化前列的大学正是尊重规律、独辟蹊径、在合理定位的基础上形成了自己的核心理念，才开辟出自己独特的发展道路。从基本特征来看，先进的大学核心理念都带有明显的时代烙印，与国家在经济发展过程所处的历史阶段、高校所在地的客

---

① 何清涟：《现代化的陷阱——当代中国的经济社会问题》，今日中国出版社 1998 年版，第 375~378 页。

观实际和大学的办学目标密切结合，使核心理念能够伴随科学技术的新进展和国家经济建设的新需要，不断实现自我超越，始终保持国内同类大学的领先地位。如北京大学的“思想自由、兼容并蓄”、清华的“大学者，有大师之谓也”等核心理念都已成为学校的品牌标识。这些成功的大学在办学之初就明确：大学必须靠文化奠基础，靠定位找出路，靠理念求发展，靠特色求生存。

中国人民解放军军事工程学院（简称“哈军工”）作为新中国历史上第一所高等军事技术院校，在诞生之初就肩负着强军兴国的使命。陈赓院长在办学中始终强调人才培养的根本地位、本科教育的基础地位和教学的中心地位，提出了“善之本在教，教之本在师”的核心理念。这一理念回答了教育是干什么的、依靠谁完成这两个根本问题，明确了教育的目的在于育人，教师是办学的主体。根据这一核心理念，哈军工在办学过程中逐渐形成了“一中、二主、三严”的办学传统，使学校从 1953 年创建至 1970 年的短短 10 多年内，就一跃而成为名扬全国的著名学府，创造了中国乃至世界教育史上的一个奇迹。① 这一奇迹的产生固然与学校强有力的战略领导有关，但核心理念的形成和推动在其发展中起着基础性的作用。随着高等教育大众化的持续推进，我国大学生存竞争的环境更加激烈。在这种背景下，大学核心理念更能显示其强大的内在力量。地处山东省的临沂大学是我国新建的本科院校之一，学校较早就确立了为地方服务的办学定位，以此作为建立大学与政府互动联盟的基础，根据自身的办学特点，提出一切从社会需求、学生需要出发，建立大学与政府的互动同盟；整合各种资源，多体制办学；坚持规模扩大、学科拓展与质量提高并举，②通过“经营大学”的核心理念解开许多大学资金链的困扰。从他们的办学实践看，无论是不发达地区的地方大学或是新兴大学，只要充分利用一切有利条件，形成具有个性特色的核心理念，就能够在激烈的竞争中获得自己生存和发展的空间。

可见，大学成功最关键的是具有先进的核心理念、独特的大学精神和突出的社会功能。一所高校之所以卓越，背后隐含着对大学理念的独特理解与尝试，反映了大学存在的内在价值。当前，世界大学改革和发展正在步入一个新的历史阶段，高校文化建设得到了前所未有的重视，文化管理正在成为激发办学积极性、主动性和创造性的新型管理模式。在学校文化建设和文化管理模式构建的过程中，大学核心理念必将越来越显现出其基础性战略地位，在建设高等教育强国中居于核心地位。

---

① 刘献君：《高等学校战略管理》，人民出版社 2008 年版，第 142~143 页。

② 陈敏，文辅相：《整合大学内外资源，促进校地互动发展》，《高等教育研究》，2006 年第 11 期。

四、大学理念创新要有开放的心态与保存的精神

一所大学确立什么样的教育理念,应充分考虑国家在经济发展过程中所处的历史阶段对高校的要求,充分考虑高校的实际情况。只有将大学与社会具体情境有机地融合,才能促进大学与社会的良性互动,实现快速发展。事实上,大学从来没有真正成为与世隔绝的"象牙塔",总是或多或少地受其所处时代、社会的影响,因而创新教育理念需要开阔的视野,仅局限于学校的小天地是不够的。

国家的兴衰与大学的兴衰紧密相关。大学理念是社会结构各方力量博弈的结果,是偶发性与必然性的统一。高等教育强国中的大学正是抓住了社会结构整体变革的时代机遇,在文化转型与意识形态冲突过程中做出理性选择,形成与社会需求相契合的大学理念,才推动了教育整体变革。中国大学在一个多世纪的沧桑巨变中,随着社会对人才的要求发展出不同的形态与模式。历经百年的中国大学传统具有永恒的价值,只不过在现代社会,这种永恒价值需要我们有一种"文化自觉"精神使其"祛蔽"而"返魅"。可见,与时俱进、唯变所适是理念创新的根本路径。

先进大学理念和高等教育强国都是在社会变革的冲击下应运而生的,中国大学更要顺应时代步伐,在社会转型的关键时刻创新理念。对中国大学而言,眼下比任何改革都更要紧的则是对教育生态的保存精神,是以基因改造为主旨的与时俱进,以及立足实践而生长出的特色延续。诚然,大学理念需要不断地从各种社会思潮与观念中汲取营养,并因世界大学理念的走向或社会制度的变迁而变化,即使看来并不完全对应或同步,但我们当前所需关注的是提高理念的选择与判断能力,在批判的视野中实现先进思想的对话、整合与创新。而这一切,当以开放体系的心态和保存文化的精神予以考虑,提高对现代大学身份的认同性,在与时俱进中创新教育理念。

五、大学应成为教育理念创新的主体与源头

教育理念有其自身的发展逻辑,世界先进办学理念、大学传统、国家的高等教育政策及理念、大学教育实践等都是重要的影响因素,但它们的影响方向和力度是不同的,其中大学层面的教育实践是最为活跃的成分,是理念产生的内在动力,表现为二者的交互作用及相互转换;而国家教育政策及理念只能是大学理念产生的外在诱因,这是由大学教育的特殊性质和任务决定的。① 大学首先是一

个思考的社团，是相对独立、具有学术自由并且以知识生产和知识创新为基础的非营利社会组织，有责任承担社会的政治、经济、文化发展创新主体的使命，成为教育理念创新的源头。② 各级各类大学是发展高等教育的核心力量，通过大学理念创新，带动高等教育制度创新、体制创新与文化创新，最终推动人才创新，从而推动高等教育强国战略目标的实现。③ 学校层面的理念具有实践性和内生性优势，且能直接通过对人的“文化化”与“模塑”功能，影响社会观念的更新，具有标杆性指向功能，将先进的理念“渗透”到人的整体素质和社会发展的各个层面，将从更宽泛的意义上引领国家迈向强国之林。④ 在知识社会转型期，大学是社会知识生产与创新所依赖的主体力量，知识本身也就是受教育的人和他们的思想，成为我们通向繁荣的关键，因此，无论从个人或是社会角度看，实现未来中国大学的使命，需要独立地思考和积极地实践，掌握高等教育理念建构的话语权，成为理念创新的不竭之源。

任何大学的发展和成长固然由很多因素促成，但建设一所好的大学，形成先进的教育理念，关键在于有一批真正理解教育、尊重规律、能高屋建瓴地对大学基本问题作出理性判断，并能运用这些理念指导教育实践的大学校长。教育家办学就是按教育规律办学。从教育发展史来看，一所大学的奠基与经营必定和一位或数位名校长筚路蓝缕、苦心培植和开拓创新分不开。作为特殊管理角色的校长，他们的治校理念及个人魅力主导着大学的起伏。那些成就斐然的大学校长，又必定是成功的教育家，在长期的办学实践中形成了一套属于自己的、富有个性与创新因素的优秀的治校理念与风格，在影响国家高等教育理念的变革中功不可没。如清华的梅贻琦、浙大的竺可桢、上海交大的盛宣怀等，以及开拓创新、勇于探索的新时期管理者，他们在长期的办学实践中形成了一套属于自己的富有个性的治校理念与风格，以开放的心态、世界的眼光，勇于汲取先进科技和文化，又善于继承传统文化中之精华，探索出契合具体国情和办学实际的现代教育理念，对中国大学学术风气、人格教育、人才造就产生了深远的影响。

大学校长之所以能推动学校发展，是由各种因素促成的，既有社会环境的推动，也有个人素质的因素。一方面，社会变革的时代契机、自由竞争的文化、宽松的制度环境、合理的权力结构能为大学校长提供发展的动力、契机和保障。政府的有限管理是催生优秀大学校长的关键，只有国家层面充分尊重学术的独立自主性，赋予大学合理的自治权，使校长不受外来的羁绊和制衡，才能为自主创新教育理念提供良好的空间。另一方面，校长的素质和遴选机制能很大程度上影响大学理念和办学效果。在管理体制上一味采取“行政化”的原则和模式，必然使大学校长的行政角色凸现，教育家角色淡化，造成大学本性、精神、境界、风格的流失。总之，未来中国高等教育理念的创新必须依赖于理念执行主体和创造主体的观念更新，寄托于大学灵魂人物的创造性，也期待着一批真正懂教育、具有较高学术地位和人格魅力、具有战略眼光和国际视野的杰出校长和教育家来共同推动。

第六章　走向高等教育强国：发达国家高等教育理念的传承与创新

世界高等教育强国的形成与教育理念创新之间存在高度的相关性。在世界高等教育演进历程中，发达国家不仅在知识系统化过程中自发形成了奠基性的教育理念传统，而且这些理念传统被植入不同国家高等教育体系后，创造性地实现了文化转换，直接推动发达国家迈向高等教育强国，从历史与现实双重维度上深刻地影响着世界高等教育的思维模式与行为模式，为中国建设高等教育强国理念提供了框架性的历史元素和经验性的指导。

第一节　世界科教中心的转移与高等教育理念的创新①

最早关注世界科教中心转移现象的学者是美国科学社会学家 R.默顿。20 世纪 30 年代，默顿运用定量研究方法首次研究了科学中心转移现象。20 世纪 50 年代，英国科学家贝尔纳首次提出“科学活动中心”的概念，并描述了近代以来科学活动中心在世界范围内转移的情况。他认为，文艺复兴以来的科学发展有四个主要的进展期：第一个时期集中在意大利，第二个时期扩展到荷兰、法兰西、不列颠，第三个时期是工业革命时代的不列颠和大革命时代的巴黎，第四个时期是“现代科学革命期”。② 1962 年，日本科学史学者汤浅光朝系统提出世界科学中心转移学说。汤浅光朝按国别对 1501 年至 1950 年世界科学成果的增长

---

① 周光礼：《走向高等教育强国：发达国家教育理念的传承与创新》，《高等工程教育研究》，2010 年第 3 期。

② ［英］贝尔纳：《历史上的科学》，伍况甫等译，科学出版社 1959 年版，第 3～20 页。

情况进行了细致的计量分析。[①] 他认为,凡是重大科研成果数占同期全世界总数的百分比超过25%的国家,均可称为“科学活动中心”。而这一比例的保持时间,谓之“科学兴隆周期”。汤浅光朝发现,近代以来世界科学活动中心发生了五次转移:意大利(1540—1610年)、英国(1660—1730年)、法国(1770—1830年)、德国(1810—1920年)、美国(1920—现在)。每一个国家的科学兴盛期为80年左右。[②] 1974年我国学者赵红洲也发现了科学活动中心转移现象。他认为各国科学中心转移的顺序依次为意大利(1540—1620年)、英国(1660—1750年)、法国(1760—1840年)、德国(1840—1910年)、美国(1920年至今)。世界科学活动中心的转移周期为80年左右,科学活动中心的峰值依次为:1620年—1710年—1790年—1870年—1950年。[③]

1971年,美国学者本·戴维首次探讨了世界高等教育中心的转移现象。[④] 在《学术中心的转移:不列颠、法兰西、德国、美国》一书中,本·戴维提出,寻求先进知识(学问)的研究者和学生,是跟着成为“中心”的国家的大学转移的。不仅如此,他们回国以后,还将自己曾经学习过的大学理想化,并以之为模式来改造落后的本国大学。本·戴维的研究暗示,科学活动中心转移与高等教育中心转移之间存在着内在的关联。一般来说,一个国家成为高等教育中心与科学活动中心的时间大致是重叠的。一个国家高等教育兴隆周期越长,科技兴隆的周期也越长。意大利成为世界科学中心源于中世纪大学的勃兴。14世纪末,欧洲有大学60多所,意大利有18所,是中世纪大学最多的地方。由于拥有博洛尼亚大学、帕多瓦大学等欧洲最负盛名的大学,意大利成为欧洲各国学者和青年学生心仪的圣地,智者云集、精英荟萃、学术昌隆,一时蔚为大观,为意大利成为世界科学活动中心奠定了基础。英国成为世界科学活动中心的时期是大学“冰河期”,在这一时期,大学因散漫、保守、排斥改革而衰落,其功能为大学之外的新型高等教育机构所取代。1662年,英国成立了皇家学会,建立制度化的科学共同体。作为学术组织,皇家学会主要功能有二:第一,吸收本国有成就的科学家成为学会会员,为科学家之间的合作和共同攻关提供平台;第二,出版学术期刊,为会员发表研究成果提供阵地。法国成为世界科学活动中心与国家教育体制建立以及新型学术机构的产生有关。18世纪大革命爆发后,法国建立了世俗化的、统一的国家教育体制,成立了法兰西科学院,产生了一批专职的科学家;创办

---

① [日]汤浅光朝:《解说科学文化史年表》,张利华译,科学普及出版社1984年版。

② 李铁林:《世界科学中心的转移与一流大学的崛起》,湖南师范大学博士论文,2009年5月。

③ 赵红州:《科学能力学引论》,科学出版社1984年版,第267页。

④ [美]约瑟夫·本·戴维:《科学家在社会中的角色》,赵佳苓译,四川人民出版社1988年版,第147~148页。

了欧洲最早的一批技术专科学校,培养了一批卓越的科学家和工程师,使法国在科学领域超过英国,成为近代以来第三个世界科学活动中心。德国成为近代科学活动中心得益于德国大学的教育改革。1810 年,洪堡参照法国科学教育制度创立了柏林大学,开创了近代大学的先河。洪堡提出了教学与科研相统一的办学理念,要求柏林大学的教授具有较高的学术水平,在科学研究中做出创造性的贡献;要求学生掌握科学原理,提高思考能力和从事创造性的科学研究。为此,柏林大学强调建立以学术自由为核心的大学制度,创建教学科研结合的制度化组织——实验室,采用全新的教学方式:习明纳(Seminar)。在此背景下,德国大学为本国培养了一大批一流学者,还吸引了世界最优秀的学者和学生。到 1875 年前后,世界科学活动中心已由法国转移到德国。美国成为世界科学活动中心与美国研究型大学的兴起以及将大学科技成果服务社会的理念密切相关。美国通过一套独具特色的高等教育制度,促进了一批高水平大学的发展,从而推动科学技术水平的不断提高。1876 年,美国吸收英国大学的教育理念和德国大学的学术精神,创办了世界第一所研究型大学:约翰·霍普金斯大学。霍普金斯大学重视科学研究,创立了研究生院,大力发展研究生教育。科学研究的进入使美国研究型大学的教育水平大大提高,培养了大量具有很高科研素养和创新能力的人才。美国研究型大学吸引了世界一流的学者和优秀学生,逐步确立了世界高等教育中心的地位,进而使美国取代德国成为世界科学活动中心。

总之,世界高等教育中心的转移与世界科学活动中心转移高度相关。一个国家成为高等教育强国的标志是拥有一批享有世界声誉的一流大学,而一流大学往往与一流的科学研究成果联系在一起,因而一流大学也日益成为世界科学活动中心的标志。历史证明,拥有众多一流大学与先进高等教育理念成为一个国家产生强大世界影响力的核心要素之一。因此,系统梳理发达国家的教育理念将为我国建设高等教育强国提供有益的启示与借鉴。

第二节　世界两大高等教育强国体系:罗马传统与盎格鲁-撒克逊传统[①]

现代高等教育系统划分的依据是政府与大学之间的权力关系。世界高等教

---

① 周光礼:《走向高等教育强国:发达国家教育理念的传承与创新》,《高等工程教育研究》,2010 年第 3 期。

育强国分属两大高等教育体系:罗马传统的高等教育体系与盎格鲁-撒克逊传统的高等教育体系。前者是国家控制的一元结构,即高等教育系统的所有单位是一个大一统的正规结构的组成部分,它们具有共同的目标,由中央统一进行决策。后者是"社会选择"的多元结构,在这样的结构中,高等教育系统没有统一的目标,由各自治组织独立地进行决策。① 这两大高等教育体系均源于中世纪的大学。

一、罗马传统的高等教育体系:专业教育理念的传承与创新

(一) 罗马传统的高等教育体系的特点

作为一个国际性的职业共同体,中世纪大学由教权、王权、城市自治权构成的超级权力体所控制。随着宗教势力的衰落和城市共和国的内讧,14 世纪意大利出现了从自由城市过渡到地方性君主国的趋势。16 世纪地方性君主国时代来临,②大学开始由一个国际性组织演变为一个区域性组织,大学的外部权力结构开始发生变化。1630 年,瑞典国王在大学中创立了第一个政府与政治科学讲座,这是民族国家介入大学和学术比较早的一个实例。自此之后,国家开始定义知识的类型(什么知识是有用的),为大学设置办学目标(培养为国家服务的人才)。瑞典国王确立的大学服务民族国家的传统,1723 年传入普鲁士,1729 年传入皮埃蒙特,1774 年传入奥地利,1789 年传入俄罗斯。③ 1794 年法国创办了巴黎综合理工学院(Ecole Polytechnique),正式将工程技术教育置于高等教育系统的核心地位,确立了大学服务政府需要的理念。1810 年,洪堡改造柏林大学,开启了现代大学模式:教学与科研相结合,确立了大学公共服务机构的地位。19 世纪后,大学与政府的关系日趋紧密,政府控制大学的模式为法律所确认,罗马传统的高等教育体系最终形成。

罗马传统的高等教育体系基于这样一种逻辑:高等教育权是国家主权的重要组成部分,对领土的统治权是政府拥有创办大学权力和管理大学权力的法理基础。罗马传统的高等教育体系具有三个主要特点。第一,高等教育归属于国家体制。在这种体系下,所有的大学都处于政府当局的领导下,大学的经费几乎

---

① [美]伯顿·R.克拉克:《高等教育系统——学术组织的跨国研究》,王承绪等译,杭州大学出版社 1994 年版,第 154 页。

② 褚宏启:《走出中世纪:文艺复兴时代的教育情怀》,北京师范大学出版社 2000 年版,第 106~107 页。

③ Neave, Guy. *The European Dimension in Higher Education: An Extension into the Modern Use of Analogues*// Jeroen Huisman, Peter Maassen, Guy Neave (eds.). Higher Education and the Nation State: The International Dimension of Higher Education. Pergamon, 2001: 13-75.

全部来自政府拨款。第二,政治系统与教育系统不分,大学一般不具有法人地位。教师一般具有公务员身份,政府拥有大学人事方面的特殊权力,使国家有可能对高等教育进行具体的监督和管理。第三,教育奉行国家主义的价值观。在培养目标上,强调培养人力的"成才"教育,忽视养成健全人格的"成人"教育。国家对大学课程的控制程度很深,大学被视为致力于国家福利事业的事业单位,以尽量满足公共事业和企业的专业需求为己任。罗马传统高等教育体系的代表性国家有意大利、瑞典、法国、德国、俄罗斯、日本。这些国家在走向高等教育强国的过程中,传承与创新了专业教育的理念。

(二)专业教育理念的形成与发展

专业教育理念是罗马传统高等教育体系对世界高等教育的杰出贡献。中世纪的大学由文学、医学、神学、法学等专业学部构成,在某种程度上可视为培养教师、医师、律师、神职人员、国家官员的专业教育,但是从教育理念上进行阐明是16世纪以后的事情。16世纪,随着工业、农业和商业的快速发展,地方政府要求大学培养世俗官员等实用人才。16世纪20年代,马丁·路德在德国发起宗教改革运动后,在基督教新教内部产生了一种新的教育观:教育的功能应该是培养合格的公民,大学应该为学生提供一些世俗的训练,"旨在提供给他一些派得上用场的知识,能够使他在条件有利的时候,承担日后将会选择的职业。"①处于新教中心的德意志诸邦进一步认为,科学教育所扮演的角色将会越来越重要,各门科学知识都将无一例外地得到教授。正如17世纪德国思想家莱布尼茨所宣称的,德国文化的特性之一,就是对于现实世界的偏好:"处理现实的学问几乎无一例外地肇始于德国。"②一百年后,这种教育理念传入法国。在它的引导下,18世纪中期德国、法国、俄罗斯等地创立了第一批实科学校。1794年11月28日,法国通过法律决定建立一所新型的为公共工程服务的大学,这就是著名的巴黎综合理工学院。这所大学的创办不仅为世界高等教育提供了一种专业性大学的模式,而且实现了专业教育与精英教育的有机结合。从此,按专业实施教育成为了现代高等教育的基本特征之一,专业教育理念在高等教育中的合法地位得以确立。

专业教育是一个宽泛的概念,它包括综合性的学术教育、单科性的专业教育和职业教育。专业教育的不同表现形式与社会需求密切相关。正是社会需求对专业教育理念的形成与发展产生了决定性的影响。专业教育中的"专业"包括两层意思:一是专门的学业,二是专门的职业。专门学业的教育源于学科的高度

---

① [法]爱弥儿·涂尔干:《教育思想的演进》,李康译,上海人民出版社2003年版,第396页。
② [法]爱弥儿·涂尔干:《教育思想的演进》,李康译,上海人民出版社2003年版,第401页。

分化,专门职业的教育源于社会分工的细化。前者的合法性基础是高深学问,后者的合法性基础是社会需求。正因为如此,现代大学专业设置的依据不但包括学科自身的逻辑,也包括社会需求的逻辑。这两种逻辑之间存在着千丝万缕的联系。如果说,应用型专业必须直接面向社会需求,那么,其他类型的专业也或多或少、或近或远、或间接或直接地与社会需求相关。归根到底,社会需求是一切专业和专业教育的发展之源。事实上,现代大学存在的一个重要理由是社会对专业人才的需要,正是为了满足社会需要,高等教育才实施专业教育。专业教育随着法国高等教育的崛起获得了巨大成功,至今仍然是世界高等教育的主导模式。专业教育通过大学制度的通道实现了体制化,当今世界有单科性的专业大学,在大学中有专业性学院,在专业学院中有专门的系科,专门的系科管理专业的发展。高度分化的专业教育不仅出现在职业性学科,而且出现在学术性学科。专业教育既可以是职业性的,也可以是学术性的。因应社会需求的变化,在专业教育理念的基础上,产生了职业教育理念和学术教育理念。

职业教育理念与专业教育理念密切相关,它是中世纪大学留给现代大学的宝贵遗产,罗马传统的高等教育体系将其发扬光大。中世纪大学的主要职能是培养法律、神学、医学等专门职业人才,实质上是一种职业教育。但是13世纪以后,主宰大学文化的是一种形式主义的逻辑训练,教育的目标不在于教给学生实际知识,而在于培养一些纯属形式性的技能,要么是论辩的技艺,要么是自我表达的技艺。① 这与早期基督教给大学建构的知识标准有关,依照他们的标准,只有宗教的、道德的、思想的活动,才构成本质意义上的人的活动。教育的最高宗旨就是培养学生身上原本包含的人性的种子。② 传授谋生手段的知识被认为是大学的世俗功能,属于较低的等级。就这样,职业教育逐步被排除在大学模式之外。16世纪宗教改革后,人们开始感觉到,需要在迄今为止提供给学生的那种纯粹精神训练之外再补充些东西,再加上一种世俗训练,以便更好地让他们为现实生活做准备。夸美纽斯系统地阐述了这一原则,如其所言,“教育人民牢记自己的精神生活固然是很重要的,但是,也决不能丧失对世俗生活和公民生活的关注。”“教育的所有内容,都必须对此生乃至来世具有真正的用途。”“只有那些易于指明用途的东西才能教给学生。”③随着近代工商业的发展,社会对实用人才的需求越来越大。在这种社会背景下,18世纪初在德国出现一种高于国民学校、排除古典倾向、注重实用知识的新型学校——实科学校,这是职业教育的萌

---

① [法]爱弥儿·涂尔干:《教育思想的演进》,李康译,上海人民出版社2003年版,第390页。
② [法]爱弥儿·涂尔干:《教育思想的演进》,李康译,上海人民出版社2003年版,第393页。
③ [捷]夸美纽斯:《大教学论》,傅任敢译,人民教育出版社1957年版,第113页。

芽。19世纪,在大机器生产的驱动下,德国形成了“双元制”的职业教育模式,即学生在企业接受培训的同时,又在职业学校接受义务教育。第一个把职业教育理念引入高等教育系统的当属法国。随着法国大革命的到来,新兴的资产阶级取得了全面胜利,对高等职业人才提出了迫切的要求,而原有的大学不能满足这种需要。在这种背景下,从18世纪中叶开始陆续出现了几所旨在为新兴工业部门培养专门技术人才的新型高等专业学院,如路桥学院(建于1747年)、造船学院(建于1765年)、矿业学院(建于1783年)等。这种新型高等专业学院被称为“大学校”,主要从事高等职业技术教育。自此之后,高等职业教育理念开始流入欧美诸国,不但对传统精英大学中的自由教育理念形成挑战,而且对现代学术教育形成强大冲击。因为这种教育理念强调大学为学生将来的职业做准备,大学的中心任务在于使学生获得良好的职业技能。第二次世界大战后,随着高等教育的大众化,高等教育呈现出职业化的趋势,培养人力的职业教育在高等教育领域最终取得了全面的合法性。

专业教育理念的另一个发展方向就是学术教育理念。在高等教育历史上,学术教育源于19世纪初洪堡创办的柏林大学。如果说中世纪大学早期是一个职业教育者的联盟,文艺复兴后的中世纪大学是一个人文学者的团体,那么洪堡之后的近代大学就是一个科学家的共同体。① 如上所述,早期中世纪大学实质上是为学生提供职业资格的一种职业教育。“中世纪大学在很大程度上是职业性学校。它们训练学生掌握一定的知识,为以后从事法律、医学、教学这些世俗专业或献身教会工作所用。”②早期中世纪大学是单科性的,萨莱诺大学是一个单科性医学院,博洛尼亚大学是一个单科性的法学院。直到巴黎大学出现,才正式确立了以文学院、法学院、医学院、神学院为基本构架的综合性大学。其中,文学院是基础学院,提供“自由七艺”为核心的人文主义教育,这一传统后来为盎格鲁-撒克逊传统的高等教育体系发扬光大;法学院、医学院、神学院则是传授专门职业知识的学院。1810年,洪堡以教学与科研相统一的理念改造柏林大学,奠定了学术教育在大学中的地位。此时的学术教育实质上是一种学术性的专业教育,这是对传统职业性的专业教育的一个重大突破。因为这种专业教育将学生的培养与科研训练紧密结合,科研既是教育学生的一种手段也是整个教育的目的,大学教育的目的是培养学者而不是教师。在19世纪以前,科学研究不属于大学的职能,大学的功能仅限于保存和传播已有的自由知识。柏林大学

---

① 王建华:《高等教育的理想类型》,《高等教育研究》,2010年第1期。

② [美]伯顿·R.克拉克:《高等教育系统——学术组织的跨国研究》,王承绪等译,杭州大学出版社1994年版,第20页。

确立了科学研究在大学的重要地位，并将科学研究与教学在人才培养过程中结合起来。洪堡认为，大学的首要任务是追求真理，科学研究应该与教学相结合，因为科学研究具有培养人的功能。① 为了实现科学研究与教学的结合，柏林大学创造出一种新的教学方式：习明纳（Seminar）。习明纳教学法是一种研讨式的教学方法，其核心思想是：围绕学生感兴趣的问题组织教学，让学生单独或者以小组的形式进行研究，获得解决问题的途径，然后写成研究报告，由学生做主题发言，组织学生小组讨论。这种旨在培养学者或者科学家的学术教育取得了巨大成功，使得以柏林大学为代表的德国大学成为世界大学的楷模。19 世纪后，德国大学的学术教育理念传到美国，直接促使约翰·霍普金斯大学的建立，并由此开创了现代研究型大学的新范式。

由于过于关注学科分化和社会职业需要，专业教育忽视整体人格培养的弊端日益凸显。专业教育的极致是苏联斯大林时代"对口式"专业教育，这种教育理念给高等教育带来了一系列的问题，其中最主要的是它破坏了高等教育的统一性和整体性，培养了精神贫乏的"单向度的人"。尤其是职业主义理念的张扬导致大学教育过于职业化，越来越多的大学面临沦为职业培训机构的危险。正如赫钦斯所说的，"职业主义使大学逐渐走向职业化，从而使大学对真理的追求逐渐被为生活做准备所取代。这造成了高等教育的极大困惑。"②

二、盎格鲁-撒克逊传统的高等教育体系：自由教育理念的传承与创新

（一）盎格鲁-撒克逊传统的高等教育体系的特点

盎格鲁-撒克逊传统的高等教育体系起源于中世纪巴黎大学的文学院。自巴黎大学确立了文学院、医学院、法学院、神学院四院制模式以后，以培养绅士为主的文学院与以培养医师、律师、牧师为主的职业学院之间便存在一种潜在的冲突。根据巴黎大学的模式，文学院传授的"自由七艺"是进入高等职业学院接受专门教育的基础。由于职业学院是为社会培养专门人才而设的，因此职业学院从一开始便受到政府的特别关注。随着民族国家的兴起，职业学院便为政府所控制，而文学院仍由学者自己控制，实行学术自治。这种模式在 12 世纪末 13 世纪初传入英国，起初牛津大学以及剑桥大学模仿巴黎大学的内部结构划分学部，但是很快文学部便在四部中处于核心地位，法学部、医学部、神学部等专业性学

---

① ［德］鲍尔生：《德国教育史》，滕大春，滕大生译，人民教育出版社 1985 年版。

② 单中惠，杨汉麟：《西方教育学名著提要》，江西人民出版社 2000 年版，第 432 页。

部日益边缘化,自由教育一枝独秀。15世纪后,英国大学寄宿制学院的地位日益凸显,由此产生了著名的学院制。师生在共同的寄宿生活中保持密切的接触,又产生了导师制。学院制与导师制后来形成了英国所特有的大学概念:大学是一个以道德教育为主要任务的团体。“随着学院制组织的产生,相应地出现了使命方面的变化:即学院的使命从专业训练转移到道德教育,通过建立师生间的密切关系培养国教派的贵族和绅士美德。牛桥学院的这种使命与欧洲大陆普通教育机构的文学部或哲学部的使命相似,但是在欧洲大陆,这些学部至少在18世纪前只是从属于各个专业学部的预备阶段教育,而在同一时期,牛桥的专业学部却萎缩了。”①到18世纪,牛津大学和剑桥大学的专业教育进一步衰退,完全变成了非职业性的上流社会俱乐部,几乎完全与英国的艺术界和科技界分道扬镳。校外人士控制了大学,学术自治处于休眠状态,英国大学进入了“冰河期”。直到19世纪,随着校外影响的衰落,学者影响兴起,学术自治传统才得到了恢复,并产生了新的大学治理结构。这一治理结构最初在伦敦大学学院成型,其标志是该校于1832年建立了一个评议会。② 盎格鲁-撒克逊传统高等教育体系标准的两院制治理结构则产生于19世纪末。“然而真正的里程碑是1870年曼彻斯特欧文斯学院创立的一个实质上由校外人士和本校学者共同参与管理的现代模式,该模式后来很快成为英国的一种典范。”③这种治理模式后来成为北美和其他英联邦大学的标准模式。

盎格鲁-撒克逊传统的高等教育体系基于这样一种逻辑:在高等教育中没有整合一切的统一目标,只有个人的目标和地域性的目标。由于国家只是地方社区的综合,因此高等教育体系应该是非政府型、非控制型的。盎格鲁-撒克逊传统的高等教育体系具有三个主要特点。第一,高等教育系统的结合是松散的。从根本上说,高等院校处于一种市场体制之下。“它更多的是一种社会选择,是根源于各自治院校间竞争的相互作用和自愿模仿的结果。”④第二,政治系统与教育系统分离,大学一般都具有法人地位。人们普遍认同大学自治和学术自由价值观的理念。“由于特定传统的尊重院校自治和个人的学术自由,政府‘羞

---

① [加]约翰·范德格拉夫:《学术权力——七国高等教育管理体制比较》,王承绪等译,浙江教育出版社2006年版,第83~84页。

② [加]约翰·范德格拉夫:《学术权力——七国高等教育管理体制比较》,王承绪等译,浙江教育出版社2006年版,第87页。

③ [加]约翰·范德格拉夫:《学术权力——七国高等教育管理体制比较》,王承绪等译,浙江教育出版社2006年版,第87页。

④ [美]伯顿·R.克拉克:《高等教育系统——学术组织的跨国研究》,王承绪等译,杭州大学出版社1994年版,第155页。

于'提出国家的目标。"①然而,社会通过市场机制对大学提出了自己的需求,因此,大学十分重视学术研究和应用推广。第三,人文主义的绅士教育受到重视。在培养目标上,以养成健全人格的"成人"教育为主,以培养人力的"成才"教育为辅。尽管大学理念不断创新,但英美古老的自由教育模式一直是盎格鲁-撒克逊传统的高等教育体系的核心价值观。"由于英国大学一直重视道德教育,因此职业训练往往只在大学使命观中占次要地位,……虽然高水平的技术教育在大学中已占有一席之地,但是这些大学的首要使命仍然是进行绅士教育。"②盎格鲁-撒克逊传统高等教育体系的代表性国家有英国、美国、澳大利亚、加拿大、新西兰。这些国家对世界高等教育的最大贡献便是传承与创新了自由教育的理念。

(二)自由教育理念的形成与发展

作为一种以理智培养为目的的教育,自由教育源自古希腊。在古希腊,自由教育是少数"自由人"的特权。这种等级性的教育得到了"身心二元说"的强力支撑:上层社会控制下层社会就如头脑控制身体。因此,最适合上层社会的教育自然是理性教育。"智力能得到高度发展的人在人口中只占很小比例,因为正如亚里士多德指出的,理智教育包括抽象与概括这些无疑构成学习中最困难部分的思维功能。"③文艺复兴之后,中世纪大学文学院中的自由教育逐渐演变为大学的人文主义教育,对近代盎格鲁-撒克逊传统的高等教育体系产生深远的影响。近代自由教育的思想集中反映在19世纪英国红衣主教纽曼的《大学的理想》一书中。纽曼十分重视自由教育的理性内容,如其所言,"自由教育本身仅仅是发展理智,他的目标就是获得杰出的理智。"④纽曼进一步断言,理智的行动等同于理论的思考,因为理论的思考扩大了人的想象中的行动范围。由此,纽曼得出了理论教育是自由教育核心的结论。自由教育具有内在理智特征的理念在盎格鲁-撒克逊传统的国家得到了进一步的阐发。美国学者安德逊认为,自由教育就是要过一种理性的生活,理性的生活可以被说成是观察和沉思的生活。美国学者布鲁贝克进一步认为,没有哪一类人类活动比这种理性生活更接近亚里士多德所谓"神的活动"。⑤

---

① [美]伯顿·R.克拉克:《高等教育系统——学术组织的跨国研究》,王承绪等译,杭州大学出版社1994年版,第160页。

② [加]约翰·范德格拉夫:《学术权力——七国高等教育管理体制比较》,王承绪等译,浙江教育出版社2006年版,第88页。

③ [美]约翰·S.布鲁贝克:《高等教育哲学》,王承绪等译,浙江教育出版社2002年版,第76页。

④ [美]约翰·S.布鲁贝克:《高等教育哲学》,王承绪等译,浙江教育出版社2002年版,第76页。

⑤ [美]约翰·S.布鲁贝克:《高等教育哲学》,王承绪等译,浙江教育出版社2002年版,第76~77页。

自由教育在20世纪被建基于永恒人性的基础上。柏拉图有一个经典假设,即人性本质上是理性的,因此,自由教育的目标,对于一切人在任何时间和地方,都是相同的。自由教育就是要抽绎出无时无地不相同的共同人性。“教育一个人使他适应某种特殊环境,这种观念是与自由教育的真正思想格格不入的。”[①]美国学者赫钦斯进一步认为,这种自由教育只可能存在于“名著”中,名著之所以伟大是因为它们对任何时代都是有意义的。[②] 顺着这一思路,人们很自然地得出,在课程中存在一些永恒的自由学科。古希腊的“七艺”中分为“三艺”(文法、修辞、逻辑)“四科”(算术、几何、天文、音乐),其中,“三艺”历经千年几乎不变,体现很强的稳定性,这说明人的理性在各个历史时代都是相同的。因此,“三艺”作为自由学科,在现代和古代一样,应该成为课程的基础。由于数学越来越被看做逻辑的近亲和科学的语言,因此应该从“四科”转入“三艺”。“经过这样重组的‘三艺’将成为典型的智力学科。因为这些学科明显是一种永恒学问,因为它们本质上是自由的。”[③]如果高等教育要深深地扎根于自由学科,就应该思考什么知识最有价值的问题。价值标准只能是教材中包含理智内容的比例,一些学科比另外一些学科有更多的理智成分,也就更有价值。经典包含的理智成分最多,因此学习经典名著是最有效的自由教育。自由教育不但强调自由学科,而且强调学习自由学科的动机。自由教育强调为知识而知识,强调自由教育本身就是有价值的。带有强烈功利目的的学习与自由教育无关。“求知是一种具有自身合理性的活动,因此,知识本身就是一种报答。”[④]知识具有如此“无可否认的益处,以至于它足以补偿在探索中付出的大量艰苦的思考和所遇到的大量困难”[⑤]。

作为一种古老的人文主义教育传统,自由教育理念在现代科学兴起之时遇到了严重挑战。工业革命引发了社会对自然科学和实用学科的强大需求,为了满足社会对科学的普遍兴趣,近代自然科学开始进入英国大学课堂,大学课程开始世俗化。培根提出“知识就是力量”的口号昭示科学脱离哲学取得了独立地位。在这种背景下,英国的斯宾塞对“什么知识最有价值”提出了另一种回答。“最重要的知识是科学”,“有最大价值的知识是科学”,“为了智慧、道德、宗教训

---

① [美]约翰·S.布鲁贝克:《高等教育哲学》,王承绪等译,浙江教育出版社2002年版,第77页。

② Robert M. *Hutchins The Great Conversation: The Substance of a Liberal Education*.Chicago:Encyclopedia Britannica, Inc.1952: 42 .

③ [美]约翰·S.布鲁贝克:《高等教育哲学》,王承绪等译,浙江教育出版社2002年版,第78页。

④ [美]约翰·S.布鲁贝克:《高等教育哲学》,王承绪等译,浙江教育出版社2002年版,第79页。

⑤ [美]约翰·S.布鲁贝克:《高等教育哲学》,王承绪等译,浙江教育出版社2002年版,第27页。

练的目的,最有效的学习还是科学。"①科学与技术进入大学,自由学科、自由教育统治盎格鲁-撒克逊大学的根基开始动摇。在这种背景下,纽曼对自由教育进行了重新解释。他认为,自由教育不是漠视社会的现实需求,而是从培养人的理智的高度去回应社会的需求。然而,在社会对专业教育的功利需求日趋强大的时代,纽曼对古典自由教育理念的辩解显得苍白无力。自由教育理念要维持自己的合法性,必须部分吸收专业教育理念。通识教育便是自由教育与专业教育和解的产物。

通识教育理念是美国高等教育对世界的贡献。通识教育理念是在对专业教育、职业教育批评的基础上形成的。20世纪初,为了适应社会经济的快速发展,美国高等教育中盛行职业主义的理念,培养理智的自由教育在现代大学中日渐式微。为了弥补专业教育与职业主义的偏窄,通识教育作为自由教育的替代物被提出来。通识教育理念集中反映在赫钦斯的《美国高等教育》一书中。作为永恒主义教育的代表,赫钦斯对美国高等教育中的职业主义进行了严厉的批判。他认为职业主义给大学带来诸多不良后果,第一,职业主义导致大学课程的庞杂和混乱;第二,由于职业主义观念主导下的课程设置仅局限于那些与经验、传统或国家考试有关的学科,致使课程的智力含量降低,经验比重上升,这无助于大学知识的积累和创新;第三,职业主义剥夺了大学存在的合理性依据,职业主义通过功利或结果的压力剥夺了大学为自由追求真理提供场所的借口。② 赫钦斯认为,通识教育是一种人人都应该接受的教育,是属于所有人的教育,这种教育对每一个人都有有用性。通识教育对大学具有特别重要的意义。第一,通识教育是大学的本质特征之一,是大学合法存在的基础,没有通识教育就不能称其为大学。"这是由于通识教育能为大学各专业、各系科的人提供共同的根本观念,使不同专业和部类之间具有交流的基础,只有这样才真正把大学连结成一个有机整体,否则大学只是不同部类的松散集合,难以发挥出大学自身的功用。"③第二,通识教育可以为学生的进一步学习作准备,有助于学生日后更好地理解这个世界,同时,有助于学生形成审美标准和批判准则,养成对社会现象进行批判性思考的智力美德。智力美德是一种通过智力培养而形成的追求真理的习惯,有助于智力美德养成的教育是最有用的教育形式。④ 通识教育的核心内容是永恒学习,这种学习能抽绎出人性中的共同要素,能实现人与人之间的联系,能将学

---

① 胡毅,王承绪:《斯宾塞教育论著选》,人民教育出版社1997年版,第91页。

② 单中惠,杨汉麟:《西方教育学名著提要》,江西人民出版社2000年版,第432~433页。

③ 单中惠,杨汉麟:《西方教育学名著提要》,江西人民出版社2000年版,第434页。

④ 单中惠,杨汉麟:《西方教育学名著提要》,江西人民出版社2000年版,第435页。

生与人类文明的精华联系在一起。可见,通识教育源于自由教育,但通识教育不同于自由教育。如果说自由教育重在对人理智的培养,通识教育则意在强调高等教育知识的融会贯通;如果说自由教育与专业教育(职业教育)是相互排斥的,通识教育与专业教育(职业教育)则是相互融合的。由于通识教育旨在克服大学学术上的分裂和专业化,扩大学生视野,因此,在大学中设置综合核心课程就成为加强通识教育的现实可行的方案。美国学者博耶明确提出,"通识教育的使命是要使一个学科的有关内容涉及另外一个学科。学科之间的桥梁必须建立起来,而通识教育的核心计划最终应被看做是课程与生活的密切联系。"①博耶认为,"综合核心课程"是通识教育的实现方案,这种课程本身关心的是那些人类所共有的普通经验以及共同活动,没有这些活动,人类之间的关系将受损害,生活也会黯然失色。"我们所说的综合核心课程是指这样一种通识教育计划,它不仅向学生介绍最基本的知识,而且也让学生知道各个学科之间的联系,以及这些知识在学校以外生活中的应用。"②博耶认为语言、艺术、渊源、制度、自然、工作、认同等七个领域能够使课程计划与人类共同经验联系起来,这七个领域组成了大学综合核心课程,这就是通识教育的学术框架。这些综合核心课程是任何专门教育的有益补充。当学生的学习从深度向广度发展,带着关于人生的价值和意义的问题进入专门学习领域时,通识教育的综合知识会对主科的学习有促进作用。"一个以适当的方式设计的学士学位计划中,通识教育与专业教育应该是紧密结合在一起的。"③

自由教育理念的另一个创新表现在与学术教育理念的和解。英国古典自由教育理念强调大学的主要目的是教学,而不是研究。正如纽曼在《大学的理想》中所言,"我对大学采取了下述看法——它是一个传授所有知识的场所,这意味着,一方面,大学的目的是理智的而非道德的;另一方面,它是以传播和推广知识而非增扩知识为目的。""如果大学的目的是进行科学和哲学的发现,我不明白为什么一所大学要有学生。"④美国学者则认为自由教育理念与学术教育理念有共同的哲学基础:认识论的高等教育哲学。正是在这一基础上,盎格鲁-撒克逊传统的高等教育体系建立了自己的学术教育理念。在美国殖民地时期,从英国

---

① [美]欧内斯特·博耶:《美国大学教育——现状·经验·问题》,复旦大学高等教育研究所译,复旦大学出版社1988年版,第106页。

② [美]欧内斯特·博耶:《美国大学教育——现状·经验·问题》,复旦大学高等教育研究所译,复旦大学出版社1988年版,第106页。

③ [美]欧内斯特·博耶:《美国大学教育——现状·经验·问题》,复旦大学高等教育研究所译,复旦大学出版社1988年版,第117页。

④ John Henry Newman. *The Idea of a University*. University of Nofre Dame Press, 1982: 80.

传入的学院在美国提供高等教育,但是与欧洲大陆的学院相比,这些英国式的学院仅相当于德国的文科中学、法国的国立中学。此时主导美国高等教育的是英式自由教育的模式。直到 19 世纪中期后,德国大学的学术教育理念传入了美国,诞生了一些德国模式的新大学,最早的是 1876 年创办的约翰·霍普金斯大学。这种新的大学模式以研究生教育为重点,以科学研究与人才训练相结合为主要职能。由于研究成果在彰显大学的独立性方面越来越重要,高等教育开始主要以认识论哲学作为合法存在的根据。"探讨深奥的实际知识是学术事业不证自明的目的。""大学之所以存在不在于传授给学生知识,也不在于提供给教师研究机会,而在于在'富于想象'地探讨学问中把年轻人和老一辈联合起来。由积极的想象所产生的激动气氛转化了知识。"①学术教育的目的也是培养人的理性、理智和心灵,正是在这一点上,自由教育理念与学术教育理念有了沟通的可能性。

虽然美国的学术教育源自德国,但是不同于德国的学术教育。随着研究生教育的制度化(研究生院),在美国逐渐产生了一种不同于德国的学术教育模式:研究型大学。与德国学术教育重心放在在本科生上不同,美国学术教育以博士学位教育为中心。这种研究型大学把其合法性基础建立在高深学问的基础之上,把对新知识的探究取代对普遍知识和自由知识的传播。研究型大学对科研高度重视,以博士研究生教育为主体的学术教育成为了整个高等教育的核心,以至于大学的本科教学日渐边缘化,教学与科研的矛盾不断加深。在此背景下,引发了人们对高等教育理想的激烈争论。美国学者奥尔特加明确提出,大学应该排除科研活动,集中进行自由教育和专业教育。② 然而,更多的人却认为科学研究是大学合法的职能,教学和科研能够在一个校园中共存。随着研究型大学在生产学术知识中的优势越来越明显,学术教育日渐取得了主导地位。"由于一流大学的示范效应,当前对于学术教育的重视已不局限在研究型大学,通过规范化和模仿等机制的作用,整个高等教育系统中学术教育的优势越来越明显。"③学术教育与专业教育也由冲突关系变成了合作关系。"我们既需要专业方面的高深学问,也需要研究方面的高深学问。经验即历史表明,当两方面需要结合起来的时候,它们各自都得到繁荣并发展。"④研究型大学的崛起不但使美国走向高等教育强国,而且是成就其科技强国和经济强国地位的主要原因之一。正因

---

① [美]约翰·S.布鲁贝克:《高等教育哲学》,王承绪等译,浙江教育出版社 2002 年版,第 12~15 页。

② [美]约翰·S.布鲁贝克:《高等教育哲学》,王承绪等译,浙江教育出版社 2002 年版,第 4 页。

③ 王建华:《高等教育的理想类型》,《高等教育研究》,2010 年第 1 期。

④ [美]约翰·S.布鲁贝克:《高等教育哲学》,王承绪等译,浙江教育出版社 2002 年版,第 25 页。

为如此,研究型大学的理念引起了世界各国的高度关注。当前提高科研水平、建设一流研究型大学已成为世界各国建设高等教育强国的战略选择。

由于高深学问信奉理性主义,因此,研究型大学的出现使理性更加张扬,人文更加式微。用感觉、直觉、精神等非理性方法去探讨真理为学术教育所排斥,这严重削弱了更广泛地探讨真理的可能性。在这种背景下,学术教育中的纯理性、为知识而知识的传统遭到了严厉批评,一位批评家的观点很有代表性。如其所言,"正像信仰的时代要受到理性的审判一样,现在,理性的时代必须接受感情的审判。杰出的思想先驱们已经提醒人们注意那些被理性时代所压抑的东西。"①美国学者加拉赫甚至提出要用存在主义的大学来取代研究型大学。"在这样的大学里,学生不受传统的刻板的学术要求的束缚,他们可以自由地去绘画,录音,写作,即席演讲,可以学习非西方的、非理性主义的文化,例如东方文化。学生自己决定什么时候离开这种院校,离开的时候发一个听课证书,然后可以继续学习比较系统的课程,或者参加工作。"②这也可以算是给西方理性主义的阿波罗式自恋开了一个不大不小的玩笑。

三、社会需求逻辑与教育理念创新:当代两大高教强国体系的发展趋向③

高等教育是适应社会的发展而发展的,社会需求对高等教育理念的形成与发展有直接的推动作用。11 世纪,为了满足欧洲社会对自由职业的期望,产生了中世纪大学职业教育理念;中世纪晚期,为了满足培养虔诚的基督徒的需要,产生了人文主义教育理念;18 世纪,为了满足国家对军事专业人才的需求,产生了专业教育的理念;19 世纪初,为了满足第一次技术革命对科技人才的需求,产生了学术教育的理念。由此可见,高等教育理念是时代的产物,是社会需求的产物。当然,社会需求既可以是经济需求,也可以是政治需求;既可以是宗教需求,也可以是个人需求。20 世纪以来,随着国家主义和民族主义的兴起,高等教育为国家服务成为了一种普遍的诉求。政府介入高等教育的兴趣越来越浓,要求大学的教学和科学研究直接面向工农业生产。为了应对这一社会需求,两大体系在坚持各自传统的基础上进行了教育理念的创新。

---

① [美]约翰·S.布鲁贝克:《高等教育哲学》,王承绪等译,浙江教育出版社 2002 年版,第 26 页。
② [美]约翰·S.布鲁贝克:《高等教育哲学》,王承绪等译,浙江教育出版社 2002 年版,第 26~27 页。
③ 周光礼:《走向高等教育强国:发达国家教育理念的传承与创新》,《高等工程教育研究》,2010 年第 3 期。

(一)罗马传统的创新:产学合作理念

产学合作教育理念源于德国的双元制职业教育理念。19世纪30—40年代,现代大机器生产的引入,对德国传统的手工业生产提出挑战,传统的学徒制让位于大工厂、大企业中有组织有计划的培训制度,开创了德国独具特色的双元制职业教育中的一元。与此相对应,创立于17世纪的星期日补习学校摆脱了宗教的束缚,成为了职业性质的补习学校。这种劳动教育学校化、学校教育职业化的模式为德国“双元制”职业教育模式的形成奠定了初步的基础。随着双元制职业教育的日渐完善,产学合作教育理念产生了。这种新的教育理念强调以理论知识为基础,应用为目的,教学活动在企业与高校交替进行,双方共同培养应用型人才。

实用性职业技术教育的兴起为德国高等教育体系增加了新的元素,最终形成了学术性教育与实用性职业教育泾渭分明的双轨学制。学术性教育由学术性大学实施,实用性职业技术教育在非学术性大学中进行。学术性大学由古典大学发展而来,充分体现了洪堡倡导的“科研与教学统一”、“学术自由”原则,把科学研究放在重要地位。非学术性大学由实科中学发展而来,以为经济社会发展培养实用性人才为己任。第二次世界大战后,这种互不相通的双轨制不断受到挑战,科学技术的日新月异,使学术性教育与职业教育以现代生产中的科学技术为中介在本质上统一起来。① 这种统一主要表现在两个方面:第一,学术性大学通过科学研究与社会生产、生活保持密切联系;第二,创办综合高等学校,把学术性与非学术性大学结合起来,使侧重于专业训练的非学术性大学与侧重于学术研究的学术性大学互相渗透,以便培养理论与实践相结合的高级实用人才。时至今日,产学合作在罗马传统的国家不仅成为了职业教育不可或缺的环境,而且许多国家试图将其贯穿于整个人才培养过程。如日本把产学研合作教育视为基本国策。日本政府明确提出,大学的第一职能是培养产业界要求的专业技术人才,第二职能是进行产业的基础研究和应用研究。为此,大学应与经济社会密切合作,共同制定产学研合作制度。

产学合作教育理念在欧洲的最新发展就是产生了欧洲创业型大学理念。20世纪80年代以来,欧洲一批大学进行了教育理念的创新,将产学研三者紧密结合在一起,允许和鼓励教师或学生运用所学知识参与企业活动和自创企业,或与社会进行合作研究,甚至学校自己就可以成立中介机构,专门负责加强学校和企业的联系。伯顿·R.克拉克把这种产学合作教育的新模式归纳为创业型大学,这种大学具有五个特点:第一,强有力的领导核心;第二,加强与外界的联系;第

① 成有信:《教育与生产劳动相结合问题新探索》,湖南教育出版社1998年版,第192页。

三,多样化的资金来源;第四,激活院系等学术心脏地带;第五,创业型的文化氛围。这种大学的典型代表有英国的华威大学与斯特拉斯克莱德大学、荷兰的特文特大学、瑞典的恰尔默斯大学、芬兰的约恩苏大学。

(二)盎格鲁-撒克逊传统的创新:服务社会理念

大学直接服务社会的理念是美国高等教育的创造。20世纪之前,高等教育的主要职能一直是保存、传授和发展高深学问。随着19世纪美国工业革命的加速,社会对大学提供服务的需求越来越迫切,高等教育逐步担负起为公众服务的职能。1862年美国通过《莫雷尔法案》,鼓励各州至少建立一所讲授有关农业和机械工艺知识的赠地学院。赠地学院把自己的合法性建基于"把人力物力用于为社会和国家的发展服务"。① 20世纪初期,在美国的威斯康星州,地处麦迪逊中心大道两端的大学和议会决定并肩协力为民众直接服务,由此产生了著名的"威斯康星思想"。1904年威斯康星大学校长查尔斯·范海斯明确提出,威斯康星大学要通过培养人才和输送知识两条渠道,打破大学的传统封闭状态,努力发挥大学为社会服务的职能,积极促进全州的社会和经济发展。这一思想奠定了现代大学的第三大职能:为社会提供直接的服务,使大学与社会生产、生活实际更紧密地联系在一起。这一思想相当成功,其他州立大学,以及其他私立和公立院校,都接受了这一思想。20世纪初,威尔逊担任普林斯顿大学校长,当他提出要把普林斯顿大学变为一所"为国家服务的大学"时,他得到了拥护而不是反对。不过,在威尔逊看来,教学和学术研究是推动这种服务,而不必提供这种服务。② 然而,20世纪之后,大学为社会提供直接服务的思想受到了普遍支持,"随着20世纪的进展,越来越多的人谈到大学实际提供服务的问题。大学越来越经常地被喻为'服务站'"。"大学作为知识的生产者、批发商和零售商,是摆脱不了服务职能的。"③

第二次世界大战以后,在服务社会理念的指导下,美国产生了一批研究型大学,这些大学除了要求培养大批博士之外,更重要的是从政府获得大笔研究经费。这一发展突破了学术与功利、思维与行动分立的高等教育理念,重构了大学与政府的关系。政府为研究型大学提供充足的研究经费,研究型大学为社会提供知识,创造了工业生产上的奇迹。"学者应该脱离现实的思想是来自德国的舶来品,这种思想在同美国本国的实用思想的角逐中从来没有全胜过。"④20世

---

① [美]约翰·S.布鲁贝克:《高等教育哲学》,王承绪等译,浙江教育出版社2002年版,第3页。
② [美]约翰·S.布鲁贝克:《高等教育哲学》,王承绪等译,浙江教育出版社2002年版,第16页。
③ [美]约翰·S.布鲁贝克:《高等教育哲学》,王承绪等译,浙江教育出版社2002年版,第16页。
④ [美]约翰·S.布鲁贝克:《高等教育哲学》,王承绪等译,浙江教育出版社2002年版,第22页。

纪 90 年代以来,随着知识经济时代的到来,在服务社会理念的基础上,产生了大学—产业—政府三螺旋创新理念,直接促使美国研究型大学向创新型大学转变。三螺旋理念认为,大学—产业—政府三方在创新活动过程中是一种密切合作、相互促进的关系,而每一方又都保持着自己的独立身份。在以知识为基础的社会中,大学—产业—政府三者之间的相互作用是改善创新条件的关键。产业、政府、大学都是三螺旋的重要成员:产业作为生产性的场所,提供物质产品和试验条件;政府作为契约关系的来源,为交换提供公共政策环境;大学作为新知识、新技术的来源,提供知识经济的生产性要素。值得指出的是,基于三螺旋理念的美国创新型大学与欧洲创业型大学是不同的。美国的教授必须寻找资金资助他们的研究活动,这是他们的职责所在,因此,美国的教授不得不在自己的职业生涯的一开始就进行创业活动。而欧洲的教授不用自己去寻找科研资助,他们生存在高级研究机构之中,科研基金以国家委托任务的形式分配给他们,他们别无选择,因为教授是国家公务员。因此,美国大学的创业活动是作为研究的延伸,是大学的科研使命的扩展。美国大学创业活动的焦点在于科研与经济发展之间的关系,师生一起参与创业,技术转移机制和孵化器设施通常分别由创业培训项目发展而来。欧洲大学的创业活动则是作为教学活动的延伸,是大学教学使命的扩展。在欧洲,大学主要集中精力培养学生去创建新公司,大学教授以企业家身份创建大学所属企业不是最佳方式,人们期望大学里面的教授几乎整天一门心思只是想着学术。目前创新型大学理念逐步受到世界各国的关注,建立大学—产业—政府创新三螺旋正成为全球高等教育发展的新趋势。

(三) 社会需求与两大体系教育理念的融合

随着高等教育由社会的边沿走向社会的中心,社会需求逻辑日益主导着高等教育理念的创新。随着全球经济一体化进程的加速,两大体系的高等教育教育理念呈现出多元融合的特点:相似的教育理念得到了继承,不同的教育理念也正在逐步相互靠近。

第一,关于大学与政府之间的权力关系的看法,两大体系正在逐步靠近。20 世纪 60—70 年代以来,盎格鲁-撒克逊传统的高等教育体系正在从“松散的安排”向“更加严密和范围更为广泛的正规体制”转移。① 这是因为高等教育的扩张所引起的费用和复杂性,产生了克服混乱、恢复秩序的需要。正是这种社会需求,使盎格鲁-撒克逊传统的高等教育体系产生了由分权体制向集权体制改革

① [美]伯顿·R.克拉克:《高等教育系统——学术组织的跨国研究》,王承绪等译,杭州大学出版社 1994 年版,第 156 页。

的趋向。罗马传统的高等教育体系,则通过“政治权力的分权化”和“行政权力的分散”摆脱政府的严密控制。① 这是因为当高等教育规模变大时,集中管理的难度和行政成本急剧增加。为了应对这种社会需求,罗马传统的高等教育体系产生了由集权控制到分权管理的改革趋向。对盎格鲁-撒克逊传统的国家来说,大学自治和学术自由一直是核心理念。这一理念在今天依然受到极大的重视和强调。但是,这一理念在传承的基础上,被赋予了具有时代意义的新内涵:学术自由与学术责任统一,大学自治与政府干预统一。学术自由与大学自治被赋予满足社会需要的内涵。对具有罗马传统的国家来说,学术系统与政治系统的结合是其传统价值观,但是,20 世纪 60—70 年代以来,这些国家的大学由政府机构向独立法人的方向发展。德国、法国的公立大学取得了公法人的地位。2004 年,日本国立大学也进行了法人化改革。具有罗马传统的国家强调学术自由、大学自治也是出于社会的需求。当然,两大体系的靠拢是有限度的,因为成型的体制内充满了约束变化的力量。“一个体系一旦形成,它就为自身的延续和变化提供了源泉。它变得越来越庞大,越来越复杂,并且形成了自己的工作模式、信念模式和权力模式。……这就是我们所说的系统的高度定型,即变化的阻力和变化的动力都越来越产生于系统的内部。”②世界两大高等教育体系都有自己的传统和理论基础,它们对社会需求的反应机制各不相同,即使面对相同的社会需要,两大体系也不会作出完全相同的反应。

第二,随着知识经济的发展与全球经济一体化进程的加深,两大体系的高等教育理念均面临挑战。20 世纪 80 年代以来,高等教育领域正在发生深刻而又令人激动的变化:国际化、信息化、大众化与市场化。这些新的趋势对现有的教育理念、组织结构、体制机制产生了巨大影响,也为高等教育理念的创新带来新的机遇和挑战。当前,困扰各国大学的一个核心问题是:如何培养既掌握坚实的职业能力又具有坚定道德信念的创新型人才。这个问题涉及如何实现“成人教育”(培育健全人格)与“成才教育”(培养人力资源)的结合。大学教育“承担着两大基本任务。第一个基本任务是为学生过一种独立自主、自力更生的生活做准备,使学生获得生活必需的‘职业能力’……大学教育也是大学生寻求认同感和生活意义的重要时期。当追求名利的风气弥漫校园的时候,学生更应该超越自己的私利,了解周围的世界,树立公民的和社会的责任感,为社会公益做出自

---

① [美]伯顿·R.克拉克:《高等教育系统——学术组织的跨国研究》,王承绪等译,杭州大学出版社 1994 年版,第 156 页。

② [美]伯顿·R.克拉克:《高等教育系统——学术组织的跨国研究》,王承绪等译,杭州大学出版社 1994 年版,第 206 页。

己的贡献。”[①]应该说，世界各国的高等教育在培养学生的职业能力方面表现很好，在进行真正的人格教育和创新教育方面表现欠佳。为此，世界各国的大学都在试图寻找一种更具综合性的教育，寻求一种有效实现通识教育目标的综合课程改革。“到了70年代，为了让大学生通过对学术的关心来获得严格的智力和真正的人格教育，许多大学都对通识教育进行了改革。”[②]大学教育改革家坚信，要想成为真正受过教育的人，学生必须超越孤立的事实，形成更加连贯的知识观和更加综合的生活观。因为只有这样，学生才会更具创新精神和创新能力。正如博耶所言，“今天，几乎在每一个学术领域，研究者们都会提出超出传统学术范围的问题。最惊人的学术发展往往来自像生理物理学、心理语言学这样的‘交叉学科’。具有开创性的研究工作往往发生在迈克尔·波拉尼所称的‘相邻学科的交叉地带’。”[③]在通识教育与专业教育结合的基础上培养学生的创造性思维和企业家精神，是世界两大教育体系共同的战略选择。因此，将通识教育与专业教育结合起来就成为了世界各国高等教育改革的核心理念，不言而喻，这种结合在很大程度上要考虑各国所处的具体社会环境。

第三节　洪堡理念与德国高等教育发展[④]

一、前洪堡时代：高等教育的改革探索促进了洪堡理念的生长

从中世纪开始，德国高等教育的发展就为欧洲文化繁荣做出了非常重要的贡献。但是到17—18世纪，德国高等教育和欧洲其他国家一样面临着持续的衰退，传统大学面临着深刻的危机：大学教授的知识水准不高，师资水平低下，教学

① [美]欧内斯特·博耶：《关于美国教育改革的演讲》，涂艳国，方彤译，教育科学出版社2002年版，第58~59页。

② [美]欧内斯特·博耶：《关于美国教育改革的演讲》，涂艳国，方彤译，教育科学出版社2002年版，第59页。

③ [美]欧内斯特·博耶：《关于美国教育改革的演讲》，涂艳国，方彤译，教育科学出版社2002年版，第61页。

④ 骆四铭：《洪堡理念与德国高等教育发展》，《高等工程教育研究》，2010年第5期。

方式死板,课程内容陈旧,教学语言过时,学生规模小,这些因素导致有些大学倒闭,大学存在的必要性受到质疑。信任危机和战争冲击,使得高等教育系统岌岌可危。在此背景下,德国一大批有识之士怀着爱国的热诚,就高等教育进行深入的思考,到1810年洪堡创立柏林大学为止,共进行了三次大的改革,持续了100多年。其中,前两次改革属于前洪堡时代的探索,第三次改革则属于洪堡时代的探索。

第一次改革始于1694年的哈勒大学创办,结束于18世纪中叶,主要体现为哈勒大学、哥廷根大学和埃朗根大学三所大学的改革和发展。经过改革,德国大学开始形成良好的学术自由氛围。教授有权独立开展研究并吸引学生参加,有权讲授自己想讲授的东西,学生可以师从任何系的任何教师;新的内容、科学方法和精神渗透包括神学在内的所有学科;教学目的不再是巩固已确立的真理和准则,而是引导学生进行独立研究并培养研究能力。

第二次改革主要在天主教大学中进行,是第一次改革的深入和发展,措施更加激进。其改革动力除来自大学内部少数教授,更多来自大学外部(政府官员、大学以外的教育改革家和知识分子),功利主义的影响更加明显。改革提高了教师工资,限制了教授在其他方面花过多的时间;加强了政府对学院的控制,排除了教会对教授任命的影响;限制了教授及其教学自由,甚至指定教科书;雇佣了新教教授,允许犹太人和新教徒获得大学学位。改革后的天主教大学如维尔茨堡大学、明斯特大学曾一度成为德国最好的天主教大学。

此期的大学改革实践,既受到了康德、谢林、施莱尔马赫、费希特等人思想的影响,又在实践中对这些思想进行了检验与修正,这为洪堡理念生长提供了肥沃的土壤。

二、洪堡时代:大学定位与高等教育双元制

第三次大学改革是威廉·冯·洪堡于1809年2月开始担任普鲁士国务枢密顾问和内务部文教局局长期间进行的。在短短的14个月任期内,他和施莱尔马赫、费希特一起,根据新人文主义观念对初等教育、中等教育和高等教育进行了全面的改革,创建了柏林大学。柏林大学及其后近百年德国高等教育机构的成功实践,成为德国走向高等教育强国的决定性因素。洪堡等人对于高等教育的目标及其机构的定位的认识进一步得到深化和发展。

(一) 大学作为高等教育机构,应享有自主地位,坚持其特殊性

第一,大学应在受国家保护的同时享有完全自主地位。洪堡认为,国家是保障人的最大财富——自由——的条件,自由又是接受各种教育的前提,教育是

"解放意识的过程……它借助对人的完善诉求来实现人们所渴望的对国家的改进",从而使得国家关注人的终极目标。① 大学作为科学、学术机构,以发展理性为目的,本身就是国家事业的一部分。大学的目标和利益就是国家的目标和利益,大学只需按照科学活动本身的需要,根据为科学而科学的原则开展活动,无须依据对社会的某项具体功能来证明它存在的意义。国家的行为应服从理性原则,承认科学活动的自主性,为科学活动提供保护和支持,使理性按其自身的原则得以发展。② 从这个意义上讲,大学应享有完全自主的地位,国家有义务保护大学不受外界的侵犯。

第二,大学作为教育机构有其特殊性。经过对大学百年发展进行反思,雅斯贝尔斯强调大学有其特殊性:一是大学是以科学为基础的。"大学是一种特殊的学校。学生在大学里不仅学习知识,而且从教师的教诲中学习研究事物的态度,培养影响其一生的科学思维方式。"③二是大学培养的是精神贵族。"本真的科学研究工作是一种贵族的事业,只有极少数人甘愿寂寞地选择它……有史以来研究工作就不属于普通人所能从事的工作。"④因此,大学只面向社会精英,而非芸芸众生。三是大学有自己独特的任务。大学是"研究和传授科学的殿堂,教育新人成长的世界,个体之间富有生命的交往,学术勃发的世界" 。这三项任务"每项任务都是大学理想整体的一部分。每一任务借助参与其他任务而变得更有意义和更加清晰" 。⑤

(二)高等教育的目标不仅是探究真理,还要坚持学术与职业并重

第一,高等教育的目标是探究真理,而研究则是达致真理的道路选择,保障条件是大学师生应享有同样的学术自由。在德国较早对大学进行思考的康德认为,大学必须以真理为中心,让自由和真理统领一切。学术的本质性和第一位的条件是真理,而真理只有在哲学系科的自由地进行判断的理性实践中才能发现。大学必须以真理为中心,让自由和真理统领一切。⑥ 这一思想对其后的德国大学改革产生了深刻的影响,并在德国大学改革中得到了实践。

思想家谢林在考察了大学学问的特殊性即大学知识具有整体性和大学学习具有非功利性之后,提出大学教师应追求真理、创造知识。大学知识的整体性和大学学习的非功利性,决定了在培养"贯穿学问全体的哲学精神"、实施"一般教

---

① [德]威廉·冯·洪堡:《论国家的作用》,林荣远等译,中国社会科学出版社 1998 年版,第 2~5 页。
② 陈学飞:《美国、德国、法国、日本当代高等教育思想研究》,上海教育出版社 1998 年版,第 6 页。
③ [德]雅斯贝尔斯:《什么是教育》,邹进译,生活·读书·新知三联书店 1991 年版,第 139 页。
④ [德]雅斯贝尔斯:《什么是教育》,邹进译,生活·读书·新知三联书店 1991 年版,第 141 页。
⑤ [德]雅斯贝尔斯:《什么是教育》,邹进译,生活·读书·新知三联书店 1991 年版,第 149~150 页。
⑥ [德]伊曼努尔·康德:《论教育学》,赵鹏等译,上海人民出版社 2005 年版,第 62~63 页。

养”的大学教育中教师的重要性。谢林认为,大学中富有精神的知识传授必须具有能够正确、全面理解他人所创造的知识的能力,这种能力的培养必须具备知识创造的内在精神并亲身参与创造知识。“只会单纯传授知识的人,在多数情况下、在许多学问领域是无法传授知识的。”①“大学教学具有发生意义上的特殊使命。教师不能像著作者那样只提供研究所达到的结果,应至少在学问的高级层次展现达到结果的方法。这是活的教学方法的本质特征。”②大学教师若要担当起传授真理的任务,就必须成为真理的追求者与知识的创造者,即要做到“研究与教学相统一”。

生活于“后康德时代”的施莱尔马赫,则提出了大学追求的是学者的自由组合和学术研究的自由。他认为科学机构体系应包括中学、大学和科学院三部分,大学介于中学和科学院之间,三者在科学上的分工不同:中学仅是将知识作为知识传授给学生,而就察见事物本质的认知能力、科学精神、独立建构自身知识的能力而言,中学只是做准备,不能真正培养。但上述能力、精神是科学院成员的必备条件。因此,这些能力、精神的培养只能在大学里进行。所以,谢林还提出:产生并培养这种精神是大学的使命。大学阶段犹如一座桥梁,一头连着在学习各类知识的基础之上使青少年为面向科学做准备的最初时期,另一头连着作为有能力的科学者独立开展研究、不断扩大认识的世界知识建设时期。大学的主要任务在于,在已经掌握了大量知识的优秀青年的思想里激活科学的理念,能够培养他们洞察事物与事物之间紧密联系的能力,通过思考自觉学习科学的根本法则,从而发展各自的研究能力、发现能力与表现能力③。

费希特由其大学基本理念出发,演绎、推理出培养与训练“学问的技法”是大学存在的理由的观点。在他看来,大学存在的理由是它拥有其他机构或活动所不能替代的功能和区别于其他机构或活动的本质的东西,即培养与训练运用知识的技法,这是大学存在的理由。

威廉·冯·洪堡在《柯尼斯堡学校计划》、《立陶宛学校计划》、《关于柏林高等教育机构内部组织与外部组织的理念》等工作计划中,吸收和体现了以上思想。洪堡认为,大学是学问的机构,研究是大学的主要任务之一。大学中教师与学生都为学问而存在,教师与学生是学问交流的双方,处在相同的立场或位置

---

① 谢林:《学问论》,岩波书店 1957 年版,第 38 页.

② 谢林:《学问论》,岩波书店 1957 年版,第 4 页.

③ 胡建华:《思想的力量:影响 19 世纪初期德国大学改革的大学理念》,《清华大学教育研究》,2004 年第 4 期。

上,自主、独立地从事学习或研究活动。大学教师已不是通常意义上的教师,学生也不是被动的学习者。教学成为教师研究的必要条件。要使教学能够促进研究(甚至教学成为研究的一部分)需要一个前提条件,即存在能独立学习和研究的学生。如果学生不能与教师一样进行独立研究和思考,不对教师的教学提出疑问,展开批判,那么教学作为促进研究的手段就无法成立。学生不仅是独立学习的学习者,同时也是独立的研究者,这是学生对于大学、教师所应负起的责任和义务。要保障学生的这种责任和义务,就得让学生享有与教师同样的自由。洪堡的观点被凝练为现代大学的四大支柱①。一是教学和科研统一,大学应促进知识的创造、保存和传播。二是"教的自由"和"学的自由"互相补充。三是自主探索真理过程中需要"孤独"和"自由"。四是习明纳是教师和学生共同体的主要研讨制度。此即闻名于世的洪堡理念。洪堡理念塑造了现代学术教育理念的传承与创新。

作为洪堡理念的实践形态的柏林大学的各项改革制度,被其他大学纷纷效仿,学术自由和科学研究在德国蔚然成风,并开始向世界各地传播,德国一度被誉为"教育界的麦加"。欧美各国及日本和中国纷纷派遣学者和留学生赴德国考察、学习。如 19 世纪后半期,美国学生掀起留德热潮,20 世纪 60 年代约为 300 人,70 年代增至 1 000 人,90 年代增至 2 000 多人。② "来自全世界的学生受到德国科学方法的训练,回国后竭力模仿德国的榜样。法国历史上的大学研究班、美国大学中的研究院、日本的技术学校以及其他地方的类似办学趋势,全都烙上了'德国制造'的印记。"③德国教育的成就促使许多国家创建了全新的高等教育制度。

第二,发展高等职业教育是民族国家发展的现实要求。洪堡理念是以新人文主义观为基础的,培养和教育的是有修养的人或文化人,随着西方社会理性化和科层化发展,文化人的理想日益被专业人理念所取代。德国的高等教育理念也相应向"学术与职业并重"演变。④ 第一次工业革命伊始,德国正处于民族分裂状态。19 世纪中后期德意志帝国统一后,德国开始工业化进程。随着工业化的深入,教育与工艺实践的联系越来越密切。大学里的学科分类越来越细。为消除不同领域间的障碍,现实主义倾向出现。现实主义者认为,应以实际的方式解释教育目的,用职业所需的技能训练青年,高等教育应满足社会需求。这种教

---

① Wilhelm Krull. *Exporting the Humboldtian University*. Minerva, 2005(43): 99-102.

② 周洪宇:《学位与研究生教育史》,高等教育出版社 2004 年版,第 40 页。

③ 平森:《德国近代史》,商务印书馆 1987 年版,第 343 页。

④ 陈洪捷:《为学术还是为职业——德国大学学习传统及其变迁》,《北京大学教育评论》,2005 年第 2 期。

育思想与新人文主义思想相比,虽然缺乏深奥的哲学基础,在19世纪处于弱势地位,但却为德国大学的生存和发展奠定了新的基础。随着社会经济的蓬勃发展,新人文主义中反实用主义、注重纯粹精神的倾向,很大程度上脱离了近代科学革命和工业发展所造就的物质环境,其局限性日益明显。新人文主义是部分先进知识分子掀起的知识界的思想运动,并未根植于民众,不能充分代表广大群众的利益。20世纪30—40年代,德国国家主义教育思想极端化,产生了德国法西斯国家主义(纳粹)教育运动。纳粹分子禁止任何自由主义思想,公开反对新人文主义价值观,新人文主义思想遭到毁灭性打击。第二次世界大战使德国分裂成两个国家,促使人们对新人文主义思想进行质疑:一个宣扬新人文主义教育的国家,一个高等教育最发达的国家,居然出现纳粹主义和集中营!这个事实本身就是对新人文主义思想的否定。随着思辨哲学和新人文主义观的优势地位的丧失,德国大学在经历了几十年的发展后便停滞不前。人们开始把探索真理的希望寄托在以数学和实验方法为基础的自然科学上。19世纪末20世纪初,大学快速向现实主义方向发展,一方面根据工业时代的要求调整课程,顺应专业化趋势;另一方面,随着社会对技术培训的要求日益提高,许多中等技术学校和专科学校升格成为与大学层次相同的技术院校,为工商业界培训专门人才。第二次世界大战后的德意志联邦共和国在20世纪50年代末引进了美国经济学家舒尔茨(T. W. Sohultz)和丹尼森(E. F. Denison)的教育经济学思想,联邦共和国高等教育不再只将追求高深学问作为唯一目标,还将为社会培养促进经济发展的应用型人才作为目标。这为联邦德国高等专业学院的产生奠定了思想基础。① 德国20世纪60年代后的经济腾飞得益于职业技术教育,这一点举世公认。随着德国经济的复兴和高科技迅速发展,以"双元制"职业技术教育为主体的职业教育体系进一步得到发展和完善,且扩展到高等教育领域,出现了一批应用科技大学。德国工业产品也得益于此而质量优异,"德国制造"成为世界品牌。

三、后洪堡时代:高等教育发展的停滞与反思

经历了洪堡时代的创新与发展,德国高等教育在20世纪初达到顶峰。战后,德国的高等教育发展呈现停滞状态,其改革也在对洪堡理念的坚持与反思中断断续续地进行。在世界各国都在进行高等教育改革的背景下,德国在高等教育的发展与改革路径方面也进行了一些探索。

---

① 章洪波:《德国高等专业学院(Faehhoehsehule)研究》,浙江大学硕士论文,2001年5月。

（一）高等教育宏观管理集中化

德国纳粹主义的兴起与发展，给全世界人民也包括德国人民带来了沉痛的创伤，德国的大学在其间也发挥了重要作用。为什么强调学术自由与学校自治的德国高等教育系统，没有能够阻止纳粹主义的泛滥呢？作为反思，德国联邦政府开始干预高等教育，开始调整政府与大学的关系，进行高等院校内部管理改革，传统的联邦主义向合作联邦主义演变。1969 年联邦德国《基本法》规定联邦分担高校基本建设费。同年成立联邦教育与科学部主管全国高等教育事务。到 1976 年，联邦政府不仅获得扩建与新建高校及其附属医院的共同任务（此后分担高校基本建设费的 50%），还获得《高等教育总法》的立法权、教育规划的参与权、向大学生提供学习资助的专项权。1970 年前后，在进行了参与型管理改革后，德国高等教育陷入停滞。20 世纪 70 年代和 80 年代，高等教育关注点集中于扩大学生入学规模而非大学组织结构变革。1990 年德国统一后，东德高等教育的变革成为焦点，全德高等教育的改革因此被耽搁。从 20 世纪 90 年代起，德国开始引进奖惩制度，建立评估系统。改革后的高等院校由国家特别机构变为政府资助的独立法人；高校拥有更大的政府基金处置权；高等教育委员会的影响大幅降低，大学校长和院长的权力增大；政府开始以合同的形式支持高校，绩效指标在资源分配中起重要作用；高校外部代表董事会有重要发言权；私立高校大量出现；对教授实施以激励为基础的薪酬制度等。

（二）高等学校内部管理民主化

19 世纪，慕尼黑大学形成了民主管理、教授治校制度，其议事决策权力机构是大学评议会，成员由民主选举产生。评议会职能包括制订和修改大学章程，选举产生校长，组成校务委员会，听取校务委员会工作报告等。评议会组成人员比例根据德国巴伐利亚州《高等教育法》设定，教授多于其他人员；学生在评议会中的比例与其他学术人员相同，参与学校的管理，比非学术人员多。大学的机构设置、课程安排和活动组织要听取学生意见，其民主管理突出“教授治校”和“学生本位”。

第二次世界大战后，德国高等教育全面恢复魏玛时期的办学方针与学术制度，包括依靠正教授进行大学内部管理、重学轻术等。经历了纳粹时期高等教育政治化的教训后，学术自治被确定为基本原则，高校享有空前的自治权。[①] 首先，高等教育规模得到扩张。皮希特教授发表了《德国教育的灾难》系列文章，指出德国的教育规模远不能满足社会的需要，因此必须大力发展中等教育与高

---

① 陈学飞：《美国、德国、法国、日本当代高等教育思想研究》，上海教育出版社 1998 年版，第 169 页。

等教育。[①] 由此,1960 年至 1975 年,德国新建了 24 所综合性大学和综合大学(Gesamthochschule),[②]加上 20 世纪 60 年代末 70 年代初蓬勃发展的高等专科学校,这 10 年的扩张中学生人数持续增加,大学生在同龄人口中所占比例由 1960 年的 7.0%升到 1970 年的 13.4%,1980 年又上升到 25.6%。[③] 其次,教育机会均等与民主化的呼声逐渐高涨。1965 年,德国社会学家及教育活动家达伦多夫在《关于教育是公民的权利:为一种积极教育政策的辩护》一文中论述了扩大教育机会的必要性,提出教育是所有公民的基本权利,是每位公民存在的必要和必需的基础;公民的教育权利要有均等的机会,不能因能力外的因素而受到优待或歧视;法律上的机会均等并非真正的机会均等,教育政策应消除社会限制以真正实现机会的均等。[④] 1967 年至 1968 年,高校助教与大学生要求取消教授的特权,推进了高校内部体制的改革。1965 年至 1975 年的"改革十年"中,高等学校民主化进程改变了传统大学的基本结构。1969 年联邦德国《高等教育总法》确认了以高校教授、学术性科学助手、大学生、其他高校辅助人员四方面人员构成的"团体大学"取代了传统的以正教授特权为特征的"教授大学"。

(三) 高等教育生态竞争化

第二次世界大战后,德国大学在世界大学排名中不具明显优势。虽然在世界大学 500 强排名中,其排名在欧洲仅次于英国,但由于没有顶尖大学,还是稍逊于法国和瑞士。20 世纪六七十年代高等教育扩张,造成德国大学师生比失衡,教学质量下降。以赫姆霍兹(Helmholtz)国家研究中心学会、莱布尼茨(Leibniz)学会、马克斯-普朗克(Max Planck)学会和弗朗霍夫学会(Fraunhofer Gesellschaft)四个校外学会为代表的几百个校外科研机构占用了德国大部分科研资源,承担了大部分科研任务,德国的主要科研成果也集中于这些科研机构,大学的地位受到校外科研机构的挑战。德国高水平的科研活动从大学漂移到校外,大量优秀人才从大学流向科研机构,而财政支持力度却没有相应增加,这些因素导致德国高等教育出现危机。为应对内外部的挑战,德国开始在高等教育领域积极营造竞争的生态。一是引导普通高等教育和职业高等教育在"双轨"上同生共长。在保持学术性高校尤其是大学学术水平的基础上,重点扶持以实践为特色的高等专科学校(Fachhochschule)及职业学院(Berufak ademie)的发展。二是改革高等学校财政拨款制度,通过竞争程序分配第三方科研经费,使高等学校

---

① 陈学飞:《美国、德国、法国、日本当代高等教育思想研究》,上海教育出版社 1998 年版,第 192 页。

② [德]克里斯托弗·福尔:《1945 年以来的德国教育:概览与问题》,戴继强等译,人民教育出版社 2002 年版,第 221 页。

③ 国家教育发展研究中心:《中国教育绿皮书》,教育科学出版社 2001 年版,第 90 页。

④ 陈学飞:《美国、德国、法国、日本当代高等教育思想研究》,上海教育出版社 1998 年版,第 186 页。

享有更多的财政支配权。三是改革高校人事结构与工资制度。引入绩效导向和具有竞争力的工资制度,即建立高校教师三级工资制度;教师工资由基本工资+可变工资两部分构成,其中可变工资部分由教师承担的任务及其绩效决定。当然,由于用于绩效调节的资金仅占高校总经费的1%~5%,加上采用"新人新办法、老人老办法"的方式,对改革前任职的教授激励有限,新任教授心理不平衡,因此所起到的激励作用有限。四是加强高等学校内部的决策和管理能力,特别是加强系一级的管理权限。五是改革教师与学生培养制度。重新设计高等学校教师培养途径,促进科学后备人才成长。设立青年教授(Junior professoren)制度,与博士阶段相衔接,引入英美学士(BA)、硕士(MA)学位制度。

21世纪初,德国在高教领域的重大改革措施是实施卓越战略,高等教育的竞争因此更为激烈。2005年,德国联邦政府和各州政府先后通过两轮竞争性评选,最后确定在全国范围内重点资助39个研究生院、37个卓越集群及9个未来构想的大学,五年总资助额达19亿欧元。卓越战略是在高等教育财政不足的背景下,重点资助少数大学及机构,以提高德国大学培养学术科研后备力量的能力、跨学科研究能力及德国大学的世界竞争力和吸引力。通过优先发展少数精英高等教育机构,树立德国高等教育的灯塔,促进高等教育内部竞争,从而激活全国的大学教育体系。卓越战略是德国大学面临国际国内形势做出的战略性公共财政政策调整,德国大学的发展理念受到卓越战略的影响而有所改变。当今德国,所有大学一律平等的历史已结束,市场经济的效率、评估、竞争等观念开始确立。卓越战略的实施,意味着大学机构取代大学教授成为大学发展的核心单位,标志着德国大学发展从均衡走向非均衡,高等教育的结构布局从分流走向分层,大学之间出现等级分化,高等教育资源分布更加集中。①

四、洪堡理念与德国高等教育兴衰的启示

从17世纪末18世纪初开始的持续近100年的德国高等教育改革探索,最终结出了洪堡柏林大学的硕果,成就了德国世界高等教育强国的地位。第二次世界大战后,伴随着国家的重建与反思,德国高等教育经历了20世纪50年代洪堡大学传统的"复辟";20世纪60年代的教育扩张和学生运动推动的高校内部体制改革——"团体大学",使得洪堡的高等教育理念与高等教育现实的矛盾激化;20世纪70年代采取的激进高教政策的失败和居高不下的失业率,使得部分

---

① 王乾坤:《变革中的德国大学发展理念与范式——德国大学卓越战略政策研究》,北京大学硕士论文,2008年5月。

人认为德国的高等教育系统还很健康,仅需加大经费投入,高等教育政策因此重新"回归传统";20 世纪 80 年代中期以后,德国高等教育试图通过"第三道路"走出困境,东西德国的统一虽然给德国高等教育系统重构带来了机会,但实际上仅是西德的教授们取代东德大学的教授,高等教育系统仍然如旧;20 世纪 90 年代以后,竞争与国际化成为改革的主题。德国高等教育近三个世纪的改革与发展,有成功也有失败,有精华也有糟粕,有停滞也有激进,其经验与教训很值得我们深思。

(一) 先进的高等教育理念是高等教育改革与发展成功的关键

洪堡理念是在启蒙运动、新人文主义思潮的影响下,随着德国民族国家意识的觉醒和国家重建的实践探索,在学者不断地讨论和尝试中生长出来的,并非某个天才的顿悟。洪堡的伟大之处,就在于他将其他人的先进理念转化为现实的高等教育实践。这些先进的高等教育理念转化为现实所产生的巨大活力,对德国社会的发展和国家的进步产生了重大影响。没有洪堡理念,就不会有德国的崛起,德国就不可能成为世界强国。

(二) 渐进式的高等教育改革更有利于大学的发展

洪堡改革的成功得益于其渐进式的改革方式。他在年轻时期就对法国暴风骤雨式的革命进行过深刻的反思,他认为扫除一切传统的革命并非持久改变人的处境的合适手段,突然推翻现行制度会导致整个社会回到早已超越的历史阶段,只有通过慎重的变化才能获得持久的改进。① 因此,高等教育需要渐进而非激进的改革。德国大学改革的历史也证明了这一点:哥廷根大学的改革虽然主要模仿哈勒大学,但其在参加哈勒大学发起的课程现代化运动的同时,墨守了许多保守的实践,以至于史学家认为哥廷根大学比哈勒大学更有资格享有欧洲"第一所现代大学"的头衔,其成功秘诀是"采取了适度政策,即谨慎地避免过激措施以及将传统和进步的要素结合起来"②。相反,20 世纪 70 年代中期,德国采取的激进式的高等教育政策却没有取得预期效果,最后不得不"回归传统"。激进式的改革会遇到很强的阻力,从而产生强力反弹,也就很有可能使改革夭折;而渐进式改革则能够发挥春雨"润物细无声"式的效果,用时间换取空间,从而扩大改革地域,巩固改革成果,取得最后的胜利。

(三) 先进的高等教育理念需要审视和反思,避免出现"洪堡综合征"

历史既可能是财富又可能是包袱,尤其是曾经辉煌过的历史。正是由于洪堡理念在历史上起到了强大的积极作用,在确立了自身标杆的同时又成为德国

---

① [德]威廉·冯·洪堡:《论国家的作用》,林荣远等译,中国社会科学出版社 1998 年版,第 2~12 页。
② 贺国庆,王宝星,朱文富:《外国高等教育史》(第二版),人民教育出版社 2006 年版,第 106 页。

高等教育改革难以逾越的障碍,使其成为德国高等教育20世纪后半叶改革的包袱,德国高等教育的发展也因此相对滞后。第二次世界大战后,面对后起之秀美国高等教育的崛起,德国的高等教育改革一直在"传统"与"借鉴"之间摇摆。一方面,采用美国式的实用主义——扩张大学及大学生数量、加大国家投入、提高高校教学与科研水平;另一方面,又固守传统大学理念,视传统为不可更改、不可触犯的金科玉律,其"洪堡理念为体,美国模式为用"被学者称为"洪堡综合征"。① 在考虑教育问题时,人们把"洪堡奉为教主,对构成大学的任何基本成分的改变都被视为对洪堡的亵渎"。② 许多机会就在德国高等教育的摇摆中消逝。这说明先进的大学理念也需要与时俱进,不能墨守成规。因此,在21世纪全球高等教育改革如火如荼的背景下,德国作为迟缓的改革者,也在开始学习和吸收其他国家的经验和教训。当前,德国正在对洪堡理念进行反思,正在开展系列高等教育改革试验。③ 可以肯定的是,洪堡大学理念及其传统,决定了德国高等教育改革之路必然是独特的德国之路。

第四节　实用主义理念与美国高等教育发展

美国高等教育由弱变强的历程与整个国家的崛起息息相关。如果说新国新梦、危局新政是美国大国崛起的历史浓缩,那么取法英德、自主创新则是美国实现高等教育强国的真实写照。从某种意义上说,高等教育的发展史就是高等教育理念的演变史,尽管大学对自身发展理念的自觉思考和探索始于19世纪初柏林大学的创建,但作为一种观念形态,大学理念一直或隐或显地影响和导引着大学发展的实践,高等教育理念在高等教育发展中扮演着日益重要的角色。④ 美国作为一个高等教育的后进之邦,积极借鉴英、德经验并结合本国国情加以改

---

① Konrad H. Jarausch. *Das Humboldt-Syndrom: Die Westdeutschen Universitaeten* 1945-1989//Mitchell G. Asch(Hg.).Mythos Humboldt: Vergangenheit und Zukunft der Deutschen Universitaeten. Boehlau, 1999: 58-80.

② Thorsten Nybom. *A Rule-governed Community of Scholars: the Humboldt Vision in the history of the European university*. University Dynamics and European Integration, 2007: 55-80.

③ [德]乌尔里希·泰希勒:《德国及其他国家学术界面临挑战(下)》,周双红译,《现代大学教育》,2008年第1期。

④ 卢晓中:《当代世界高等教育理念及对中国的影响》,上海教育出版社2001年版,第2页。

造,形成了独具特色的高等教育理念,引导美国走上了建设高等教育强国之路,在仅仅百年(自19世纪中后期崛起计)的时间内完成了稚嫩的蜕变,并最终超越了英、法、德诸国,创造出了高教史上青出于蓝而胜于蓝的奇迹。

一、美国走向高等教育强国的历程①

美国高教强国之路始于以19世纪初弗吉尼亚州立大学创办为标志的“大学时代”,崛起于19世纪中后期。其中经历了三个关键阶段:19世纪初至20世纪前半叶“大学时代”的开创;第二次世界大战后至20世纪70年代高等教育大众化时期;20世纪80年代以来高等教育的反思与改革时期。

(一)“大学时代”的开创——真正大学的崛起

美国高等教育发轫于殖民地时期移植英国模式出现的“学院时代”,并形成了以哈佛学院为代表的九大学院,但这一时期仅仅是美国高等教育的起始阶段。19世纪,随着产业革命的推行和大规模的西进运动,美国开始了由农业社会向工业社会的过渡,资本主义经济得到了迅速发展,由此,整个19世纪到20世纪前半叶是美国高等教育发展的关键时期,进入了高等教育史上著名的“大学时代”,州立大学、赠地学院的出现与发展、研究型大学的创立及社区学院的出现在完善美国高等教育结构的同时,形成了独具特色的美国高等教育。

(二)美国高等教育大众化时期

第二次世界大战后至20世纪70年代,美国高等教育进一步发展,规模迅速扩张,进入了大众化时期。其中,《军人权利法案》、《国防教育法》、《高等教育法》等一系列法案的颁布是战后美国高等教育大规模扩张的直接动力,并使联邦政府对高等教育的资助以法律的形式得以固化;另一方面,这一时期社区学院得到了进一步发展,收纳了大量高中毕业生,为美国高等教育大众化进程做出了重要贡献。

(三)美国高等教育的反思与变革时期

20世纪70年代以前,可谓美国高等教育发展的黄金时代,而20世纪80年代以来,美国高等教育则陷入了重重危机,其中,财政紧张、经费短缺是美国大学的头号危机,这一时期由于里根和布什政府采取保守主义经济政策,联邦政府减少对高等学校的资助,各学校之间竞争激烈,经费短缺的矛盾日显突出;这一时期还遭遇了公众对高校的信任危机,公众普遍对大学学费的不断上涨不满,并对美国高等教育质量的不断下降提出了质疑;学术道德和大学生信仰危机也加剧

---

① 张文静:《美国国家教育理念的传承与创新》,《大学》(学术版),2010年第8期。

了美国高等教育的困境。[①] 面对诸多窘境，美国开始寻求改革途径，自此，美国高等教育进入了一个反思与改革的新时代。这一时期的改革主要针对20世纪五六十年代的工具主义大学理念以及对人文教育和人文学科的批评与反思而开展的。

二、多样化：美国高等教育体系的特点

布鲁贝克（John S. Brubacher）、鲁迪（Willis Rudy）在系统地考察美国高等教育发展史后指出，“非系统化的多元化”（unsystematized diversity）是美国高等教育的显著特征之一。[②]

（一）多元化高等教育体系的特点

虽然，从政府与大学的权力关系来看，美国属于盎格鲁-撒克逊传统的高等教育，然而，由于其实用主义文化传统的影响，美国高等教育体系兼容了盎格鲁-撒克逊和罗马两大高等教育体系的优点，形成了实用主义文化传统基础之上的专业教育理念与学术教育理念双峰对峙、通识教育理念与自由教育理念一脉相承并贯穿始终的高等教育体系。具体来说，美国多样化高等教育体系的特点主要表现在学校类型与层次的多元化、培养目标的多元化、教学内容与方法的多元化、管理体制的多元化、资金来源的多元化等方面。

第一，学校类型与层次的多元化。自哈佛学院创办以来，美国存在殖民地时期创办的九大学院、建国后创立的州立国家大学、《莫雷尔法案》颁布后出现的赠地学院、19世纪后期产生的研究型大学和19世纪末20世纪初出现的二年制学院（主要为社区学院）五大类高等教育机构，高等教育体制渐趋完善，形成了由大学、学院和社区学院构成的“金字塔”状的层次分明的三级高等教育结构。

第二，培养目标的多元化。美国高校不仅注重培养理论型、应用型人才，也注重培养技能型和管理型人才。在长期发展过程中，美国形成了大学、学院、社区学院三级体系，各有不同的培养目标。其中，以哈佛学院为代表的殖民地时期的九大学院主要是培养不同宗教教派的教士；州立大学、赠地学院和社区学院则坚持面向现实，贯彻学以致用的办学方针，为美国工农业发展培养实用性、技术性人才；研究型大学的主要任务是进行科研和实施研究生教育。

第三，教学内容和方法的多元化。美国各类型、各层次的高校培养目标明

---

① 施晓光：《美国大学思想论纲》，北京师范大学出版社2001年版，第130~137页。

② John S. Brubacher，Willis Rudy. *Higher Education in Transition：A History of American Colleges and Universities* (4th). Transaction Publishers，1997：239.

确,针对性强,不同高校根据其培养目标和学校功能确定不同的教学内容,形成了专业教育与职业教育并重的双轨体系,又有通识教育贯穿其中,各校还为学生提供多种选修课,使学生具有更宽广的专业选择性。与不同的教学内容相应,美国高校教学方法也存在较大的差异。美国高校的授课方式大多以学生为主体,采用导师制、研讨式、独立自学式、实际操作式等灵活多样的教学方法,着力于培养学生独立思考、分析、发现和解决问题的能力,并在学习中培养学生的协作能力。

第四,管理体制的多元化。美国是一个实行地方分权的国家,联邦政府对高等教育没有直接的管理权,只能通过立法和拨款形式间接干预高等教育的发展,高等教育的管理权主要掌握在州政府和地方政府手中,因而形成了多元化的管理体制。主要体现在:州政府主要通过宏观管理对高校进行指导,很少直接干预高校的运行,各高校没有全国统一的招生和录取标准、没有全国统一的课程标准、没有全国统一的教师聘任标准、没有全国统一的大学管理规则、没有全国统一的考试标准,高校基于自治的规定可以自行任命教授、自由选拔学生、自行决定课程的开设、自由筹措经费、自由分配经费①;美国民间高等教育机构极其发育,它们通过对高等学校的评价和认证等对高等学校的发展有一定的引导作用,州政府则通过提高民间机构和组织的高等教育事务参与度、协调民间研究机构与大学研究机构之间的关系以及协调州与州之间的竞争与合作对高等教育进行管理,由此,美国的高等教育管理体制因其地域性差异,形成了多元化的管理体制;高校内部管理权掌握在各校的校董事会手中,董事会可以任命校长和其他重要的行政官员,聘用、提升、解聘学校的资深官员以及审议、通过年度预算和为学校筹措资金。因此,校董事会成员的任职及任期长短会直接影响到高校的管理及生存和发展。②

第五,资金来源的多元化。美国高校的经费来源渠道众多,不仅联邦政府、州政府和地方政府是其重要的资助者,还有公益性的慈善基金会提供的捐赠,学生缴纳的学杂费,学校兴建校办实体的收益,向企业转让技术成果的收益,许多学校还设立了校友基金会,专门进行筹资办学。③ 美国公立大学主要靠州政府拨款支撑,学生学费、杂费以及政府和民间资助的科研基金和特殊项目基金也是其经费的重要来源;私立高校则主要依靠学生学费、校友捐赠、社会捐助和教会资助等的支撑。近年来,政府为加大对私立高校的干预和控制,也为其提供一定

---

①　沈红:《美国研究型大学形成与发展》,华中理工大学出版社 1999 年版,第 158 页。

②　刘建芳:《美国高等教育多样化的特点及影响》,《黑龙江高教研究》,2004 年第 4 期。

③　彭永春:《多元化:美国高等教育大众化的基石》,《前沿》,2002 年第 4 期。

的资金支持。

(二) 多元教育理念的形成

准确来说,美国高等教育多样化理念的形成是一个自然而然的过程,是在不断解决社会矛盾、满足社会需求的过程中形成的。美国高等教育是一个复杂多样、不断变化的系统,存在多层次、多类型的高校。但总体来说,分为普通教育和职业教育两大类。普通教育从本科直达博士层次一贯到底,自成体系;高等职业教育则停留在大学二年级(相当于专科层次),体系不尽完善,但升学通道很畅通。[①] 而通识教育又与自由教育一脉相承,贯穿至两类教育的始终。

美国建国初期的九大殖民地学院有明显的宗教色彩,其培养目标是具有高深学问的传教士、教会工作者和具有虔诚的宗教信仰的政府官吏。尽管其办学目标与当时的实际需求密切相关,但殖民地学院是仿照英国的牛津大学、剑桥大学而建的,因而宗主国的自由教育、绅士教育传统对其有或多或少的影响。美国独立后,高等教育摆脱了宗教的影响,显示出较强的世俗性。这一时期出现的州立大学、赠地大学均坚持专业教育理念,认为社会需求是大学发展之源,宣称致力于世俗社会的实际需要,允许学生具有职业性倾向,可归结为为社会培养人才的人力教育之列。其中,《莫雷尔法案》的颁布从法律上认可了专业教育的合法性地位。南北战争以后,随着工业化的发展和留德人员的学成归国,美国国内创办研究型大学、发展研究生教育的呼声日益高涨。这一情势下创建的约翰·霍普金斯大学借鉴了德国的学术教育理念,将科学研究和发展研究生教育视为大学的首要任务,以认识论高等教育哲学为其存在的合法依据。为满足社会需求而出现的社区学院、初级与技术学院、职业学院等也以专业教育理念为准绳,向学生提供谋生的教育。而过度的专业教育与学术教育导致了学术与专业视野的狭窄,因而有识之士提出通识教育,以弥补学生的人文素养。至此,美国形成了多层次、多类型学术教育与专业教育相结合的双峰对峙却又并蒂齐开、通识教育贯穿始终的独特的多样化的高等教育体系。

三、从职业专业教育到学术专业教育

(一) 专业教育理念的形成与发展

美国高等教育肇始于殖民地时期的九大殖民地学院。这些学院受到宗主国英国高等教育理念的影响,具有明显的宗教倾向,主要目的在于培养具有高深学

---

① 姚加惠:《略论美国各级各类高等教育的衔接与沟通》,《宁波大学学报(教育科学版)》,2009年第2期。

问的传教士、教会工作者和具有虔诚的宗教信仰的政府官吏。这些学院就是美国文理学院的先驱,在此后近两百年的时间里,文理学院一直在美国高等教育领域占据主导地位。文理学院坚持博雅-文理教育传统、坚持以本科生教育为主要任务,保持小规模,强调优秀的教学,坚持精英式教育,秉承了盎格鲁-撒克逊高等教育传统的精髓——自由教育理念。

美国独立后,高等教育逐步脱离了宗教的影响,开始向世俗社会靠拢。1818年,托马斯·杰弗逊(Thomas Jefferson)创建了弗吉尼亚大学,并在学校管理、课程设置、教师聘请等方面进行了不同于学院的改革。该校的建立是美国教育史上的一个重要事件,有的教育史学者将其称为美国第一所真正意义上的州立大学①,标志着美国高等教育史上一个新时期的到来。它向世人展示了一种崭新的高等教育理念,那就是实施由公众支持、州政府控制管理的高等教育,并将教育目标确定为满足当地社区发展需要。弗吉尼亚大学创建伊始,即公开表明该大学是完全的公立高等教育机构,致力于服务世俗社会的实际需要,并公开宣称要向学生提供超出现有学院的高水平的教育,允许学生存在职业性倾向并享有选课的权利。② 美国州立大学的创办及其办学理念标志着专业教育理念在美国的萌生,高等教育开始明确以社会需求为办学目的。

19世纪中后期,美国经济发展迅速,对人才规格提出了新的要求。然而美国高等教育并没有从封闭的体制中解脱出来,继续脱离社会需要办学。③ 在此情况下,帕特里奇(Alden Patridge)、特纳(Jonathan B. Turner)、莫雷尔(Justin S. Morrill)等积极为建立实用性学校奔走,最终于1862年促使政府颁布了《莫雷尔法案》,开始了赠地兴学的实践。19世纪中后期,《莫雷尔法案》明确规定赠地学院的办学宗旨是“在不排除其他科学和古典学科并包括军事战术学科的情况下……教授与农业和工艺有关的学科从而促进生活中各行业的工人阶级的文理和实用教育”④,大批倾向于农业、机械等学科和课程内容的赠地学院发展迅速,出现了历史上著名的“赠地学院运动”。通过《莫雷尔法案》的实施和赠地学院的发展,美国高等学校培养出了大批国民经济发展所急需的科技人才,高等学校开始逐渐从社会边缘走向社会中心,从被动走向主动,从封闭走向开放,传统的“象牙塔”开始向社会服务方向倾斜。然而,《莫雷尔法案》当中并没有直接服务

---

① John S. Brubacher, Willis Rudy. *Higher Education in Transition: A History of American Colleges and Universities*(4th). Transaction Publishers, 1968: 147.

② John S. Brubacher, Willis Rudy. *Higher Education in Transition: A History of American Colleges and Universities*(4th). Transaction Publishers, 1968: 147-148.

③ 施晓光:《美国大学思想论纲》,北京师范大学出版社2001年版,第32~33页。

④ 王英杰:《美国高等教育的发展与改革》,人民教育出版社1993年版,第205页。

于社会的条文，而众多的赠地学院也没有广泛开展直接服务于社会的活动，而是以教学培养人才和科学研究这两大高等学校传统职能为中介服务于社会。其后，随着社会服务职能的进一步发挥，形成了“威斯康星思想”和“康奈尔计划”等办学理念，将专业教育理念推至极致，进一步强调“大学的目标是要把知识的光亮和发展的机会带给全国各地的人民，服务应成为大学的唯一理想”①，大学必须“充分考虑每一项社会职能的实际价值，换句话说，它的教学、科研、服务都应考虑到州的实际需要，大学为社会，州立大学要为州的经济发展服务”②，“大学应成为灯塔，积极促进社会发展，成为公众服务的必不可少的工具。”③《莫雷尔法案》的颁布从法律上确立了专业教育理念的地位，而赠地学院运动的兴起及威斯康星思想的出现则标志着在实用主义文化传统的影响下，适应社会发展而兴起的专业教育理念成为了主导美国高教发展的主旋律。

而在赠地学院和研究型大学冲击下出现的两年制社区学院更为专业教育理念影响的进一步拓展发挥了突出作用。社区学院以实用主义文化为积淀，以服务社会为基本导向，实现了高中教育与新大学教育的衔接，由此形成了专科、本科和研究生教育组成的三级结构的高等教育系统，以及由副学士、学士、硕士和博士所构成的四级学位制度，标志着美国现代高等教育制度的建立。④ 第二次世界大战后，两年制的社区学院由于其短期性和职业性、过渡性并存的特点而发展迅速，接纳了49%的高校学生，并为社区的民众提供全方位的服务，成为美国社会取之不尽、用之不竭的知识源泉和服务站。

第二次世界大战期间，美国政府更是将高等教育看作赢得战争的重要智力保障，更加强调专业教育的重要性，希望高等教育为国家安全和国家利益培养人才。在冷战背景下，联邦政府开始重新审视教育仅是各州保留权利的规定，本着“教育与国家安全密切相关”及“国防、国家安全为联邦事务”的思想，开始直接引导高等教育的发展。⑤ 1958年，《国防教育法》的颁布，为美国战后的第一次教育大改革确定了方向，宣告国家的安全需要最充分地开发全国男女青年的脑力资源和技术技能，这就要求提供更多的且更适当的教育机会。美国颁布《国防教育法》的目的在于保证受培训的人员的质量和数量足以满足美国国防的需要。该法的颁布进一步巩固了专业教育的合法性地位，使培养人力的教育在美

① 康健：《威斯康星思想与高等教育的社会服务职能》，《高等教育研究》，1989年第1期。

② 邬大光：《范海斯的高教思想》，《高教文摘》，1990年第5期。

③ John S.Brubacher, Willis Rudy: *Higher Edueation in Transition: A History of American Colleges and Universities*(4th).Transaction Publishers, 1968: 167.

④ 王廷芳：《美国高等教育史》，福建教育出版社1995年版，第197页。

⑤ 姚云：《美国高等教育法治研究》，山西教育出版社2005年版，第27页。

国高等教育体系中居于核心地位。

(二)学术教育理念的形成与发展

南北战争后,随着美国社会工业化步伐的加快,创办研究型大学、发展研究生教育的呼声日益高涨。加之,这一时期大批赴德留学的美国学者纷纷回国,美国开始了学习德国、重视科学研究、创建研究型大学的历程。约翰·霍普金斯大学的创办,曾经是美国高等教育史上最为激动人心的事件,它在事实上标志着美国研究型大学发展的开端,①使大学首次把培养研究生放在第一位,使授予博士学位和开展研究生教育成为一所学院变为大学的标志,使学者第一次能够在自己的专门领域把教学与创造性的研究结合起来。它开创了把科学研究作为大学基本功能,并与研究生教育相结合的学术性高等教育的基本模式。②

霍普金斯大学将纯粹的科学研究和发展研究生教育作为其首要任务,认为大学的目标在于"最自由地促进所有有益知识的发展……鼓励科研……提高学者的水平"③。吉尔曼就任霍普金斯校长时发表的就职演说中阐述了以知识为核心的霍普金斯大学的办学思想:"最慷慨地促进一切有用知识的发展;鼓励研究;促进青年人的成长,促进那些依靠其能力而献身科学进步的学者们的成长。"④吉尔曼将教师看作大学的中心,聘请了拥有德国大学博士学位的世界知名学者来校任教。该校的管理排除了教会或党派的偏见,主张教授治校,使学生和教师"燃烧着学习的热望"⑤。吉尔曼认为,实施研究生教育和高一级的教育作为研究型大学的重要使命。在这一理念的引导下,该校各项政策的实施都围绕研究生教育而开展,而研究生教育工作的开展又必须真正贯彻"学术自由"的高等教育理念。一方面,教授可以自由讲授自己的科学研究成果,在从事研究工作时,享有免受教会、政府、党派以及陈旧传统干预的自由;另一方面,这种学术自由的原则表现在研究生的学习自由上。吉尔曼主张,研究生的学习必须具有高度的自主性,着重培养其独立发现问题的能力及科学研究能力,允许研究生拥有根据自己的兴趣广泛选择课程的自由。⑥ 此外,该校还为研究生提供奖学金,资助学生的学业和科学研究,并创办科学研究杂志,鼓励出版学术研究成果。霍普金斯大学还借鉴了德国大学普遍采用的讲座法、习明纳以及实验法,培养学生的科研意识和科研能力。在其影响下,哈佛、耶鲁、哥伦比亚、威斯康星大学等著

---

① 贺国庆等:《外国高等教育史》,人民教育出版社2006年版,第237页。

② 乔玉全:《21世纪美国高等教育》,高等教育出版社2000年版,第10页。

③ 王英杰等:《美国教育》,吉林教育出版社2000年版,第114页。

④ 王英杰等:《美国教育》,吉林教育出版社2000年版,第114页。

⑤ 贺国庆:《德国和美国大学发达史》,人民教育出版社2003年版,第144页。

⑥ 张文静:《美国走上高等教育强国的历程及其经验》,《赣南师范学院学报》2009年第2期。

名的传统学院和州立大学逐渐向研究型大学转变，而芝加哥大学、克拉克大学等一批新的研究型大学也得以创立。这些研究型大学纷纷以认识论哲学为其存在的合法依据，强调客观、中立的纯粹研究，因而也被称为脱离现实、不问世事的“象牙塔”。霍普金斯大学、芝加哥大学等一批研究型大学以认识论哲学作为其合法存在的基础，以闲逸的好奇心精神追求知识为目的，强调自由探索和价值无涉，在学术和现实之间划出了一条明确的界线，是美国学术教育理念萌生的标志。然而，由于美国实用主义文化传统的存在，认识论高等教育哲学在与政治论高等教育哲学的博弈中从未取得绝对优势地位，尤其是随着研究型大学从政府获得的科研经费的日益增多，研究型大学难以与政府划清界线，单纯地沉迷于学术探讨。

不言而喻，在整个 19 世纪，研究型大学通过人才培养、科学研究、为政府提供咨询建议、科研成果转让等满足了周围社会的现实需求，极大地促进了美国经济社会的发展。然而，虽然说自赠地学院创办以来，美国大学即把服务社会作为大学的一项基本职能，但由于研究型大学是以自由的科学研究获得其合法性地位的，其驱动力包括树立学术威望的愿望、对政府资助的依赖和强调开展基础研究，因而学者普遍坚持客观的价值中立的研究，并不是积极主动地将其研究和教学与国家经济社会发展相联系，亦即，这一时期研究型大学是被动地服务于政府。

进入 20 世纪中后期，尤其是 70—80 年代，美国研究型大学面临的内外部形势发生了急剧的变化，如政府大幅削减高等教育经费；学生需求日益多元化；第二次世界大战后受国家主义的影响，研究型大学所从事的基础研究和应用研究的界线变得模糊不清，而市场因素的介入使研究型大学长期秉持的价值无涉的研究偏好受到了进一步的冲击，大学的创业行为已经成为国家和区域经济社会发展的重要组成部分。因而，部分研究型大学为应对这种变化和挑战，由传统的被动服务逐步走向主动的市场化的创业，以寻求在组织特性上的实质性转变，从而实现了由研究型大学向创业型大学（Entrepreneurial University）的战略转型。

创业型大学的出现是部分研究型大学应对挑战的创新举措，是研究型大学发展的新阶段和新趋势，并不是对研究型大学的否定。创业型大学仍坚持了其学术教育的基本理念，将教学和科研作为其基本职能。然而，创业型大学的科研与研究型大学的科研功能存在本质性的区别，即在研究型大学中，学者的科研模式是从理论到理论的，即从理论研究中的某个问题出发，以理论上的新发现或构建新的理论体系解释和解决该理论问题为目的。他们并不关注生产实践中的问题，也不关注理论问题的应用和科研成果的转化，他们坚持的是自由的探索和发现。而创业型大学的直接目标就是提高区域和国家的经济水平，因而其科学研究都直接面向社会、经济发展的需要，能够对国家利益和国家目标做出最敏锐的反应。创业型大学的教学与研究型大学的教学的区别在于其将教学与研究、创业结合得更为紧密，致力于为国家发展培养高层次的创造性人才。

创业型大学作为研究型大学在新时期的发展模式，具有四个基本特征。第一，多样化的资金来源。创业型大学除接受联邦政府和地方政府的传统拨款外，还通过获取企业或其他学术组织的资助、自主创收等方式广开财源。第二，与企业、政府形成三螺旋创新合作关系。创业型大学通过人才培养、科学研究、技术转让等方式与企业、政府形成抱成一团又螺旋上升的三螺旋互动合作关系，致力于为国家和区域的经济发展服务。第三，雄厚的科研实力。创业型大学继承了研究型大学齐全的学科门类和较强的研究实力，在面向市场自主创业的过程中，通过建立合作科研中心等方式与其他学术组织和产业界密切合作，使其本身的科研实力进一步增强。第四，具有浓厚的竞争意识和一体化的创业文化。创业型大学是富有创业精神、勇于冒险的研究型大学，它将企业界的企业家精神纳入大学内部，使大学组织成员普遍具有健康的竞争意识，创业活动被普遍接受，并有制度支持，组织内部有浓厚的创业氛围。其中，整合的创业文化是联结其他特征的内在信念和精神象征，是创业型大学之所以崛起、发展的根本动力，而其他特征是创业型大学的信念起作用的手段。可见，创业型大学立足于国家和区域发展需求的科学研究和人才培养既是对研究型大学学术教育理念的秉承与坚持，也是学术教育理念向实用主义的文化传统和专业教育理念妥协的产物，是研究型大学在新的发展形势下的战略性转型。

四、通识教育理念：自由教育与专业教育的和解

美国通识教育理念的出现是自由教育与专业教育在实用主义文化传统基础上达成的和解。专业教育是旨在培养人力的教育，强调交给学生谋生的本领，是一种工具主义价值观；而自由教育则源于古希腊，强调培养理智，培养健全的自由的人，是一种成人教育。

自由教育传入美国后，受到了其实用主义文化传统的挑战。在美国，专业教育始终居于核心地位，对美国社会、经济发展具有不可磨灭的贡献。然而，培养人力的教育充斥于高等教育界，致使学生的人文素养过于缺乏，引起了学者的不满，通识教育即作为专业教育的弥补取代了自由教育而受到关注。美国通识教育理念的形成与发展大致经历了四个阶段。

第一阶段发生于19世纪初,一些致力于改造传统学院的思想家认为,应在大学中开设拉丁语、希腊语、数学等古典课程。这些课程建立在"训练"和"装备"心灵的基础上,学生可以通过训练各种官能进而发展精神力量,从而进行学习的迁移。他们认为没有什么课程的学习比一个受过良好训练并因此能将其力量迁移到任何方面的心灵更为重要。在通识教育理念的影响下,哈佛大学进行了课程改革,耶鲁学院发布的《耶鲁学院1828年报告》,也对美国高等教育界产生了一定影响。

第二阶段发生于20世纪20—30年代,由少数推崇理性主义的教育家和学者发起,其中以永恒主义学派的赫钦斯为代表。两次世界大战期间,美国高等教育规模急剧扩张,由此带来了教育质量的下滑。永恒主义的代表赫钦斯认为,美国大学的发展现状背离了大学追求真理和学术自由的古老而高贵的传统,应该依循博雅教育和通才教育的理念实施大学改革,教给学生永恒的真理。在赫钦斯的积极倡议下,美国各高校积极开展了"名著阅读运动"。赫钦斯指出:"一个从来没有读过西方世界里任何伟大的书的人,怎能称得上是受过教育的呢?"① 他认为,古典名著有诸多价值,应该作为培养学生的重要资料,以使学生获得一种"基本观念的共同基础"②。赫钦斯主张用包含永久真理的永恒学科去教育青年人。他所说的"永恒学科",是指历代伟大思想家的著作,尤其是古希腊和罗马的经典著作。永恒的原则存在于西方悠久的文化传统中,这些伟大著作是达成培养理想这一教育最高目的的最好手段。他主张永恒学科应该在学校课程中占有中心地位,经验科学只能居于次席。赫钦斯和艾德勒在1937年接任圣约翰学院的董事会后,实施了以名著课程为主的"圣约翰计划",旨在促进学生道德和精神的发展。该计划为期四年,在大学的低年级开展。他们编辑了一套系统的名著教材,该套教材共54册,于1952年出版,所开列的名著范围相当广泛,涉及哲学、文学、史学、政治学、自然科学等方面,共收集了自柏拉图以来包括马克思、莎士比亚、达尔文、弗洛伊德等70多人的100多种伟大著作,其中大多是哲学家,也有部分是自然科学家和文学家。赫钦斯认为"名著阅读运动"在培养学生方面有明显的优势:能发掘出人类的共同要素;通过这些学科的学习,有助于人们形成共同的观念,有助于人们之间的互相沟通和联系;名著集历代伟人思想之精华,是学习人类文明最有效的捷径;名著又是学生进一步学习高深学问以及

---

① 华东师范大学教育系,杭州大学教育系编译:《现代西方资产阶级教育思想流派论著选》,人民教育出版社1980年版,第207页。

② 华东师范大学教育系,杭州大学教育系编译:《现代西方资产阶级教育思想流派论著选》,人民教育出版社1980年版,第197页。

深入认识世界的基础。

第三阶段发生于20世纪40—50年代,由政府机构以及推崇人本主义、要素主义的教育家和学者共同发起,波及教育界、科学界。这次运动中,人们普遍认为,通识教育即旨在“为培养人的独特品格和个人生活能力作准备,使他们作为一名公民或共同文化的继承者,能够参与其他社会公民在共同的领域中和睦相处”的那部分教育,是“由自然科学、人文科学和社会科学所组成的三个领域,是人们学习的中心”。[①] 这些学者强调应使通识教育与专业教育有机结合,通识教育应贯穿于所有的专业教育之中,要求学生在接受大学教育时,要完成自然科学、社会科学和人文科学每个领域中至少一门课程的学习,这种通识性质的教育可以在学生接受高级专业化训练之前或同时进行。[②]

第四阶段发生于20世纪70年代后期,由以德里克·博克(Derek Bok)为代表的人文主义者所倡导。1979年哈佛大学在校长德里克·博克的主持下,开始了新一轮课程改革。哈佛大学规定其核心课程涉及文艺、科学、外国文化等五个领域。1985年又加入道德思考,由此通识教育课程领域包括六大类。所有领域知识都围绕一个共同目的,给学生确定一个知识广度的最低标准,整个核心课程每年共设80~100门,平均每年在每一领域开设8~10门。哈佛大学的核心课程是美国大学本科教育课程的典型代表,贝内特(William Benett)任教育部长时,曾坚持一个共同的核心课程须含有对西方文明的认识,通过学习通识课程,学生能阅读英美和欧洲文学作品、历史与哲学、外国语文、一门非西方文化以及科学史。

五、多元化高等教育体系的文化支撑——实用主义理念

美国之所以能够形成专业教育与学术教育双峰对峙、通识教育与自由教育一脉相承并贯穿始终的多样化高等教育体系,是与其实用主义文化传统密切相关的。实用主义是美国精神的核心,美国高等教育自产生之初,便既不同于英国的自由主义教育模式,又不同于德国大学“为学术而学术”的传统,注重实用的教育传统一直贯穿于美国教育演进的全部历史中。每当社会发展遇到阻碍、出现问题时,美国朝野的第一个反应便是审视教育是否成功地履行了职责,是否为社会的发展提供了高质量的智力服务。[③] 为美国的国家、经济发展提供智力支

---

① 马骥雄:《战后美国研究》,江西教育出版社1991年版,第158页。

② Chrislopher J. Lucas.*American Higher Education*. St. Martin Press,1994:252.

③ 王保星:《美国高校社会服务职能的回顾与前瞻》,《北京师范大学学报》(社科版),2001年第2期。

持始终是美国高等教育的核心职能。

实用主义作为为美国民众广泛接受的社会思潮，是美国一切制度形成的基础和主流观念生存的土壤。美国的实用主义与其注重实际效益、讲求经济理性主义的宗教传统密切相关①，是普遍的社会心理，是一种看待世界的方式，一种价值观和处世原则，强调行动的实际效果，主张用实际效果评价一切和检验一切的思想或观念。其基本内涵之一就是反对权威，反对一成不变的原则和教条，一切以是否有用、是否有实用价值为转移，"如果一个观念不能用于实际行动，不能在实践行动中产生效果，那么这个观念就毫无意义"。② 鉴于此，布鲁贝克认为，美国高等教育所坚持的认识论，实际上是实用主义的认识论，即人们追求知识主要是作为手段而不是目的，只要其自由探索的结论符合现实，那么就是正确的。③

受实用主义思潮相对真理观和工具主义价值观的影响，美国在大力发展高等教育、实现高等教育强国的过程中，积极吸收了英国的自由教育理念、德国的学术教育和专业教育理念，并与本国的文化传统和社会需求相结合，既反对欧洲传统的训练心智、培养绅士的教育观和知识观，又合理借鉴了其人文主义教育的精髓；既吸收了德国的重视科学研究的传统又将科研与国家、社会需求相结合；既大力发展研究型大学，又积极发展赠地大学、社区学院等培养社会所需人才的高校，从而形成了专业教育与学术教育双峰对峙、通识教育与自由教育一脉相承并贯穿始终的多样化高等教育体系。美国以是否有利于美国经济、社会的发展为基本依据，将高等教育作为社会发展的动力站，采用适应社会需要的灵活多样的办学模式，形成了较为完善的多元化的学校类型和多层次化的纵向结构，并形成了多元化的经费筹措渠道，不断扩大高等教育规模，有力地支撑了美国向世界经济强国、高等教育强国的跃进。

六、启示与借鉴

（一）以开放的姿态坚持多样化办学，满足人们对高等教育的多样化需求

多样化是美国高等教育的显著特征之一，是美国政府大力发展高等教育所必不可少的软环境，是支撑美国走向高等教育强国的重要理念。美国高等教育形成了专业教育与学术教育双峰对峙、通识教育与自由教育一脉相承并贯穿始

---

① ［德］马克斯·韦伯：《新教伦理与资本主义精神》，于晓，陈维纲译，生活·读书·新知三联书店 1987 年版，第 25 页。

② 陆有铨：《现代西方教育哲学》，河南教育出版社 1993 年版，第 29 页。

③ ［美］约翰·S.布鲁贝克：《高等教育哲学》，王承绪等译，浙江教育出版社 2002 年版。

终的多样化高等教育体系,实现了学校类型与层次的多样化、培养目标的多样化、教学内容与方法的多样化、管理体制的多样化和资金来源的多样化,充分满足了美国社会多样化的高等教育需求。相比而言,我国高等教育类型较为单一,且高校之间趋同现象严重,高校盲目追求办学规模的扩大和层次的提升,不能满足人们对高等教育的多种需求,今后应坚持开放、兼容的姿态以形成多样化的高等教育体系,从而满足人们对不同类型、不同层次高等教育的需求。

(二)与社会需求紧密结合,面向国家和社会的重大需求办学

在美国高等教育发展过程中,高等教育以是否对国家和社会有用为风向标,在经济社会发展中起到了动力站的作用,逐渐走出了象牙塔,从社会的边缘走向了社会的中心,成为社会的轴心机构,是支撑美国走向高等教育强国的重要原因。我国大学应该借鉴美国高等教育的发展经验,积极满足社会发展的需要,面向国家和社会的重大需要办学,并引导社会的发展方向。

(三)借鉴国外经验应立足本国文化传统,坚持办学的本土化

17—18 世纪的美国高等教育是英国学院模式的高等教育,19 世纪的美国高等教育则被德国的大学理念所主导,但今天的美国高等教育是美国特色化的高等教育。美国在学习和借鉴英国和德国的大学理念时,始终与本国的实用主义文化传统相结合,将英国的学院传统、德国着重研究与研究院的观念及大力发展职业教育的经验与美国的现实状况和需要相结合,实现了高等教育思想和理念的创新,进而创造了独具特色的现代美国大学制度——学术性与实用性并举,英才教育与大众教育兼顾,教学、科研和社会服务兼容,通识教育贯穿始终。① 坚持实效性是美国高等教育青出于蓝而胜于蓝取得巨大成功的基本经验。而我国在新中国成立之初,全盘照搬苏联的高等教育经验,其后又步入了全盘西化学习美国经验的歧途,致使我国高等教育尚未走出特色化的道路。今后,我国高等教育在学习、借鉴他国经验时,应立足本国的社会文化和心理传统,坚持办学的本土化,走特色化发展道路。

第五节 技术立国理念与日本高等教育发展

作为后发外生型国家,日本自明治维新起就依靠国家机器的强大力量启动

---

① 杨炜长:《民办高校治理制度研究》,华中科技大学博士学位论文,2006 年 5 月。

了高等教育强国的远航。高等教育理念是建设高等教育强国的指南针，核心高等教育理念在高等教育强国的成长中做出了重要贡献。① 中国与日本同属后发外生型国家，探讨日本走上高等教育强国之路，解读日本高等教育的核心理念，可为建设具有中国特色的高等教育强国提供有益的帮助。

一、日本走上高等教育强国的历程

（一）高等教育规模的扩大与结构的完善

明治时期的日本大力发展专门学校，形成官私并举的高等教育格局。在“求知识于世界”的思想指导下，明治时期的日本进行了第一次教育改革，模仿欧美高等教育体制建立日本近代高等教育制度。近代第一部教育改革法令《学制》的颁布形成了以官学为中心的日本高等教育体系，东京大学的创建标志着日本近代高等教育的开始。同时，《专门学校令》的出台，有力地推动了具有日本特色的专门学校的发展，使日本原来单一化的高等教育结构有所改善，形成了官私并举的高等教育结构，也促进了私立高等教育机构尤其是私立专门学校的发展，为两次战争期间的大学升级运动以及高等教育大众化的实现打下了一定的基础。

两次世界大战之间《大学令》的颁布以及大学升格运动为日本近代高等教育的扩充做出了一定的贡献，尽管日本政府采取这项举措是为了实现它的侵略扩张目的。《大学令》颁布之前，日本只有帝国大学一种大学类型，专门学校属于其他高等教育机构。《大学令》面世后，日本大学数量与种类急剧增加，日本近代高等教育开始了它的第一次大扩张。截至 1939 年，日本有 7 所帝国大学，升格运动中有 13 所专门学校升级成为官立单科大学。由于公、私立大学法律地位的确立，日本的私立大学在两次战争期间也得到空前发展，到 1933 年，日本共有私立大学 25 所。②

战后初期新制大学与短期大学的建立使日本高等教育结构趋于完善。战后初期的日本迫于压力进行美国式的教育改革，具有法律效力的《教育基本法》和《学校教育法》是指导战后日本教育改革的根本方针。战后日本实施高等教育制度改革的最重要措施是建立新制大学，即将战前多种类型的高等教育机构统一为一种类型的大学。经过 5 年时间的调整与合并，其中 507 所旧制高等教育

① 黎琳，李枭鹰：《高等教育强国的基本特征与生发机制》，《现代大学教育》，2009 年第 5 期。
② ［日］角野雅彦：《日本近代高等教育与专门学校发展研究》，河北大学出版社 2008 年版，第 2 页。

机构组成了226所新制大学。[①] 短期大学创建于1949年,学制为两到三年,其成立的目的是为了解决因缺乏必需的设备而没能升格成为新制大学的专门学校。第二次世界大战后日本教育制度的民主化改革使战前培养少数英才的大学变为向群众开放的大学。

经济高速增长期,理工科大学的发展推动了日本高等教育大众化的实现。技术教育对于提高国家技术水平,提升未来国际竞争力,维持长期经济繁荣来说是非常重要的。日本1957年的《新长期经济计划》与1960年的《国民收入倍增计划》强调技术人才的数量与质量,因此,日本国家采取了一些政策措施使理工科大学得到充足的发展,扩展了技术教育的规划。[②] 1965年的《中期经济计划》进一步强调提高人的能力和振兴科学技术的重要性及迫切性,同时提出扩充后期中等教育,充实研究生院和大学本科教育等规划。[③] 1970年,日本高等教育的入学率已达到17%,日本已实现高等教育大众化。

(二)高等教育质量的提升

日本高等教育规模的扩张必然带来高等教育质量的问题。20世纪70年代的"大学纷争"暴露出日本高等教育在过快扩张时带来的一些社会问题,日本政府开始关注高等教育的质量问题,围绕改善质量展开了一系列的改革。日本高等教育质量改革主要包括四方面的内容:一是建立全国统一的高等教育入学选拔制度,强化大学入学标准;二是进行大学课程改革,将普通教育课程引入大学课程中,形成"四年一贯制"的课程制度;三是重视研究生教育,提升了研究生教育的质量;四是建立多元化多层次的大学质量保障体系,加强日本高等教育的质量保障。截至2001年10月,616所大学参加了自我检查与评价,占大学总数的92%。[④] 此外,日本还进行了大学结构的改革,提出21世纪的卓越研究基地(COE)计划,创建世界一流大学。为了提高大学竞争力,日本文部科学省在2001年提出在10年内建成30所世界一流水平的大学的目标。

日本高等教育质量改革为日本造就了一批世界一流大学以及一些在全球排名靠前的学科专业。以科研竞争力为评价指标,2009年日本有7所大学进入世界前100名,14所大学进入世界前300名,43所大学进入前600名,其中东京大学名列世界第五。日本大学也有一大批堪称世界一流的优秀学科,如2009年有

---

① 贺国庆,王保星,朱文富等:《外国高等教育史》,人民教育出版社2006年版,第273页。

② 王爱芬:《论二战后日本高等教育的改革历程与发展特点》,《教育理论与实践》,2004年第5期。

③ Edward R.Beauchamp, James M.Vardaman Jr. *Japanese Education since 1945: A Documentary Study*. M.E. Sharpe Inc, 1994:153-154.

④ 梁忠义:《日本教育》,吉林教育出版社2000年版,第551页。

3所大学的生物学与生物化学、7所大学的化学、3所大学的免疫学、4所大学的材料科学、2所大学的分子生物学与遗传学、2所大学的药理学与毒物学、4所大学的物理学等优秀学科进入世界前30强(该数据不包括研究所)。从科研创新力指标之一的专利数排行榜来看,2009年有15所日本大学进入世界前50强,其中东京大学位居全球第二。这一系列的数据充分证明了从质量方面来讲日本高等教育已跻身于世界高等教育强国的行列。

(三)高等教育的功用

日本高等教育的发展产生了巨大的社会效益与经济效益。高等教育的社会效益一般是指大学在社会上的声誉、威信和信任程度,比如高等教育培养人才的数量与质量、毕业生在社会上做出的成绩与贡献、社会各界对学校毕业生的反映等。高等教育的经济效益是指高等教育投入与教育产出的比率。教育投入主要是指大学办学过程中各种资源的使用;教育产出主要是指学生接受高等教育后知识能力素质的提高,以及大学在科学研究方面所取得的成果。高等教育的经济效益最终体现在科学技术的产出以及教育投资对日本经济增长的影响。从论文发表数量来看,1992年日本学者发表的论文数量已达到世界第二的水平,1995年日本专利数已超过美国成为世界第一,到2001年为止日本共有7人获诺贝尔自然科学奖①;1930—1960年日本经济增长中的25%是由教育投资的增加所贡献的。②

从日本高等教育强国发展的历程可以看出,日本高等教育在规模、结构、质量与效益方面均可堪称世界高等教育强国。那么,在日本高等教育强国的发展历程中,又是什么样的教育理论指导着日本高等教育实现巨大的经济效益与社会效益呢?回头看看日本高等教育的发展史,不难找出这样一条线索:"技术立国"理念贯穿在日本走向高等教育强国的历程中。

二、"技术立国"理念的传承与创新③

任何理念的提出都有它的经验基础与理论基础。日本近代高等教育的发展是以"技术立国"为经验基础的,而植根于日本传统文化的技术哲学则是其理论基础。只有了解技术哲学在日本的形成与发展,才能了解"技术立国"的形成与发展,才能了解"技术立国"在日本走向高等教育强国的历程中所起的重要

---

① 陈俊英:《战后日本大学的课程设置与教育内容改革》,《外国教育研究》,2004年第10期。

② 施雨丹:《二战后日本大学评价的发展历程及基本特点》,《外国教育研究》,2004年第10期。

③ 吴越:《日本国家教育理念的传承与创新》,《大学》(学术版),2010年第8期。

作用。

（一）“技术立国”理念的哲学背景

明治时期，欧美的自然科学是日本技术思想的萌芽。以明治维新为界，在移植和引进西方科学技术的过程中，西方自然科学的影响也慢慢渗入日本思想界，影响着日本人的思维方式和文化心理。德川晚期的“兰学”学派的形成证明了日本对西方科学技术的先进性与优越性有一定的认识。自明治维新之后，日本打破了历史悠久的孤立主义，开始大规模地引进与移植欧美科学技术。西周是日本明治时代著名的启蒙思想家，他是日本第一个翻译和使用“技术”与“科学”这两个词汇的人，并开始尝试用西方科学技术的观点来作为论证自己思想的论据，但他对科学技术的认识并没有形成自己的思想体系，福泽谕吉则是日本最早研究科学技术对社会发展的作用的学者。观念的转变必将改变人们的行为，日本政府采取一系列的措施，进行了第一次科学技术改革：派政府官员与留学生出国研习科学技术；高薪聘请外国专家来日指导专业发展；兴办以传授科学技术知识为主的各类专门学校等。受欧美自然科学的影响，明治时期日本实业教育得到了很大的发展。

“体系说”技术论为日本技术哲学发展打下了理论基础。技术哲学起源于德国，马克思首先形成技术哲学的理论框架，而卡普 1877 年的《技术哲学纲要》则奠定了其技术哲学创始人的地位。对日本技术哲学产生深刻影响的是战前“唯研（唯物主义研究会）”时期的技术论讨论。20 世纪 20 年代至 30 年代，包括技术哲学在内的大量德国哲学被移植到日本，在日本思想界引起了一场唯物主义与唯心主义之间的争论。“唯研”是一个由哲学家、科学家与技术专家组成的联盟，日本技术论讨论的直接导因是为什么科学技术在不同的社会制度下会产生不同的应用后果。社会主义国家的科学技术可以造福人民，而资本主义国家的科学技术则是剥削人民甚至给人民带来灾难的源头。“技术是什么？”“技术到底有什么用？”成为这次争论的主题，哲学家户坂润、相川春喜的技术论“体系说”标志着日本技术哲学的产生。“体系说”的实质是把技术作为生产力的一个要素，作为劳动力主体与劳动手段的客体在生产劳动过程中的统一体系来理解。日本思想界关于技术的反思则为第二次世界大战后日本技术哲学的形成以及日本的第二次科技革命打下了理论基础。

“应用说”技术论成为战后指导日本高等教育的哲学思想。第二次世界大战以后，日本的主要任务是恢复生产与发展经济，科学技术的主要任务是用来解决生产中出现的问题。因此战前把技术看作生产过程中物质形态的“体系说”受到日本思想界的怀疑，哲学家武谷三男认为技术本质上是人们有意识地、有目的地把自然科学的各种原理应用于社会生产过程中的实践过程。[①] 从而在批判“体系说”技术论的基础上形成了“应用说”技术论。“应用说”强调技术的应用价值,强调技术的主体因素以及主客体的相互作用,正好适应战后日本需要恢复经济与发展生产力的需要,以及经济高速增长期对技术革新以及技术改造的要求。日本技术哲学的形成对日本产生两方面的重大影响,一是引发了20世纪50年代至70年代的日本第二次技术革命,二是对这一时期的日本高等教育产生巨大的影响。这两方面的影响最终取得的效果就是促进日本经济的第二次大发展。

(二)“技术立国”理念的传承与创新

第一,技术立国。技术立国是欧美科学技术思想在日本发展的产物。20世纪中后期的日本已经成为世界经济大国,但由于国际经济秩序和贸易格局的巨大变化,仅仅依靠引进的技术已不能继续维持日本经济的繁荣,这就要求日本科技要加强基础研究和进行独创性的自主技术开发。同时,由于受到70年代第三次产业革命的影响,日本产业结构开始由资本密集型向技术密集型过渡。到80年代,“技术吸收型”战略已完全不能适应日本科技的发展,科技发展成为衡量一个国家在国际社会中地位的重要指标,“技术立国”的战略势在必行。1980年日本通产省发表的《80年代通商产业政策设想》的报告中首次提出“技术立国”,随后日本科学技术厅在《科学技术白皮书》(1980年版)中正式提出“技术立国”发展战略,从而使“技术立国”从一个民间概念上升为日本的基本国策。日本哲学家斋藤优认为,“技术立国”是指国家必须重视作为经济发展动力之一的科学技术的作用,通过扩大技术的研究开发能力和技术的转移,提高日本产业结构和输出产品结构的技术集约程度和知识集约程度,从而促进分工结构的高科技化发展,对日本和世界经济做出贡献。[②] 在“技术立国”方针的指导下,日本加强了基础性技术和独创性技术的开发,高等教育也逐渐形成了官产学合作的人才培养模式,日本逐渐摆脱对技术引进的依赖,自力更生探索科学新技术。“技术立国”强调独立自主的创造性技术的开发,它的正式提出标志着日本科技发展模式由引进技术向技术自创的重大转折,标志着日本科学由重应用研究向重基础研究的转变。

第二,技术创新立国。“技术立国”不仅是日本高等教育理念,也是日本的国家战略。以“技术立国”为核心,21世纪的日本在“技术立国”的基础上提出了一系列的高等教育理念,形成技术创新立国理念体系。如果说“技术立国”战

① 卞崇道编:《战后日本哲学思想概论》,中共编译出版社1996年版,第187页。
② 梁忠义:《战后日本教育发展与经济发展》,人民教育出版社1981年版,第6页。

略使日本在全球化时代建立了科学技术的基础结构,那么"技术创新立国"使日本在知识经济时代提升经济竞争力。20 世纪 90 年代,日本经济陷入"零增长"困境,日本政府试图依靠尖端科技来推动经济的发展,因此,在"技术立国"的基础上,提出了"技术创新立国"战略,继续加大在科研方面的经费投入,重视学术研究,加强生命、信息、环境、纳米等领域的研究,大力推进"经济活性化项目",将科技成果产业化。1995 年颁布的《科学技术基本法》是日本制定科技基本计划的法律依据。1996 年,第一个为期五年的《科学技术基本计划》再次强调了基础研究的重要性,强调科学技术创新能力提升的重要性。2001 年日本政府制定的第二个《科学技术基本计划》,提出将日本建设成为"能够以知识创新和技术创新为世界做出贡献的国家","日本在第二个五年基本计划中将科学技术研究投入总额扩大至 24 万亿日元,在继续强化基础研究的同时,重点推进生命科学、信息通讯、环境科学、纳米材料和能源等与经济发展、国民福祉密切相关的高新技术领域的研究。"①"技术创新立国"是日本政府对"技术立国"的丰富和发展。

"技术立国"的着眼点是技术,"技术创新立国"的着眼点是创新。日本在提出"技术立国"战略实施 15 年后,发现仍与美国等发达国家在科技方面存在一定的差距,究其原因是因为日本科技忽略了基础创新能力的开发。1995 年《科学技术基本法》的颁布,标志着日本科技政策进入重视基础研究和强调创新的新阶段,也确立了日本"技术创新立国"的高等教育理念。从"技术立国"到"技术创新立国",标志着日本技术立国的核心内容发生了根本性转变,实现了质的飞跃。"技术创新立国"的根本目的是以技术创新和发明创造为中心,推动科技革命和科技进步,确保日本在科技领域达到世界一流水平,以加强产业和企业的国际竞争力,进而搞活日本经济,提高国民生活水平。

第三,知识产权立国。知识产权立国是技术立国教育理念体系中的重要内容。20 世纪 60 年代,日本主要从欧美引进具有专利权的技术;60 年代到 70 年代末,日本在引进技术的基础上开始自主创新技术;80 年代美国则用知识产权来制裁日本。正是在这样的背景下,日本政府提出了技术创新立国。然而,科学技术生产力的竞争是 21 世纪国家竞争的核心内容,而先进的技术是需要国家法律制度来保护的。2002 年 7 月,日本在《知识产权战略大纲》中提出了"知识产权立国"的国家战略,意在保持日本繁荣的制造产品之外,增加以制造无形财产作为发展根基。所谓知识产权立国,就是明确国家尊重发明创造的基本原则,把知识创造作为国家战略,在进一步提高产品制造技术的同时,把产业发展的基础

① 卞崇道:《战后日本哲学思想概论》,中央编译出版社 1996 年版,第 181~183 页。

建立在技术、设计、品牌以及音乐、影视节目等信息化产品的知识创造上来,以实现日本经济社会的新发展。①

“知识产权立国”的主要内容有创造战略、保护战略与活用战略。创造战略是指促进知识创新与发明创造,保护战略是指对专利进行知识产权保护,而活用战略则指的是促进知识产权的转让与流通,包括技术转移等。日本政府认为实现知识产权立国,基础是人才资源。《知识产权战略大纲》强调对大学等单位采用机构一元化管理,强化技术转让功能,完善与技术转让等相关的合同规则,鼓励技术转让,促进大学等单位的技术转让。日本政府对2006—2016年期间不同教育阶段的知识产权人才的培养作出了具体的规定,在初、中等教育阶段注重文化环境教育,培养学生的创造性意识;在高等教育阶段,以培养研究者的创造性为主,完善自主研究的环境等。② 一定程度上来说,“技术创新立国”是“技术立国”的创新,而“知识产权立国”是“技术立国”的延伸。

第四,技术立国的实践措施。日本“技术立国”理念的具体实践主要表现为三方面:一是建立官产学合作的人才培养机制;二是加大科研经费投入;三是促进技术转移,加强研究机构与企业的交流。

建立官产学合作的人才培养机制是日本政府实施技术立国战略的一项重要举措,其中“官”指政府及其研究机构,“产”指企业界,“学”指大学。明治维新时期官产学合作表现为产与学的自由合作,第二次世界大战后官产学合作经历了复杂发展阶段。20世纪60年代受到重视的官产学合作到80年代后却受到日本社会的怀疑。1980年日本确立技术立国战略以后,官产学之间的合作研究尤其是产学之间的合作在经历许多猜疑后最终能得以迅速发展,其主要原因是官产学合作的制度化。官产学合作制度化主要表现为共同研究制度、委托研究制度、委托研究员制度、企业捐助奖学金制度、捐款设置讲座和研究部门制度、设置共同研究中心以及21世纪初的协调者制度的建立。

加大科研经费投入,增加科研产出。据调查,日本自20世纪50年代以来的科研经费一直持续增加,1960年为1 844亿日元,1970年为13 555亿日元,1980年为52 463亿日元,1990年为130 783亿日元,1998年达到161 339亿日元。从研究经费占国民生产总值的比例来看,60年代日本落后于美、英、法、西德,1972年超过法国,1983年超过英国,1987年超过美国,1989年超过西德成为世界第一,此后一直保持世界第一的水平。从研究经费的来源看,60年代日本政府的

---

① 王文利,林巍:《日本科技发展战略的转型及其对研究生教育的影响》,《外国教育研究》,2008年第4期。

② 刘昌黎:《论日本新世纪初的立国战略体系》,《日本学刊》,2008年第4期。

科研投资约占 1/3,民间投资约占 2/3;此后,政府的投资逐渐减少,民间投资逐渐增加,到 1990 年政府投资比例降到最低点 16.5%,而民间投资额的比例达到最高为 83.5%;90 年代以后恰恰相反,民间投资比例逐年减少,而政府的科研投资额所占的比例却逐年增加,说明政府在技术立国理念的实践中的调控功能日益扩大。日本对科学技术投入的增加推动了日本科学技术的产出。从论文数来看,据 SCIR 统计,1973 年日本发表的论文占 SCI 收录论文总数的 5.2%,排在美国、苏联、英国、西德、法国之后,居世界第六位。到 1980 年占 6.8%,超过法国和西德成为第四位。1994—1998 年占到 9.8%,仅排在美国之后成为第二名。从专利数来看,日本在专利申请和批准这两方面在 1980 年就已经超过西德、法国、英国;从专利申请数量来看,1980 年已超过美国,但批准的专利件数仍落后于美国,到 1990 年达到与美国相同的件数,1995 年超过美国成为世界第一。日本在科学技术方面的巨大投入的确推动了日本科技的产出,在众多专利申请数量中也可以看出,日本的应用研究和开发研究在世界上居领先地位,而基础研究还是比美国弱,这也是日本在 90 年代中期提出"技术创新立国"理念的根本原因。

促进大学技术转移,推动大学创业教育。日本一直以来非常重视科技人才的培养,为了推进科学技术活动,第二次世界大战后日本对科学技术体制进行了改革。尤其是确立了技术立国与技术创新立国战略以后,日本逐渐从引进国外技术过渡到自主开发核心技术,大学与企业在研究开发方面的协作进一步推进了日本科学技术的发展。在科学技术迅猛发展的背景下,如何将科技成果向企业界转移,促进研究机构与企业界的沟通交流成为日本 20 世纪 90 年代思考的重要问题。1998 年,日本国会通过了促进大学技术研究成果向民营企业转让的相关法律《大学技术转移促进法》和《研究交流促进法》的部分修正案,鼓励国、公立大学等研究机构设立技术转移组织,促进学术界对产业界实施技术转移。同时,通过提供技术与管理等方面的人才为大学进行创业提供帮助。作为中介机构的技术转移组织,不仅起着协助大学等研究机构将科研成果向企业界转移的中介作用,同时对大学创业起着促进作用。截至 2005 年 11 月,根据《大学技术转移促进法》获得认可的技术转移机构达到 41 家,这些机构为促进大学科研成果的专利化、实用化和商品化研究做出了很大贡献,在大学与企业之间发挥了桥梁作用。① 同时,日本大学的研究活动和社会各方面的合作已成为国立大学主题评价的主要内容之一,评价包括大学与政府的科研机构和企业的合作情况、技术转移情况、参与产学官合作的情况以及研究成果发表等情况。对研究活动的评价刺激了大学与政府等研究机构,也促使创新研究不断产生。

---

① 王玲,张义芳,武夷山:《日本官产学研合作经验之探究》,《世界科技研究与发展》,2006 年第 4 期。

（三）"技术立国"的理性解读

技术立国、技术创新立国、知识产权立国形成了一个以技术立国为核心的日本高等教育理念，是日本创造、保护、应用和管理科学技术的一系列理念。技术立国遵循从模仿学习到自主创新的演变路线，具有路径依赖的特征，能够产生强烈的"飞轮效应"。所谓模仿学习，是指技术立国最初源于对欧美重视科学技术的理念的借鉴吸收，日本借鉴欧美发达国家重视技术教育而取得经济上成功的经验确立了技术立国的教育理念。所谓自主创新，是指日本在确立技术立国理念之后，结合日本自身的国情以及世界高等高等教育乃至世界经济发展的趋势，在技术立国的基础上补充新的元素如重视创新、保护知识产权等，以充分地发挥技术立国战略的作用。在这个理念体系中，可以看出其核心成分是技术立国，技术创新立国与知识产权立国都是日本国家作出技术立国的选择后对重视科学技术的不断自我强化，这就是技术立国理念路径依赖的特征。技术立国是日本国家高等教育的根本方向，这一选择决定了日本高等教育现在以及将来的发展，也正是在技术立国实践的逐步积累过程中，日本的高等教育发展产生了强烈的"飞轮效应"。

第一，技术立国与专业教育。专业教育是指培养专业人才的教育。它包括各种类型的高等学校，如大学和各种专门学院、中等专业学校（如技术学校，师范学校，幼儿师范学校，以及财贸、卫生、体育、艺术等学校，技工学校）。技术教育是专业教育的一个重要内容，在技术立国理念的发展过程中，日本技术教育的发展呈阶梯状上升。首先，明治时期专门学校培养的是初级技术人才。1903年《专门学校令》从法律上承认了专门学校作为高等教育机构的地位，将专门学校界定为传授高等学术技艺的学校。明治时期的专业教育主要是模仿欧美以培养实用人才，以实现实学强国的梦想。其次，经济高速增长期日本大学培养高级技术人才。20世纪50年代中后期日本进入经济高速增长期，产业结构由劳动密集型向资本密集型的重工业与化学工业等转变，这一时期日本政府对专业教育的认识是非常深刻的。同时，产业结构的变化再次强调了专业教育在日本高等教育中的地位，为日本确立技术立国战略创造了良好的文化环境。最后，20世纪末前后培养拔尖技术人才。如果说明治时期与经济高速增长期日本重视专业教育为技术立国创造了良好的文化环境，那么20世纪末日本专业教育的改革正好为技术创新立国与知识产权立国的提出作了铺垫。技术创新立国要求高等教育培养创新型人才，而普通教育又是培养创新型人才的关键。20世纪90年代以来，日本单科性大学开始强调普通教育与专业教育的关系，综合性大学则采取普通教育与专业教育同时进行的方法，但专业课程的比重则有所增加。尽管90年代以后日本本科教育中普通教育是与专业教育保持有机联系的，但普通教育的引入不但没有改变日本重视专业教育的传统,而且加强了研究生阶段的专业教育。我们可以看出,日本重视专业教育的传统以及专业教育的改革与技术立国理念的形成与发展融为一体。也正是因为专业教育在日本产生根深蒂固的影响,才使技术立国理念的传承与创新都自始至终与专业教育的发展有着密不可分的关系。

第二,技术立国与高等教育强国。教育理念的最终目的是要落到实践层面,是要指导教育的发展并能对教育产生过或即将产生重大影响。技术立国为日本走上高等教育强国主要做出了三方面的贡献:体现高等教育服务经济社会的功能,实现高等教育大众化以及促进高等教育国际化,技术立国强化了高等教育服务社会的功能。教学、科研与服务社会是高等教育的三大基本职能,但社会对高等教育的这三大功能的认识有先后之别,而服务社会是现代高等教育的新功能。日本资本主义近代化对大量科技人才与管理人才的需求使日本政府认识到高等教育要为经济服务,认识到"为'殖产兴业'而振兴实业教育,使实业教育为经济发展服务,是明治新政府的基本教育政策"①。明治时期技术性科系在振兴经济上起了重要作用,东京帝国大学是除美国之外世界上最早设有技术科系的综合性大学。20 世纪 50 年代之后,日本更加强调高等教育的经济功能,这虽然在一定程度上忽略了教育本身的规律,给社会造成一定的负面影响,但的确推动了日本高等教育的大发展,使其逐渐走上高等教育强国之路。在 80 年代政治、经济与文化全球化的背景下,整个世界发展呈现"技术统治论"趋势,把科学技术看作直接决定或根本改变政治制度的力量。由于当时日本想要由经济大国向政治大国奋进,因此这种"技术统治论"的思想对日本产生了深刻的影响。

技术立国是日本高等教育大众化的加速器。日本高等教育发展到一定阶段时,正好与特罗提出的"高等教育发展阶段论"中的大众化阶段划分标准相符,因此,日本引用外来的高等教育大众化理论来对 20 世纪 60 年代至 70 年代的高等教育发展情况进行解释。客观地说,日本高等教育实现大众化的过程也是技术立国理念的形成过程是同步进行的。在 50 年代末日本经济高速增长时期,日本经济社会对科技人才这种客观上的需求以及政府的重视与努力,使日本高等教育在战后初期改革的基础上,进入了一个急速膨胀的发展时期。当时日本社会经济的发展对高等教育的需求主要表现在两个方面:一是技术人才数量需求的巨增;二是产业结构与就业结构的变化。这两个特征引起当时日本高等教育发生相应的变化进而迅速迈进了大众化阶段。从 50 年代后半期开始,日本又重新形成了多种高等教育机构并存的局面。这一时期形成的新的高等教育机构主

① 梁忠义:《日本教育发展战略》,吉林教育出版社 1993 年版,第 67 页。

要有四年制大学、短期大学、高等专门学校和专修学校。这些高等教育机构都是以培养不同层次的专门技术人才为主。20世纪60年代至70年代,日本高等教育大众化实现的同时,技术立国理念也趋于成熟。可以说,技术立国是日本高等教育大众化的根本指导思想,而高等教育大众化又是技术立国理念实践的主要途径。

技术立国促进了日本高等教育的国际化。要成为世界高等教育强国,规模与质量只是其中两个较为重要的方面,开放性仍是不可缺少的重要内容,技术立国在日本高等教育国际化过程中起着重要的推动作用。技术立国与高等教育国际化的渊源要追溯到明治维新时期,但技术立国真正促进高等教育国际化是从20世纪70年代开始的。明治时期,大量聘用外国专家以学习和移植西方科学技术,成为日本近代高等教育国际化的开始。日本明治政府认为要缩短与西方的差距就必须重视教育,优先发展教育,必须要虚心向外国人学习。因此,除了聘请外籍教师传授西方科学技术、培养本国人才外,日本政府也派遣留学生学习欧美技术。可以说,日本近代高等教育的国际化缘于明治时期对西方科学技术的引进。20世纪80年代至90年代,日本政府不但确定了明确的外国留学生数量并为外国留学生提供财政支持,而且私立大学的外籍教师数量也大量增加,如日本私立大学外籍教师的数量由1983年的834名增至1995年的2 304名,几乎增加了两倍。① 1990年,日本成为全球十大留学生地主国之一,当年共有留学生23 816人,占全球总留学生数量的2.0%;1995年共有53 847人,占3.3%;2001年共有63 637人,占3.9%。② 既无资源又无强大军事力量的日本需要依靠技术力量来提高国际地位,在国际事务上取得发言权。技术立国要求高等教育资源配置国际化,这不仅要求通过教师互聘、学生交流、学分互认等来加强国际化人才的培养,日本科学技术的国际化交流与合作也是重要内容,如大学间共同开发与合作项目等,才能培养日本政府界定的面向世界又能充分应付世界复杂形势的人才。

第三,技术立国的不足之处。结合日本高等教育与日本技术哲学的发展史不难发现,“技术立国”理念的提出不仅有其深刻的历史渊源,而且“技术立国”思想一直贯穿日本高等教育强国乃至日本强国的发展历史始终。强化高等教育服务社会的功能、加速高等教育大众化、促进高等教育国际化是技术立国在日本走向高教强国的历程中所起的主要作用。世界上没有完美无缺的教育理念,任

① Umakoshi Toru.*Internationalization of Japanese Higher Education in the 1980's and Early 1990's*. Higher Education, 1997,34(2):259~273.

② 戴晓霞:《高等教育的国际化:外国学生政策之比较分析(续)》,《复旦教育论坛》,2004年第6期。

何教育理念在它指导教育发展的同时难免会产生一些负面的影响，指导日本走向高教强国的技术立国理念也遵循这样的规律。要讨论日本技术立国理念的不足之处，就必须要搞清科学与技术的区别与联系。科学的目的是认识客观世界，而技术的目的是改变客观世界。科学的形态表现为概念、原理、假说、理论的知识形态，而技术表现为可操作的知识或知识的物化形态。① 科学包括应用科学与基础科学，日本科学技术在发展过中，首先表现为重技术而轻科学，随后既强调技术也重视科学，但过分强调应用科学而忽略了基础科学。重技术轻科学尤其是轻基础科学的特征，不但决定了日本科学技术的发展，而且使日本高等教育培养的人才规格也产生相应的变化。明治时期日本完全依靠从欧美引进技术来促进经济发展，第二次世界大战前后的日本从引进技术向转移国外的应用研究成果过渡，经济高速增长期日本开始在应用研究领域有所作为，而企业是日本开展应用研究的主要场所。企业在科学研究中所占的重要地位正是日本独具的特征。随着对科学与技术关系认识的加深以及对基础科学在应用科学发展中重要性的认识，日本政府开始加强基础科学的研究。国立大学是日本进行基础研究的主要单位，第二次世界大战初期日本政府从国家层面对科技研究进行资助，通过把科研经费与国立大学的财政拨款合二为一，以保证日本国立大学开展基础研究的日常经费。但与应用研究相比，日本对基础研究的重视是在 20 世纪末才开始有所增强的。从前面提到的 20 世纪末日本申请的专利数量可以看出，日本的应用研究在世界上居领先地位，而基础研究是不能与美国相比的。21 世纪的日本大学已经认识到，应用科学的发展必须要建立在基础科学发展的基础上。因此，1999 年日本学术振兴会修改“学术振兴会法”，规定日本学术振兴会负责实施日本科学研究补助金（JGSR），使人才培养与项目资助一体化，研究与教育一体化。② 重技术而轻科学尤其是基础科学是日本“技术立国”理念的一大特征，影响着日本高等教育的发展。

三、经验与启示

日本高等教育百年来的历程告诉我们，日本政府是站在国家高度来规划高等教育的，是以发展的眼光确立高等教育理念的，从而实现了由高等教育弱国向高等教育强国的完美转身，可称得上是世界高等教育的奇迹。21 世纪中国高等教育的发展机遇与挑战并存，除了要结合本国国情外，借鉴同是后发外生型高等

---

① 段联合，曹胜斌：《科学技术哲学教程》，科学出版社 2003 年版，第 63 页。

② 鲍健强：《JGSR：日本基础科学研究的基石》，《中国科学基金》，2001 年第 3 期。

教育强国——日本高等教育发展的经验是相当重要的。结合技术立国的形成及其在日本走向高等教育强国中所起的作用,可以从以下三个方面来谈对中国的启示。

(一)高等教育理念的根本:服务于国家发展目标

技术立国之所以在日本的高等教育发展中处于主导地位并发挥核心作用,助推日本高等教育的崛起,是因为其与日本的国家发展目标密切结合。明治维新改革中日本醉心于德国的发展模式,选择国家主导下的工业发展模式,强调实业技术人才的培养;第二次世界大战后日本实现了经济大国的梦想,科学技术核心地位的确立助飞了日本的第二次经济腾飞,实现了日本国家此阶段的战略目标;借助先进科学技术的优势,从经济大国向政治大国转变是中曾根首相提出的国家目标。日本得益于高等教育核心理念与国家发展目标的融合,才立足于世界教育强国之列。同属于后发外生型,以及拥有共同的东亚文化的中国,高等教育强国建设中核心理念的确立也应该与国家发展目标一致,使理念服务于国家战略目标。只有使高等教育理念服务国家战略目标,理念才能指导高等教育的发展,才能使高等教育更好地为国家发展做出贡献。

(二)高等教育理念的实践基础:高等教育功能

教学、科研与服务社会是高等教育的三大功能。日本通过技术立国的实践有机地整合了这三大功能:建立官产学合作人才培养机制、充分发挥大学科学研究的功能以及通过科学技术的转移来促进经济社会的发展。作为国家层面的高等教育理念,技术立国是日本整个高等教育发展的指挥棒,也直接影响着日本高等教育乃至整个国家的发展。日本的经验告诉我们,确立正确的高等教育理念,实现高等教育的跨越式发展,创建世界高等教育强国,必须要将理念与高等教育功能紧密结合。高等教育理念是高等教育功能的理论升华,高等教育功能是高等教育理念的实践基础。要通过高等教育理念指导高等教育功能的实现,也需要借助高等教育功能来完善高等教育理念。

(三)高等教育理念的实践保障:制度环境

高等教育的发展当然离不开有形的物质条件,日本政府为其高等教育发展提供了充足的人力、物力与财力等硬件支持,为其成长为高等教育强国创造了良好的硬环境。难能可贵的是,日本政府在重视高等教育发展的硬环境建设的同时,并没有忽视软环境的建设。所谓软环境是相对硬环境而言的一个概念,是指物质条件以外的诸如政策、文化、制度、法律、思想观念等外部因素和条件的总和。日本高等教育立法以及日本国家的开放性、竞争性等都为其成长为高等教育强国创造了良好的制度环境。日本的教育政策与经济政策、产业政策和科技政策等融为一体,是综合国策的一个重要组成部分。中国要由高等教育大国向高等教育强国迈进,在保障高等教育发展的硬环境的同时,也必须要为教育理念的实践提供良好的软环境,为高等教育强国的实现创造良好的文化氛围与有力的制度保障。

第六节　以创新应对挑战:结论性观点

周虽旧邦,其命维新。作为世界遗存的最古老的机构,大学经历了无数次艰难的转型,而创新一直是推动大学转型的动力源。从中世纪大学到洪堡的柏林大学,从研究型大学到创业型大学,大学总是在与社会的互动中不断地探索和实践新的教育理念,审视和调整自身的组织结构和大学制度。

经过千年的演化,世界高等教育形成了两大体系、三种大学教育传统。第一种是人文教育传统。这种教育传统发轫于中世纪巴黎大学的文学院、奠基于15—16世纪的牛津大学、光大于20世纪的哈佛大学。这种教育传统在巴黎大学文学院表现为古典人文主义教育理念。在牛津大学表现为自由教育理念,在哈佛大学表现为通识教育理念。第二种是专业教育传统。这种教育传统发轫于中世纪博洛尼亚大学,奠基于18世纪末的巴黎综合理工学院,极致于20世纪初苏联的单科性专业学院。这种教育传统在博洛尼亚大学表现为古典职业教育理念,在巴黎综合理工学院表现为精英式的专业教育理念,在苏联的单科性学院表现为对口式专业教育理念。第三种是学术教育传统,这种教育传统发轫于古希腊的雅典学派,奠基于18世纪初洪堡的柏林大学,成就于当代美国的研究型大学。这种教育传统在古希腊表现为以"闲逸的好奇心""为学术而学术"的教育理念,在洪堡的柏林大学表现为"教学与科研相统一"的教育理念,在美国研究型大学表现为"产学研一体化"的教育理念。这三种教育理念构成了大学的遗传基因,体现了当代大学演化的内在逻辑。通过上述梳理,我们发现,世界两大高等教育系统的大学教育理念创新从来就没有离开过这三种传统。每个时代大学教育理念的创新只不过是在传承已有教育理念的基础上对环境所作出的积极反应。正是在这个意义上,阿什比提出大学是遗传与环境的产物。重视遗传就是要传承已有的大学教育理念,延续大学教育的文化基因;强调环境因素就是要创新大学教育理念,以创新应对挑战。保持大学教育理念的延续性和创新性之间的平衡已经成为世界两大高等教育体系面临的共同问题。

面对高等教育大众化、国际化、市场化、信息化的挑战,中国政府提出了科教兴国战略。科教兴国战略的最新表述是通过建设高等教育强国培养拔尖创新人才，最终成为人力资源强国。建设高等教育强国的前提是教育理念的创新。中国作为具有罗马传统高等教育特征的国家，20世纪50年代“全面学苏”，进行了大规模的院校调整，把原有高等教育系统实行的通才教育改造成以专才教育为主的“苏联模式”。这种教育理念因对国家的经济发展产生过巨大作用而具有一定的合理性。但随着社会的发展，这种教育理念日益显露出其弊端。它带来的最大问题是不利于创新人才的培养和现代公民教育的发展。这种教育理念指导下的中国高等教育具有四个突出特点：过弱的文化陶冶，过窄的专业教育，过重的功利导向，过强的共性制约。[①] 这是当代中国高等教育改革面临的基本问题。要培养创新人才，教育理念必须创新。为此，加强人文教育是中国高等教育改革的一个重点。中国古典高等教育的人文传统虽然源远流长当我们引进西方现代大学制度时，却舍弃了自己的人文教育传统。较之人文教育的缺失，中国高等教育尤其缺乏学术教育的传统。西方的学术教育传统源于西方二元论的世界观，自古希腊起，人们就认为真正的学者只应该关注理念世界，喧嚣的现实世界是不值得关注的。理念世界是学者安身立命之所，学者可以“以闲逸的好奇心”追求学问，这是学术教育的思想渊源。而中国文化具有实践理性的传统，提倡学而优则仕，任何学问只有投射到政治领域才能体现其价值，缺乏“为学术而学术的传统”。[②] 正因为如此，当我们向西方学习时，特别看重的是旨在培养人力资源的专业教育，而不是以追求高深学问为核心的学术教育。

中国建设高等教育强国，需要教育理念的创新。教育理念的创新要结合中国的实际，以世界高等教育的三种教育传统（专业教育、通识教育、学术教育）为基本素材。也就是说，中国建设高等教育强国，应以培养创新人才为中心，以大力加强人文教育和学术教育为两翼，在中国教育的历史中寻找人文教育之根，同时积极吸收西方学术教育的文化资源，以世界文明的成果丰富我们的大学教育理念。

---

① 文辅相：《我国本科教育目标应作战略性调整》，《高等教育研究》，1996年第6期。

② 周光礼，刘献君：《大学的超然性与介入性：论中西学术价值观的文化差异》，《江汉石油学院学报》（社科版），2001年第3期。

第七章　世界一流大学教育理念

中国进入了一个新的发展时期，高等教育不仅正在稳步地向大众化纵深挺进，而且正由世界高等教育大国向强国冲刺。改革开放30余年来，我国经济持续快速发展，成为世界上最具活力和增长最快的经济体，与之相适应，高等教育发展也取得了巨大成就，我国大学与发达国家大学的差距在不断缩小。纵览当今世界高等教育，不难发现，世界高等教育强国都拥有若干所世界一流大学，世界一流大学是高等教育强国的典型标志。建设高等教育强国是我国经济社会发展的必然选择，是一项史无前例的伟大实践。毫无疑问，建设高等教育强国的任务是多方面、多层次的，但建设中国的世界一流大学应当是一项无法回避的重大课题。世界一流大学是数以万计的世界各级各类大学的塔尖，它们不仅是世界各国文化和经济社会发展的精神支柱，而且高度集中地承载了几百年来世界高等教育发展的历史积淀和现代诉求。因此，研究世界一流大学的形成及其教育理念，对于我们理解高等教育强国形成的历史逻辑，认识建设世界一流大学的时代使命有着特别重要的意义。

第一节　教育理念与世界一流大学的形成

世界一流大学能在世界高等教育舞台上独领风骚，无疑与其教育理念有着不可分割的关系。然而，长期以来，人们对世界一流大学教育理念并没有十分清晰的认识。虽然关于世界一流大学的研究很多，但大多停留于世界一流大学的外在表现，而关于教育理念与世界一流大学内在联系的研究并不多见。所以，研究世界一流大学的形成及其教育理念，不仅是现实的需要，也有其自身的理论价值。

威廉·冯·洪堡认为，学术是一个尚未穷尽且永远无法穷尽的问题，一旦停止对学术的真正探索,将不仅是学术的损失,也是国家的损失。为了永远避免进入这一歧途,只需使精神的三重追求保持其旺盛的生机:其一,根据一种根本的原则来解释万物;其二,为万物建立一种理想;最后把上述的原则和理想两相结合,形成一种理念。① 在世界一流大学的形成过程中,实然的教育理念是教育工作的最高组织原则,而应然的教育理念则为之提供了奋斗的愿景与理想,并关照着教育实践的方向。

世界一流大学能从众多大学中脱颖而出,先进的教育理念无疑是其走向成功的首要原因。人们每每提到19世纪的德国柏林大学,便会论及"由科学而达致修养"、"教的自由和学的自由"等教育理念;谈到哈佛大学等一批美国大学的发达史,则无法绕过服务社会的教育思想。教育理念作为引领大学发展的思想信念,与大学办学水平和质量有着高度的相关性。当然,随着时代的发展、社会的进步,在理念与办学实践的互动中,教育理念的内涵也会发生变化,也就是说,教育理念本身也有一个不断发展、创新的过程。

尽管世界一流大学是一个内涵和外延都不甚清晰的概念,但可以肯定的是,它是在现代大学产生之后才出现的。1810年建立的柏林大学被视为现代大学的开端,此前创办的大学都可称为古典大学。世界一流大学有两类不同的发展模式:第一类是古典大学在现代化转型过程中成长起来的,如牛津大学、剑桥大学、哈佛大学等;第二类是创办于19世纪甚或更晚,像柏林大学、斯坦福大学、芝加哥大学等,建校伊始就立志办成世界一流大学,经过几十年的发展终于如愿以偿。在世界一流大学的发展历程中考察教育理念,无疑能够触及大学教育理念的本质,厘清教育理念变革的原因及其践行后的结果,揭示教育理念与世界一流大学形成的关系。

一、教育理念的革命与古典大学的新生

大学是一种古老的社会组织。在当今时代,一批数百年前创建的大学往往以其悠久的历史而为人们所称羡。在欧洲,随着工业革命的兴起,社会急剧变化,资本主义的快速发展需要大批具有专业知识与现代思想的新型人才。然而,古典大学却无视时代需要,仍以绅士培养为目标,在教学内容上固守古典人文课程,无法满足社会发展的需要。像牛津大学、剑桥大学、哈佛大学等尽管有着几百年的办学历史,但在19世纪前基本上是几百年如一日,未曾发生实质性的变化。在整个社会都在向现代化迈进的时候,以古典人文知识为目的的保守主义

① 陈洪捷:《德国古典大学观及其对中国的影响》(修订版),北京大学出版社2006年版,第199页。

教育观显得愈益僵化与不合时宜，古典大学的衰落也就势所必然。

19 世纪初期，古典大学面临严重的身份危机，而一切问题的根源都可归因于教育理念的迂腐陈旧。以牛津大学为例，18 世纪大部分年份的入学人数都在 300 人以下，而在入学人数最低的 1750—1790 年中，有一年的入学人数只有 182 人。[①] 剑桥大学虽在 19 世纪上半叶进行过一些改革，包括拓宽课程范围、严格考试制度等，但其保守性依然非常明显：各学院的大门只向国教徒开放；学习费用高昂，一年的学费就达 200~250 镑（1830 年），[②]只有贵族、绅士和富商家庭才能承受；课程内容主要以古典教育为主，不能适应社会的经济发展需求。这个时期，其他古典大学面临的危机大体相似，传统的哈佛学院以培养“品格和虔诚”为中心，培养出来的是现实生活的旁观者和批评家，这已经不能适应时代的要求。[③] 古典教育观已成为阻挡大学顺应时代要求的思想障碍。

观念改变历史，教育理念的革命带来了古典大学的新生。19 世纪在古典大学内外，维护传统的古典主义教育与提倡科学的功利主义教育之间进行着激烈的论争。古典大学教育理念经历了两大变化：一是从培养“绅士”转变为“要培养实干家和能做出成就的人”；二是从固守古典人文知识到“植根于工商业”。与保守的古典大学教育观相比较，这两大变化不啻大学教育理念的革命。

19 世纪工业革命蓬勃发展，古典大学面临新的挑战与机遇。艾略特敏锐地指出：“大学必须调整自己，使它适合于它所服务的那些人的性格的巨大变化。”[④]为了适应时代发展的需要，古典大学必须进行革命性的转变。在与古典主义教育观的冲突中，实用主义教育目的观在古典大学逐渐胜出。“要培养实干家和能做出成就的人”是古典大学培养目标上的根本变革。这种变革在很大程度上是由外部压力的推动而发生的，突出地反映在大量增设的学科专业上，例如，牛津大学在维护古典学科核心地位的同时，开始审慎地设立自然科学讲座，使学科范围有所扩大。1850 年牛津大学成立自然科学系、法学与现代史系、数学物理系，使这些学科取得独立地位。1866 年又允许学生单选上述专业进行学习，取得学位，而不必再从属于古典学科。1872 年，牛津大学建成克莱伦顿实验室，这是英国历史上的第一个物理实验室，标志着科技教育在大学获得了真正意义上的地位。在剑桥大学，尽管 1849 年就增设了自然科学荣誉学位考试，但科

---

① 贺国庆，王保星：《外国高等教育史》，人民教育出版 2003 年版，第 98 页。

② W.H.G：Armytage.*Four Hundred Years of English Education*.Cambridge University Press，1985：23.

③ Richard Norton Smith.*The Harvard Century*.Simon and Schuster，1986：29.

④ Richard Hofstadter，Wilson Smith.*American Higher Education*.The University of Chicago Press，1986：611.

技教育并未真正进入其日常教学活动中。直到19世纪60—70年代,在一系列外部压力下,剑桥大学才增设新的自然科学教授职位,设立自然科学实验室,科技教育方才扎下根来。19世纪中期,美国内战之后,资本主义快速发展,时任哈佛大学校长的艾略特明确提出:“我们要培养实干家和能做出成就的人,他们成功的事业生涯可以大大增进公共福祉。我们不要培养世界的旁观者、生活的观众或对他人的劳动十分挑剔的批评家。”①在艾略特任职期间,哈佛大学以法学院为突破口,整顿法学院、医学院、神学院,新建商学院、牙医学院、文理学院;改革课程体系,建立选修制度,借助选修制把科学课程、专业课程引入大学。古典大学在学科专业方面的改革为其日后跻身世界一流大学奠定了坚实的基础。

“植根于工商业”是古典大学教育理念上的又一个深刻变化,标志着大学开始从社会的边缘走向中心,服务社会的功能逐渐凸显出来。1870年,斯宾塞·珀西瓦尔在英国社会科学促进协会的演讲中指出:“谁能不为古典大学与大商业和工业中心之间没能建立活生生的联系而慨叹?我希望看到牛津和剑桥在每一个大城市都设置系科,并深深植根于我们的工商业中而得以繁荣”。② 教育再也不只是大学自己的事,大学和社会的关系变得复杂起来,社会的需求也不断反映到教育中来。1873年,剑桥大学发动大学推广运动,在全国各地为没有机会接受大学教育的民众开设了100多门课程,第一次突破校园范围将高等教育传播到校园以外,增强了大学与社会及普通民众的紧密联系。19世纪末期,剑桥大学顺应时局变化,鼓励学生到企业谋职,以获得企业界的经济支持。从1903年起,剑桥大学将经济学单列出来,作为荣誉学士学位专业;1900年和1906—1907年间还先后两次改进数学课教学内容,使之更具实用性;历来轻视技术的剑桥大学也于1905年增设了采矿专业。随着第一次世界大战的爆发,科技教育在军事和经济方面的作用日益受到重视,大学与工商业界的联系得到进一步强化,剑桥大学成为英国大学中与工业界联系最紧密的旗舰大学。

当然,古典大学教育理念的革命并不等于激进地否定一切传统,其每一项变革无不是精心思考与探索的结晶,尽量在传统与现代间达致某种平衡。艾略特就任哈佛大学校长后,着力打造一所新式大学,但英国学院式教育特有的导师制得到了保留,德国大学重视科学研究与研究生教育的创新之举也被植入哈佛大学。改革后的哈佛大学允许学生自由选课,开设的课程数量不断增加,课堂讲授代替了古老的背诵法教学模式,专业教育变成了学士学位教育,1890年,哈佛大

① Richard Norton Smith. *The Harvard Century*. Simon and Schuster, 1986: 29.

② Detlef K. Muller, Fritz Ringer, Brian Simon. *The Rise of the Modern Educational System: Structural Change and Social Reproduction*. Press Syndicate of the University of Cambridge, 1987: 166-167.

学自然科学学院和专业学院合并为文理学院,并成立研究生院。至此,艾略特才认为哈佛大学"建立了真正完备的大学教育体系"。不难看出,哈佛大学的变革是在传统与现代之间谋求平衡的结果。普林斯顿大学在进行教育理念变革的时候也注重保存传统教育中有价值的做法。1904 年,威尔逊校长同教授一起进行了两项重大的教育改革:其一,明确规定在校学生的学习规范,头两年接受不分科的注重文化背景的文理教育,后两年进行集中于一门专业及其相邻专业的专门教育,同时开设"荣誉课程",以便对一些优秀学生进行更专深的教育;其二,建立导师制以及研讨班。① 第一条改革措施要求大学头两年进行文理教育,后两年进行专业教育,实际上反映了古典自由教育和专业教育之间的某种妥协,这种平衡对于大学人才培养具有深远影响。第二条措施既延续了古典大学导师制的传统,也拓展了现代大学的教学方式。

古典大学教育理念的革命并非一夜之间完成的,经历了几乎一个世纪,甚至可能更长的时间,而一旦新的教育理念得以践行,这些大学便能迅速焕发出新的活力。牛津大学、剑桥大学、哈佛大学等在经历了教育理念的革命后于 19 世纪末 20 世纪初先后发展成为世界一流大学。新的教育理念不仅避免了古典大学走向没落的宿命,而且延续了古典大学优秀的文化传统,使古典大学成功地完成了现代化转型,成为既具有传统底蕴又具有现代品格的新型大学。

二、教育理念的继承和超越与现代大学的崛起

悠久的历史并非世界一流大学发展所必备的条件。追溯世界一流大学的建校年代,可以发现,有一批办学历史并不长的大学,其发展成就堪与古典大学相比肩,其中,以柏林大学、斯坦福大学、芝加哥大学等最典型。尽管创办之初,它们的办学条件远不如同时期的古典大学,但由于有先进的教育理念引领其发展方向,因此,在很短的时间内,它们就实现了跨越式的发展,后来居上。这些新兴大学之所以能快速崛起,根本原因在于它们对现代社会发展有着敏锐的判断,能够切合社会需要进行准确定位。在教育理念上,它们不仅继承了古典大学的合理部分,而且勇于创新,超越既有的教育理念。例如,普法战争德国战败后,振兴民族精神,促进国家发展成为建立柏林大学的直接动因。受新人文主义思潮的影响,柏林大学践行了一系列新的教育理念,如"研究与教学相统一"、"教的自由与学的自由"等,这些极富创见的教育理念使柏林大学在很短的时间内跨入一流大学行列,成为 19 世纪世界高等教育发展的典范。相对于古典大学而言,

---

① Woodrow Wilson:About Prinsion.http://www.princeton.edu/pr/facts/presidents/18.htm.2013-10-20.

新兴大学在教育理念方面有两大超越：一是“研究与教学相统一”；二是“增进知识，丰富生活”。

“研究与教学相统一”的教育理念是柏林大学教育理念的核心，是洪堡乃至柏林大学对世界大学发展史的重要贡献。洪堡认为，大学是高等学术机构，是学术机构的顶峰，“它总是把科学当做一个没有完全解决的难题来看待，它因此也总是处于研究探索之中。”①为此，他提出了“研究与教学相统一”的原则，即大学必须具有科研的职能，需要进行科学研究，这是大学的根本价值所在。伯蒂尔森认为洪堡关于大学的理想包括了四个要求：它不仅把科研和教学联合起来，而且“通过哲学把各种经验科学联合起来”，“把科学和普通教养统一起来”，“把科学和普遍的启蒙结合起来”。② 教育史学家鲍尔生对柏林大学“研究与教学相统一”教育理念的评价是中肯的，他认为，1810 年创建的柏林大学“把大学作为专心致志于真正的科学研究与科学教育的机构的典型”③。

“研究与教学相统一”的教育理念，不仅是对教师的要求，同时也是对学生的基本要求。就教学和学生学习的内容而言，柏林大学重视纯科学的学习与研究。柏林大学所重视的纯科学是建立在深邃的观念之上，能够统领一切学科的知识，而非类似历史和自然科学等的“经验科学”。换句话说，纯科学就是哲学。纯科学不追求任何自身以外的目标，只进行纯知识、纯学理的探究。根据洪堡的理解，大学所从事的活动与社会经济对知识技能的要求大相径庭。科学的目的在于探索纯粹的学问，探求真理，而不是满足实际的社会需求。其所谓的科学有着独特的范畴：科学是一种难以穷尽，需要不断探索研究的事物；科学是一个整体，任何知识的学习都不能脱离它孤立地进行；应重视科学自身的价值而非片面地强调其实用价值。

芝加哥大学的快速崛起更能说明“研究与教学相统一”这一教育理念的巨大能量。在创办之初，首任校长哈珀根据“以调查研究为主，以教学工作为辅”的选才原则，为芝加哥大学集聚了一大批知名学者，尽管教学成效也是衡量一个学者合格与否的重要因素，但哈珀以其超人的见识提出，他们达成的共识是：研究工作是学校的首要工作，④只有通过各种富有创新的研究工作，才能探索出一条开拓知识新境界的坦途，才能培养出更多的年轻学者。在哈珀校长的正确领导下，芝加哥大学建校仅 16 年的时间，物理系的迈克尔逊（ Michelson）就为美国

---

① ［德］威廉·冯·洪堡：《论柏林高等学术机构的内部和外部组织》，陈洪捷译，《高等教育论坛》，1987 年第 1 期。

② ［美］伯顿·克拉克：《探究的场所》，王承绪等译，浙江教育出版社 2001 年版，第 22 页。

③ ［德］弗·鲍尔生：《德国教育史》，滕大春，滕大生译，人民教育出版社 1986 年版，第 126 页。

④ 张敏，杨援：《芝加哥大学》，湖南教育出版社 1996 年版，第 26 页。

赢得了首个诺贝尔奖,这也使芝加哥大学在美国高教界声名鹊起。①

"增进知识,丰富生活"本是芝加哥大学的校训,然而,在这一点上建校较晚的世界一流大学却有着惊人的相似。芝加哥大学首任校长哈珀曾指出,大学要创造知识,要能够为改进大众的生活服务。第三任校长伯顿也谈到,在"让知识增长得越来越多"这个理念中需要加入"使知识成为人类生活的财富"的理念。② 后来的梅森校长也讲过,我们都认为大学健康存在的基础是将科研、教学和面向社会的服务相结合。③ 无独有偶,创办于1885年的斯坦福大学决心创办一所伟大的、不同于东部传统的大学,其教育目标是,"使学生为个人的成功和生活中的实际工作做好准备"。斯坦福大学重视教育的直接功用,但斯坦福先生还认为学生不仅需要掌握未来职业所需的实用技能,更要重视人文学科的学习。这不仅有助于培养和发展学生的想象力,还有助于使其成为有修养的人。

"增进知识,丰富生活"的理念对大学的培养目标、课程设置和教学制度等都产生了重大的影响。1810年建校的柏林大学在课程设置上彻底打破了古典大学原有的知识体系,它用哲学学部取代了原先的神学学部,并使其居于各学部之首。哲学课程成为大学众多课程的核心,日渐成为统合各门学科知识的标准。与传统大学相比,柏林大学各学部的课程内容不断拓展,如哲学学部开设的课程不仅包含人文和社会科学,而且还设置了自然科学科目。据统计,这一时期哲学学部的总课程数约为78门,几乎囊括了当时除神学、法学、医学之外所有的高级学问。这不但说明哲学学部在柏林大学的地位和规模,而且反映了洪堡等人主张哲学统合自然、人文、社会知识,包括神学、法学、医学以外所有学科的大学教育理念。④ 芝加哥大学在课程设置上倡导主辅修制,要求学生通过主修课程获得一定的专业知识,借助辅修课开阔视野,促进全面发展。主辅修制后来成为美国现代大学一种崭新的人才培养模式。⑤

"增进知识,丰富生活"的理念成为现代大学教学的指南。柏林大学的习明纳教学法注重培养受教育者的态度或精神,使其在获得基本知识的基础上,追求和获取洪堡称为"最高形式的学问"(Wissenschaft)的知识或科学,并且在这一过

---

① 张敏,杨援:《芝加哥大学》,湖南教育出版社1996年版,第50页。

② [美]威廉·默菲,D.J.R·布鲁克纳:《芝加哥大学的理念》,彭阳辉译,上海人民出版社2007年版,第334页。

③ [美]威廉·默菲,D.J.R·布鲁克纳:《芝加哥大学的理念》,彭阳辉译,上海人民出版社2007年版,第28页。

④ 黄福涛:《欧洲高等教育近代法——法、英、德近代高等教育制度的形成》,厦门大学出版社1998年版,第124页。

⑤ 刘永刚:《20世纪美国高等教育的先锋——芝加哥大学》,《民办教育研究》2005年第6期。

程中促使学生具备和发展比知识学习更重要的研究能力和完善的人格。芝加哥大学重视学生从现实中学习,要求学生在现实中发现问题,使学术与生活联结起来,通过学术的发展推动社会的进步。赫钦斯校长在其就职演说中指出,现在学习社会问题的学生从学习自然科学的学生那里学到只有接触现实才能理解真实的生活……芝加哥大学会继续沿着生活与学术结合的方向前进;而且可能最终为我们明天的生活带来些许进步。①

后起的现代大学在迈向世界一流的过程中,通过继承和超越已有的教育理念,在激烈的竞争中脱颖而出,最终跻身世界一流大学行列。柏林大学是最典型的个案。虽然普法战争失败,但流亡的普鲁士王国政府毅然决定建立一所新大学,这是时代的机遇,但同样也是新建大学必须面对的现实挑战。此前,中世纪遗留下来的古典大学被视为僵化、保守的机构,满足不了国家对具有专业和实用知识人才的需求。在柏林大学创办之前,柏林业已建立了若干所实用性的专业学校,像采矿学校、建筑学校等。事实证明,柏林大学在继承并超越古典大学教育理念的基础上,成功地开辟了一条新路,成为 19 世纪现代大学的典范。同样,像斯坦福大学、芝加哥大学等虽然都位于当时美国不算发达的中西部地区,但这两所大学积极关注现实,抓住社会发展动向,勇于创新教育理念,同样开创了高等教育的奇迹。

三、教育理念的演进与世界一流大学的形成

不管是古典大学的新生,还是后发现代大学的快速崛起,教育理念在这些大学发展成为世界一流大学的过程中都发挥了不可或缺的文化引领作用。世界一流大学的历程可分为两种模式:古典大学通过渐进式发展成为世界一流,而后发的现代大学经过跨越式发展实现迅速崛起。教育理念的演进在这两类大学里,也大致可以分为两种:一种是强制性理念变迁,另一种是自主性理念变迁。

在大学教育理念的演进过程中,迫于外部压力而发生理念变迁的可称为强制性理念变迁。牛津大学、剑桥大学等古典大学迈向世界一流大学的过程,也是其教育理念逐步发生强制性变迁的过程。一般而言,古典大学历史文化传统悠久,保守主义的教育观往往居于主导地位,面对社会新的教育需求,它们往往无动于衷。比如,在十七十八世纪英国工业革命如火如荼进行之时,剑桥大学尽管

---

① ［美］威廉·默菲,D.J.R·布鲁克纳:《芝加哥大学的理念》,彭阳辉译,上海人民出版社 2007 年版,第 92 页。

也增设了部分科学课程,但并没有积极响应工业革命的号召,远不能满足社会对专业科技人才的需要。为此,英国议会通过了要求大学改革的提案,1850 年英国政府成立专门的皇家委员会。皇家委员会先后于 1850 年和 1872 年两次来到剑桥大学调查,在外力的干预下,剑桥大学的教育理念逐步得以变革。哈佛大学在现代化转型中也经历了被动的理念转变过程。虽然在艾略特治下,它迅速地实现了由古典大学向现代大学的蜕变,但在此之前,哈佛大学也有过一次不成功的变革。诚如克拉克·克尔所言,美国现代大学的起点要从 1825 年蒂克纳在哈佛大学的改革算起。当年蒂克纳在哈佛大学试行具有现代大学特点的选课制,但并未获得成功。而选课制的出现,实乃新的教育理念在美国大学的萌芽,昭示着一个新的时期即将来临。这为后来艾略特在哈佛大学的改革起到了思想动员的作用。到 1865 年美国内战结束时,资本主义加速发展,哈佛大学的现代化变革也就箭在弦上,不得不发了。

社会需求是古典大学发生变革的外在逻辑,和其维护古典文化传统的内在逻辑之间构成一对矛盾,使古典大学教育理念的变迁呈现出一种创新与保守的均势,所以,古典大学的发展呈现出渐进性的特点。耶鲁大学是保守主义的典型代表,美国《时代》周刊对其是这样评价的:"耶鲁大学在传统上有意识或无意识地等待其他人去探路,观察他们的进程,然后选择一条中间道路。如果说它的进步不快,其进步却是有选择的和基本上正确的。如果说它没有开拓出几个新领域的话,它至少还在紧紧地把握古老、坚实的原则。在最好的和最真正的意义上,耶鲁大学从一开始就是保守主义的成功代表。"①而一旦古典大学在教育理念上对社会需求作出同步回应,其先前的办学积累便立刻焕发出新的活力,进而使其获得新的发展。

后发的现代大学在成长为世界一流大学的过程中,体现出高度的自我主体意识,其教育理念呈现出自主变迁的特点,可称为自主性理念变迁。有着第一所现代大学之称的柏林大学,作为"物质的损失要通过精神来弥补"这一国家意志的物化形式,意在通过教育培养大批有修养的社会知识精英,为拯救国家服务。基于这一定位,柏林大学选择了"经由科学而达致修养"、"教的自由和学的自由"等理念,以此指导教育实践。正是在这种自主选择的教育理念的指导下,柏林大学和其他德国大学造就了有史以来德国大学最辉煌的鼎盛时代。相对于古典大学的强制性理念变迁而言,自主性理念变迁有鲜明的主动、内生特点,因而这些后发的现代大学通常经历了跨越式发展阶段。创建之初的麻省理工学院只是一所再普通不过的工程技术类高校,但在 20 世纪初期,学校董事会意识到,学

---

① Brooks Mather Kelley. *Yale: A History*. Yale University Press, 1974: 431.

校不能只是一所普通的技术学院,传统的工程教育只能教给学生一般的有用知识,学校应当将基础科学引入工程教育,办成一所真正的理工科大学,从而体现学校校训"手脑并用"的精神,教育质量由此得到快速提升。

现代大学的迅速崛起往往可以从内外两个方面找到其主要动因:一是在外部社会需求中找到自身能够发挥作用的天地,从而形成准确的教育定位;二是内部领导和管理者能够把握时代脉搏,因势利导,前瞻性地提出引领学校发展的进步教育理念。在内外两个因素的作用下,后发的现代大学往往能够开创新的大学发展模式,领风气之先,实现跨越式发展,成为与古典大学比肩的名校。从教育理念与世界一流大学形成的关系看,有没有先进的教育理念是能否成为世界一流大学的前提条件。然而,世界一流大学的教育理念也非无源之水、无本之木,其演进离不开社会环境、时代思潮、领袖人物、学校传统等重要因素的影响。

第一,社会环境是教育理念形成的背景,是教育理念演进的现实条件。不管古典大学还是后发的现代大学,它们在走向世界一流大学的过程中,都在教育理念上对社会环境的变化做出了积极回应。否则,它们就失去了其存在的现实合法性。像牛津大学、剑桥大学等名校,尽管办学历史久远,但在其现代化初期,对工业革命反应迟钝,遭受到巨大的社会压力,险遭时代的抛弃,最终不得不进行影响深远的适应性变革。柏林大学、芝加哥大学等学校虽建校较晚,然而能顺应时代潮流,适应社会需要,主动变革,因而在很短的时间内就快速崛起,分别成为德、美大学的典范。

第二,时代思潮是孕育先进大学教育理念的温床。从众多世界一流大学的形成过程来看,先进的教育理念往往与时代思潮呈现伴生关系。19 世纪中期,牛津大学、剑桥大学进行现代化转型之际,正是英国保守主义与功利主义思潮交锋对峙之时。反映在大学教育上,就是坚持古典自由教育还是推行科学教育,是培养绅士还是培养专业人才之争。柏林大学建校之前,德国的新人文主义思想已经广为传播,康德、施莱尔马赫、费希特等著书立说阐明他们心目中的理想大学,为新大学的建立做了广泛的思想铺垫。普法战争刚刚结束,建立新大学的提议就得到应允,新的教育理念和组织原则为新建的柏林大学普遍接受,并顺利得以践行。迅速崛起的芝加哥大学、斯坦福大学,也与 19 世纪末期美国的实用主义思潮有着不可分割的关系。

第三,领袖人物对先进大学理念的形成有着不可或缺的影响,并使之带有鲜明的个性特征。任何一所世界一流大学,其背后都有一批杰出的教育领袖,或者是校长,或者是建校者与主要倡导者,他们的教育思想直接影响了大学教育理念的形成。比如,洪堡的大学原则实际上就是柏林大学教育理念的原型,他也被尊奉为“现代大学之父”。即便同样的教育理念，由于不同领袖人物的个性差异，在不同的大学也表现各异。比如，“学的自由”，在艾略特时期的哈佛大学，表现为学生可以任意选修自己所喜爱的课程；而在麦克什任校长时期的普林斯顿大学，学生则必须在接受一定主修课程的原则下才能任意选修自己喜爱的课程。这两位校长处在同一年代，还曾就学习自由的问题进行过公开的辩论，然而谁也没说服谁。

第四，教育理念的演进无不留下学校传统的文化印记，富有学校个性色彩。为了研究的需要，我们将世界一流大学划分为古典大学与现代大学两类，以便阐述相同类型大学教育理念的共同之处，但实际上，即使是同一类型的大学，各大学的教育理念也存在着鲜明的差别。同样是“研究与教学相统一”的教育理念，在斯坦福大学主要体现在培养和发展学生创造力的教育理念中，而在芝加哥大学则体现在高度重视学术的教育理念上。尽管它们都包含着科研与教学相结合的基本思想，但透过各自表述不同的教育理念，即能感受到不同大学的文化传统与历史底蕴。

有什么样的教育理念就有什么样的教育实践。先进的教育理念是建设世界一流大学的思想支柱。世界一流大学的发展经验表明，不论历史长短、环境优劣、条件好坏，任何大学都可能通过自身的努力，成就世界一流水准，但尚未见哪一所大学依靠简单地模仿而成为一流大学的例子。在建设世界一流大学的伟大实践中，如果盲目照搬他校的教育理念，是办不出一流大学的。只有根据社会环境、时代潮流、学校传统等因素，积极发挥主观能动性，在教育理念上不断创新，方能成就世界一流大学的伟业。

第二节 世界一流大学的教育理念

从世界一流大学的形成过程看，先进的教育理念是其重要的思想基础。就世界一流大学教育理念而言，它往往体现了高等教育的人才培养规律，是教育活动的最高指导原则，也是其之所以能够培养出众多杰出人才，为人类文化发展、科学技术进步、社会文明繁荣做出重大贡献的精神支柱。我国正在努力建设高等教育强国，一批大学确立了建设世界一流大学的发展目标。毫无疑问，不论西方古典大学还是后发的现代大学，其成功经验都值得我们汲取，尤其是其先进的教育理念，包括其教育理念在适应时代发展需要过程中所进行的不断调整、演变和创新。

一、“让每一个学生拥有才智以及具备成为良好公民和英明领导者的必备性格”

世界一流大学以培育杰出人才为使命，培育英才是贯穿其教育历史过程的主线。托斯顿·胡森认为，无论从社会地位上看还是从知识水平上看，大学都是一个教育英才的机构，但随着社会不断发展，大学的人才培养职能与范围逐渐拓宽，大学承担着为现代社会培养多层次多类别高级专业人才的使命。① 世界一流大学固然无法置身专业化教育的浪潮之外，但英才教育的传统在这些大学得到了很好的传承与弘扬。

在19世纪专业化教育的浪潮兴起之前，世界各国大学都是培养社会精英的场所。欧洲中世纪大学主要通过文法、逻辑、修辞等课程训练学生的心智，使他们能够以理性的方式行使教会的、政府的和社会的权力。在15世纪，学位被当做一种学术证明，在某种程度上是竞争教会和世俗职位的重要砝码。这样，从没有学位到产生学位，大学教育成为从事拯救灵魂、法律实践、政府管理、医疗和教育等各类职业的精英的显著标志。② 一直到近代，大学都以培养柏拉图理想国中的“自由人”为大学目的，正如纽曼所言，大学是传授普遍知识的场所，是培养“社会公民”的场所，大学教育的艺术是一种社会生活的艺术，大学教育的目的就是为了让学生适应世界，“以便达到训练他们更好地履行各自的生活职责，并把他们培养成更聪明、更能干、更活跃的社会成员的目的。”③大学的一项重要任务就是：为社会训练与“斯文”、“文明”或“文化”的规范相一致的“文人学士”或“绅士”。④ 这不仅是纽曼的大学理念，也是18至19世纪大多数大学竭力而为的教育目的。

受新人文主义思潮的影响，1810年建立的柏林大学秉持“由科学而达致修养”的教育理念，对培养目标提出了新见解，认为大学是修养的机构，修养意味着通识性、全面性修养，心智的训练，而与职业性、实用性教育相对立。这一观念从19世纪初起，成为德国大学的基本信念之一。⑤ 这既是对古典大学

---

① ［瑞典］托斯顿·胡森：《关于大学的理念：不断变化的作用，当前的危机和今后的挑战》，《教育展望》第二十一卷第二期，1992年2月中文版第20期。

② ［瑞士］瓦尔特·吕埃格：《欧洲大学史》（第一卷），张斌贤等译，河北大学出版社2008年版，第24页。

③ ［英］纽曼：《大学的理想》，徐辉，顾建新译，浙江教育出版社2001年版，前言第3页。

④ ［瑞士］瓦尔特·吕埃格：《欧洲大学史》（第二卷），贺国庆等译，河北大学出版社2008年版，第8页。

⑤ 陈洪捷：《德国古典大学观及其对中国的影响》（修订版），北京大学出版社2006年版，第70页。

人才培养目标的继承，同时又增添了新的时代内容，即要通过科学来达致修养。随着工业革命的蓬勃展开，以古典文学和哲学为核心的学术系统开始分化，自然科学从哲学中脱离出来，极大地冲击了以哲学、人文科学为核心的知识体系，专门教育遂在大学中获得了合法地位。正如《1880年以后英国职业社会的兴起》的作者帕金所说，在一个越来越被职业专家主宰的社会里，高等教育成了进入受教育精英行列的看门人。[①] 在教育内容由以古典知识为主发展到以自然科学知识为主以后，一流大学教育的培养目标也相应地转变为培养具有专业知识的精英。

当今世界一流大学对于英才教育有着各自不同的理解，但都几乎一致地要求本校学生具有领袖品质。赫钦斯在芝加哥大学1931年的毕业典礼上讲到，"你们的大学为你们提供了那些从一开始就显而易见的优良品质的典范。那就是领导者的品质。"[②]现任普林斯顿大学校长雪莉·蒂尔曼主张，要"让每一个学生拥有才智以及具备成为良好公民和英明领导者的必备性格。它们包括带着开阔胸襟、严谨思维的广泛求知欲，尊重我们的道德文化继承以及具备创新和改变的能力，欣赏所有人的共同命运和共同人性，具有责任、正直、勇气等核心品质"。

人才培养是教育的出发点和归宿，任何教育理念都不能回避这个关键点。事实上，世界一流大学受自身历史传统、所处社会环境等因素的影响，在发展过程中形成了各自独特的办学定位，其人才培养目标亦各不相同。例如，牛津大学的主要培养目标，在于培养良好的公民，培养将要成为社会各界和学术界未来领袖的精英。[③] 到现在为止，牛津大学为英国培养了48位诺贝尔奖获得者、26位首相、86位大主教和18位红衣主教。[④] 再如，美国的约翰·霍普金斯大学，虽然迟至1876年建校，但只经过十几年的发展，为美国大学输送了一大批学术领袖，成为与哈佛大学、耶鲁大学等齐名的世界一流大学。尽管一流大学对人才培养的定位各有侧重，但不难看出，注重培养英才是其教育的不变内核。在践行英才培养的理念上，世界一流大学呈现出大量共同特点。

第一，围绕国家需要、社会需要培养精英人才。纵观世界一流大学的发展历

---

① 哈佛燕京学社:《人文学与大学理念》，江苏教育出版社2007年版，第439页。

② [美]威廉·墨菲，D.J.R·布鲁克纳:《芝加哥大学的理念》，彭阳辉译，上海人民出版社2007年版，第34页。

③ Ted Tapper, Brian Salter. *Oxford, Cambridge and the Changing Idea of the University*. The Society for Research into Higher Education&Open University Press, 1992:10.

④ Joseph A. Soares. *The Decline of the Privilege: the Modernization of Oxford University*. Stanford University Press, 1999:5.

程可以发现，很多大学正是抓住了国家需要、社会需要的契机，适时调整办学方向，一跃而成世界一流大学。麻省理工学院直到20世纪初还只是一所普通的技术学院，以培养工业化生产需要的技术人员为使命。第一次世界大战后期，美国宣布参战，时任校长迈克劳林闻讯后立即致电国防部，表示麻省理工学院将全力以赴支持国家打赢战争。随即，麻省理工学院开办海军飞行员、航空工程师、无线电工程师及其他战争急需专业，一时间学校俨如军营。有人戏称麻省理工学院为“战争学院”。这倒不是说它热衷于战争，而是说一旦国家需要，它就义不容辞地冲在前面。正如普林斯顿大学校长伍德罗·威尔逊所指出的：“一所大学能在国家的历史上占据一个位置，不是因为其学识，而是因为其服务精神。在我看来，大学如果要正确地服务于国家，那么其所有的课堂都应该有处理各种社会事务的氛围……当国家走向成熟时，我们不敢超然物外，不敢自我封闭。令人兴奋的发展已成过去，我们的生活日渐紧张和困难，我们未来的资源在于精密的思考、审慎的态度和明智的经济；学校必须成为国家的学校”。① 纵使像牛津大学、剑桥大学这样的古典大学，在现代化的转型进程中虽无办学经费之虞，但也不再以造就有教养的绅士为目的，而以培养服务社会的精英为己任。

第二，重视发展学生的才智，尤其是学生的创造力。“毕业生从大学获得且实际保留的知识很可能远远小于教师的想象。更为复杂的是，在许多领域知识迅速变旧或无用，新的知识不断取代旧的知识。”②现代社会知识增长速度越来越快，没有谁能掌握所有知识，而具有较强创造力的学生在接受知识和发现知识上无疑具有更大的优势，因此，培养学生的创造力显得尤为重要。世界一流大学在培养社会英才的过程中，特别重视培养未来社会精英的创造力。斯坦福大学是世界一流大学中的新生代，从建校到成为一流大学用了大约70年的时间。在培养学生的创造力方面，它有着很多可圈可点之处。创办之初的斯坦福大学是美国西部荒野中为数不多的几所大学之一，在办学实力上根本无法与东部老牌大学相比，不少悲观人士甚至预言，其招生开学之日就是其关门倒闭之时。然而，斯坦福大学秉持这样的信念：为了人生的成功必须培养和发展创造力，一个人如果不会创造，他也就不会建设。因此在斯坦福大学，培养学生的创造力被奉为最重要的教育信念。为了开发学生的创造力，斯坦福大学设计了完善的课程体系，不仅单独开设开发学生创造力的课程，而且还将创造力教育渗透课程教学

---

① ［美］S. E.佛罗斯特：《西方教育的历史和哲学基础》，吴元训等译，华夏出版社1987年版，第307~308页。

② Derek Bok. *On the Purpose of Undergraduate Education*. Daedalus, 1974, 103(4): 163.

之中。斯坦福大学是最早建立跨学科研究中心、增设跨学科课程的大学,其目的就是让学生通过跨学科学习,激发其潜在的主观能动性,培养创造力。课程学习只是培养学生创造力的一个方面,在实践中学习,在实践中学会创造,是培养学生创造力不可缺少的关键环节。重视从实际的角度去开发创造力,是世界一流大学培养学生创造力的共同点。比如,麻省理工学院让每位新生参与到实验室工作中去,使他们通过实验尽早感受实践的气息,以此激发学生的科学思维,提供了很多实验室项目,学生可以根据自己的课程需要或兴趣进行选择。这些实验项目并不着意于教授学生具体的实验方法,并且每项实验内容往往覆盖多个学科领域,此中深意耐人寻味。

第三,严格的质量管理是造就英才的不二法门。质量是世界一流大学教育卓越的根本。维持相当的教师规模,坚持小班研讨教学是世界一流大学教学的共同原则。小班研讨教学给学生提供了和教师进行深度交流的机会,有助于培养创造性的思维能力。尽管小班研讨教学需要昂贵的经费支撑,但世界一流大学并没有因为怕花钱而放弃这一举措。斯坦福大学在从创办之初的500名学生发展到万人规模的过程中一直严格控制生师比。有数据显示,1899年斯坦福大学的招生数为1 311人,1909年为1 747人,1919年为2 441人,1929年为3 535人,1939年为4 345人,而以上年度的生师比分别为10.2、10.9、8.2、7.4、6.6。随着办学规模逐步扩大,斯坦福大学的生师比反而呈下降趋势。[①] 斯坦福大学重视教学,注重选拔优秀师资,是其在办学规模增长的同时能够保持高质量的重要举措。现在斯坦福大学的生师比也极低,本科生的生师比约为6.4。

此外,为了践行培养社会英才的教育目的,世界一流大学还有着各自精彩纷呈的一面,像牛津大学、剑桥大学将其传统的导师制、学院制延续下来,使之服务于培育社会英才的教育目标,成为世界一流大学重要的人才培养模式之一。

二、“大学的光荣在于培养完全有教养的人”

现代大学以培养社会需要的各种专业人才为使命,道德教育被弱化是一个普遍的现象,但世界一流大学却并未放弃对道德教育的要求。事实上,道德教育之所以为大学所重视,从历史的发展来看有两个重要缘由:一是对古典大学绅士教育传统的继承和发扬;二是出于学术自身的目的。

古典大学的教育目的主要是培养有教养的人,而不是有学问的人,毕业生有

---

① Roger L. Geiger. *To Advance Knowledge: The Growth of American Research Universities, 1900—1940*. Oxford University Press, 2004: 270-272.

绅士般的教养比有高深的学识更重要。牛津大学史学家谢尔顿·罗斯布莱特指出:“纽曼的大学理念,既是英国的大学理念,也是牛津的大学理念……如果说纽曼关于牛津大学的理念是对他19世纪20年代学院生活的回忆,也许更准确。”①虽然纽曼认为,大学教育是理智的,而非道德的,但他又毫不含糊地说道,“培养有文化修养的人是教育的真正的也是唯一的目的”,“大学的光荣在于培养完全有教养的人”,“具备思想和行为上一切优良品行”的人。为了培养有教养的人,牛津大学坚决反对追求实用性、功利性的教育,强调人性教育,以完善人格为宗旨,以实现和促进个体身心和谐发展为目标。

在培养大学生的道德修养方面,19世纪的柏林大学走得更远,并且还产生了预料之外的影响。新人文主义者威廉·冯·洪堡认为,大学兼有双重任务,一是对科学的探求,二是个性与道德的修养。他指出,大学的根本目标在于促进学生乃至民族的精神和道德修养,也就是所谓“由科学而达致修养”的原则,道德(修养)是大学教育的终极目的,科学只是达致修养的媒介。“(大学的)目的是在最深刻和最广泛的意义上科学地开展工作,并把科学作为一种并非有目的但从本身来说却是符合目的而准备好的精神和道德教育材料,为了其使用而奉献出来。”②有学者这样评价,虽然我们可能会认为新科学的出现是导致高等教育现代化的主要促进因素,但是关于道德哲学的新观念的出现才是更加直接的革命性力量。③ 在洪堡的大学教育理念中,大学的目的在于塑造人格,在于通过研究经验而形成一种对生活的总的观点。有人认为,这是19世纪和20世纪没有成功实现的大学理念中的一个重要部分。但是,通过学术研究来塑造人格的理念在一定程度上得到了实现,这就是科学上的诚实和科学的精神气质的观念。④ 即使到了20世纪,作为永恒主义者的芝加哥大学前校长赫钦斯还指出,大学培养品德的方法是进行智力训练,⑤可见道德和学术是相互关联的。

大学生的道德发展应当与认知发展相辅相成,如果在德行上没有长进,大学生的知识增长是没有价值的。在19世纪初期最流行的一本大学政治经济学教材中,弗朗西斯·卫兰德解释说,如果在德行上没有长进,“智性的培养”只能

---

① M. G. Brock, M.C. Curthoys: *The History of the University of Oxford*. Claredon Press, 1997: 290-291.
② [德]彼得·贝格拉:《威廉·冯·洪堡传》,袁杰译,商务印书馆1994年版,第78页。
③ [美]乔治·M.马斯登:《美国大学之魂》,徐弢,程悦等译,北京大学出版社2009年版,第51页。
④ 哈佛燕京学社:《人文学与大学理念》,江苏教育出版社2007年版,第55页。
⑤ [美]威廉·墨菲,D.J.R.布鲁克纳:《芝加哥大学的理念》,彭阳辉译,上海人民出版社2007年版,第33页。

“激起一种缺乏正义之爱的欲望，这种欲望将最终颠覆当初建立起来的社会制度”。① 1828年的《耶鲁报告》宣称：“在学术文化中要达到两个大目标：一个是头脑的规范和基本装备；另外一个是扩大头脑的力量，用知识来充实头脑。两者中前一个也许是更为重要的。”②当科学成为大学教育的主要内容后，以培养英才为目标的世界一流大学丝毫没有忽视道德教育的重要性。近代以来，大学虽然不再把道德视为自身的终极目的之所在，但并未因此而忽视道德的重要性。麻省理工学院前校长维斯特在谈及高等教育机构对学生应承担何种职责时声称：“高校教学不仅在于课程设置，更在于教师们的言传身教。”③

在越来越重视知识的时代，大学面临着退化成发现知识、传播知识和转移知识的“知识工厂”的危险，教育存在着异化为“人力”生产流水线的危险。不以专业教育为主要目的的大学无法立足于科技知识快速发展的时代，以人文教育为主的古典大学模式早已为社会所遗弃。尽管以培养英才为使命的世界一流大学亦未能幸免于知识专业化的浪潮之外，但在这些大学里，道德和责任教育受到了和专业教育同等的关注，被视作人才培养之基。洪堡在创办柏林大学时就指出，大学肩负双重任务：一是对科学的探究，二是个性与道德的修养。他认为，修养是一种道德和人格上的境界，是人全面发展的结果，是人作为人应有的素质，它与专门的能力和技艺无关。对于现代大学不关注人文修养、道德教育的弊病，赫钦斯曾尖锐地批评道，大学并非仅仅是创新之所，而首先是传承文明之所。当今世界一流大学无不高度重视道德修养在大学教育中的重要作用，在追求学术卓越的同时，他们采取了诸多行之有效的措施来加强道德教育。

首先，通识教育是世界一流大学在协调坚守历史文化传统与适应时代变化和需要的矛盾过程中进行的一项成功探索。古典人文教育模式对学生道德教育的作用是历史性的，但在科学革命的时代，古典人文教育模式在大学的淡出是历史的必然，取而代之的通识教育既保留了大学文化传统中关注学生道德和个性养成的合理内核，又为专业教育腾出了空间。不管是1945年哈佛大学发布的调查报告《自由社会中的通识教育》，还是2007年哈佛大学公布的《通识教育工作组报告》，其实都是在强调要让学生为成为合格公民而做好准备；通过整个大学阶段的学习，尤其是通过通识教育课程，激励学生积极参与地方、国家和国际事务；教会学生理解自己既是传统艺术、观念和价值的产物，也是参与者；发展学生

① [美]乔治·M.马斯登：《美国大学之魂》，徐弢，程悦等译，北京大学出版社2009年版，第11页。
② 哈佛燕京学社：《人文学与大学理念》，江苏教育出版社2007年版，第174~175页。
③ [美]查尔斯·维斯特：《一流大学卓越校长：麻省理工学院与研究型大学的作用》，蓝劲松主译，北京大学出版社2008年版，第4页。

对自己的言行从道德层面上理解的能力。尽管哈佛大学根据时代变化不断调整其通识教育的结构与内容,但其基本目标并没有什么改变。通识教育不只是让学生获得知识、技能和技巧,更要让学生具备从道德上把握使用这些知识、技能和技巧可能产生的结果的能力,让学生看到不同价值体系之间的冲突。① 固然大学是进行专业教育的场所,但除了在理智上要有所收获,更要肩负起培育学生精神品格的重任,通识教育无疑是加强学生道德教育的有效途径,世界一流大学无疑深谙此道。

其次,世界一流大学注重培养学生的责任意识。世界一流大学以培养英才为己任,服务社会、敢于担当是其所培养人才的必备品格。在培养学生的责任感上,世界一流大学重视身教多于言传。以保守著称的牛津大学,在许多重大事件上表现出强烈的责任意识。第一次世界大学时期,牛津大学不仅论证了英国参战的正义性,而且还动员师生员工直接投笔从戎,驰骋沙场。统计数据表明,第一次世界大战中牛津大学师生员工中有 14 792 人参战,其中死亡 2 716 人。第二次世界大战期间,牛津大学也做出了巨大贡献,有 1 819 人因参战而牺牲,其中仅一个学院就牺牲 100 多人,许多风华正茂的年轻人为国家献出了宝贵的生命。责任感不只体现在战争中,更体现于大学运用知识服务社会方面。芝加哥大学要求,学习社会问题的学生只有接触现实才能理解真实的生活;管理学院的学生要研究政府管理者和被管理者;商学院的学生要进入实际运作的商业而不只是做旁观者;法学研究者需要考察法律系统的实际操作和结果,不再仅仅着眼于过去法官和立法者创造的那些语汇。② 这些要求不仅让学生将学习与生活结合起来,更重要的是他们能在现实中体会到自己所肩负的责任。建校 100 多年来,芝加哥大学与周边地区乃至整个芝加哥市保持着密切的联系,学生也在为周边地区提供咨询服务、技术支持、调查研究等活动中增强了责任意识。

三、“让自由之风劲吹”

学术自由生发于现代大学,为世界各国各级各类大学所接受和践行,世界一流大学更是将其奉为精神支柱。中世纪大学自产生以来,曾经为争取自由权利进行了艰辛的努力,尤其是经院哲学对推动大学学术自由做出了重要贡献。尽

① Harvard University.*General Education Final Report*.http://isites.harvard.edu/fs/docs/icb.topic433396.files/general-education-final-report.pdf.2013-06-20.

② [美]威廉·墨菲,D.J.R.布鲁克纳:《芝加哥大学的理念》,彭阳辉译,上海人民出版社 2007 年版,第 92 页。

管经院哲学将古典哲学与基督教信仰混杂在一起，但学者聚集在一起为同一问题进行讨论的精神无疑成为大学学术自由的肇始，“经院哲学实际上就是人类的心灵为了追求自由和扩展思想而进行的一场反对教会和国家权威的斗争”。①

在宗教启蒙和科学革命的浪潮中，建校早于柏林大学、兴盛于18世纪后期的哈勒大学和哥廷根大学等将学术自由的教育理念融入大学精神之中，使其自身焕发出新的生机。1737年，哥廷根大学哲学院颁布的章程规定：“所有教授，只要不涉及损害宗教、国家和道德的学说，都应享有教学和思想自由这种责任攸关的权利；关于课程中使用的教材及讨论的各家学说，应由他们自己选择决定。”②这既是德国教育史上，也是世界教育史上第一次在法律意义上申明学术自由的原则。柏林大学致力于“由科学而达致修养”，其对学术自由的重视也分别从修养与科学两个层面进行解释。一是从修养的角度看，由于修养不追求任何外在目的，不能为任何外在因素所制约，因此，自由是修养的首要条件和必备条件。二是从科学的角度看，科学是理性活动，需要对之进行无止境的探索，任何限制都会妨碍科学的发展，从而也不利于达致修养。学术自由在19世纪的柏林大学主要体现在教的自由和学的自由两方面。在德国，教的自由首先是指教授有权在受到最低限度行政干预的情况下传授他们所选择的任何知识，其次，则是指一个人可以在不受外部干预的情况下自由地进行学术研究并且以授课和出版的方式报告他的发现。③ 学的自由，主要是指学生可以自由地选修大学中的任何课程，并可以自由地转换专业，几乎可以自由地安排自己的学业。总体而言，柏林大学是那个时代最自由的大学。

布鲁贝克认为，学术自由存在的合理性至少有三个支点：认识的、政治的和道德的。④ 除了认知的原因以外，学术自由理念还体现于政治和道德方面。在政治方面，学术自由成为学者的权利，受社会制度和大学保护。许多世界一流大学的章程明确规定学术自由的范围，并予以制度保障。斯坦福大学的校训“让自由之风劲吹”，形象地反映了世界一流大学对自由的珍视。1974年，斯坦福大学在所发布的学术自由声明中指出：“斯坦福大学的教学、学习、研究和学术这些中心职责的实施取决于一种环境，在这种环境中，探究、思想、表达、出版及和平集会的自由得到充分的保护；最广泛的观点的表达受到鼓励，不受常规及内外

① ［美］乔治·M.马斯登：《美国大学之魂》，徐弢，程悦等译，北京大学出版社2009年版，第120页。

② Müller Rainer. A.: *Geschichte der Universität. Von der Mittelalterlichen Universitas zurdeutschen Hochschule*（《大学史：从中世纪的大学到德意志高等学校》）.München，1990：63.

③ ［美］乔治·M.马斯登：《美国大学之魂》，徐弢，程悦等译，北京大学出版社2009年版，第337页。

④ ［美］约翰·S.布鲁贝克：《高等教育哲学》，王承绪等译，浙江教育出版社1998年版，第46页。

势力的压制。”①正是在“让自由之风劲吹”的环境中,追求真理自然而然地成为了大学的核心任务。办大学重在办氛围,兼容宽松的教育环境是培养杰出人才的必要条件。

首先,学术自由直接体现于师生的自由权利,只有师生的权益得到保障,自由才能落到实处。维护师生的学术自由权利,是大学追求知识的保证,它与大学休戚与共,须臾不离。例如,拒绝在忠诚宣言上签字而被加州大学解聘的托尔曼教授,随即就被耶鲁大学授予荣誉博士学位,时任耶鲁大学校长的格里斯沃尔德认为,耶鲁大学尊敬他,不仅因为他是著名的心理学教授,更由于他是一位“思想自由的勇敢捍卫者”。再如,霍普金斯大学的政治学教授拉提尔摩直接被参议员麦卡锡指控为苏联间谍,霍普金斯大学承受了来自校内外的巨大压力,但仍然坚持在没有足够证据之前,不会解雇拉提尔摩教授,并还让他继续享受学术休假。世界一流大学还重视建立和完善教学管理制度,使其富有人性化,从而最大限度地激发师生的潜能。比如,斯坦福大学采用学季制,把一年分为四个学期,以便学生能更加自由地修习各种课程。“暂停”制度(Stopping out)也是斯坦福大学的创新,它准许学生随时休学一年。鼓励学生在校外体验社会、感受人生、开阔视野,更好地激发学生的主动性。普林斯顿大学的年轻教授安德鲁·怀尔斯,九年之中没发表一篇论文,只是埋首于论证百年难题——费马大定理,最后他获得成功,并被授予菲尔兹奖特别奖。这一切当然源于普林斯顿大学宽松的环境,倘若没有人性化的制度作保障,这一切恐怕也是难以实现的。

其次,世界一流大学崇尚自由,鼓励学生大胆探索。19世纪的柏林大学在教学上给予学生充分的学习自由,课程无必修和选修之分,只规定最低限度的必修科目,学生可以自由选学其他各种课程;学生可以选择教师,可以任意转换学科专业,也可以随意转到别的大学去学习。正是因为这样,从波恩大学转学到柏林大学的卡尔·马克思才可以广泛涉猎各门学科,除哲学外,他还学习过历史学、文学、数学以及外语等。这让马克思开阔了视野,增长了知识,为他后来的思想发展奠定了坚实的基础。剑桥大学也认为,学生学习的目的不仅在于获取知识,而在于学习一种解决问题的方法,而宽松自由的环境能极大地开发和挖掘学生的潜力。因此,剑桥大学在学习计划、教学方法、辅导方式上都给予学生自由选择和安排的权利,在教学方法上,教师重视启发式教学,介绍科技发展的新思想、新成果、新动态,鼓励学生独立思考,大胆探索未知领域。这种氛围有助于发展学生的自由探索精神,有助于培养他们的创新能力和解决问题的能力。

---

① Peter C. Allen. *Stanford from the Foothills to the Bay*. Stanford Alumni Association and Stanford Historical Society,1980:181.

宽松自由的环境有利于学术传承,有利于激发学生的潜力,这不仅是世界一流大学教育卓越的成功经验,也是现代大学得以兴旺发达的根源所在。

四、"大学应该培养的人不是有缺陷的专家,而是有全面智慧、广泛的同情心和自主判断的人"

一流的人才不仅是所从事领域的专家,更是具备广博知识、优秀品质和有着人文关怀的"社会人"。18 世纪以前的大学主要以古典人文知识作为教育内容,通过学习古代典籍来达到培养人才的目的。随着社会发展,在知识的自身逻辑和强劲的社会需求两个因素的推动下,科学教育逐步进入大学,与人文教育相结合,成为现代大学培养人才的根本途径。

人文教育和科学教育相结合,是知识发展逻辑的自然展开。柏林大学提出的"由科学而达致修养"的理念,将科学视为达致修养的媒介,从而使科学成为大学的核心价值之一。不过,其科学的范畴与今天的科学有着显著的不同,那时的科学指的是除神、法、医三个专业学院之外的哲学院的所有内容,也即哲学。在科学的现代化演进中,数学、物理等自然科学逐步从哲学中分离出来,成为独立的学科门类。因此,有人说哲学作为科学的统领自黑格尔 1831 年去世后便失去了其维系科学为一体的力量。① 尽管如此,大学教育仍被视为不是纯专业的教育,应包含广泛的、超越专业知识的内容。1892 年,微耳和担任柏林大学校长时强调,无论教师还是学生都不应忘记,大学的学习具有远大的目标,即一般科学的和道德的修养,以及丰富的专业知识。② 德国的科学理想并不是把冰冷的抽象分析作为所有思想的模型,相反,德国的科学(Wissenschaft)能够为更广泛的人文科学的教化(Bildung)目标做贡献。它意味着一种把个性或者"个人能力和才能的自由发展化为某种类型的先验实现"的教育理想。③

社会需要是科学进入大学的外部推力,促使科学教育与人文教育相结合。工业革命的发展需要大量技术人才和管理人才,中等教育的发展急需一个扩大的高等教育系统,加之自然科学的发展与功利主义者的推动,古典大学的保守使其为社会所诟病,当时的牛津大学便因为不能适应形势发展的需要而受到社会越来越多的指责。④ 同时,英国 18 世纪开始的工业革命推动着资本主义经济迅

---

① 陈洪捷:《德国古典大学观及其对中国的影响》(修订版),北京大学出版社 2006 年版,第 72 页。
② 陈洪捷:《德国古典大学观及其对中国的影响(修订版),北京大学出版社 2006 年版,第 72 页。
③ [美]乔治·M.马斯登:《美国大学之魂》,徐弢,程悦等译,北京大学出版社 2009 年版,第 114 页。
④ Lawrence Stone(ed).*The University in Society* (*Volume*) .Princeton University Press,1975:305.

速发展,在生产过程中自然科学的成就逐步得到广泛应用。此外,从 19 世纪中期开始,英国的社会变革和达尔文进化论思想的传播使许多教育家开始重视科学知识。正是基于巨大的外部压力,牛津大学的现代化经历了由捍卫古典学科的核心地位,到审慎地设立自然科学讲座,再到全面接受科学教育的变革。

在学科专业不断分化发展的同时,“两种文化”的冲突又表现出新的均势和失衡,科技与人文在新的背景下成为大学面临的新挑战。通常,很多科技教育工作者对人文学科和社会科学的无用之用不屑一顾,而很多人文学者对现代工程技术蕴含的智慧也缺乏欣赏。如何在科技与人文之间建立起富有时代特点的新的平衡关系,实现科技教育与人文教育的有机结合,世界一流大学进行了创造性的探索。例如,麻省理工学院为人文学科与科技学科的相互融合提供非同寻常的契机,使人文学科与自然学科在教育过程中构成了一个连续的统一体。麻省理工学院认为,教育应该扩充个人的选择机会——科学与数学的共同体验,人文、艺术和社会科学的严谨探索,以及这些领域之间的持续对话等。麻省理工学院将这些都视为教育的题中之意。①

科技教育与人文教育如车之两轮,鸟之双翼,不可偏废。离开了人文教育的滋润,科技教育培养出来的可能是没有灵魂的经济人;没有科技教育的支撑,人文教育也难以培育出能够解决社会生产和生活难题的现代人。哈佛大学前校长洛厄尔曾经谈到,“每个学生应得到最大限度的发展,无论学生的强项还是弱项。大学应该培养的人不是有缺陷的专家,而是有全面智慧、广泛的同情心和自主判断的人。”②世界一流大学在重视科技教育的时候,并没有荒废人文教育,反倒营造了充满浓郁的人文教育气息的教育环境。

首先,世界一流大学重视科技教育与人文教育的融合,从教学制度上对学生选修科技和人文课程有着明确规定。尽管科技教育和人文教育都是通过课程实施,但不同教育理念指导下的大学课程设置有着很大的差别。例如,斯坦福大学在其通识教育课程中,拟定了 9 类课程,分别是文化、理念与价值,世界文化,美国文化,数学,自然科学,技术与应用科学,文学与艺术,哲学、社会与宗教思想,社会与行为科学,要求学生从 9 类课程中至少选修 11 门课,其总学分数不得少于 60 个,占毕业规定学分的 33%。相较而言,主修专业只要求达到 85 个学分,占毕业规定学分的 47%,剩余学分由学生任意选修完成。需要指出的是,选修课程的要求一点都不亚于专业课程。在科技教育与人文教育相融合的教育理念

① [美]查尔斯·维斯特:《一流大学卓越校长:麻省理工学院与研究型大学的作用》,蓝劲松主译,北京大学出版社 2008 年版,第 11 页。

② Richard Norton Smith. *The Harvard Century*. Simon and Schuster, 1986:69.

指导下,学生通过选修通识教育课程、专业教育课程和任意选修课程,既能获得良好的科技教育,又能得到充分的人文教育。

其次,世界一流大学重视培育学生的人文情怀。通识教育是欧美国家大学自由教育传统的现代延续。在知识爆炸的时代,过度专业化教育的弊端日趋严重,但世界一流大学却坚守了古老的自由教育的精神,通过通识教育和任意选修制度为学生心智的全面发展、人格和个性的自由塑造提供了可靠的保障。哈佛大学前校长科南特说过,"我们生活在一个专业化的时代,学生成功与否往往取决于他对某个专门职业的选择,无论化学家、医生、工程师,还是某个手工或技术性行业的专家,专业化是推动我们变换社会结构的方式。"①专业化是不可抗拒的时代需要,但专业化并不能解决全部人类和社会问题,尤其是人类的精神和道德问题。人类文明的继承和创新不仅需要科技教育培养高素质的专业化人才,而且需要人文教育关注人的精神和道德修养。跨学科专业教育是目前世界一流大学实现科技教育与人文教育相结合的新尝试。比如,牛津大学开设了科学和经济学、物理和哲学等专业,旨在促进文理学科的交叉与渗透,拓宽学生的知识面,培养学生的综合和创新能力,激发学生的人文情怀。

五、"正是开放与英才教育促成了我们大学的伟大"

大学是一个国际性的学者共同体,有着同行之间互相交流的传统。尽管曾经因世界性的意识形态之争导致大学的国际性受到一定范围的限制,但大学的国际性传统从未中断。世界一流大学无不是众多国际学生和学者青睐的学术中心,是国际学术交流与合作的主要场所,开放的特点在世界一流大学得到了弘扬。

开放的教育理念既有其历史渊源,又有其现实发展。在中世纪和文艺复兴时期,拉丁语是欧洲各国大学的教学语言,这在某种程度上方便了学者在各国间交流、方便了学生去国外学习。后来,随着民族国家的兴起,民族语言逐步取代拉丁语成为各国大学的教学语言,再加上民族国家的政治限制,阻碍了学者和学生出国进行学术交流和学习。但大学具有国际化的基因,其所依靠的学科知识是人类共同的文化财富,学者和学生走出国门进行学术交流和学习,不仅有利于学科知识在国家间的普遍推广,而且有助于加强国际理解,促进人类和谐发展。随着现代信息技术和交通技术的发展,无国界的高等教育交流越来越发达。高等教育的国际化已然不只是大学和学者的事情,很多国家高度重视,使之具有了

① 郭键:《哈佛大学发展史研究》,河北教育出版社 2000 年版,第 173~175 页。

新的时代特征。1999年,29个欧洲国家签署了《博洛尼亚宣言》,确定了三个主要目标:第一,提高整个欧洲高等教育资格证书的一致性;第二,在青年人中培养欧洲公民的理念;第三,增强欧洲高等教育在世界范围内的竞争力。① 博洛尼亚进程为高等教育国际化提供了新的注解。

大学是一个产生思想的学术机构,观念的碰撞、精神的交流需要教育保持开放的胸襟。当不同文化、不同信仰、不同知识背景的人为了知识走到一起的时候,其创设的学术环境对于人类的创造性是无比珍贵的。② 世界一流大学誉满全球,其开放的品格是成就卓越的重要动因。

首先,一流大学重视培养学生的国际视野。在世界一流大学看来,只有具有国际视野,才能成为世界科学文化交流的中心,才能培养具有国际眼光的人才。世界一流大学主动推进教育国际化的行动更是新时代的重要趋势。面对全球化的浪潮,哈佛大学以应该培养什么样的人为主题展开讨论,提出要培养具有国际视野的新世纪专业人才,哈佛大学的毕业生不仅是美国公民,更应是"世界公民"。③ 在迎接21世纪到来的时候,麻省理工学院致力于在科学、技术和其他学术领域增进知识,培养人才,以便在21世纪为国家和世界提供最好的服务。"许多世界一流大学为本科生提供机会,使其能够到其他高水平大学进行一定时间的学习,另外还大力资助学生参加各种国际学术交流活动,以培养具有国际思维和眼界的创新型人才。1958年,斯坦福大学在联邦德国西南部的西特加建立了第一所分校,此后又分别在法国、意大利、澳大利亚、英国和我国等地建立了10所分校,这样一来,斯坦福大学40%的本科生都有在分校学习的经历。另外,世界一流大学还大量延聘国际顶尖学者,招收海外优秀学生,通过多元化的师生来源构成开阔师生的国际视野。

其次,世界一流大学还积极开拓国际教育交流与学术合作。学术是一项国际性的事业,以高深知识为工作对象的大学更需关注知识的前沿发展动态,方能促进文化科学的不断创新。比如,牛津大学和剑桥大学在学术交流、人才流动等多方面配合默契,共享教育资源。牛津大学还与耶鲁大学、普林斯顿大学、斯坦福大学等联合建立网上"终身学习大学联盟",以便为四所大学在全世界范围内的校友提供非学历的网上课程。其大部分研究人员都与海外同行保持着正式或非正式的联系。通过国际合作,牛津大学促成了国际教学项目的共享,提高对研究潮流发展方向的把握能力。牛津大学认为,学术工作是一项国际性的事业,其

---

① ［英］罗杰·金:《全球化时代的大学》,赵卫平译,浙江大学出版社2008年版,第55页。

② 王英杰,刘宝存:《世界一流大学的形成与发展》,山西教育出版社2008年版,第145页。

③ 王英杰,刘宝存:《世界一流大学的形成与发展》,山西教育出版社2008年版,第366页。

国际化战略的内容广泛而又具体，包括招收和资助国际学生，遴选国际化的学术人员，为所有学生提供国际教育经历，开展学术合作与教育交流等。仅在2003年至2008年的五年间，牛津大学的国际学术研究人员比例就上升了57%，国际化战略提高了牛津大学的人才竞争力。

再者，开放的教育理念不但有助于促进学术的国际交流，而且有助于世界一流大学构建国际化的教育平台，将人才培养置于一个充满国际元素的教育体系之中。麻省理工学院前校长查尔斯·维斯特曾经说过："我国高校的出类拔萃很大程度上归功于对国际学者的开放。正是开放与英才教育促成了我们大学的伟大，在国家建设中，我们必须继续坚持这种精神和宗旨。"①来自世界各国的优秀人才打造了世界一流大学多样化的学术环境，搭建起了国际化的教育平台，在这样的氛围中何愁培养不出具有国际视野的优秀学生。

最后，开放的教育理念不仅意味着吸收外来的信息与资源，同时也还包含对外输出知识和价值观。在美国，有一种观点认为，"留学生和访问学者将获取重要知识，返回他们的祖国并把这些知识应用于商业生产，从而反过来在全球市场上击败美国。"②这样的理念在世界一流大学完全没有市场。麻省理工学院将"新知识应及时与世界分享"作为国际划时代的教育原则，将其2 000多门课程的主要材料放在网上，让任何需要的人随时获取，不管他们在世界的任何地方。这种在国际间分享知识的勇气与气魄，不仅是知识普适价值的体现，同时也使世界一流大学在知识发现和人才培养上有着更高远的理想与追求。

第三节 世界一流大学教育理念的特点与启示

现代社会科技迅猛发展，人力资源竞争日趋激烈，世界一流大学培养高素质创新型人才的经验值得大学教育工作者重视，特别是有志于建设世界一流大学的领导和教师重视。教育理念是引领一流大学人才培养的价值准则，是教育的必然规律与应然理想的完美结合，对教育现实具有强大的规范和引领作用。总

① [美]查尔斯·维斯特：《一流大学卓越校长：麻省理工学院与研究型大学的作用》，蓝劲松主译，北京大学出版社2008年版，第112~113页。

② [美]查尔斯·维斯特：《一流大学卓越校长：麻省理工学院与研究型大学的作用》，蓝劲松主译，北京大学出版社2008年版，第99页。

结和归纳世界一流大学教育理念的特点,不仅有助于从深层次上揭示这些大学走向卓越的思想根基,而且对我国建设世界一流大学有着重要的启示。

一、世界一流大学教育理念的特点

世界一流大学教育理念不仅是这些大学走向世界一流的共同经验,也是高等教育活动基本规律的反映,是高等教育发展的历史积淀与现代文明的思想结晶。世界一流大学的发展历程表明,一流大学既有共同的思想内核,又有匠心独运的个性化创新,并以此为基础形成了其极具特色的教育模式。

(一)教育理念是世界一流大学历史发展的积淀

大学是文化集成的产物,任何存在的大学都是一种文化的外显和历史传统的再现。历史悠久的大学如此,历史短暂的大学也是如此。在大学的精神信念中,历史文化的印记是不可磨灭的。就世界一流大学而言,它们更多地承载了大学精神文化的历史积淀。在人才培养上,牛津大学、剑桥大学侧重于培养和引领未来社会发展的政治、经济精英,麻省理工学院重视培养工程技术英才,尽管它们在培养目标上旨趣各异,但培养社会英才却是其共同的追求,而且这一追求与大学恒久的历史使命是不可分割的。牛津大学、剑桥大学脱胎于古典大学,有着深厚的人文传统,延续了其一以贯之的历史命脉;而麻省理工学院在赠地运动中兴起,最初的定位是为工业生产培养技术人才,尽管这一适应时代需要的创新塑造了其崇尚实用的品格,但在其走向一流的征程中,又不断注入追求卓越、造就英才、服务社会的大学历史文化元素。历史与文化虽然无形,但却孕育出了世界一流大学。

创新教育理念,既要准确把握时代需要,又要尊重大学的历史与文化,避免历史虚无主义。教育理念创新不能拍脑袋,不能指望灵光一闪,它需要扎根于大学的历史发展进程,在文化积淀中寻找值得继承的传统,这样凝练出的教育理念才有生命力。教育理念可以继承和借鉴,但不可简单化地移植。看见别人有什么先进教育理念,一味照搬的"拿来主义"做法不仅难以推行,而且也不会产生多大效果,相反还会出现水土不服的问题,影响大学发展。建设高等教育强国,有必要借鉴世界一流大学的经验,有必要深入到其历史与文化中去理解其教育理念的精髓,汲取其文化传统的营养。

(二)世界一流大学教育理念具有内在的统一性

教育是培养人的活动,人的发展不仅涉及知识传授,还包含道德养成;不仅需要科学技术,同样还要有人文精神;不仅要服务社会,服务国家,还要心系人类,胸怀全球。世界一流大学的教育理念是一个统一体,具有内在的逻辑一致性。培育英才是其教育理念的核心,体现了高等教育的总体目标与要求,是高等教育活动的出发点和归宿;注重道德和责任教育,强调在传授知识和技能的同时,不能忽视了人格的养成、道德的提升;重视营造宽松自由的教育环境,表明只有在自由的环境中,才最有利于培养学生的创新精神;奉行科技教育与人文教育相结合,力求在教育活动中培育学生的人文精神;重视教育的开放性与国际化,重在让学生具备国际视野,站在人类和全球的角度观察问题,探寻解决之道,进而增强使命感与责任感。这些理念紧扣几对主要矛盾关系,确立了大学教育的基本准则。

创新教育理念,要遵循教育规律。洪堡在论及柏林大学时指出,大学有双重任务,一是对科学的探求,二是个性与道德的修养。① 耶鲁大学前校长理查德·列文也谈到,“我们的责任是教育和引导,塑造更广阔世界的价值,这些价值可以激励人的潜能的充分实现。”②尽管这两人生活的时代相距一百多年,但他们对教育的看法却有着高度的一致性,那就是大学要重视学生的品格修养,提升学生的道德素质。无疑,这些相同的认识属于教育规律的范畴,是创新教育理念中必须遵循的基本原则。因此,对教育的深度理解直接关乎教育理念的科学性和进步性,世界一流大学正是基于其对教育的深刻理解,尊重教育规律,才确保了其走向卓越的正确方向。

(三)世界一流大学教育理念与其自身发展定位有着高度的契合性

培养高素质的优秀人才是世界一流大学教育的共同外显特征,它们对人才培养的定位十分明确,能够有针对性地组织高质量的教育教学活动。比如,在学科布局上,世界一流大学并不贪大求全,且不说像普林斯顿大学、加州理工学院这样的小型大学,即便像哈佛大学这样的巨型大学,它也只有 11 个学院,其中 1 个本科生院(哈佛学院),10 个研究生院。尽管多次有人提议设置工学院,但哈佛大学从不为其所动,坚信要办就要办出世界先进水平、办出特色,如果达不到这个要求,宁可不办。哈佛大学这样表述它的教育信念:致力于克服各种限制,让学生全面参与,使学生发现自己的能力和兴趣,最大限度地发展自己的智力和潜能;哈佛大学的教育应该为学生提供一种基础,使其养成自我依靠和终身学习的习惯,以使其在今后的生活中发展知识,增进理解,服务社会。③ 在这种信念的指导下,哈佛大学的各个学院也有着清晰的办学定位。如哈佛大学肯尼迪政

---

① 陈洪捷:《德国古典大学观及其对中国的影响》(修订版),北京大学出版社 2006 年版,第 29 页。

② Richard C. Levin. *Beyond the Ivy Walls: Our University in the Wider World.* (Inaugural Address). 1993. http://opa.yale.edu/president/message.aspx? id=53. 2013-07-24.

③ *Undergraduate Handbook.* http://webdocs.registrar.fas.harvard.edu/ugrad-handbook/current/introduction.html. 2013-09-28.

府学院立足于培养为民主社会服务并致力于解决公共问题的领导人；法学院定位于创造一流的法律教育知识，以造福世界等。

创新教育理念，应当避免空想主义，而要与自己的发展定位保持一致。建设世界一流大学是一项长期而又艰巨的任务，定位是否适切直接影响教育发展水平，过大或过虚的办学定位都不利于大学教育的发展。我国大学在发展定位上“浪漫主义”色彩过重，很多大学的发展定位远远超过了当今许多世界一流大学。尽管这种敢于超越的精神无可厚非，但宏伟的目标如果不建基于现实，就无异于空想。教育理念指引大学前进的方向，发展定位则是大学的办学目标，二者结合起来方能形成合力。

（四）世界一流大学教育理念既有明显的共性，又有鲜明的个性

虽然世界一流大学教育理念有诸多共同之处，但每一所大学的教育理念又有着自己的独特个性。致力于培养英才是世界一流大学的共同教育追求，但在不同的学校，有着不同的理解和不一样的做法。自由教育传统悠久的剑桥大学，在教育活动中更加注重培养学生的理性思维，养成学生自由的心灵，反对教育功利主义。其前副校长约翰·巴特菲尔德曾强调，我们需要警觉，大学与工商业之间的相互联系，不致损害我们的学术水平，或者导致我们不去认真研究问题。① 而斯坦福大学则直言不讳地主张，教育要使学生为个人的成功和生活中的实际工作做好准备，强调要培养有用的人，要掌握未来职业所需的实用技能，鼓励学生创业。为此，斯坦福大学率先在大学建立科技园，支持教师和学生开办公司，孵化科技成果。当然，作为世界一流大学，斯坦福大学并不排斥通识文化的作用，也十分重视人文学科的教学。

创新教育理念，要从实际出发，避免本本主义。我国大学在重视学习外国先进经验的同时，应当重视发掘自身的优秀传统、培养自身独特的个性。对世界一流大学教育理念的共性，需要深刻加以领会与把握、学习与借鉴，但更需结合自身实际情况，根据我国高等教育的社会使命和具体环境，创造有自身特色的世界一流大学教育理念，引领我国大学稳健地迈上世界一流大学建设之路。

（五）创新教育理念离不开教育家校长

社会的期望决定大学的成就，而大学能否与时俱进，能否敏锐捕捉社会发展动态，在很大程度上取决于大学校长的素质。大学是学术组织，其使命在于造就高级专门人才，传承人类文化与文明，发展文化科学技术，促进社会文明进步。只有让懂教育的人来掌管大学，才能保证大学的发展不偏离教育的逻辑，因此，大学需要教育家校长。世界一流大学的发展证明，教育家校长和现代一流大学

---

① 《改变世界的力量》，http://www.wsfy.cn/html/sdmxweb/zh/zh19.htm. 2013-10-27.

有着高度相关性。谈到哈佛大学,人们不由地想起艾略特40年治理下的哈佛大学发生的巨变;谈到卡耐基-梅隆大学,人们自然而然地就会论及理查德·赛特;谈到斯坦福大学,人们不会忘记华莱士·斯特林和特曼……这些校长的任职时间有长有短,但他们有一个共同的特点,即他们开启了自己所在大学建设世界一流大学的大门,带领大学迈上了正确而又快速的发展之路。

创新教育理念,校长是核心人物。对于志在创建世界一流的大学来说,更需要遴选教育家校长。教育家视教育工作为生命,将个人的生命价值寄托于教育,对教育工作有着坚定不移的信念,对教育与人的关系、教育与社会的关系、教育与国家民族的关系、教育与人类的关系有着合乎规律和传统的深刻理解,具有将自己的认识转化为办学行为的才能。建设世界一流大学,不是一项格式化的工作,没有万灵妙方,不进行理念创新,就不可能找到正确的发展道路。我们所处的时代不仅为教育家校长提供了成长的沃土,而且为其提供了施展才华的广阔空间。

二、世界一流大学教育理念的启示

世界一流大学教育理念是实然教育理念和应然教育理念的结合体,世界一流大学在办学实践中体现出来的教育理念毫无疑问是实然的教育理念,当然,其中不乏应然教育理念对教育现实的关照。研究世界一流大学的发展历程,考察其教育理念的思想内核,提炼总结其教育理念的特点,就是要从中发现规律性的东西,以期指导我国建设世界一流大学的伟大实践。

(一) 准确定位,培育英才

大学以教育立身于世,培养人才是其首要使命。世界一流大学不光要产出一流的科研成果,更要培养杰出人才。学生质量是大学办学水平高低的直接反映,只有培养世界一流人才的大学才堪称世界一流大学。不管有着古典传统的世界一流大学,还是建校才百年左右的世界一流大学,它们都以培育英才为目标。诚如现任普林斯顿大学校长雪莉·蒂尔曼所言,"让每一个学生拥有才智以及具备成为良好公民和英明领导者的必备性格。"①当然,对世界一流大学来说,"英才"并不是一个抽象的概念,它们对"英才"的理解既丰富又具体,有着清晰的定位。受古典文化传统影响极深的牛津大学,在过去几百年的时间里培养出的政治家和高级公务员比其他所有大学加在一起还要多。② 英国历史上的40

---

① Princeton University. *Princeton Today*, http://www.princeton.edu/main/about/present. 2013-10-27.

② Soares, Joseph A. *The Decline of the Privilege: the Modernization of Oxford University*. Stanford university Press, 1999:5.

多位首相中,有29位是牛津大学的毕业生,著名的政治家、银行家、企业家和学者更是层出不穷。柏林大学兴建于国家危亡之际,是为振兴民族精神而采取的"以精神的力量来弥补在物质方面所遭受的损失"的战略举措,"是国家重新缔造时期的首要任务",因此,柏林大学从创办开始就承担了为国家培育栋梁之材的重任,它不负众望,以令人难以置信的效率培育了一大批熠熠生辉的文化、科学英才。

长期以来,我国大学有造就硕学鸿儒之志,却没有明确具体的杰出人才定位。在建设世界一流大学的过程中,我国大学不仅应当志存高远,更要在教育实践中将培育英才的目标落实到各个具体的教育环节中去,尤其应当通过大学的基本教学制度来保证杰出人才的培养,使杰出人才层出不穷。我国一些追求建设世界一流水平的大学,将科研放在第一位,将教学放在第二位;将研究生教育放在第一位,将本科教育放在第二位,与世界一流大学的教育理念和实践相去甚远。在筹建柏林大学时期,洪堡遍访各大学名师,盛情相邀,使学校一开始就会聚了一大批一流学者。正因为有了盛况空前的师资队伍,柏林大学才得以后来居上,造就出世界一流的学术人才,从而奠定其现代大学之肇始地位。我国大学应当调整办学定位,正确认识本科教育的地位和作用,使其回归到教育的中心。培育英才需要有一流的师资。尽管我国以创建世界一流为目标的大学,都在努力建设一流的教师队伍,然经年努力,却收效甚微,原因固然很多,但根本原因在于制度的羁绊。我国大学经过了多次教师人事制度改革,但教师的单位所有制还没有根本性突破,人才流动仍然困难重重,想要的人进不来,不合适的人又出不去。还有的大学不以真才实学取人,以"门槛"取人。诚然,如果不能建设一支一流的师资队伍,创建世界一流大学只能是一个美丽的愿景。我国大学应当抱定宗旨,进一步解放思想,以对教育负责、对学生负责、对社会和国家负责的态度,以建设一流的师资队伍为目标,大胆改革教师人事制度,实行能进能出、有进有出的教师聘用制度,坚决解聘不符合教育宗旨的教师,使每一位教师都能胜任教书育人之责。改革教师评价制度,改变重量不重质、重门槛轻水平的评价标准,杜绝师资队伍中存在的有文凭缺水平、有职称没成就的状况。广开人才引进渠道,逐步建立国际化的师资队伍聘用机制,在国际层面汇聚一流人才,形成人才的国际流动局面。

(二)德育为先,注重修养

重视道德教育,既是人才培养的需要,也是学术活动的内在要求。大学是人才辈出的地方,如果大学培养的人才只是才华出众,却缺乏为人之道;满腹经纶,却缺少对知识和真理的敬仰;学贯古今,却缺少科学的精神和自由的信仰,这样的人才是不符合英才教育理想的。世界一流大学以培养未来社会的领导者为使命，对学生的道德修养格外重视，其中以柏林大学“由科学而达致修养”的教育理念尤为典型。柏林大学的师生都有一种境界，即微耳和校长所强调的：“无论教师还是学生都不应忘记，大学的学习具有远大的目标：科学修养、道德修养以及丰富的专业知识。”①毫无疑问，大学要关注专业知识，但更要关注科学和道德修养，正如洪堡所认为的：“受到纯粹科学的教育，是教育人们去进行自动的、创造性的思想，去进行符合道德原则的行动。受过这样一种教育的人，以后在生活中也就是一个对集体最有用而且最能做出贡献的人，因为他拥有品格。”②

我国大学不可谓不重视道德教育，但效果却不尽如人意，一个很重要的原因在于我国大学的道德教育与教学活动是分离的。道德教育对师生在科学和学科专业方面的态度、精神和价值观少有影响，因此，道德教育的缺位和低效是我国大学教育应当解决的突出问题之一。

道德教育应当融入教学活动，通过教育提高学生修养。长期以来，我国大学高度重视专业教育，追求大学所学与社会之用的直接结合，而忽视了对学生的品性、修养、责任、情感的培养。部分大学为此开展了大学生文化素质教育，开设文化素质教育讲座，以弥补文化教养课程的不足，扭转传统的专业教育之过，收到了一定成效。有的大学开始借鉴美国大学的经验，实施通识教育。这都是可喜的改变，但仅止于此却是远远不够的。我国大学在教育理念上的问题并不是开办几次文化素质教育讲座，以及实行美国式的通识教育就能解决的。执世界大学教育之牛耳的哈佛大学，一直以来都认为培养有教养的人是一种境界，是大学对社会的责任。哈佛大学将培养有教养的人置于其教育目的的首位，学校的课程设置、教学要求、教学活动、校园生活等都服务于培养有教养的人的目的。

我国大学应当反思数十年来教育改革的经验教训，尤其应当反思改革开放以来教育改革的目的和手段。大学生文化素质教育不能只是现行教育问题的补丁，而应当是大学教育的核心要素，应当纳入大学教育改革的整体框架之中，从人才培养方案、课程设置、教学时数、教学活动、教学条件等各方面进行规划和落实，从而使大学人才培养真正落实到“教养”上，提高大学所培养人才的道德水平，使其不但成为社会各行各业的中坚力量和领军人物，还是社会的道德楷模，社会文明进步的典范。

大学生的道德教育应当建立在大学自身的道德建设上，如果大学自身缺乏道德，缺乏社会责任感，那么，大学生的道德教育是不可能有效开展起来的，即便在形式上开展了，实际上也不可能有好的效果。大学应当成为社会的良心，大学

---

① 陈洪捷：《德国古典大学观及其对中国的影响》（修订版），北京大学出版社 2006 年版，第 72 页。

② 符娟明：《比较高等教育》，北京师范大学出版社 1978 年版，第 31 页。

的文化环境和氛围应当是高尚社会文化的结晶,大学应当以优良的文化塑造大学生的精神世界,应当以优良的文化领导社会进步的方向。

(三) 加强融合,造就全人

专业性是高等教育的基本属性,培养专业人才是高等教育的基本功能,但如果只局限于专业领域的教学,势必阻碍学生的全面发展,无法适应社会的需要。芝加哥大学前校长赫钦斯认为,如果教育内容过分偏重科学知识而忽视人文知识,就会影响学生能力的充分发展。教育的目的在于培养和谐发展、健全有用的人,如果在人才培养过程中一味地注重专业技能而完全忽视其他的人文社会需要,就会有悖于人的全面发展这个终极目标。人文教育以人文知识为基础,注重人性的养成与人格的塑造,以培养人文精神为根本目的。观诸世界一流大学,无不以学生的充分发展为出发点,重视专业教育但不过度专业化,重视科技教育但不偏废人文教育。

改革开放以来,虽然很多大学改革了旧的专业教育模式,调整了学科专业结构,但成效并不明显。大学是为明日社会培养人才,如果过度专业化,培养出来的人才不仅适应面窄,还不具备可持续发展的潜力。知识经济时代,社会发展需要的是会学习的人,而不再是以前那种只具备某一学科专业技能的专门人才。我国大学应当解放思想,深刻认识专业教育的意义及其社会局限性,尤其是以创建世界一流为目标的大学。应当大胆尝试,努力突破过度专业化的教育模式,建立服务于学生全面发展和长远发展的教育模式。转变过度刚性的专业概念,改革专业设置方式,扩大专业的内涵和包容性,增加跨学科专业和多学科交叉专业,加强专业之间的沟通与融合,使专业教育具有更大的灵活性。树立新的人才观,科学理解专业人才的内涵,准确把握社会对专业人才知识、能力和素质的新需要,以此为依据,调整专业培养目标,使人才培养工作具有更大的针对性和有效性,提高人才培养质量。

科技教育和人文教育各有其合理的内核与现实价值。科技教育发展了人的专业智慧与知识,使人在征服、开发和适应自然的过程中解放人性,实现人的价值,使人自身得到肯定。麻省理工学院的《刘易斯报告》指出,大学教育不仅仅是促进学生智力发展,在新的社会条件下,教育应该为生活做准备,应该为学生提供能够适应生活的完整教育,对科学家、工程师和建筑师进行人文、社会科学教育的重要性毋庸置疑,且与日俱增,如果没有足够的文化背景,任何一名专业人员都不能在其所研究的领域内保持领先。①

---

① *Report of the Committee on Educational Survey to the Faculty of MIT*. The Technology Press of MIT, 1949: 171.

我国有志于建成世界一流的大学，应当积极推进人文教育与科技教育的有机结合，大力推动教学模式改革，培养基础宽厚、学养扎实、综合素质高、发展潜力大的精英人才。世界一流大学的经验表明，科技教育与人文教育并不是对立的，实际上，两者相辅相成，科技教育为社会发展提供技术支持，而人文教育能使人的身心、思想和行动、理智和情感都得到健康而全面的发展。我国大学应当立足于培养全面发展的人，加强科技教育与人文教育的融合，不仅教给学生创造物质生活的知识和技术，更要培养他们领略善与美的能力，造就适应未来社会需要的全人。

（四）弘扬学术，追求卓越

学术是大学教育的生命所系，没有学术的大学教育无异于僵化呆板的生产流水线，日复一日、年复一年地制造型号、品牌、规格、标准完全相同的产品，缺少活力，更缺少不断奋进、创新进取的精神。世界一流大学以追求卓越为导向，以发展一流的教育为目标，努力建设与之相适应的教育教学制度和学术组织体系，营造一个开放的、严格的、高强度的学术环境，造就学术和社会各行各业的领军人才。我国大学应当弘扬学术，营造自由的学术氛围。

我国大学应当赋予教育充分的自由，让教育从各种外部和内部的束缚中解放出来，使师生能够在一种宁静、宽容、开放、和谐的环境中切磋学问，修养德行，发展智慧，提升境界。给予教师更多教的自由，让教师在课程开设、教学内容选择、教学方法运用、教学活动组织等多方面拥有更大的自主权，鼓励教师开展教学改革，为教师采用研究性教学方法提供各种便利条件。给予学生更多学的自由空间，减少对学习的各种限制，消除驱使学生学习的各种“功利动机”，使学习成为学生自己的意愿，学生能够根据自己的兴趣和爱好选择学科专业和课程，鼓励学生在学习中大胆探索，锻炼意志，磨砺品格，拓展认知，掌握学问之道。改革教育教学管理方式，改变行政主导的管理模式，建立指导与服务体系，在指导与服务中体现和实现教育教学管理的价值，减少对教学的限制，为教师和学生及其教学活动营造一方自由的天地。

卓越是世界一流大学的标识，它不仅表现在大学教育的结果上，而且表现在大学教育的过程中。不能说我国大学缺乏追求卓越的精神动力，但我国大学缺乏应有的气概。有的大学将追求卓越写在报告文件中，将创建世界一流大学的口号喊得震天响，但踏踏实实、真抓实干的行动却较少见到。从专业设置、课程教学、教学条件、师资队伍、学生指导、教学管理等诸多方面看，我国大学在追求卓越的进程中，实的少、虚的多。建设世界一流大学，我国大学应当抛弃各种杂念，卧薪尝胆，韬光养晦，树立不达目的誓不罢休的精神气概，从大处着眼，从小处着手，扎扎实实地推进教育水平和质量稳步提高。研究和改革教育模式，将卓越的品质融入到教育过程各环节各要素中去，建立以追求卓越为内在动力的人才培养体系。改革教育管理制度与机制，建立注重品质和内涵的制度标准，一切为了高质量教育，为了高水平人才，使制度为优质教育教学服务，为教师和学生高品位的学术生活服务。

（五）扩大开放，与时俱进

世界一流大学的国际化程度高，来自世界各国的教师和学生广泛参与国际学术事务，在交流与合作中学习，使教育教学活动建立在国际多元文化的基础之上，为造就世界一流人才创造了不可缺少的条件。我国大学重视国际教育合作，但长期以来，存在派出人员多、吸引人员少，以学习为目的的多、以教育输出为目的的少等现象，造成了我国的海外留学生和学者人数众多，但国内大学的国际化元素却非常有限的局面。这种状况应当改变，建设世界一流大学，应当牢固地树立国际化教育理念，大力增强教育的国际化元素，包括教职员工的国际化、学生的国际化、课程的国际化、教学活动的国际化等，通过深层次、多形式、全方位的国际化教育，增强教育实力，提升教育水平。

国际化教育不应外在于现有的教育体系和环境，而应当是大学教育体系和环境内生的重要组成部分。国际化教育的基础在于学术的国际通融性，在于国际学术的可交流性和可合作性。尽管我国大学具有后发性，但与生俱来便不乏国际化教育，只是长期受各种因素影响，国际化教育属性未能得到充分彰显。21世纪的我国大学应当以学术的国际性为基础，大力拓展国际化教育，以我国优秀的传统文化为基础，融合世界各国先进文化，促进教育的国际交流与合作，构建国际化教育应有的文化环境和氛围，建设一个多元文化交融、拥有跨国界学习便利的国际化教育体系。

我国大学应当进一步改革开放，将共享理念植入校园精神文化中，努力扩大其开放性，拓展其共享覆盖面，使其国际化特征更加显著地体现出来。改革各种阻碍教育共享的规章制度，在共享中提高自身的教育水平和质量，在共享中不断创新和发展教育组织与形式，使教育具有更强的时代性、更好的适应性。进一步加强国际化教育，尤其是借鉴世界一流大学的先进经验，改革教育教学制度，提高教育和管理人员的国际化素养，增强教育的国际适应性，吸引更多的国际学者和学生参与教育活动。建设世界一流大学，还要有与世界分享的勇气和胸襟，在开放和共享中为世界高等教育增添中国特色，从世界各国的教育经验中获得创新和超越的动力与智慧，为稳步迈入世界一流大学行列奠定牢固的基础。

建设世界一流大学是各国的具体实践，他国的经验可以借鉴，但不能照搬和套用。建设世界一流大学应当立足于国家经济社会发展的现实，应当满足国家对高等教育的需要。我国科教兴国战略的实施拉开了建设人力资源强国的序幕,建设高等教育强国已经成为我国高教界在新时代的伟大实践。在一个高等教育人口数倍甚至十数倍于一些高等教育强国的国度,在一个不太发达的经济基础上,向数千万人口提供高质量的高等教育,这是任何国家都不曾有过的高等教育实践。没有思想观念的创新断然无法完成这一宏伟的历史使命。创新教育理念,建设世界一流大学,是建设高等教育强国必须回答的一个重大理论与实践问题。

第八章　高等教育强国理念的探索与创新

建设高等教育强国是一个复杂的、系统的社会工程。高等教育强国具有五大典型特征:从规模指标看,高等教育毛入学率达到50%;从质量指标看,拥有大批一流高水平大学和一批具有国际影响力的学科专业,产出一批代表国际先进水平的学术与技术成果,拥有并培养一批具有国际影响力的大师与杰出人才;从结构指标看,各类高校职能各异、分类做强,与地方区域社会良性互动,服务于不同事业发展需求;从投入指标看,国家财政性经费支出占国内生产总值(GDP)的4%以上,形成多元化的投资体系;从观念指标看,拥有适应大学教育逻辑与本国文化特色的先进教育理念与思想。其中,观念指标具有战略性决定意义。用什么样的理念体系来指导高等教育实践和改革是一个根本性、前提性的问题,而现时代正是转变我国高等教育理念的最佳时期。①

第一节　高等教育强国理念建构的两个维度:问题与逻辑

高等教育理念的使命,就是追问高等教育的本质、目的与意义等根源性问题,寻求对高等教育基本问题的思考,这既有形而上的价值,也有形而下的价值。高等教育理念作为一种观念形态,它寄寓于其自身特殊的运行逻辑,又要体现国家需求与社会责任。高等教育强国理念需要在问题与逻辑双重维度的整合上不断寻求新突破,才能提高对高等教育认识的境界。

① 周进:《建设高等教育强国:国家高等教育理念的转变与创新》,《江苏高教》,2013年第7期。

一、起于“问题”：现存高等教育理念与国家、社会理想之间尚未取得共识

高等教育理念的建构起于“问题”，要从所要解决的教育现实问题出发来建构。这里至少有两个层面的问题：高等教育的问题与高等教育理念的问题。二者是客观与主观、形而下与形而上的关系。理念的产生源于问题，无论有目的地建构高等教育理念，还是学理上的探讨，从当下“问题”出发始终是理念创新的前提。大学现存的问题既是社会综合问题的反映，更是高等教育理念变革与建构的着力点。

作为一种理性的自觉认识，高等教育理念归根结底是探讨高等教育与国家政治、经济、社会、人等诸关系中的发展问题。这些问题的实质在于高等教育理念与国家理想、社会责任之间相互错位。

（一）高等教育理念变革滞后而未能充分发挥高等教育推动国家强盛的中坚作用

中外历史表明，高等教育能够兴国、强国。教育理念是高等教育与国家之间的黏合剂。在社会结构稳定的社会中，由于社会具有高度统一性，教育理念的认同度较高，理念的变革渐进而缓慢；而在社会结构复杂多变的今天，社会子系统之间的依存度越来越高，教育理念的变革难度将更大。从现实来看，中国高等教育理念变革大多仍是在传统模式中进行的，理念的转变只是为了单纯适应环境。一方面，面对某些新的理念与思想，学术界需要一个经过深思熟虑、不断验证取得共识的过程；另一方面，大学尚未将自己转化为一个能适应未来的机构。教育理念与体制的变革如此缓慢，以至于高等教育不足以控制自己的命运，并面临着被某些社会力量控制的危险。

今天的中国高等教育已进入到理念变革的最佳时期，并幸运地得到了国家政策力量的推动。然而，国家对高等教育的支持与投资并非无条件、无时效性的。近年来，由于大量社会的投资与国家投入主要被用于规模扩张而非提高质量，在利益驱使下，各种高等教育机构激增，大学盲目升格导致高等教育结构性失衡，使得分配给每所大学的公共资源份额减少。这时，国家与社会将不断追问这种支持是否与高等教育成果相匹配，如果高等教育不能使人民满意，则很难重建国家资助的信心。随着国家教育投入与不断扩张的教育规模、不断增长的教育需求之间的矛盾日益加大，决策者就更迫切地需要证明一个民族的高等教育在国家强盛中的决定性地位。高等教育理念对于社会发展的动机需要从更广阔的视野中加以考虑。

(二) 高等教育理念需要与国家理想之间寻求共同的核心价值体系

国家理想与高等教育理念有着根本上的不同特征:非权力因素在高等教育理念中占主导地位,而国家理想寻求一种正义的解释,权力因素成为其主要的存在基础。国家理想按"少数选择"模式进行,需要形成与国家意识形态相适应的价值哲学,并不可避免地渗透高等教育理念中来。这种渗透具有双面效应:一方面,人们用政治分析范式思考社会与大学,为高等教育理念提供了经验性的内容,政治论成为现代知识与教育理念的重要维度之一;另一方面,国家理想中的权力因素一旦在教育领域被强化,国家高等教育理念自身的学术逻辑将遭遇合法性危机。作为被组织起来的大学,既无法保持思维方式的弹性,也难以适应持续的需求变化。

本质上要求高度自由的高等教育与现实中高度集中的政治意志之间的结合一直存在这样一种潜在的危险:影响政治意识形态的因素也容易成为高等教育理念的危机因素。如今,越多的知识分子成为国家的政治精英,越多的权力因素干预到学术领域,高等教育理念就越可能失去自身的理解力和独立性。高等教育迫切需要从文化中寻求与国家利益共存的价值体系。

(三) 高等教育在社会经济发展中的角色错位导致知识理性的丧失

改革开放以来,经济体制的转型推动了中国科技和资本市场的发育,大学被卷入多极变化的关系中:既要满足社会进步的要求,赢得公众支持,又要追求批判独立、达臻真理。从原则上讲,大学与政府、企业的联合是回报社会的直接方式。然而,这些活动必须仔细地检验,因为尽管短期的代价较小,但长期的代价常常被忽略。作为独立活动的大学较容易认同与自由市场结合在短期积累上所带来的好处,而不易看到背后的损失。随着国家对教育科技投入的成倍增长,中国大学的科技创新能力有所提高,取得了不少成果。但我们的研究成果多属于急功近利的,对发展长远利益问题与可持续发展的方向似乎未进行深入的反思。一方面,大学专业设置陈旧、科研成果转化率低,行业企业参与大学发展的动力不足,社会资源稀缺与人才结构性失业并存,大学提供的知识成果与人才素质仍难以服务于社会需求。另一方面,越来越多的大学正将自己转化为一个官僚组织式的、以消费者为导向的营利性机构,知识在工具理性的泛滥中已异化为一种学术资本,褪去了原有的文化基础,使得大学育人使命弱化、育人能力堪危。长此以往,高等教育在推动社会经济发展、服务国家创新体系建设中的地位也将岌岌可危。

(四) 高等教育理念"忽视人"的主题从长远意义出发不利于国家强盛

人构造了国家与大学,人既是国家意志的建构者,也是高等教育理念的创新主体。在充分尊重人的主体价值满足的前提下,推动社会发展和人的自由全面发展是大学存在的唯一理由。然而,中国高等教育理念的合法性基础是由“社会责任”来决定而非出于对知识探求的“真理目的”与人类发展的“道德目的”。大学对社会经济价值的关注远远超越对学术与道德本身的追求。人是教育的根本目的,而在长期专业教育、应试教育模式下,人的主体性、能动性被压制,人的个性与潜能未得到充分挖掘,导致人才培养素质单一。“钱学森之问”进一步引发了大学合法性的拷问。当前,如何培养创造性人才,如何从“人”的意义上理解教育,是建设高等教育强国面临的一道艰深的命题。

高等教育强国的核心特征是一个国家公民素质的全面自由发展。高等教育机构服务于国家发展的深层意义在于,为人们共同对高深知识进行永恒探究,提升人类文化格调,以保持知识与人类生活之间的永恒联系,最终从精神层面上促进人的发展,从而更有力地推动国家强盛。从这个意义上讲,高等教育理念的特殊性在于,能够为社会文化指引方向,引导社会文化价值观的恢复和重建。高等教育能赋予人类最特殊的东西并不仅仅是对求知、理解、使其在时空上适于国家生存与强盛的渴望,而是赋予人类全面自由发展的追求。

(五)高等教育尚未在自身理想与多重社会需求之间取得共赢

高等教育理念转变往往是以社会主题和需求认知为前提的。需求既是衡量一个国家高等教育满足社会发展程度的重要指标,也是大学理念创新的基本依据。高等教育强国这一命题本身就隐含了高等教育并非只服务于自己的这样一种理念。事实上,所有高等教育机构,无论公立还是私立,营利性或非营利性的,都服务于公众的需求目标。西方高等教育强国理念史向我们展示了一种“遗传+环境”的“需求导向”。社会需求和大众需求是创新理念的外部推动力,而教育自身发展需求则是理念创新的内驱力,归根到底是人的价值需求的反映。当然,人们对高等教育的需求是无限的,必然要受支付能力和约束条件的限制。

在当代,高等教育几乎是所有公民与所有社会领域的需求。大学成为产品的核心供应者,社会已高度依赖于大学服务,如高级培训、专业知识与新理念等。20 世纪 70 年代末 80 年代初,正值第二次社会能源危机,密歇根大学遭遇社会前所未有的金融危机,作为回应,学校提出“更小而更好”(smaller but better)的理念。[①] 尽管在这样的外部环境下,大学所能保持的就是对专业数量的减少和对质量的强化。虽然这一理念能得到认同,但实施起来却会遭遇相当大的困难,以至于大学内部一些成员的个人利益因此受到影响。然而,这一理念受到社会

---

① Harold T. Shapiro. *The Dynamic Relationship Between Universities and Society*, *A Larger Sense of Purpose*, *Higher Education and Society*, (*The 2003 Clark Kerr Lectures*). Princeton University Press. 2005:9.

的欢迎。在满足学生需求方面,90 年代初,普林斯顿大学开始考虑为了保持本科生质量,需要扩大国际学生的数量。原因在于,全球化的来临使大多数普林斯顿的研究生有留学经历。学校认为这将促进本科生的教育,完成这一任务的方式就是继续保持严格竞争的入学程序,同时完全对海外放开资助政策。在这一方面,哈佛大学在多年前已有成功的先例。

社会创造了大学,大学作为一个重要的社会机构也要对社会肩负应有的责任。①高等教育面向需求的一个关键原则是高等教育是国家公共福利的一部分,是非营利性的社会机构。大学存在的价值在于为社会谋福祉,高等教育理念的内在价值观必然不能与此相背离。其根本意义在于,协调社会需求与教育理想的冲突,在秉承教育基本逻辑的基础上,使社会放弃一些非合理性要求,并逐渐认同与接受新的理念体系,促进教育理念的合法化。② 为取得公众认同,教育必然要为自己展开合理性与合法性辩护,主动适应高等教育的外部规律,以社会的公共责任为组织追求,最大限度地获得公众信任。这反映了教育满足社会理性的程度,教育理念必须要建立在可被认同的价值理性与正当性之上,其关键在于是否切合了相关利益者的信念与价值观,否则,将无法在实践中发挥应有的作用。

具体而言,这些需求包括:大学作为教育者的角色(需要保守并回应社会)与作为批判者(需要与对身份保持距离和质疑)的内在需求;学者与学生的需求,以及高等教育多样化的需求和不断增强的独立需求;时事环境要求大学提供新的教育模式,各行业拔尖创新人才,国家战略重点研究计划与各区域、各层次的公众服务需求等。但是,政府、工商业、师生、民众、私人机构等均从各自的出发点来理解和要求高等教育,在如此庞大的服务对象中,人们的价值观与需求有着多样性和不协调性,且很少有人真正领会大学的全部或关心针对某个目标的政策及理念。那么,高等教育理念若要成功地取得合法性,取决于理念能否成功地使不同社会群体的价值观与需求协调相处,或者说,大学理念要发挥引领和协调社会价值观的作用,社会结构越复杂多样,就越需要凝聚核心价值观与核心理念。

二、立足逻辑:高等教育强国理念建构的基本原则

高等教育是以理念为力量而实现其功能的社会建制,拥有引领世界潮流的

---

① Patricia J. Gumport. *Acdemic Restructuring in Public Higher Education: A Framework and Research Agenda*. National Center for Postsecondary Improvement, 1998: 111.

② 孙华:《西方大学理念的合法化历程》,《现代大学教育》,2009 年第 3 期。

先进教育理念是迈向高等教育强国的先决条件。这里的“先进”更多的是价值性或意义性概念,即教育理念所依据的基本理论、原则与价值水平的现代化程度。教育理念是一种多维系统概念框架,具有逻辑性、层次性和系统性。教育理念需要遵循一定的基本原则,这些原则决定着整个理念体系的性质,关联着理念系统中各要素功能的发挥,包含着保持大学生命力不可或缺的基本要素,且各要素之间都存在相互依存与强化的关系。其中,规律性与实践性相结合是前提,人本性与协调性相结合是核心,内生性与外源性相结合是根本,多元化与个性化相结合是关键,创造性与延续性相结合是基础。不同的理念主体要以此为立意点,结合实际需要,通过各要素的重组与联结来创新高等教育强国理念。

(一) 规律性与实践性相结合

教育规律是教育发展中的本质联系和必然趋势。理念创新必须坚持规律性与实践性相结合,以规律为依据,结合中国建设高等教育强国面临的根本问题和具体环境,切实尊重高等教育的内外部发展规律、尊重大学办学规律和人的成长成才规律,这是科学办教育、理性办大学的基本要求。第一,教育规律来源于历史实践并随实践的发展而发展,实践是理念创新的基础和归宿,教育理念创新不能仅作纯粹逻辑上的设定,还要考虑其现实可行性,但也不能走向唯实践主义,当理念受到实践者的批判时,规律要起引领作用,坚定大学的基本立场。第二,规律性与实践性的联系往往不是直接的,而要经过知、情、意的参与,通过思维主体的选择与判断后,结合具体问题而进行。第三,教育规律是普遍化的共性认识,而实践往往具有特殊性,只有被长期证明有效的实践才能作用于规律。人们不能创造、改变和消灭规律,但可以从实践中认识和把握规律。第四,教育规律与教育实践相结合需要具备一定的条件。规律本身受赖以发生作用的条件、方式以及人的认识、选择和利用程度等多重因素的制约,规律与实践的结合只有置于特定情境下去考量才有意义。

(1) 尊重高等教育理念运行的知识逻辑,强化学术的独立自主性。大学是一个拥有知识品性与文化品性的自治团体,具有独立于社会其他组织机构的特殊身份。高等教育理念的学术逻辑反映了大学对社会以及人类真理无止境地探求。西方高等教育强国的理念具有三个显著特点:一是倡导追求一种具有普遍意义上的高深学问,揭示人类生存的终极意义;二是大学理念基于学术理性而非工具理性,而学术理性的本质是自由;三是高等教育理念既是知识活动的过程,也是知识认知的结果。大学是围绕学科组织起来的“学问之府”、“知识加工厂”,①知识性是大学教育体系的实质与核心,也是高等教育理念的本质特征。

① [美]约翰·S.布鲁贝克:《高等教育哲学》,王承绪等译,浙江教育出版社1987年版,第12页。

作为以献身科学真理的探索和传播为志业的学术共同体,对教育内部学术事务的决策与管理享有自由,并尽可能小地受到外界干涉的权力是大学发展的基本规律。尽管学术自由从来都不是绝对的,但在学术事务的范围内维护必要的学术权力,处理好自由与自律的关系,保障科学研究的独立自主性,是大学必须坚守的最高原则。

(2) 遵循大学办学的经济规律与学术规律,在实践中理解教育。教育与办学既有联系,又有区别。办学是为了教育,要体现教育性,但办学并不是教育本身,办学规律并不等同于教育规律,办学理念也不等同于教育理念。我们不能将办学中的问题与教育中的问题混为一谈,以办学中出现的问题来否定教育,关键在于能否从实践中理解和把握教育。① 大学办学理念要遵循两大规律:一是经济规律,二是学术规律。一方面,经济规律反映了大学内部经济管理运行的内在要求。办学中的很多方面,都应按市场规律办事,但这不等于教育市场化。这是因为,大学不再是单纯职能的学术机构,在实际运行中已具备了经济组织的诸多特征,办学涉及资源配置、管理、人才需求等各个方面。这些都与市场息息相关,能否遵循竞争、价值、效益等经济规律办学,关系到大学办学的成败。另一方面,大学是以人力与智力积累为目的的学术机构,遵循学术规律是大学的属性使然。其意义在于,在教育资源有限的条件下集中力量加强教育与科研。因此,办学要按市场规律,否则学校在市场经济条件下难以生存、发展;教育则应按教育规律来办,否则将导致教育的失败。办学的兴衰决定教育的强弱,学校层面的教育理念要遵循办学规律,唯学校建设的重点与条件之实,从办学需要出发建构理念,充分考虑学校自身的发展目标与定位,在实践中理解和把握教育。

(3) 遵循人才成长的阶段性规律,突出育人的科学性。培养人才需要教育,人才成长是教育的结果与体现,但也有特殊的发展规律。与社会其他活动相比,人才培养活动周期长,效果滞后。这是由于,教书育人是一项专业性、探索性、创造性极强的工作,人的身心成长与发展具有阶段性、连续性和复杂性,涉及多种因素,个体遗传、社会环境与人的主观能动性等都影响着教育效果,人才成长表现为一系列连续的过程。违背人才成长规律,必然会导致教育的失败,造成不可挽回的后果。面对不同的教育对象,高等教育理念要从尊重教育工作的特殊性和人才成长的规律性出发,考虑不同时代和民族的人才标准,既要体现教育活动的针对性和灵活性,又要体现人才成长的阶段性和超越性,整个高等教育强国理念体系都要从有利于成长成才这一目标进行建构。

---

① 刘献君:《对高等教育若干问题的哲学思考》,《高等教育研究》,2010年第8期。

（二）人本性与协调性相结合

“以人为本”是科学发展的本质与核心，要求教育理念建立在实现主体的生命价值、提升人性、泽被人类这一基础上，将高等教育发展的逻辑起点与终极目标归结为人自身。人的创造性本质的存在，确立了人在“现实世界”中的地位和作用，因而人的“理念世界”也要“以人为本”。教育作为培养人的活动，一切改革都应以满足人民的教育需求和实现人的主体发展为出发点和归宿。人的素质全面、自由、和谐的发展目标的实现，要以高等教育系统各要素间的整体协调发展为条件。从二者的关系看，“以人为本”是“协调发展”的前提和根本，“协调发展”则是“以人为本”的内在要求，二者相结合的最终目的都归于实现人的发展。这就要求高等教育以人的可持续成长为本，促进人与教育、社会关系的和谐发展，注重教育发展的持续性和人的发展整体性特点，全面协调教育与国家政治、经济社会发展的关系，协调人才培养中知识、能力、素质的关系，协调规模、结构、质量、效益的关系，实现人的全面自由发展这一终级目标。这既是科学发展观的重要体现，也是形成高等教育强国理念的核心要求。

从普遍的人性出发来确立理念的价值基础，在世界及人类和谐发展的大视野中去思考教育问题，是世界高等教育强国理念发展的重要经验。这突出体现在三个方面。第一，以人文主义为主流价值取向，将全面、自由、和谐发展的理念渗透到人才培养中。第二，高等教育改革紧紧围绕如何培养人、如何协调综合素质而展开。第三，为保障以人为本的落实，各国分别根据自己的国情和传统处理好市场、社会、政府与高等学校的关系，形成相互协调的高等教育运行机制。显然，尽管高等教育强国的教育改革方式不同，但也存在一些共性。就宏观而言，市场启动了高等教育的运作，国家通过宏观规划予以调节和干预，并以立法给予定向和保障，同时政府运用政策、决策和经济手段加强控制，保证整个高等教育系统协调运行。就微观而言，大学被赋予一定的办学自主权，但仍鼓励师生的参与和社会的问责，使其内部管理科学、民主、开放，保持各个环节相互依存、协调运作。可以说，“人本性与协调性相结合”在新世纪取得了国际共识，也必将成为指导高等教育强国理念创新的核心原则。

（三）内生性与外源性相结合

世界高等教育强国理念有着共同的渊源，又深深地根植各个国家。不同的社会基础与文化背景下，人们对教育理念的意义、功能的认识程度不同，所偏好的知识类型与思维方式不同，中国高等教育强国理念的建构要明确所处的历史特殊性，坚持内生与借鉴相结合。

根据高等教育理念的发展路径，可大体分“外生转换”、“政治嫁接”和“自发内生”三种形成机制。从世界大学史看，西方高等教育强国的教育理念往往文化开放度高,而对外依附性低;自发内生性强,而政治嫁接性弱;个性特色鲜明,而趋同性低。在世界高等教育的变迁历程中,“自发内生性”理念往往是在审时度势的基础上,结合办学者的实践体会和对教育的理解,从历史规律和战略分析的角度所提出的理念,既在本国大学得到成功实践,又包含了对国家意志和先进经验的理性选择。这类理念因其立足于国内办学实际,且产生了一定的示范效应,最终由下至上地引领着高等教育强国理念的变迁。

世界高等教育发展可大体分为两种模式。一种是 19 世纪前的“早发古典”模式。古典大学的教育理念是在历史中自然生发而成的,教育理念呈现出一种创新与保守的均势,以康德与纽曼的理性大学观为代表,人文主义教育观居于主导地位,尽管牛津大学、剑桥大学等古典大学在迈向世界一流的过程中,最终迫于社会变革压力而具有渐进式、强制性变迁的特点,但这类古典模式的大学一旦由被动转向主动,先前的自我积累将立刻焕发活力,这正是传统自发内生性理念所散发的力量。另一种是 19 世纪以来的“后发现代”模式,这类大学的教育理念主要是在已有大学模式的基础上再“建构”而成的,但在成长中体现出高度的主体意识,理念变迁有鲜明的主动、自发特征,内部管理者能够把握时代脉搏,因势利导,在外部社会需求中找到自身能够发挥作用的天地,从而形成准确的教育定位,前瞻性地提出引领学校发展的教育理念,使这些后发现代大学往往能够开创新的理念,领风气之先,超越古典模式而实现迅速崛起,带有跨越式、自主性变迁的特点。如德国柏林大学基于文化国家的定位,选择了“经由科学而达致修养”、“教的自由和学的自由”等理念,在这种自主选择的教育理念指导下,德国大学造就了有史以来最辉煌的鼎盛时代。当然,这种自主变迁的支撑点主要在于其大学的文化选择与价值判断,表明“理性选择”是“内生性与外源性”相结合的条件。

中国现代意义上的高等教育是“西学东渐”的产物,具有典型的“后发外生型”特征,经历了由取道日本、欧美到借鉴苏联,再到模仿美国,从“横向移植”到“有选择地借鉴”的变迁过程。从我国教育理念变迁脉络来看,相对于政治嫁接和外生转换性理念而言,自发内生性理念有着鲜明的主动性、内适性、灵活性特点,其中包含着一定人为的理性选择因素,使大学能冲破理念创新的路径依赖,既注重保存传统基因和优秀经验,又根据本土文化和具体问题与时俱进,是检验大学理念先进性、独特性的内在标准。当然,世界高等教育发展已有千年历史,是人类的巨大宝库,对优秀经验应以开放的气度有选择地借鉴,自发内生与外源转换相结合要成为中国建设高等教育强国所要遵循的根本原则。

(四) 多样化与个性化相结合

要检验一个国家的教育理念是否先进,最直接的方法就是看其是否包容、吸收、概括了原有的文化和理念，能否集古今中外之大成进行个性化创新。从这个意义上讲，真正有价值的教育理念应是体现了多元文化与个性特色的统一、彰显了大学"整体观"的哲学思想。从历史上看，新中国成立前，中国高等教育曾经历过三次强盛期：春秋、盛唐和近代，每一次都呈现出"多元融合"、"和而不同"的基本思想，体现了"海纳百川"的大学精神。第一次是春秋战国时期，教育理念在当时的"礼坏乐崩"、诸侯争霸的社会格局下走向繁荣，其特点是"社会分裂下的多元"，发扬"容纳百家"的精神，诸子学派百家争鸣，开创了中国文化教育发展的"轴心时代"。第二次是盛唐时期，教育理念表现出"有容乃大"的气势，特点是"统一的多元"。学术思潮和学校制度呈"多样化"态势，官学与私学相互补充，人才选拔上"见善必进，有才必举"，以科举制替代传统的选士制度；意识形态上奉行"三教并行"，力图将儒、道、释等派别相融合；主张"道艺并重"，摒弃"文化偏至主义"使盛唐成为中国文教发展的繁荣期。第三次为近代鸦片战争后，在清末民族危难之际，高等教育伴随五四运动的文化浪潮广泛吸收西方教育强国的经验而走向兴盛，特点是"乱世中的多元"。基于开放的社会文化，中国相继以日本、欧美理念为蓝本，将西学中的"学术自由、思想独立"等理念与我国传统学术专门化教育相整合，形成了荟萃中西的"文化会通观"，引发了中国高等教育的现代转向。作为一种意识范畴，教育理念应具有民族特性和实践价值理性，从实践中自发形成属于本国个性与特色的理念，突破大一统教育思想的藩篱，体现多元与个性相结合的大学文化。

西方教育强国的先进理念大都是实践的结果和历史的积淀，是进步思想和现代文化的统一体，即现代与传统磨合的产物，也是不断超越、发展个性的结果，体现了多元与个性相结合的特点。西方整个高等教育理念史基本上是围绕着大学存在的合理性、存在的价值及发展道路而展开的，可概括为认识论与政治论的高等教育哲学的论争，体现了理性主义与功利主义的冲突、消长与融合。这种多元并存、相互激活的局面为教育的发展提供了多种选择，它意味着知识和研究不囿于现实功利，而是对真理的无私追求。在人才培养上，世界一流大学往往抱持这样一种理念逻辑：大学的目标是开发、激活学生个性化思维而不是统一思想。正是多样化的思维造就了他们的卓越，正是在打造个性与特色的过程中提升了各自的优势。今天，高等教育的多元化已经与地区化、职业化等共同成为重建现代高等教育过程的三大主题。① 多元化理念所蕴含的对社会的影响力、对人才的吸引力及对各种资源的竞争力是推动高等教育强国战略目标的重要因素。这

① Robert F.arnove, Carlos Alberto Torres ed. *Comparative Education*: *The Dialectic of the Global and the Local*. Rowman& Little Field Publishers, Inc.1999: 283-304.

表明中国高等教育强国之路必然伴随着一系列内质性重大变化:高等教育办学理念与模式的多样化、评价体系与资源筹措的多元化、院校的个性化、人才素质的综合化等,使教育理念呈现出一种“高级有序结构”。如果把中国大学的发展和改革放在当代经济、科技和社会发展的大背景和世界高等教育发展的趋势中来看,我们就必须建立和强化这样一个重要原则:明确多元化与个性化相结合是高等教育强国理念体系创新的关键。

(五)创造性与延续性相结合

大学理念是一个发展的概念,时代与社会对大学理念施以影响,而大学理念亦可主动顺应时代与社会的要求,发挥自己的能动作用。从历史来看,国家的兴衰与大学的兴衰紧密相关,社会政治、经济环境对学校的发展具有决定意义。先进的办学理念正是在准确把握时代的脉搏、了解社会需求的基础上产生和形成的。高等教育理念总是与社会转型同步,是社会结构各方力量博弈的结果,是偶发性与必然性的统一。虽然在建设高等教育强国之际,大学总急于改革以适应面临的社会变化,但在理念发展的基本逻辑框架下,大学更应专注于分析自身的传统、问题与特色,找到与时代需求相匹配的契合点。在几个世纪的沧桑巨变中,世界高等教育随社会变革而不断变迁,但传统文化仍是先进教育理念持久不变的根基,具有一脉相承的历史价值。世界一流大学正是抓住了社会结构整体变革的时代机遇,在文化转型与意识形态冲突过程中做出理性选择,创新与时代精神相契合的大学理念,产生示范和辐射作用,才最终推动国家高等教育理念的变革。正如克尔所言,在这种任何个别机构都已无法单独行动的囚徒困境中,选择以逃离市场的方式来退出生存竞争,根本就是不切实际的幻想,所以任何一所只知拘泥于古训的学校,都将因为不知变通而付出毁灭性代价。

尽管中国大学传统已然淡薄,而正是中国大学传承已久的学术环境才是其最贵重的无形资产。正如密歇根大学校长杜德斯达所指出:“我们必须坚信,大学教育更深层次的目标虽历经千年却从未改变。大学改革的目的就在于更好地保留这些更深层次的目标,保留这些被时间检验过的价值与传统。”①当前我国尚未完全建立起现代大学制度,在学习西方大学理念中所能理解或被认同的仅是外在结果性内容,但作为核心存在的文化价值观被忽略掉了。中国的大学必须在坚持其仍具有现代意义的合理主张的同时,结合现代大学和现代社会发展的需要,在保存正确价值选择的基础上进行现代改造。

---

① [美]詹姆斯·杜德斯:《21世纪的大学》,刘彤等译,北京大学出版社2005年版,第9页。

第二节　国家高等教育理念的转变与创新

教育创新只有真正在思想层面上进行时,才有可能是超越性的。高等教育理念的建构过程本质上是一个动态的、不断发展和完善的过程。作为指导建设高等教育强国的顶层设计者,国家不仅需要与时俱进地转变和创新高等教育理念,一些现存的好的理念仍然需要继承与贯彻。如何理解国家高等教育理念的内涵,究竟哪些现存的理念需要我们坚定信念并积极落实,哪些需要随国家战略转型而转变,是课题研究中所要明确的关键问题。

一、国家高等教育理念的概念及其内涵

从逻辑关系来看,教育理念是个上位概念,高等教育理念则是从属于它的下位概念。在我们对教育理念内涵及特点的讨论中,是把教育作为具有普遍性的一类社会活动并在其共性的框架内进行讨论的,故获得的结论同样适用于高等教育。因此,“高等教育理念”就是“高等教育”这一社会主体在人类社会中发展变化中最一般、最根本的理论概括和总结。我们认为,国家高等教育理念是相对于国家这一建构主体而言的综合性、总体性的概念,从宏观上全面而集中地凝练了对高等教育的本质与规律等基本问题的理性认识,反映了一个国家关于如何发展高等教育的理想与信念。

任何国家的高等教育发展,从来都不是一种理念在支配,而是由紧密关联的子理念共同作用的结果。历史表明,以“学术逻辑”为立足点,围绕着学术活动特点推动教育理念的转变是高等教育强国的本质规定性。当然,教育理念的构成还需要符合一定的认识逻辑。在科学哲学界,人类思想体系被视为“强纲领”。这种“纲领”一般由硬核(核心命题)和保护带(辅助性假说)构成。依据这一划分,国家高等教育理念作为高等教育活动的最高纲领,包含着对教育元命题的认识与判断,是基本理念(指导理念)和功能性理念(育人理念、发展理念、管理理念、服务理念等)的复合体。从所要解决的不同现实问题出发,国家高等教育理念主要包括以下相互作用的五个方面。

(1) 高等教育基本理念作为一个国家发展高等教育所要遵循的最高依据和总体原则,是对办什么样的高等教育和怎样办高等教育的整体认识,反映了国家

构建教育理念体系的基本价值导向,是整个理念体系的灵魂,具有全局性特征。

(2) 高等教育育人理念是国家在综合考虑人才培养需求、特点和人的发展规律基础上,对高等教育应培养什么样的人、如何培养人的基本观念,体现了国家对人才培养目标、质量规定性及其社会适应性等方面的时代要求。

(3) 高等教育发展理念回答了一个国家究竟将高等教育放在社会发展中的何种位置、如何促进高等教育向着良性轨道运行的问题,是国家依据教育基本规律为高等教育不断谋求发展路径、寻求如何解决发展问题的基本观念。

(4) 高等教育管理理念是国家在管理实践中,基于对高等教育管理活动的理性认识,所形成的关于高等教育管理权力分配、管理职能配置、权力主体地位和作用等问题的总体看法,反映了高等教育管理的本质和规律性特征。

(5) 高等教育服务理念是从高等教育服务功能出发,有关高等教育如何服务于国家建设、社会需求和人的发展需求的基本思想,是对高等教育所提供的服务面向、服务层次、服务方式、服务内容的基本设计,体现了对高等教育与社会相互依存关系的价值信念。

在整个国家高等教育理念中,基本理念是前提,育人理念是目的,管理理念是保障,发展理念是纽带,服务理念是手段。这是由于,基本理念作为理念体系的硬核具有决定性意义,它所衍生出的基本命题支撑并统摄着其他功能性理念的创设,形成了前者蕴涵后者的逻辑阶梯。高等教育功能性理念主要由高等教育系统的基本功能要素构成,其中人才培养的基础性功能决定了育人理念的首要地位,管理、发展和服务理念归根到底是为了育人理念的实现;教育管理理念为发展理念与服务提供了明确目标、思路与方式,保障理念体系的科学有机运行;教育发展理念在各功能性理念中起统筹协调作用,既是联系国家高等教育理念与社会发展需求的纽带,又是连接管理、育人和服务理念之间关系的桥梁;服务理念作为巩固高等教育理念合法性基石的手段,是对育人、发展和管理理念变革要求的回应。

总之,教育理念的创新是一种范式革命,意味着世界图景的变化和新的理论空间的形成,它直接孕育、推动、规定着高等教育强国建设在常规推演层面的创新。国家层面的高等教育理念对高等教育强国建设具有极其重要的意义:为国家各级各类办学理念的创新提供宏观指导思想与精神指针;成为国家经济社会发展与社会文化风尚的引擎和标杆,为教育与社会发展提供精神动力与人力资源保障;迅速带动本国教育、科技、经济、文化的巨大进步,引领国家迈向教育强国,继而成为世界科技中心和经济强国。

中国高等教育在经过了改革开放 30 余年的大发展之后取得了巨大成就。西方高等教育理念也开始重新介入并深刻地影响着我国高等教育的发展。但是,这种影响又具有两面性:一方面,各种先进教育理念对于国家高等教育发展而言是一种很好的补充;另一方面,过多外源性的补充又造成了国家高等教育发展的混乱与不适。随着我国高等教育市场化程度的提高,一些高等学校开始迷失在市场经济的大潮之中,在高等教育产业化的道路上渐行渐远。在综合化的幌子之下,高等学校在办学规模不断扩大的同时也逐步失去了个性与特色,国家层面的高等教育理念仍显混乱和滞后,难以为我国的创新型国家以及高等教育强国建设提供有效的指导。当前我国社会经济和教育发展都进入了一个新的历史阶段,应抓住机遇加快建设高等教育强国步伐,适时转变和创新国家高等教育理念,指导高等教育强国建设顺利进行。

二、建设高等教育强国必须坚持既有的国家高等教育理念

通观世界高等教育强国的理念变迁历程,一些经典的教育理念自产生之日起便发挥着巨大作用,其精髓仍然存在于今天的高等教育理念中,展现了其历久弥坚的生机与活力。从我国改革开放以来高等教育理念的演进历程来看,在理论上其实并不缺乏好的教育理念,在吸取历史经验教训和借鉴外国成功经验的基础上,也提出了一些能够指导国家高等教育健康发展的理念。但在现实的高等教育实践中,这些理念并没有得到很好的落实。因此,在建设高等教育强国背景下,除要继续创新高等教育理念外,一些既有的国家高等教育理念仍需一以贯之。

(一)坚持“强国必先强教”的理念

2010年,胡锦涛同志在全国教育工作会议上指出:“强国必先强教”,①将教育当做国家与民族复兴最根本的事业,将科教兴国、人才强国与建设创新型国家提升到一个新的战略高度,这对高等教育而言意义更为重大。随着高等教育在社会发展与增强人力资源竞争力中的地位越来越凸出,“强国必先强教”已经成为国际共识。正如联合国教科文组织干事纳伊曼所指出的:“世界过去的列强是拥有巨大自然财富的国家,后来是掌管最大工业潜力的国家占了优势。但对于未来,具有最先进的科学、教育和文化体制的社会将是世界之最强者。一个国家整体教育体制的新轮廓在很大程度上取决于高等教育。”②无论从高等教育在现代社会进步中的作用、世界高等教育强国的形成过程还是从目前我国对高等教育发展的重视程度来看,都必须要毫不动摇地坚持这一理念。

---

① 胡锦涛:《胡锦涛在全国教育工作会议上的讲话》(2010年7月31日),《人民日报》,2010年9月9日。

② [南斯拉夫]纳伊曼:《世界高等教育的探讨》,令华等译,教育科学出版社1982年版,第12页。

1. 高等教育在国家进步中的重要地位决定了强国必先强教

从世界历史发展进程来看，农业经济时代的资本是土地，工业经济的资本是机器，知识经济时代的资本是知识和人才。正如有的学者所论述的："农业时代大学游于社会之外，社会对大学是排斥的；工业经济时代，大学徘徊于社会的边缘，社会对大学是暧昧的；知识经济时代，大学将不断走近并最终走近经济社会的中心，社会对大学是渴求的。"①大学已经凭借雄厚的科技、人才、知识、信息等优势，成为高新科技的辐射源，知识创新的策源地。

据统计，在"十五"期间，我国高校累计获得的国家自然科学奖 75 项，占全国授奖总数的 55.07%；国家技术发明奖 64 项，占全国总数的 64.4%；国家科技进步奖 433 项，占全国授奖总数的 53.37%。而且，在社会科学研究方面，高校研究人员占有 80%的研究成果。② 也就是说，在今天的知识经济时代，无论在经济、科技还是文化领域，大学都在其进步中扮演着越来越重要的角色。

2. 世界高等教育强国的形成得益于国家对高等教育的高度支持

从世界主要高等教育强国的发展看，各国都把发展高等教育事业视为关乎国家安危的一个关键因素。19 世纪初，拿破仑的侵略使普鲁士陷入全面崩溃的境地，半数以上的德国大学被迫关闭，③但同时民族国家自我意识和改革精神被有力激发。④ 1806 年，费希特在《对德意志民族的演讲》中提出"教育优先"的理念，强调唯有教育特别是新教育，才能使救助国家。德国国家层面提出"兴教兴国"战略，试图从教育转型上力挽政局，并授意洪堡创建新的柏林大学。美国于 1958 年通过了《国防教育法》，使教育特别是高等教育成为其后 10 余年国家优先发展的战略重点。到了 20 世纪 80 年代上半期，美国再次发布了《国家在危险之中：教育改革势在必行》的报告，其中开宗明义地警告美国人民，教育是本国未来国力的基础，比建立最好的工业体系或最强大的军事力量更为重要，教育应放在本国议事日程最首要的位置。正如美国著名学者沃尔夫所一再声明的那样："现代国家要想立于不败之地，除了发掘、培育和使用它的最杰出的智力资源之外，别无其他选择。"⑤奥巴马就任美国总统以来，制定和实施了一系列新的教育政策，特别突出了国家在发展教育中的责任和作用。为应对金融危机，2009

---

① 韩延明：《论知识经济与高等教育》，《临沂师范学院学报》，2000 年第 2 期。

② 周其凤等：《研究型大学与世界一流大学建设》，科学出版社 2009 年版，第 6 页。

③ Charles E. McClelland. *State, Society, and University in Germany, 1700-1914*. Cambridge University Press, 1980:63-64.

④ ［英］J.PT.伯里编：《新编剑桥世界近代史》(10)，中国社会科学院世界历史研究所组译，中国社会科学出版社 1999 年版。

⑤ N. M. Pusey. American Higher Education 1945~1970. Harvard University Pless, 1978:64.

年3月他提出把经济刺激计划中的数百亿美元用于对教育的额外支持。在2010财政年度,联邦政府的教育预算达到1 278亿美元,大大超过2009年度的462亿美元。在美国政府公布的2012年财政预算中,奥巴马打算今后10年削减总计1.1万亿美元财政赤字,但他进一步强调:"与教育、基础设施和研发相关的联邦预算不能削减,因为这三大领域对美国保持长期竞争力至关重要。"①

3. 我国在实践中对高等教育地位的重视程度仍然不够

在改革开放之后,中国政府意识到教育在社会发展中的重要地位,多次强调要把教育放在优先发展的位置。在1978年召开的全国科学大会上,邓小平同志深刻地论述了经济快速发展离不开科技进步,而科技进步又依赖于教育的关系,强调"经济发展得快一点,必须依靠科技和教育,教育是一个民族最根本的事业,教育振兴是国家振兴的重要标志"②,并反复强调要"舍得教育投入,要有战略性投资观念",提出"我们要千方百计,在别的方面忍耐一些,甚至于牺牲一点速度,把教育问题解决好"。③ 面对知识经济带来的机遇、挑战和激烈的国际竞争,面对创新人才的匮乏,江泽民同志在党的十四大报告中指出必须把教育摆在优先发展的战略地位,努力提高全民族的思想道德和科学文化水平,这是实现我国现代化的根本大计。④

而从近年来国家对高等教育的支持力度来看,国家经费投入严重不足已经成为一个不争的事实。1993年的《中国教育改革和发展纲要》中就曾明确提出:"逐步提高国家财政性教育经费支出占国民生产总值的比例,在本世纪末达到4%。"⑤但是,多年在3%左右徘徊,直到2012年才达到4%。我国教育投入占国内生产总值(GDP)的比重不仅远低于发达国家,离世界5.1%的平均水平也还有差距,甚至低于发展中国家4.1%的平均水平。我国要实现高等教育强国的战略目标,必须做到如《国家中长期教育改革和发展规划纲要(2010—2020年)》中所指出的那样:"切实保证经济社会发展规划优先安排教育发展,财政资金优先保障教育投入,公共资源优先满足教育和人力资源开发需求。"⑥政府只有在实际工作中真正体现强国必先强教的理念,高等教育对国家进步的独特功能才能

---

① 《美国公布2012年财政预算案 奥巴马猛砍政府开支》, http://news.xinhuanet.com/world/2011-02/15. 2011-05-27.

② 《邓小平文选》(第2卷),人民出版社1994年版,第95页。

③ 《邓小平文选》(第3卷),人民出版社1993年版,第275页。

④ 江泽民:《加快改革开放和现代化建设步伐 夺取有中国特色社会主义事业的更大胜利——江泽民在中国共产党第十四次全国代表大会上的讲话(1992年10月12日)》,人民出版社1992年版,第1~58页。

⑤ 《中国教育改革和发展纲要》,http://www.moe.edu.cn/edoas/website18/34/info3334.htm.2013-05-28.

⑥ 《国家中长期教育改革和发展规划纲要(2010—2020年)》,http://www.moe.edu.cn/publicfiles//business/htmlfiles/ moe_838/201008/93704.html.2013-11-20.

充分发挥出来。

（二）坚持“文化素质教育”的理念

文化素质教育是我国高等教育思想和实践的一种本土化创新，其基本内涵也经历了一个不断发展和丰富的过程。在1995年9月第一次加强高等学校文化素质教育试点院校工作会议上，时任国家教委专职委员周远清代表国家教委做了题为《加强文化素质教育提高高等教育质量》的讲话，明确指出：“文化素质教育主要还是人文教育和艺术教育，当然，对文科的学生需要加强自然科学的教育。”①1998年教育部印发了《关于加强大学生文化素质教育的若干意见》，明确指出：我们所进行的加强文化素质教育工作，重点指人文素质教育。要通过对大学生加强文学、历史、哲学、艺术等人文社会科学方面的教育，同时对文科学生加强自然科学方面的教育，以提高全体大学生的文化品位、审美情趣、人文素养和科学素质。

1. 文化素质教育体现了教育的本质要求

知识与道德（美德）原是一体的，而随着社会发展，知识已逐渐去道德化，只注重知识技术的学习，忽视学生精神层面的发展。在我国传统的高等教育中，强调教育要适应经济和社会发展的需求，而忽视了受教育者的身心发展规律和精神层面的需求，也看不到受教育者的主观能动性。高等教育往往沦为一种职业训练，大学则成为了职业训练所。这种人才培养是与教育本质相背离的，至少是偏离教育本质的。文化素质教育根据社会要求和受教育者的身心发展规律，以受教育者为本位，注重发展受教育者的主体实践性，从而帮助受教育者形成正确的价值观、为人处世观、良好的文化素养，最终促进受教育者身心的和谐发展。文化素质教育的这些功能取向正是基于对人的生命物化、工具理性泛滥等这样一种现状在教育本质上的深刻反省。

2. 文化素质教育是中国高等教育自身发展的必然选择

我国长期沿袭苏联专业教育的模式，学科各自封闭，自成体系，如此培养出来的人才存在着很大的缺陷。如周远清同志所言：“长期的文理分家，造成我们培养出来的学生思维方式、意识比较单一，并且缺乏对其他学科知识的接受能力和兴趣，互相了解甚少。”②周远清同志将这种体系的突出问题总结为：专业口径过窄、人文教育薄弱、教学模式单一、教学内容偏旧、教学方法过死。③ 杨叔子则

---

① 周远清：《加强文化素质教育 提高高等教育质量》，《教学与教材研究》，1996年第1期。

② 周远清：《素质教育是具有中国特色的教育理念》，《中国高教研究》，2008年第7期。

③ 周远清：《质量意识要升温 教学改革要突破——在第一次全国普通高等学校教学工作会议上的讲话》，《高等教育研究》，1998年第3期。

将这种弊端概括为“五重五轻”:“重理工,轻人文;重专业,轻基础;重书本,轻实践;重共性,轻个性;重功利,轻素质。”其中,“重功利,轻素质”是根本原因。①学科门类单一,专业划分过细,使大学除了提供专业知识教育外,很难向学生提供坚实的文理基础教育,这导致学生的知识结构不合理以及知识视野狭窄。随着知识不断向纵深发展、分化,又朝着高度综合的方向演化,要求高等教育全面实施素质教育,加强科学教育和人文教育的融合。

3. 创新型人才培养需要加强文化素质教育

文化素质教育与创造性的培养具有很密切的关系,坚实的文化素质教育是形成人的创造性的基础。科学发展的实践证明,创新思维不仅来源于对问题的探究,也得益于高、深、宽知识的习得。人们所面对的各种科学技术问题、经济问题、生态环境问题等都是相互关联的复杂系统,需要运用多学科的知识进行综合研究方能解决。这种基础只靠专业教育是难以形成的,而文化素质教育可以使学生能获得专业以外的多学科知识,为学生创新精神和创新能力的培养提供广博而深厚的文化底蕴。“严密的思维方法训练有助于形成创造性活动的动力机制;良好的人文道德修养是创造性的内驱因素;艺术修养有助于学生创造灵感的诱发。”②因此,面临知识经济时代对人才培养的新要求,开展文化素质教育已经成为一条重要途径。

4. 文化素质教育比通识教育更符合我国的国情

文化素质教育是立足欧洲自由教育、美国通识教育基础上的本土化创新,具有自己独特的内涵和品质。文化素质教育与通识教育既有区别,又有联系。从性质上讲,二者都是面对大学生的非职业和非专业性教育,目的都是为了培养全面发展的人,这是二者之间的相通之处。从构成要素看,文化素质教育突出的是“科学教育与人文教育的融合,强调教育过程中的知识、思维、方法、原则和精神的统一;通识教育强调的是文理知识的整合,在通识教育课程的教学中,以学科知识为基点,重点突出学科的方法和价值”③。通识教育强调知识的获得和吸取,而素质教育强调知识的提升和内化。从实施形式来讲,通识教育基本上是作为一种教育的类别和模式,与专业教育相互补充共同构成完整的高等教育体系,在制度上具有更强的结构性,是“文理教育+专业教育”这一本科教育构架中的组成部分;而文化素质教育更多地体现为一种教育思想和观念,其内容虽具有一定的结构性,但更重要的是,它要求在整个教育过程中都体现文化素质教育的思

① 杨叔子:《高等教育的五“重”五“轻”》,《中华读书报》, 2002 年 10 月 9 日。
② 胡显章,李曼丽:《文化素质教育与创造性培养》,《高等教育研究》, 2000 年第 1 期。
③ 杨叔子,余东升:《文化素质教育与通识教育之比较》,《高等教育研究》, 2007 年第 6 期。

想。文化素质教育的提出针对我高等教育中存在的“重理工、轻人文”的弊端，有一种“纠偏导正”的初衷，可以说是切中时弊，具有很强的针对性，符合我国高等教育的发展实际。

三、认清使命，完成与强国建设相适应的国家高等教育理念转变

人们理解高等教育理念的方式依赖于特定的文化背景与社会制度，因而任何高等教育理念的“真”都是相对的，需要适时转变。今天，中国高等教育背负着新的历史使命，我们有理由充满自信地对未来作出理性选择，实现与强国建设相适应的理念转变。

（一）基本理念：由“学术控制”为主向“学术自由”为主转变

学术自由历来是指导世界高等教育发展的最高宗旨和基本理念，是大学孜孜以求并赖以立足的最宝贵的根基。维护学术自由与自治是追求客观真理的必要条件，但大学同时又是意识形态争夺的场所，国家对大学意识形态的控制也是国家干预的一部分。这种“学术干预”具有两面性：一方面它为大学的学术自由提供资金、法律、物质、文化等各种保障；另一方面它又限制大学的学术自由。当前，我国高等教育强国建设面临的最大的问题是政府干预过多，大学自主性缺乏，学术自由精神不彰，其根本原因在于中国现有的管理体制与学术自由的内在逻辑要求之间的矛盾。毫无疑问，只有当中国真正不再回避学术自由方面的问题，只有学术自由在国家层面取得重大实质性突破，使它成为指导未来高等教育发展的基本理念，并给予相应的体制、法律与制度保障时，中国建设高等教育强国的目标才有实现的可能性。

1. 中国“学术自由”的特殊内涵

学术自由的内涵是伴随着大学发展而不断演变的。不同的时代对学术自由的理解不完全一致，但这并不否定学术自由的核心问题，如追求真理、言论自由、学术自主、大学自治等。西方学术自由理念在千年演化过程中逐渐获得了合法性，学术自由的信念已坚如磐石，其共同特征表现为：第一，学术自由的基本内涵是学者有权力自由探究高深学问，获得真理，保障学术活动不受任何外在干预；第二，学术自由的内容主要包括教学自由、学习自由、研究自由等；第三，学术自由主要针对宗教、国家、政府、经济利益集团等各种强权对大学组织活动的干预。

值得关注的是，2010年《国家中长期教育改革和发展规划纲要（2010—2020年）》第一次将“学术自由”写进国家文件，把尊重学术自由、营造宽松的学术环境列为高等学校改革和发展的一项重要内容。这无疑是国家层面对高等教育认识上的一次重大历史性突破；对于推进高等教育改革、构建现代大学制度都将具

有重要的意义。没有学术自由,大学就不可能实现其功能,更何谈成为高等教育强国。就此而言,学术自由写进规划纲要是一种观念上的进步,但是对学术自由内涵的理解还需更加深入,对相应的改革措施还应积极落实。必须认识到,中西方社会体制有着本质的差别,高等教育发展轨迹是非同步的,文化价值与知识形态更是非同质的,需要结合自身的国情、体制与文化,赋予“学术自由”以新的内涵。

研究认为,中国的“学术自由”是在坚持社会主义核心价值体系的正确导向前提下,以实现人的自由全面发展为目标,学术组织及其成员在学术活动范围内免于外界不正当干预,享有思想的自由、求知(学习)的自由、教学与科研等探究性学术活动的自由。其内涵应包括以下方面。

第一,从价值导向上看,中国的学术自由是与社会主义核心价值体系相统一的自由。“学术自由”与党的十八大提出社会主义核心价值体系的现实目标之间是紧密联系、内在一致、相互作用的有机整体。西方的学术自由的价值主要是一种独立于客观世界的精神规定,倡导个人主义的自由;而中国的学术自由是以马克思自由理论为基础,立足于集体或共同体的自由,通过共同体的学术自由实现“每个人的自由全面发展”,这是社会主义的价值旨归和价值指向,是人的本质的最高价值体现。

第二,从性质与方式看,中国的学术自由是一种实践性自由。西方的学术自由主要是维护消极自由,对政府在社会中的作用保持一种消极态度,主张维护传统意义上的个体自由权利及制度安排不受侵犯。而中国的学术自由不是一种消极、被动地强调“免于干涉的自由”,更是一种积极、主动地“实践性自由”。人的自由是人在社会实践中生成发展的,实践是自由的基础。在学术实践活动中,大学不仅享有教的自由、学的自由和研究的自由,同时也享有选择的自由、求知的自由、讨论的自由、成果发表的自由、挑战权威的自由、组织成员自主流动和选择研究方向与方法的自由、检验已有理论的自由等。①

第三,从生成机制看,中国学术自由的核心应是内在精神的自由。西方的学术自由主要是基于文化秩序和制度机制而设定的自由,而中国更需要的是学术自由的内在精神与信念。学术自由基础是思想自由,真正的自由是一种对知识和科学的态度,是探索高深学问的精神,即学者从事学术活动的动力来自一种原初的内在的学术意志的激励而不是出于各种实用目的,学者在做出学术选择或学术结论时只遵循自己的理性判断和对真理的执着信念,而不盲从于政治、经济权威与学术、舆论权威等。这意味着行政干预必须让渡于学术自由,使大学享受相当程度的自我治理、自我发展的权利。

---

① 周进:《建设高等教育强国:国家高等教育理念的转变与创新》,《江苏高教》,2013 年第 7 期。

第四,从范畴边界看,中国的学术自由是以责任为边界的自由。中国对学术自由的理解不能与西方的自由主义相对等,更不能与人身自由、生存自由等没有边界的自由相混淆。自由是一种价值秩序和制度秩序,要受到道德、正义、制度的制约;自由是对必然的认识和对客观世界的改造,中国学术自由的前提是符合自然规律和社会规律;自由以责任为边界,责任以自由为外延。大学在享有学术自由的同时必须承担相应的社会责任,在法律、道德、理性边界之内自由活动。大学在享用学术自由的权利时,必须意识到它对国家、社会、民众所承担的责任,自觉地在价值观上与国家、社会保持一致。

2. 世界高等教育强国的形成得益于学术自由的确立

学术自由是高等教育强国发展的内在要求。早在古希腊时期,智者就孕育并萌发了自由探索真理、自由发表言论的思想。但是,“尽管争夺自由的历史可以追溯到苏格拉底对指控其蛊惑雅典青年人的雄辩,但真正学术自由的兴起直到中世纪大学的产生才出现。”①早在1155年,巴巴罗萨·腓特烈一世就在颁布的关于学术自由的基本法中就提出:“只有通过知识的传播,这个世界才能被照亮,臣民的生活才能遵照上帝及其仆人的旨意。”②保障学者从事学术活动受法律保护,这被视为最早有关学术自由的制度安排。自从大学创立以来,学术自由就是使创新与创造活动成为可能的中心价值与条件,雅斯贝尔斯还明确地将学术自由列为“学术工作的中心的、普遍性的指导原则”③。正如美国学者布鲁贝克所言:“为了保证知识的准确和正确,学者的活动必须只服从真理的标准,而不受任何外界压力。”④

世界高等教育中心的两次转移都得益于学术自由原则在大学中的确立,而失去世界高等教育中心的地位同样是源于学术自由原则遭到了极大破坏。1810年洪堡组建柏林大学时,尽管当时德国国家主义理念占主导地位,但他仍极力反对大学为经济的、社会的、国家的需要所左右和牵制。由于大学是从事纯科学的研究和教学,应该坚持“研究的自由、教学的自由、学生学习的自由”三大原则,认为大学需要进行自由和纯粹的科学研究和自由教育;学生需要受到保障,不需要为了职业和实际的生活受到强迫。洪堡的理想催生了新的学术兴趣,成为驱动19世纪德国科学和学术的发动机,德国也由此走上了高等教育强盛之路。而

① Richard Hofstadter, Walter P. Metzger. *The Development of Academic Freedom in The United States*. Columbia University Press. 1955:3.

② P.Kruger, T. Mommensen (eds.). *Corpus iuris civilis vol. II* (Berlin, 1877, 511) reprinted in Kaufman, Deutsche Universitaten, 1877:165.

③ [德]卡尔·雅斯贝尔斯:《什么是教育》,邹进译,生活·读书·新知三联书店1991年版,第13页。

④ [美]约翰·S. 布鲁贝克:《高等教育哲学》,王承绪等译,浙江教育出版社1998年版,第46页。

反观同一时期的法国，如著名教育家孟禄所言："在拿破仑根据可能的最严格的控制学术知识和教学的方针重建法国大学时，被征服并不剥夺所有权力的普鲁士，则根据广泛的不同的最大的学术自由为基础，创建了柏林大学。"①历史发展总有着惊人的一致性，后来的德国高等教育也走上了法国的老路，专制征服对高等教育的干预司空见惯，政治色彩日益浓厚，特别是经过两次世界大战以后，德国高等教育中的学术自由被破坏殆尽。而在同一时期，大西洋彼岸的美国则悄悄继承了德国学术自由的传统，迅速取代了德国世界高等教育中心的地位。

3. 学术自由的缺失成为阻碍中国高等教育发展的顽疾

中国自古以来就缺乏学术自由的传统，虽然也偶尔出现过"百家争鸣"的时代，但这些都还不能算作严格意义上的学术自由。严复就曾经指出："夫自由一言，真中国历古圣贤之所深畏，而从未尝立以为教者也。"②加拿大的许美德通过对中西学术的比较指出："中国的传统观念中，一方面强调知识的社会实践性和政治实践性，另一方面重视文人权威和文人参政，这两者的结合，就排除了对学术自由的追求，排除了保持理论知识的中立性和远离政治和社会活动这一西方学术自由的理念。"③ 2010 年 1 月 26 日，温家宝在听取科教文卫代表关于《政府工作报告（征求意见稿）》的意见时说道："一所好的大学，在于有自己独特的灵魂，这就是独立的思考、自由的表达。千人一面、千篇一律，不可能出世界一流大学。大学必须有办学自主权。"④国家必须清醒地认识到，缺少与学术自由相应的制度与体制始终是制约一切高等教育改革的根本障碍。这是高等教育强国建设无法回避的现实问题，必须从根源上予以解决。

4. 中国学术自由理念的实现路径

没有"独立的思考、自由的表达"，就没有大学对真理的追求；没有知识的自由创新，高等教育强国建设就会成为一句空话。中国学术自由既有历时性，又有共时性，具有不同于西方的制度环境和特殊国情。在中国的社会语境下，以学术自由为主旨的高等教育改革将是最艰难的系统工程。如何在现有的政治经济体制下推动学术自由，是高等教育强国建设难以回避的关键问题。基于中国对学术自由的理解，可从以下方面探索学术自由的实现路径。

第一，学术权力与行政权力协同制衡，为中国特色学术自由提供运行空间。

---

① 贺国庆：《德国和美国大学发达史》，人民教育出版社 2001 年版，第 210 页。

② 王轼主编：《严复集》（第 1 册），中华书局 1986 年版，第 3 页。

③ [加]许美德：《中国大学 1895—1995：一个文化冲突的世纪》，许洁英译，教育科学出版社 1999 年版，第 9 页。

④ 《"用心听者，学到灵魂"——温家宝总理就〈政府工作报告（征求意见稿）〉征求科教文卫界代表意见座谈会侧记》，《人民日报》，2010 年 2 月 2 日。

我国是中国共产党领导下的社会主义国家,实行中央和地方两级管理的高等教育管理体制,实现中国特色的学术自由,必须坚定不移地实行党委领导下的校长负责制,形成学术权力与行政权力协同制衡的机制。逐步弱化行政级别和行政化管理,并非弱化党的领导,而是通过完善和改革领导方式巩固国家政治地位。一方面,政府应该抓方向性、原则性工作,为学术自由营造良好的文化与制度氛围,使大学不仅有教学研究的自由,还有选拔学生的自由、自我管理的自由、学校治理的自由。另一方面,大学要自觉担当社会责任,主动完善内部治理。

第二,通过宪法赋予学术自由的合法权利。我国《宪法》第 35 条规定有“言论自由”,第 47 条规定有“科研自由”,两者可被视为国家层面关于学术自由的法律规定。然而我国宪法对学术自由的规定缺乏明确条文表述,学术权力和学者的责任、义务等均不明确,关系大学的切身利益得不到合理保障,因此,建立学术自由的法律制度,应该首先在《宪法》中有专项条款予以规定。按照学术权利行使主体和行使过程的双重标准,第一,对于学者而言,学术自由权利具体包括从事学术研究的自由、发表学术研究的自由、教授学术成果的自由等。第二,对学术组织机构而言,学术自由包括决定聘任和解除学术研究人员的自主权、学术评价的自治权、学生入学资格的自我审查权。第三,对于受教育者而言,主要是学习自主权和选择权。① 在宪法基础上,学术自由亦可通过建立现代大学制度及章程等“软法”予以保障。

第三,完善大学内部治理结构,形成自由文化与自律精神。大学要确立校长治校、教授治学的基本格局。管理决策需要强有力的以校长为首的行政系统加强对学校行政事务的管理,以推进学校学术的进步和发展。同时学校是学术组织,学术事务有其自身的特点和规律,需要教授的参与、决定。要对高校管理权力进行必要的功能划分,将属于学术范围的事务交给教授来决定,增强民主参与的力度,完善教职工代表大会、学生代表大会制度,使学术委员会、教代会、教授群体等利益相关者平等参与高校的治理过程。

学术自由的实现依赖于学术主体的角色意识、维权意识、自觉性和自律性。培育学术自由文化与自律意识,主要从两个方面来考虑,即作为学术研究机构大学的主体意识培育和学者自身追求真理的学术独立意识的培养。② 学者在追求真理的同时应该客观、公正、科学地捍卫真理。同时,社会也应培育学术自由、宽容的精神与文化,尊重学术独立和尊严。只有这样,才能保证大学以学术的逻辑

---

① 杨东升:《学术自由权利的法理分析》,《上海政法学院学报》,2013 年第 28 卷第 4 期。

② 黄明东,冯惠敏:《学术自由制度构建与建设高等教育强国比较研究》,《中国高教研究》,2010 年第 8 期。

自由运行。

第四,完善中国特色现代大学制度,以大学章程的形式维护学术自由。学术自由不应仅限于科研领域,而应贯穿于大学内外部关系的各个方面,需要进一步协调政府与大学的关系,通过现代大学制度的构建提供民主与宽松的制度环境。由于我国政体不同、文化不同、教育与经济的发展阶段不同,高校管理任务不同,要遵循规律、借鉴经验、抓住问题,加强大学章程建设,实现依法治校。

为了避免自由可能引起的大学滥用自主权问题和学术腐败问题,维护学术自由离不开对权力秩序的制约。大学章程作为关于大学性质、任务以及组织构成和主要行为活动等最基本的内容和原则规定或框架,是大学的宪法,大学办学的依据和学术自由的保障,其主要功能是规范大学与政府、大学与内部组织之间的权力运行。根据西方高等教育强国建设的经验,大学章程要明确以校长为首的行政系统和以教授为主体的学术委员会各自的职责、议事规则以及对相互之间的协调、制约作出明确的规定;还应注重建立科学的评价机制、激励机制,发挥政府的平衡、规范、引导、服务和扶持作用;建立教授终身制、较高和稳定的工资制度、独立的教师协会制度以及相关的学术管理制度等。① 这些制度和章程是维护学术自由与秩序的重要保障。

(二)发展理念:由"单向度发展"向"协同式发展"转变

做强高等教育关键靠合力。胡锦涛同志在清华大学百年校庆讲话中提出:"要积极推进协同创新,通过体制机制创新和政策项目引导,鼓励高校同科研机构、企业开展深度合作,建立协同创新的战略联盟,促进资源共享、联合开展重大项目攻关,在关键领域取得实质性成果,努力为建设创新型国家做出积极贡献。"②

"高等教育协同式发展"是站在全球化、信息化的世界背景下,积极贯彻科学发展观与和谐社会主题,结合中国社会与教育发展需求而创新的教育理念。该理念并不仅局限于产学研合作,而是旨在改变原有相对单向、封闭的发展思维,向社会传达这样一种信息和价值导向:通过交流合作寻求共识,建立科学合理、均衡发展、包容合作、共存共荣的高等教育强国体系,突出高等教育均衡、公平、普惠、自由与理性的发展观。提出"协同式发展"理念的根本目的是使高等教育发展成果惠及社会,实现教育与经济社会的利益共同体协同发展。

1. 高等教育协同式发展理念的内涵解读

高等教育协同式发展理念的内涵十分丰富,主要包括如下5个方面。第一,

---

① 黄明东,冯惠敏:《学术自由制度构建与建设高等教育强国比较研究》,《中国高教研究》,2010年第8期。

② 胡锦涛:《胡锦涛在清华大学百年校庆大会上的重要讲话》,《人民日报》,2011年4月25日。

强调利益协同,高等教育与国家发展从根本上利益共存、风险共担,自由互动的思想共享是高等教育与国家关系的纽带。第二,强调价值认同,通过积极对话,获得公共部门对大学文化价值的认同,实现大学与社会业界之间更广泛的互动合作、交往共存与资源共享,合力作用于高等教育发展。第三,强调战略协同,高等教育发展不仅仅是数量的增长,而且是教育公平基础上的全面和谐发展,使人民共享高等教育发展成果,形成全社会共同参与高等教育强国建设的新局面。第四,强调组织协同,高等教育是个知识融合的共同体,要输出文化、了解世界,实现学科交叉与知识互动,深化国际交流与大学联盟,在合作中提升质量与水平,突出高等教育的巨大包容性。第五,强调文化协同,人类思想和文化通过共享与碰撞、批判与辩论获得理性认识,促进人与社会共同进步是高等教育强国建设的最终意义和目的所在。

2. 从“封闭、竞争”走向“共存、共荣”是世界高等教育强国发展的共同经验和客观趋势

做强高等教育关键靠合力。西方高等教育迈向强国的发展路径,清晰地向我们勾勒出了一条“从以本土文化传递为主”逐渐向“标准化、普遍化、通用化、跨文化交流乃至国际化过渡”的历程,表明高等教育自始至终就是一个“国际性的共享机构”。近代英、德、法等高等教育强国的相继崛起,得益于12世纪拉丁国家向西欧社会的挺进,学者的世界性流动和大规模的翻译运动促进了学术共享与知识繁荣。美国、苏联两大教育强国最早是出于政治意图,在第二次世界大战以后加强了教育的世界性共享,其初衷在于维持和扩大其政治影响范围,传播各自的意识形态。美国成为最大移民国家后,更开放地吸收并改造了德国经验,正是文化的多元互动与共享范围的扩大使其一跃成为世界高等教育中心,并至今保持世界高等教育中心的地位。日本则是由于经济增长推动了世界范围的贸易交流,迫于国际环境的变化和欧洲共同体的加强,在经济合作中扩大了高等教育资源与信息的共享。

进入21世纪,在国际化、信息化的世界背景之下,建立国际共享式理念与政策框架,寻求共同利益已是当今世界高等教育发展的最强音。在联合国教科文组织会议中,各成员国一致呼吁:应强化这样一种思想,即知识应被全人类共享,倡导高等教育应该促进全人类的和平、发展与繁荣。也就是说,实现高等教育的普遍人文关怀是“共享式发展理念”的根本目的。在世界经济一体化趋势下,国与国之间只有互惠互利、携手共进、包容发展,才能应对各种国际危机,从而改善各国的民生问题与教育问题。近年来,世界高等教育强国已迅速采取了各种措施与政策,展开带有政府行为和国家战略导向的跨国界高等教育活动,旨在加强高等教育的全球化共享。2005年,国际大学协会(IAU)、加拿大大学和学院协

会（AUCC）、美国教育理事会（ACE）、高等教育审批/鉴定理事会（CHEA）共同起草了一份代表全世界高等教育机构的综述文件，积极倡导“共享质量的跨国界高等教育”①。当前，世界高等教育强国对深化合作共享方面的举措体现出了两种趋势特征。一是日益增长、势在必行地要求高等教育机构的管理国际化。把国际的、跨文化的特点与教学、研究、社团服务相联系，迅速深化和全球相关机构的合作。二是在国家范畴内，公共投资衰退，高等教育投资方式与办学方式多样化，由市场驱动的教育活动逐渐发展。② 显然，“协同合作、知识共享”已成为世界高等教育强国为实现共赢而达成的普遍共识。中国高等教育必须抓住机遇，成为这一理念的积极倡导者和积极实践者。

3. 单向度发展已严重制约了中国高等教育从大到强的转变

中国高等教育合作共建、交流人才的传统存在已久，对实现社会的文化交流、经济目标做出非凡的贡献。但无论从力度上还是广度上尚未形成“协同式发展”的局面，这将严重制约高等教育强国的建设。第一，我国高等教育国际化合作程度与强国相比仍有较大差距。美国、德国、加拿大、日本等教育强国所拥有的，世界排名前100位的大学囊括了近80%的国际人才。在学术流动的世界趋势下，我国迫切需要向教育强国学习，共享优质资源，吸纳和培养世界级领军人物。第二，知识的互动性、共享性不足已极大制约了我国科研创新与科技进步。高等教育强国要求一个国家的高等教育能在重大社会问题、国际前沿问题与高科技产业发展问题的研究上担当起重大责任，取得高水平的突破与创新，主动服务于国家战略性新兴产业发展。“十二五”期间，我国还将加强产业结构优化升级，大力培育发展战略性新兴产业，积极有序发展新一代信息技术、节能环保、新能源等先导性、支柱性产业。高等教育应瞄准国家发展的战略性需求，整合学科力量，共享专业知识，推动学科交叉与融合渗透，直接为国家战略新兴产业发展提供人才、技术和智力支持。第三，相对于有限资源与不断扩大的高等教育需求而言，高等教育资源严重匮乏，缺少可持续发展的共同合力。一方面，当前高等教育与业界、国际社会的联系仍显薄弱；另一方面，中国高等教育规模迅速扩张之后，国家可提供的资源、环境的压力迅速增大，由增长本身不均衡导致的矛盾也会增多。“协同式发展”将有利于“外延”与“内涵”交替发展，高度重视质量的同时，适当调整和优化高等教育结构，促进与社会经济转型之间的适应性。

---

① 《共享质量的跨国界高等教育》，《高教发展与评估》，2006年第9期。

② 《共享质量的跨国界高等教育》，《高教发展与评估》，2006年第9期。

4. 高等教育协同式发展理念的实现路径

“协同式发展”理念的实现必须紧密契合当前中国社会经济发展的主题，充分反映公众与社会变革的广泛需求，实现高等教育与社会科技经济文化的共同进步。

第一，结合国家实施互利共赢战略的需要，实行更加积极主动的高等教育开放战略，促进大学与大学之间、大学与企业及其他社会机构之间的广泛结盟与实质性合作，实现“校际协同”与“校企协同”创新。高等教育必须不断拓展新的开放领域和空间，扩大和深化同各方利益的汇合点，完善更加适应发展开放型社会要求的体制和机制，创建开放性、国际化、共享式的高等教育。鼓励产学研合作与校际联盟合作，发挥各方优势，通过“协同式发展”联合培养人才，推进高等教育与社会、区域、行业和企业合作与共建，促进学科集群与产业链的对接。通过“协同式发展”聚集高水平研究团队，搭建校际与校企创新平台，建立各层次、各类型大学战略联盟与产业技术创新联盟，建立高校与政府、市场之间的对话机制。

第二，结合中国经济包容性增长的需要，促进高等教育与社会资源的协同共享。近年来，中国年均经济增速高达 11.65%，尤其是 2006 年、2007 年更是达到了 12.7%和 14.2%的增长。但是经济快速增长导致的最大问题是收入分配不公，这将成为高等教育发展结构性失调的重大隐患。2010 年 9 月 16 日，胡锦涛在出席第五届亚太经合组织人力资源开发部长级会议开幕式上，提出“实现包容性增长”的思想，即“公平合理地分享经济增长”，其核心即为“协同共享”。相应地，国家高等教育也需要积极倡导这一价值观，主动与社会产业部门互动合作，顺应“十二五”期间经济增长方式从“外需型”向“内需型”的转变，促进高等教育与社会共同发展。同时，结合我国建设资源节约型社会的要求，在国家高等教育投入资源有限的条件下，“协同式发展”将有效实现教育资源与社会资源的优化配置，避免各自办学资源重复配置，最大限度地共享现有人力、物力、财力、信息资源，是提高教育资源利用效率和办学效益的重要途径。

第三，以“协同式发展观”鼓励社会力量参与高等教育办学，形成以政府办学为主体、全社会积极参与、公办教育和民办教育共同建设高等教育强国的新格局。同时，结合中国推进社会城镇化与维护社会公平的需要，保障高等教育公平的实现。保障民生、维护公平一直是中国社会发展的主题，为缩小城乡差异，《中共中央关于制定国民经济和社会发展第十二个五年规划的建议》中明确提出“积极稳妥地推进城镇化”，旨在形成人与自然和谐相处的区域发展格局，逐步实现基本公共服务均等化。城镇化必然带来人们对高等教育需求的新变化：

从生存需求向发展需求转变，从“阶段性教育”向“终身教育”转变，从接受教育到渴望优质高等教育转变，同时，教育公平、公正意识不断增强。有效满足人民群众的教育需求，对加快教育“协同式发展”的转变提出了新要求。

（三）育人理念：由“外部驱动型教育”为主向“自主能动型教育”为主转变

育人理念是高等教育理念的核心。外部驱动型教育的主要目标是解决高等教育人才培养的社会适应性问题，解决公民的基本生存问题，表现出高等教育人才培养对社会环境的被动适应性，是基于实用主义与机会主义的教育理念。这类人才培养理念在中国高等教育改革发展起步阶段是必要、可行的，能有效满足国家技术生产等基本经济建设与维持生计的基本需求，但人的潜能及自我价值没有得到充分释放，导致后期国家拔尖创新人才严重缺失。在这一问题上，个人本位与社会本位的关系总是处于矛盾之中，究竟要把受教育者培养成为既能生存于自然和社会更能成为其本身的人，还是要把受教育者仅仅培养成为知识的接纳箱，这是育人理念需要关注的根本问题。

从社会与人的关系看，任何社会需求归根到底都源自人的需求。知识统一于人，知识由人创造，并归属于人。“教育的首要目的不在于谋求国家利益和社会发展，而在于发展人的理性和个性，使人成为真正的人。”①教育过程心理机制也表明，只有当教育唤起人的主体意识，激发个体潜能，使人自觉形成教育目标所要求的品格，并产生能动的自我教育力量时，才是真正的教育。

1. 自主能动型教育理念的内涵

自主能动型教育体现了高等教育对人与社会的独特贡献方式，人是社会历史的主体。这一理念的目标是保障教育主体的发展权，激发个体教育的内驱力，促进人性的自由全面发展，体现了个体价值的创造与社会生存相统一的高等教育理念。自主能动型教育将人才培养重心从物转向人，依靠文化进步与思想创新，为人的成长成才创造条件。从某种程度上讲，这是高等教育在更高层面上服务于国家发展的方式，体现了建设高等教育强国的最终意义。在这一理念下，高等教育将被视为国家社会福利和集体干预力量，以主动积极地促进人的自我发展为根本目的。

建设高等教育强国从根本上讲，要靠人才，特别是有独立思想的人才。高等教育理念是人的产物，理念产生于人的主体生存意识，起源于人的认识需求。理念安排与人的本质具有永恒的内在联系：人始终是大学理念的创造主体，人的“非理性因素”特征使高等教育理念的价值选择机制并不完全依赖于客观价值。

---

① 扈中平：《教育目的中个人本位论与社会本位论的对立与历史统一》，《华南师范大学学报社科版》，2000 年第 2 期。

高等教育理念的变革是对人的素质的重塑，因为只有大学能够"发现为提出创造性解决办法作基础的知识，只有大学能够教育出永远作出批判性决定的人"①。高等教育强国建设依赖于生产新思想的知识分子，而这种独立思想只有通过知识内化和精神自由而获得。正如雅斯贝尔斯所言，人的回归才是教育改革的真正条件。② 现代大学的堡垒仍然离不开德国"由科学达至修养"的基本理念，洪堡关于修养的真正含义是人格的全面形成，大学作为价值主体的文化传递者，始终与人的思想发展紧密联系。美国学者赫钦斯也深刻指出："大学所要解决的是'思辨'的问题。"③今日的大学不只是保存教学、知识、技能和传统的地方，更是创造新知识、生产新理念、激发新兴趣、倡导新文化的自由场所。

高等教育强国建设的根本使命，在于以足够的灵活性为生活在这个国家中的公民提供独特的、适宜其创造性成长的环境；在于一个国家的高等教育在不牺牲正义、理性的原则下，使人的"潜能"得到展现，思想得到激发，个性得到张扬，人格获得自由；在于通过某种符合教育主体发展规律的实践方式，使人成为他自己，成为自然意义上健康生存、社会意义上充分发展、精神意义上独具个性的人。

2. 强化人的主体意识是世界高等教育强国理念的共同基础和永恒主题

从普遍的人性出发来确立理念的价值基础，在世界及人类和谐发展的大视野中去思考教育问题，是世界高等教育强国理念发展的重要经验。第一，以人文主义为主流价值取向，将全面、自由、和谐发展的理念渗透人才培养中。古希腊时期，智者派代表人物普罗泰戈拉（Protagoras）说过："人是万物的尺度。"④这一命题在苏格拉底、柏拉图及亚里士多德等人的思想中不断得到丰富与完善。康德则提出，"人只有通过教育才能成为人"，"人的天性将通过教育而越来越好地得到发展，而且人们可以使教育具有一种合乎人性的形式"。⑤ 尽管在西方理念史上，工具主义价值观和人文主义价值观此消彼长、交替发展，但总的趋势看，人文主义仍是世界高等教育强国的主流价值取向。第二，高等教育改革紧紧围绕如何发展人、如何协调综合素质而展开。亚里士多德最早开始主张"和谐教育"。受人本主义教育思想的影响，自 20 世纪 80 年代以来，世界高等教育强国普遍对教育进行了大规模的调整和重新规划，其共同趋势是把人的主体发展放在首位，使人自身的个性、潜力等方面得到自由协调的发展。如美国在 1983 年

---

① 眭依凡：《学府之魂》，江西教育出版社 2001 年版，第 307 页。

② ［德］卡尔·雅斯贝尔斯：《什么是教育》，邹进译，生活·读书·新知三联书店 1991 年版，第 69 页。

③ ［美］罗伯特·M.赫钦斯：《美国高等教育》，汪利兵译，浙江教育出版社 2001 年版，第 63 页。

④ ［古希腊］柏拉图：《普罗泰戈拉篇》，《柏拉图全集》（第 2 卷），王晓明译，人民教育出版社 2002 年版，第 488 页。

⑤ ［德］伊曼努尔·康德：《道德形而上学原理》，苗力田译，上海译文出版社 1986 年版，第 81 页。

4 月制定了《普及科学——美国 2061 计划》，指出“教育的最高目标是要使人们能够达到自我实现和担负责任的生活”，并在此理念指导下于 1991 年 4 月颁布了《美国 2000 年教育战略》。1996 年，联合国教科文组织在《教育——财富蕴藏其中》的报告中重申了一个基本原则：“教育应当促进每个人的全面发展，即身心、智力、敏感性、审美意识、个人责任感、精神价值等方面的发展。”①2004 年在日内瓦召开的第 47 届国际教育大会上，反复被人们提到的是“以人为本”的全球化，提出全球化的进程不能脱离人的价值，全球化归根到底是为了人。这些在一定程度上代表了高等教育强国的未来发展目标与趋势。

3. 当前高等教育创新型人才的培养远不能满足国家建设的要求

《国家中长期教育改革与发展规划纲要（2010—2020 年）》提出，提高质量是高等教育发展的核心任务，是建设高等教育强国的基本要求。长期以来，在传统“知识教育”、“教师中心”和“就业教育”等生存型教育的制约下，大学教育、教学观念陈腐落后，不利于学生学习能动性的发挥，学生创新精神和创造能力培养是一个突出的薄弱环节。当社会主义市场经济不断完善、经济发展方式转变带来就业结构改变时，传统的教育面临着严重挑战。如果还是认为大学生毕业面临的选择就是就业、考研、出国，大学人才培养的目标也仅局限于研究型、应用型大学，这就严重压抑了创新意识的培养。

目前，我国高等教育中创新人才培养的机制仍缺乏科学性与有效性，主要体现在如下三个方面。一是以人为本的教育理念还未真正确立。中国长期以来存在着知识教育、应试教育的弊端，重继承而轻创新。受计划经济的影响，我国采取了以“就业为导向”的封闭式教育。这种以功利主义和逻辑实证主义为基础的狭隘教育观忽视了对学生创新精神与创业能力的培养。据清华大学创业中心的调查报告显示，我国大学生创业比例不到毕业生总数的 1%，而发达国家一般占 20%～30%。② 可见，中国在创业教育上的平均水平远低于全球创业观察统计的全球平均水平，创新型人才培养严重匮乏。二是培养模式单一，教学方法落后。目前，我国高校在人才培养模式上讲求整齐划一，在课程设置、教学方式、评价模式等方面没有注意合理性和科学性，没有考虑到本学校的特色。三是财政投入不足，制约了创新人才培养的实施。从研究与发展经费的执行情况看，在产业界、研究机构、高校等研发经费的执行主体中，中国高校研发经费所占比重很低。但是从知识产出角度看，高校在国家创新系统中占有重要的地位，投入与产出的地位不匹配，说明高等学校的作用并未得到充分的发挥，极大影响了高等教

---

① 联合国教科文组织：《教育——财富蕴藏其中》，教育科学出版社 1996 年版，第 85 页。

② 蔡克勇：《创业教育亟待加强》，《中国教育报》2005 年 7 月 20 日。

育强国的进程。

4. 自主能动型教育理念的实现路径

20 世纪 80 年代以来,高等教育在高科技及其产业化的推动下呈现出大学、社会、科技、经济发展一体化的态势。如今,在工业化和信息化双重重担面前,国家的竞争力越来越体现在以自主创新能力为核心的科技实力上。“创新的关键在人才,人才的成长靠教育。”①社会的发展不仅需要的是创新型人才,而且对这种人才有了更高的素质要求。

1) 由“专业化教育”为主向“个性化教育”为主转变

我国传统的专业化教育在创新人才培养方面存在着固化倾向,过分追求模式与统一:统一的教学大纲、统一的学制、统一的课程安排和修习程序、统一的成绩评定方式。这种缺乏特色的办学模式和人才培养方式,十分不利于创新人才的培养。为了纠正这种趋势,2010 年颁布的《国家中长期教育改革与发展规划纲要(2010—2020 年)》中指出:“尊重教育规律和学生身心发展规律,为每个学生提供适合的教育”。“关注学生不同特点和个性差异,发展每一个学生的优势潜能。”

个性化教育是面对独特的生命个性,通过适合每个独特生命的手段,发掘个体生命的潜能,促进个体生命自由发展的教育。个性化教育的主要特征是,立足“生本”教育,学校一切工作都是为了学生的发展;基于和谐教育,个性化教育是以全部现实个性为起点,以理想个性为归宿和目标,对完整人的全部个性的教育;突出自我教育,学生个性形成是一个自主选择、自我实现的过程,为学生的自主发展创造广阔的空间和良好的氛围;体现渗透式教育。个性化教育要贯穿于学校教育的全过程,渗透家庭教育、社会教育、学校教育的方方面面。

个性化教育的意义如下。第一,个性化教育是对教育真谛的深刻领悟。教育的对象是人,教育的目的是促进人的成长和发展。而人是活生生的,千差万别的。教育是培育人的主体性,启迪人的精神生活的独立性,从经验的发展来实现个体发展的完整性。第二,适应了高等教育大众化的诉求。从高等教育与社会的关系来分析,大众化是随着社会的发展而形成的,信息社会是以人为本、具有包容性和面向全面发展的社会,对教育提出了培养个性化人的时代要求。从学生的特征和需求来分析,与精英教育相比,大众化教育下的学生来源具有多样性,个体之间具有更大的差异性,实行个性化教育是最佳选择。第三,有利于创新人才的培养。一方面,创新精神本质上是一种独立探究的精神,关键在于突破常规,独立思考、独立判断、独立探究、独立发现,而不是迷信、盲从、墨守成规。

---

① 江泽民:《在新西伯利亚科学城会见科技界人士时的讲话》,《人民日报》,1998 年 11 月 25 日。

以“独创”为特色的创新思维必然是一种个性化思维。另一方面,个性发展从根本上讲,体现在人的创造精神与创造能力,即个性发展的核心是创造精神的发展。以学生为中心的个性化教育,才可能具有培养创造精神的力量。第四,有利于实现教育公平。应树立正确的学生观,“尊重每一个学生”,尽力给优秀学生创造条件,让他们更好地发展;十分关注学习困难的学生,为每一个困难学生量身定做适合自己的课程表,最大限度地发挥自己的优势,取得好的成绩;同时,面向全体,关注每一个学生的成长。事实充分证明,个性化教育有利于实现教育公平。①

实现个性化教育的主要途径包括:培育学科专业特色,以满足各类人才成长的需要;量身定做个性化培养计划,充分发挥学生的主动性、选择性;加强实践教学环节,让学生了解社会,认识自我,发挥自己的优势潜能,培养良好的个性;实施针对性教学,因材施教,激发学生的兴趣、激情、思考;设置潜能导师,帮助学生发现自己的优势潜能,指导学生进行生涯设计,体验大学教育的主体驱动性。

2) 由“以教师、教材为中心”向“以学生为中心”转变

“以学生为中心”,指以学生的学习和发展为中心,是实现从以“教”为中心向以“学”为中心转变,从“传授模式”向“学习模式”转变,从而提高学生的学习质量,使学生在知识、能力和素质上获得全面提升。“以学生为中心”不是指教师与学生角色、身份、地位的高低,而是指教学理念、管理理念、服务理念的转变,教学方法、评价手段的转变。教学的目的、任务不在“教”,而在“学”,学生学习了就有教育,没有学习就没有教育。因此,在高等教育强国的育人理念中,最根本是要从以“教”为中心,向以“学”为中心转变,即从“教师将知识传授给学生”向“让学生自己去发现和创造知识”转变。②

在西方高等教育强国,“以学生为中心”经历了由进步主义、经验主义到要素主义教育的发展阶段。20 世纪中期,美国学者提出了“以学生为中心”的本科教育理念,引发了本科教育基本观念、教学方法和教学管理的系列变革,给高等教育带来了巨大影响。1998 年 10 月 5 日至 9 日,在巴黎召开的世界高等教育大会通过的大会宣言《21 世纪的高等教育:展望和行动》中指出:“在当今日新月异的世界,高等教育显然需要‘以学生为中心’的新视角和新模式。”要求各个国家和高等学校的决策者“把学生及其需要作为关心的重点;把学生视为教育改革主要的和负责的参与者,包括参与教育重大问题讨论、评估、课程及其内容改革,制订政策与院校管理等等”,并预言“以学生为中心”的新理念必将对 21

① 刘献君:《高等学校个性化教育探索》,《高等教育研究》,2011 年第 3 期。

② 刘献君:《论“以学生为中心”》,《高等教育研究》,2012 年第 8 期。

世纪整个世界的高等教育产生深远影响。[①]

实现“以学生为中心”是对教育本质的深刻认识，是教育思想、观念的一次变革，是从以“教”为中心向以“学”为中心的一次转变。在古代，中国教育体现了“以学生为中心”，但现在，由于班级教学制的提出、工业革命的影响、中国的特殊国情等原因，教育中偏离了“以学生为中心”。现在大学的领导、教师、管理人员，都是在以“教”为中心的教育体制下培养出来的，因而以“教”为中心的观念根深蒂固。由于信息技术的影响，心理学科、教育学科的发展、高等教育大众化等原因，人们重新开始重视“以学生为中心”。

实现“以学生为中心”，是一种范式的转变，必须全面、整体、协调推进。第一，要转变教育思想、观念，全方位进行设计。要研究学生的学习问题，创设有利于学生学习的环境、文化氛围，为学生的成长创造广阔的空间。在学生工作中，要将管理学生转变为服务学生，将学生辅导与学术指导、学生事务与学术事务紧密结合，探索有利于学生学习的组织管理形式，如书院制、导师制等。第二，教师要转变教学方式、方法和手段。要特别关注课程和培训，根据学生学习的目的建立适合的课程结构，以满足学生学习的需要。当前，根据大学生的学习状况和学习需要，特别要加强文化素质教育课程，开设批判性思维课程，创设个性化课程，重视实践性课程。通过教师培训来实现教学卓越，让个人与大学的使命连接。第三，加强对学生学习的指导。一是帮助学生确立为国家为民族振兴、为科学献身的学习志向，对自己的学习负责。二是帮助学生掌握正确的学习方法，学会学习。第四，改革制度，调整政策。国家政策、学校制度应从“以学生为中心”出发，有利于学生学习和发展的政策、制度应该坚持，不利于学生学习和发展的政策、制度则应该调整、改革。

3）由“就业教育”向“创新创业教育”转变

创新创业教育包含两方面的内容，具体是指创新教育和创业教育。创新教育主要是指以培养创新意识、创新精神、创新思维、创造能力等创新素质以及创新人才为目的的教育活动。创业教育的定义则有广义和狭义之分：广义地讲，创业教育就是要培养具有开创性个性的人；狭义地讲，创业教育是一种培养学生从事商业活动的综合能力的教育，使学生从单纯的谋职者变成职业岗位的创造者。从创新教育与创业教育的关系看，二者的目标取向是一致的，都旨在培养学生的创新精神和实践能力；二者的功能作用是同效的，创新教育注重的是对人发展的总体把握，创业教育看重的是如何实现人的自我价值。

---

① 张俊超：《推进从“教”到“学”的本科教育教学变革——院校研究：“以学生为中心”的本科教育变革研讨会暨中国高等教育学会院校研究分会 2012 年年会综述》，《高等教育研究》，2012 年第 8 期。

创新创业教育理念兴起于20世纪80年代,以比尔·盖茨为代表的、以科技创新为核心的创业者掀起的“创业革命”,有力地促进了美国高校创业教育的发展。这些以科技创新为代表的创业活动带来了明显的经济效益。根据麻省理工学院1999年的统计,1990年后师生平均每年创办150家新公司,仅1994年这些公司就提供了110万个就业岗位,销售额达2 320亿美元,硅谷60%以上的企业是由斯坦福大学及其教师创办的。伯顿克·拉克通过对欧洲创业型大学的长期研究,提炼出创业型大学的核心要素,即强有力的领导核心、大学与外界加强合作、多样化的资金基础、富于激励的学术中心和自主创业的文化氛围。① 周远清同志在2009年中国高等教育学会创新创业教育分会成立大会上的讲话中也明确指出:“推进创新创业教育是发达国家正在兴起的一个趋势,现在不管是在美国还是在欧洲,创业教育都是一股新的潮流。”②

创新创业教育从本质上说是培养学生创新精神、创业素质、创业技能的教育活动,即培养学生如何适应社会生存、自主择业、自谋职业的方法和途径。大学生接受高等教育的过程,具体体现为学会学习、学会做人、学会创新、学会创业。创新创业教育作为知识经济时代的一种教育观点和教育形式,内容丰富。但总的来说,是要培养具有创新精神和实践能力的人,创新教育使创业教育融入了知识、技能的要求,创业教育则使创新教育变得更具体、更务实。

大学作为知识中心和国家创新体系的支柱,在促进知识经济发展中具有举足轻重的作用。因此,高等教育在人才培养过程中必须加强对当代大学生的创新意识、创业精神和创业能力的培养,使其在竞争日益激烈的就业市场中不仅能够自谋职业、灵活就业,并且能够积极自主创业。具体可从以下方面入手。③

一是创设有利于创新创业教育的制度与政策环境。创业教育是一项复杂的系统工程,既需要政府政策的引导,也需要社会各界的密切配合,更需要学校的积极探索。综观国外创业教育的发展历程,组织机构尤其是专业组织机构在推动本国创业教育发展方面发挥着重要的作用。例如,美国的中小企业管理局(SBA)和中小企业发展中心(SBDC)、法国的创业计划培训中心(CEPAC)、英国的科学创业中心(UK-SEC)和大学生创业委员会(NCGE)、日本经济产业省下设的创业教育推进网络和创业研究中心等机构在推动各国的创业教育中均发挥了积极作用。与其他国家相比,我国高校创业教育涉及面更为广泛,迫切需要建

---

① [美]伯顿·R.克拉克:《建立创业型大学:组织上转型的途径》,王承绪译,人民教育出版社2007年版。

② 周远清:《在中国高等教育学会创新创业教育分会成立大会上的讲话》,《创新与创业教育》,2010年第1期。

③ 周进:《建设高等教育强国:国家高等教育理念的转变与创新》,《江苏高教》2013年第5期。

立多层次、多类型的民间创业教育组织,通过社会各种专业性学会、协会、创业教育中心、学术研究组织、培训组织、推广组织、企业、基金会等组织,形成相互协调的创业教育推进机制。共同推进创业教育发展。

二是构建创新创业教育人才培养的体制与模式。传统高校在创新人才培养方面存在着固化倾向,过分追求统一:统一的教学大纲、统一的学制、统一的课程安排和修习程序、统一的成绩评定方式。这种缺乏特色的办学模式和人才培养方式,十分不利于创新人才的培养。当务之急,便是要改变这种僵化的培养方式,积极探索灵活多样的人才培养模式,创立高校与科研院所、行业、企业联合培养人才的新机制。

三是制订创新创业教育质量评价标准。创业教育质量评估需要建立一个切合创业实际的评价标准和质量保障体系,作为衡量高校创业教育实施效率的基准,为培养成熟的创业者提供依据。我国众多高校的办学类型与特色不一,研究型大学、教学型大学、职业性大学等创业教育发展模式也存在较大差异。伯顿·R.克拉克通过对欧洲创业型大学的长期研究,提炼出创业型大学的核心要素,即强有力的领导核心、大学与外界加强合作、多样化的资金基础、富于激励的学术中心和自主创业的文化氛围。① 这种创业型大学的评价标准对创业教育质量评价的制订具有参考价值。创业教育质量评价标准可以从创业教育环境、投入、成果、影响力等维度,通过评价指标、权重的确定,形成一个相对合理的创业教育质量评价指标体系。在学校创业教育质量评价指标中,要突出创新能力、实践能力,关注创业教育的深度和广度。

(四)管理理念:由“集权管理”为主向“分权制衡”为主转变

“分权制衡”是西方国家用于社会管理活动的重要法理。高等教育管理理念与各个国家的政体密切相关,依据政府与大学之间的权力关系,世界上大致有两种高等教育体系。一种是中央集权模式,代表性的国家有法国、德国、意大利、俄罗斯等。在这些国家中,所有的大学或学院都置于中央政府的一个或几个部门的管辖之下。“遥远的教育部高高在上,有专门的人员负责组织的事务方面,目的在于将统一的标准运用于整个高等教育。”②另一种是地方分权模式,代表性的国家有英国、美国、澳大利亚、加拿大等。在这些国家中,学院和大学被特许成为自我控制的自治机构,高等院校不属于一个政府部门管辖,在国家和地方都

---

① [美]伯顿·R.克拉克:《建立创业型大学:组织上转型的途径》,王承绪译,人民教育出版社2007年版。

② [美]伯顿·R.克拉克:《高等教育系统:学术组织的跨国研究》,王承绪等译,杭州大学出版社1994年版,第139页。

没有正式组织起来的高等教育系统。高等院校处于一种市场体制之下,“它更多的是一种社会选择,是根源于各自治院校间竞争的相互作用和自愿模仿的结果。”①这两种管理理念下的国家,在第二次世界大战以后,针对经济与社会发展以及国际竞争的需要,调整了原有的管理理念,力求在集权与分权之间寻找最佳平衡点。

我国是中国共产党领导下的社会主义国家,实行中央和地方两级管理的高等教育管理体制,采用相对集权的教育管理理念。加拿大著名学者迈克·富兰在研究 21 世纪西方教育改革与发展趋势时指出:“过分的集权和分权都有不足之处,从上到下和从下到上两方面的策略都是必不可少的。”②高等教育的管理问题实质上就是权力的运用问题,而如何有效地分配权力和监督权力,提高权力主体的积极性,保障权力的合理使用,是高等教育管理要迫切解决的问题。

1. 高等教育“分权制衡”理念的内涵

高等教育“分权制衡”即主张在高等教育适度权力下放的同时,在行政权力与学术权力之间形成相互牵制、相互约束的机制。研究认为,在“集权”与“分权”的博弈之间,高等教育与政府之间事实存在着“既相互增权、又相互制衡”的共赢与制约关系。这将进一步推动高等教育管理向共同治理的转变。该理念有两个突出特点。一方面,相对于集权管理而言,大学独立自主空间不断扩大。由于知识地位的显现,大学成为国家重要战略部门,政府从微观层面的行动者转向授权者(enabler),成为大学与市场改革的中间人与协调者。另一方面,高等教育与社会的关系由二元对立转向相互增权(mutual empowerment),向着“强国—强教”关系格局转变,并将最终形成“双向的适度制衡关系”。这既要求政府所拥有的是基础性权力(infra structural power),而非专制权力(despotic power),同时要求大学在与政府的良性互动中实现自治法治化。这种良性互动呈现出这样一种态势:政府放宽对学术权力的控制从而激活大学的自由与创造能力→大学在应对其即时性环境的过程中生成规律性原则→政府尊重大学发展的基本规律,担当起实施该原则的任务→政府的推动和促进(包括大学理念的自行传播和辐射)使这些原则成为“一般性规则”,以保障大学的有机运行。

对行政权力与学术权力的相互制约和监督既能发挥权力的能动作用,又可防止任何一方对权力的滥用,保障大学遵从学术的逻辑,促进分权管理的有效实

① [美]伯顿·R.克拉克:《高等教育系统:学术组织的跨国研究》,王承绪等译,杭州大学出版社 1994 年版,第 155 页。

② [加]迈克·富兰:《变革的力量——透视教育改革》,中央教育科学研究所,加拿大多伦多国际学院合著,教育科学出版社 2004 年版,第 12 页。

现。具体模式包括如下几个。第一,高等教育管理权力重心下移。要求中央政府部门或机构将管理高等教育的权力和职责移交给较低的层级。当然,这种权力下移是渐进的过程,将运作权而不是决策权交给下级部门,中央部门仍然保持着对方针政策方面的指导监督。第二,委托高等教育管理权力。委托是指中央政府部门将特定决策和管理权力"借贷"给较低层级的政府,下级政府在决策上拥有很大的自由度,但其仍要向中央政府部门负责,委托出去的管理权限可以随时被收回。第三,增强地方高等教育自主管理权力。下放是分权中最彻底的一种,只是中央政府将高等教育权力权限完全转移到地方政府,中央政府不再进行直接控制,中央政府的唯一职责就是保证地方政府在全国性的政策框架内对高等教育实施管理。从世界主要国家的实践来看,原来属于典型地方分权管理模式的国家加强了中央管理权;原来典型中央集权管理模式的国家逐步下放权力或扩大高校自主权。这种变化不是简单地从一种模式到另一种模式的过渡,而是通过相互增权、相互制衡提高了大学治理的效率。

2. 分权制衡是高等教育系统的特性要求和各国政府改革的基本向度

高等教育系统是一种松散结合的系统,托尼·布什将松散结合的系统特征概括为9个方面,如组织的目标不明确、组织机构不确定、组织管理者的流动性强、高度专业化、强调分权优势等。这种松散结合的方式是形成大学组织内部活力和动力的缘由所在,不能完全用政府的管理理念来理解大学组织的管理。因此,为了实现高校面向社会自主办学,就必须使高校成为真正独立的利益主体和法人实体,摆脱对行政组织的从属和依赖,从集权决策走向分权决策。①

当代西方国家所普遍采用的分权制,其实质在于职能分工,纯粹是一种国家管理的技术性手段,而不涉及国家权力的性质及所属问题。20世纪80年代以来,各国政府为适应急剧变化的外部环境,提升自身的组织能力与行政效率,政府体制改革已经成为当代世界发展的潮流。美国著名政治学家盖伊·彼得斯认为,当代行政改革逐步形成了四种典型的政府运作模式:市场模式、参与式模式、弹性化政府模式以及非管制型政府模式。② 从权力运行方式看,这四种模式体现出来的一个共同特征便是公共权力的转移与分散。当代西方国家行政改革的目标之一就是要分散政府的管理职能,缩小政府的行政范围,实行分权和权力互增。我国现有管理体制的弊端表现为过分依赖层级制度,政府权力过度集中,行政效率低下等。近年来,中国政府的公共权力也出现了从中央政府向地方政府转移的趋势。从全球背景来看,各国政府的管理模式都发生了变革,分权制衡成

① 陈维嘉:《高等教育体制创新中的政府行为分析》,《高等教育研究》,2002年第9期。

② [美]B.盖伊·彼得斯:《政府未来的治理模式》,吴爱明译,中国人民大学出版社2001年版,第23页。

为一种共同趋势和适应政府体制变革的必然要求。

3. 我国高等教育长期以来集权管理的弊端不断显现

在我国,政府行政权力远远大于高校学术权力。在我国现行大学制度的影响下,高等学校往往呈现出自我目标的缺失。如果说政府对大学的集权管制是出于对中国大学"能力缺失"的关照,但近年来,随着政府对大学的放松管制和市场经济所提供的自由发展空间的增大,大学作为利益主体的自我意识在不断觉醒和强化。虽然国家通过一系列的改革措施逐步将高等教育的管理权限下放给省级政府,但政府在办学过程中既是举办者、管理者,又是投资者,身兼数职的现象并没有明显改变,高等教育资源高度集中并直接由行政权力配置。这造成在高教管理中权责配置不科学、权责界定不明确。不科学体现为:权重心向上,而责重心向下;权集中于政府,而责集中于学校。不明确表现为:没有有效地区别举办者、管理者和办学者的权责,对举办权、管理权、经营权的界定模糊。更重要的是,这种权责界定缺乏法律所特有的权威性和稳定性,使得高等教育管理领域中的权责分配与权责界定处于不停地变动之中,导致享有权者和承担责者均游离其间,不利于大学内部治理与权力监督。

4. 高等教育分权制衡理念的实现路径

在我国现有的高等教育管理框架内,只有在明确政府角色和职能的基础上,从中国社会权力结构多元化的现实出发,改变单一的以政府权力为中心的高等教育管理模式,明确政府的管理权限和责任,向不同的高等教育主体增权,才是真正实现高等教育有效治理的路径。

第一,社会与大学相互分权制衡,培育教育中介组织。在现代社会中,政府的基本职能是保证社会公平和提供市场不能提供的公共产品,这是政府的基本责任。政府职能的转变意味着在高等教育领域,"教育部和省级主管部门应当迅速转变角色,从对正规高等教育体系的高度管制转向确保整个体系的质量和公平性。"①领域的分化和社会结构的调整是政府职能转变的根本原因,而社会与国家之间相互关系的演变则规定了政府职能转变的基本内容。政府应采取适当的形式向社会领域增权,如允许各种类型的非营利性社会组织参与办学,形成政府与社会组织共同提供高等教育产品的格局;培育和引导中介组织的发展,把教育中介组织作为参与高等教育管理的重要力量,赋予教育中介组织明确的法律地位;赋予公众对公共高等教育管理决策的参与权;政府有责任加强对社会中介组织行使公共教育权力的监管,把政府管不了和管不好的公共教育事务通过

① [哥伦比亚]卡尔·J.达尔曼:《中国与知识经济:把握21世纪》,熊义志等译,北京大学出版社2000年版,第76页。

委托方式交由社会中介组织承担。

第二,市场与大学相互分权制衡,主张市场的有限介入。高等教育作为一种"准公共产品"决定了其可以接受市场的调节,公共资源的有限性和社会需求的多样化使接受市场调节成为高等教育的自觉选择。市场的介入主要是指市场领域的某些营利性组织参与提供高等教育产品,形成政府与市场共同调控高等教育的格局,以满足社会对高等教育的多样化需求。充分发挥市场机制的调节作用,不仅可以提高高等教育资源的利用效率,还能促进高等教育管理的民主化。但市场的介入又只能是有限的,教育的价值基础决定了其应当主要通过公共选择机制而不是市场机制来实现它的功能。

第三,国家与大学相互分权制衡,分解教育管理职能。我国从 1985 年就开始了教育体制改革的尝试,试图逐步扩大高等学校的办学自主权。从 1999 年开始,高等教育管理体制经过两次大的调整后,200 余所原属中央部委的高校转为由教育部或地方政府管理,但办学的主体没有发生根本性的转变,仍然是中央和各级地方政府。如盖德勒所指出:"大学的自主权仍然很弱,很多控制权依然掌握在教育部和其他政府机构。"①虽然政府对高等教育的干涉是不可避免的,且适当的干预是有益的,但是,一旦政府干预过多,高等教育就会有功能紊乱、官僚化等特征,从而丧失系统管理的灵活性。政府要想赋予高等学校真正的办学自主权,就必须对管理大学的职能进行分解,将属于大学自主范围内的权力,如招生录取权、课程设置权、资金使用权等回归大学,使大学成为一个真正的独立法人实体。这也是高等教育发达国家的一项基本原则。

(五)服务理念:由"适应社会"为主向"引领社会"为主转变

无论从大学自身发展的需要,还是从国家发展的战略考虑,服务社会都是高等教育不可回避的功能与责任。世界高等教育强国的发展经验证明,众多一流大学并不仅仅是依靠国家大力投资建立起来的,更要凭自身科技创新能力和社会服务能力的不断提升来发展自己。知识社会对中国大学而言有双重含义:第一,社会改革的源泉越来越取决于研究与开发;第二,社会的重心越来越走向知识领域。② 高等教育不能仅局限于适应社会,还必须肩负起引领社会的重任。因此,当前中国需要考虑的不再是"要不要服务社会"的问题,而是回答"怎样服务社会"的问题。建立什么样的服务理念,转变何种服务社会的方式,关系高等教育强国建设之大局。

---

① Gerard A. Postiglion:《21 世纪的中国高等教育:市场经济条件下的若干发展性思考》,陈超译,《比较教育研究》,2002 年第 2 期。

② Bell Daniel. *The Coming of Post-Industrial Society: A Venture in Social Forecasting*. Basic Books, 1973:212.

1. 高等教育引领社会的理念内涵

教育引领社会表明高等教育需要兼具功能使命与教化使命：前者指高等教育要创造和应用知识，利用科技手段成为经济增长和社会财富的引擎；后者指高等教育的思想文化要为解决精神世界的问题服务。引领社会的实质是“智慧引领”和“理智引领”。高等教育作为综合性的文化组织载体和社会思想文化的批判和创新中心，是传承、创新、引导文化的重要基地，为社会发展提供精神动力、智力支持和思想保证。正如阿什比主张的，大学不仅要满足社会对它提出的各种要求，而且更重要的是要对社会的发展起指导作用。①

高等教育不仅仅是社会的“镜子”，更是赫钦斯所说的“灯塔”。如果一个国家的高等教育不能自觉地成为社会使命的先驱者，也不可能建成高等教育强国。当然，在整个高等教育体系中，不同层次类别的大学对社会引领的作用大小有别、发挥引领作用的领域有别。一般来讲，层次越高的大学对社会所起的直接引领作用越强。但是，单讲研究型大学对社会的引领作用是不恰当的，至少是不全面的。不同层次的大学对社会系统的辐射作用都是不可或缺的，只是在引领社会的方式和服务面向上有所区分，但都将在高等教育强国建设中发挥重要作用。

2. 引领社会是高等教育安身立命之根本

服务社会是高等教育生存与发展的基础，但服务本身并非不带任何条件地去适应各种社会需求。一旦高等教育对社会过分曲意迎合，既会使自身的主体意识和对现实社会文化的批判功能逐步丧失，还将沦为政治和经济的工具，按照社会和政府指令改造自己的思维，成为国家的附属机构。高等教育丧失自我的结果是双向的：既无法成为引领社会的先驱，也将就此失去安身立命之本。这是由于，当高等教育与企业结合得过于紧密时，大学的创造性就会枯竭。因此，雅斯贝尔斯曾告诫人们：在教育适应现实社会变革时，首要的是要保持对教育本质的追问，以避免过于轻率地适应眼前需要而放弃长远责任。在这一点上，德国走向高等教育强国的经验值得我国借鉴。德国在普法战争后建立了“为国家服务为唯一宗旨”的柏林大学，尽管如此，洪堡仍明确了为国家服务的方式，强调国家决不能要求大学直接地和完全地为国家服务，并使国家确信：高等教育最终目的的实现也是在最高层次上实现了国家目标。② 正如《21 世纪的高等教育：展望和行动世界宣言》所强调的，高等教育不仅要“完全独立和充分负责任地就伦理、文化和社会问题坦率地发表意见，成为社会所需的知识权威，以帮助社会去思考、理解和行动”，更应“不断对新出现的社会、经济、文化和政治趋势进行分

---

① ［英］阿什比：《科技发达时代的大学教育》，滕大春译，人民教育出版社 1983 年版，第 149 页。

② ［德］威廉·冯·洪堡：《论国家的作用》，林荣远、冯兴元译，中国社会科学出版社 1998 年版。

析，加强自己的批判和前瞻功能，为社会提供预测、警报和预防信息”。

3. 中国高等教育引领社会的意识仍显薄弱

近年来，高等教育在国家创新体系中的核心地位不断显现。随着国家对科技投入的成倍增长，中国的高等教育不断致力于科技创新能力的提高，取得了不少成果。据科技部的统计，2000—2009 年，高等学校共承担了中央政府的国家重点基础研究发展计划（“973 计划”）、国家高技术研究发展计划（“863 计划”）和国家科技支撑计划等各类国家科技计划项目 27 700 多个，获得科技经费总额约 277.5 亿人民币，占中央政府国家科技计划总经费的 25.7%。“973 计划”项目中，高校作为第一承担单位并任首席科学家的有 43 项，占立项总数的 58.1%；重大科学研究计划中高校作为第一承担单位的项目有 20 项，占立项总数的 57.1%。2008 年国家科技重大专项启动后，已有 150 余所高校参加重大专项的研发工作，承担项目经费达 19.34 亿元，占总经费额度的 18%。① 这些都充分反映出我国的高校具有坚实的科研实力，在国家科技工作中占有重要的地位。

然而，我们的研究成果多属于跟踪性的或集成创新性的，真正的原创成果少。就是说，我国高等教育发展成果对国家科技的引领作用还很不够。这是由于，我国对高等教育社会服务功能的认识更多停留在创造经济效益方面，而社会效益还显得薄弱。一方面，由于经费短缺，越来越多的大学把为社会服务看作获取经费的渠道，各类消费型、营利型大学应运而生，高等教育与产业部门的界限正在消失；另一方面，由于计划经济体制下形成的“等、靠、要”等依赖心理根深蒂固，致使许多大学缺乏改革创新意识和引领意识，专业设置陈旧、科研成果转化率低，削弱了大学与社会的联系。正如约翰·S. 布鲁贝克指出的那样，如果大学拥有大量的为社会服务的知识，但是缺乏把这些知识用于实践的决心和责任感，那么公众就会认为大学是无用的，因此就不会再为大学提供经费，大学就失去了存在的根据。②

不容否认的是，我国科技、教育部门的导向亦存在值得反思之处。华中科技大学校长李培根明确指出：“作为国家高等教育发展的理念，需要尽快使高等教育在引领国家科技进步中找到自己的位置。”③否则，随着中国向创新型国家的迈进，中国企业自身的创新需求越来越高，而中国大学在未来的科技工作中若仅依靠集成创新、仅依靠解决某些工程问题，就很难找到自己的位置了。今后，中国高等教育迫切需要在社会服务中强调引领的作用。

---

① 科学技术部：《发挥高校作用建设创新型国家》，《中国教育报》，2010 年 3 月 26 日。

② ［美］约翰·S.布鲁贝克：《高等教育哲学》，王承绪等译，浙江教育出版社 1998 年版。

③ 李培根：《多维度审视国家层面的高等教育理念》，《中国高等教育》，2009 年第 22 期。

4. 中国高等教育引领社会的主要路径

《国家中长期教育改革与发展规划纲要(2010—2020年)》提出,要增强高校的社会服务能力,推进产学研结合,加快科技成果转化。高等教育作为整个社会中最具活力、最能代表时代前进方向的机构之一,必须主动在超越与引领社会中赢得自身的发展。第一,要面向国计民生,主动帮助国家解决所面临的种种重大理论和实践难题,密切关注国际发展动态,积极开展战略研究和政策咨询,成为重大社会问题的探索者、质疑者和咨询者。第二,要利用高校在文化积聚、思想独立等方面的优势,引领社会的价值取向和文化繁荣,不断提升社会文化软实力,成为社会思想的批判者和先进文化的倡导者。第三,要紧紧围绕新兴产业需要,发挥大学学科融合、人才配置等优势,促进产学研用紧密融合,在技术创新体系建设中加快高校科研成果转化,成为新兴产业科技的导航者和区域发展的推动者。

总之,高等教育必须充分发挥大学在社会文化、科技等领域中的核心作用,积极帮助国家解决所面临的种种重大理论和实践难题,通过创造性地运用其前瞻意识、批判精神,加强对社会发展的指导、咨询、预防等功能,在向高等教育强国挺进过程中保持旺盛持久的生命力。

第三节　建设高等教育强国要求大学形成自己的核心理念

从国家层面与大学层面教育理念的关系看,国家高等教育理念立足于国家整体利益,从宏观上系统勾画出高等教育改革发展的全盘思路、理想模式和未来构想,所要解决的是高等教育系统的重大思想问题,为高等学校提供理念创新的依据和对现实秩序的合法性解释。大学既是教育理念创新的主体,又是理念实践的主体,受国家高等教育理念的导向和制约的同时,还需要结合具体现实问题落实并延伸国家层面的教育理念,因而在形态上更富于多样化与创造力,为国家高等教育理念提供创新的经验与源泉。可见,国家高等教育理念与大学教育理念并不完全是相互决定的上下位关系,而是互为源流、共存互构的关系。

大学首先是一个理念组织,是一块精神园地。在这里,非权力性因素远比权力性因素影响力大。教授、学生最信服推崇的是真理,是学术水平,是学术自由,而非权力。理念的影响在非权力影响中最重要,它是无声的召唤,是无形的旗帜,是无影的灯塔。① 作为知识创新的重要基地,大学是集知识生产、传播与应用为一体的多功能组织,在推动中国创新型国家和人力资源强国战略中具有不可替代的特殊地位。建设高等教育强国的任务主要靠高等学校来完成。这既是高校新一轮发展的时代机遇,也是每一所中国大学都应该肩负的历史责任。高等教育强国建设对每所大学的发展都有不同要求,要避免用一致的、单一的大学理念来指导多样化的教育实践,而要遵循理念创新的基本原则,针对实际问题,在保持自身文化传统与办学特色的基础上建构各自的核心理念。

一、核心理念:大学基业长青的根本动力

正如德国著名的哲学家、教育家卡尔·雅斯贝尔斯所说:"重新确定大学的核心理念是改革的首要任务。"②大学核心理念对高校办学起着统领、定向的作用,对学校的发展至关重要。对于高等学校层面来讲,任何重大的改革,从根本上讲都是对大学整体战略的重新设计,并给予学校一个未来发展的远景,保持大学基业长青。芝加哥大学前校长罗伯特·赫钦斯曾指出:"大学需要有一个目的,一个最终的远景,如果它有一个远景,校长就必须认出这一远景;如果没有远景就是无目标性,就会导致大学的极端混乱。"③这一远景设计是否成功,取决于是否形成了明确、先进而适切的大学核心理念。

(一) 大学核心理念的内涵与特征

每个事物都有它的核心价值。大学也要在认识其核心价值的基础上形成自己的核心理念。④ 从大学教育理念体系的层次性来看,主要包括核心理念和子理念(功能理念):大学核心理念是高等学校为实现特定的教育使命,依据自身发展定位和核心文化,渗透着大学核心价值取向与利益相关者的共同愿景,在办学实践中高度凝炼出的该大学组织的最高目标与理想追求,反映了指导大学教育长盛不衰的根本信条。"大学功能理念"(即子理念、附属理念)是围绕核心理念,对影响大学发展的各部分要素、关系、问题等方面的理性认识,是对大学核心理念的诠释和延伸。

核心理念体现了"多元一体,和而不同"的思想,是大学寻求知识统一性的结果。这里的术语"一"并非作为"整数的一",而是个特殊的复合概念,代表的

---

① 张楚廷:《高等教育学导论》,人民教育出版社 2010 年版,第 419 页。

② [德]卡尔·雅斯贝尔斯:《什么是教育》,邹进译,生活·读书·新知三联书店 1991 年版,第 143 页。

③ R. M. Huchins. Education for Free. Louisinana. Louisiana State University Press, 1943:26.

④ 刘献君:《以改革创新精神推进学校发展——学习十七大精神的几点体会》,《河北科技大学学报》(社会科学版),2008 年第 6 期。

是存在物(核心理念)的唯一性。① 在高等教育大众化阶段,每所大学都是以分离的多样性形式存在的,"多"以"一"为前提,核心理念的建构正是由"多"向"一"不断合成的过程,即从各种理念的"合生"中抽象出来,解读着大学终极事实特征的共相之共相,并将这种基本原理与院校自身的"殊相"结合起来,使核心理念具有"复合统一性"特征;反过来,核心理念再由"一"向"多"分离出各种功能理念,使各层面的子理念"共在"于核心理念之中。

核心理念与功能理念互为存在的前提。从作用方式上看,核心理念所持的立场、观点等直接影响着子理念的建构方向和性质。从结合方式上看,大学核心理念通过"原子式摄入"使功能理念"有序地生长",二者是一脉相承的,一旦关系错位或相互背离,则会引发合法性危机。在一定条件下,关键层面的功能理念也会导致核心理念的变化,影响核心理念的凝聚力与行动力。核心理念应辐射到大学文化、制度、管理与实践的各个方面,植入具体办学体制、组织形式、运行机制中,延伸到高校制度层和操作层,形成学校管理理念、学科发展理念、专业建设理念、人才培养理念、教师发展理念等相互促进的理念体系。②

大学核心理念除了具备教育理念的一般内涵外,还呈现出以下特征。

第一,独有性。每所大学的核心理念都是独有的,具有个性化色彩,至少需要满足三个基本条件:易于辨识,对大学有实质性意义,展现自身特色与风格。大学核心理念应着眼于办学实际,从自己学校的土壤里"长"出来,而拒绝流于平庸和模仿。这种高度排他性能使核心理念成为高校的象征性品牌,能够吸引那些认同核心理念与价值观的人才。

第二,针对性。核心理念源于办学者的理想、信念,而其建构的出发点在"问题",不能仅作纯粹逻辑上的设定,需要综合学校自身条件与定位,考虑其现实可行性和针对性。只有针对院校根本问题建构的核心理念才有践行价值,只有经历从问题、理念到实践的过程框架的才是行之有效的核心理念。当然,核心理念在解决实践中的问题时,要使教育规律起引领作用,要坚定大学的基本立场。

第三,兼容性。核心理念的兼容性是指在空间上具有广泛的内涵,它的运作具有整体效应,整个大学的理念、行为和制度体系的建设都不折不扣地指向这一原点。核心理念是不同大学对自身存在意义和发展取向等理性认识的整合,能从更高层面上明确传达大学的核心价值取向,并渗透大学组织活动的各个方面,相对于具体化、弥散化的功能理念而言更具凝聚力和兼容性。

---

① [英]阿尔弗雷德·诺思·怀特海:《过程与实在》,杨富斌译,中国城市出版社 2003 年版,第 35 页。
② 刘献君,周进:《大学核心理念:意义、内涵与建构》,《教育研究》,2012 年第 11 期。

第四,稳定性。核心理念在时间上具有恒久的稳定性。大学理念是个历史的、动态的、发展的概念,需要与时俱进、适时而变,但是核心理念仍然具有非常强的稳定性和连贯性,通常只有"继承式"和"拓展式"的变化,稳定与创新构成了大学核心理念既矛盾又统一的特征:既是维护大学自身稳定性的最基本条件,又由于这种稳定性而成为限制大学变革与创新的最大阻力。正是这种稳定性才展现了核心理念持久的生命力。

总之,作为大学复杂系统优化运行的纽带,核心理念能有效促进大学组织各子系统及要素间的协调运转。大学运作是否顺畅,取决于核心理念的统领功能是否强大,而这一功能的发挥最终取决于大学理性与社会理性程度的共同提高。①

(二) 自主建构先进的核心理念是大学的强盛之道

人与人之间的差别主要体现在精神、信念、思想等方面,大学与大学之间的差别从根源上讲则是核心理念的差异。尽管世界大学发展至今大体都做着同样的事,履行着大体相同的职能,但人们所处的文化环境不同,对大学的理解程度不一。由于缺乏核心理念,我国大学在制度建设中显示出高度同质化:一是与政府、社会组织趋同,行政化倾向严重,没有相对独立性;二是大学的制度建设趋同,没有自己的特色。因此,凝练大学核心理念十分重要。

1. 拥有稳定、先进而独特的核心理念是世界一流大学的重要标志

一所大学想要基业长青,需要大学管理者从整体思维和宏观把握中提炼出高屋建瓴的核心理念,并以此指导学校发展的总体方向。在世界一流大学史上,论及英国剑桥大学,之所以能在欧洲众多的古典大学中彪炳史册,就在于较早地提出了"以自由教育造就绅士"的核心理念,并据此开创了基础研究、学院制和导师制等特色,培养了大批世界级大师人才。德国柏林大学之所以成为现代大学之楷模,在于它彻底冲破了中世纪大学的宗教束缚,自始至终贯彻着洪堡倡导的"教学与研究相统一"的核心理念,并凝聚成一股信念的力量,确定了科学研究和学术自由在大学里的地位。以工程教育为特色的麻省理工学院,为不断探索培养与工业社会发展相适应的人才,提出了"手脑并重"的核心理念,促使学校在20世纪进行了三次重大的改革,并迅速跻身一流大学的行列。尽管在大学发展历程中各类理念层层更迭,但能起强大推动力并形成品牌效应的只有稳定而独特的核心理念。作为整个理念体系的基础和灵魂,大学核心理念是历史价值与现实价值的双重体现,是对大学精神、文化、内涵、形象和价值的经典诠释,是大学生命力的源泉和竞争力的保障。大学核心理念的自主建构是中国跻身高

---

① 刘献君,周进:《大学核心理念:意义、内涵与建构》,《教育研究》,2012年第11期。

等教育强国的必然要求。

2. 建构大学核心理念是中国社会结构系统化整合的诉求

学校教育,特别是大学教育,是一个统一的有机体。这种有机体又是与社会结构的整合需求及人们的公共群体生活紧密相连的。如今,尽管高度统一的时代已逐渐让位于具有分离特性的多元化时代,但黑格尔仍坚持认为,现代社会矛盾将重建一个统一的新时期,这种统一只要能保留对差别的包容,将是一种更高级的统一。在这种统一中,现代社会的矛盾被扬弃了——同时被超越、消除并保留下来了。① 早在19世纪,处于转型期的德国大学就开始创新各自的核心理念,为社会培养着不同类型的人才:既有从事纯科学研究的大学,又有从事应用科学研究的技术学院,不同性质与类型的高校相得益彰,共同促进国家科学技术的发展。转型后的美国大学也如克尔所指出的,早已超越了德、英模式,而发展出自我的性格。② 这种"自我的性格"得益于西方大学敏锐地把握住了社会系统化整合的趋势,较早地创建了各自的核心理念。

在多元社会结构中,达成社会与大学之间的思想共识,需要核心理念的协调和引领。从个体性角度看,当代社会的多元文化激活了各种思想的论争,由于缺少社会核心价值体系,某种新的理念总是伴随着其他哲学派别的批判与质疑而产生。面对各种价值冲突,大学常常显得无所适从,失去了理性选择能力。从社会性角度看,知识社会中的高等教育已成为国家公民与经济社会发展的普遍需求,不同群体从各自的出发点来理解和要求大学。在如此庞大的服务对象中,人们的价值观与需求有着多样性和不协调性,且很少有人真正领会或认识大学的本质与办学规律。那么,大学若要成功地取得合法性,取决于大学理念能否成功地使不同社会需求协调相处,或者说,大学理念要发挥引领和协调社会价值观的作用,社会结构越复杂多样,就越需要凝聚核心价值观与核心理念。

3. 建构大学核心理念是高校特色发展的基本要求

近十年来,中国大学开始形成特色意识,但主要专注于总结办学优势与特点,忽略了理念特色的创建。大学特色可分为理念层、制度层和实践层三个层面,其中制度层与实践层的特色是显性的,也是不稳定的、易变的;而理念层的大学特色是隐性的,却是更具思想性的,是最深沉、持久、有力量的,是发展其他特色的动力。

一些世界名校正是借助特色核心理念的力量,才最终从名不见经传的普通学校一跃跻身世界前列。如1885年创办的斯坦福大学,直到20世纪40年代

---

① [英]乔伊·帕尔默:《教育究竟是什么?》,任钟印等译,北京大学出版社2010年版,第110页。

② 金耀基:《大学之理念》,生活·读书·新知三联书店2008年版,第7页。

仍是一所默默无闻的乡村学院。土库曼就任副校长后,认为现代工业发展最主要的资源是人而非物,应紧靠大学建立科技园区,提出“大学应是研究与发展的中心”的核心理念。正是在这一理念的指引下,斯坦福大学于 1951 年创办硅谷科技园。斯坦福带动了硅谷电子工业的发展,而硅谷造就了斯坦福大学的辉煌。同样,芝加哥大学只比中国的北京大学早建校七年,建校不久就跃居世界顶尖之列,正是由于学校创造并坚持着“增长知识、丰富生活”的核心理念。正如原校长梅森所言,“芝加哥大学是先驱者,它要拔萃,要么一事无成,它没有理由像别的大学那样”①。这就是一流大学的特色。

4. 建构核心理念是人类认识统一性的内在需求

辩证法认为,人类认识运动是主观和客观、认识和实践的具体的历史的统一。人的认识具有统一性,这是由于知识内在统一性的形成依赖于人的理性结构。“认识统一”是人的感性认识与理性认识相分离后,经过矛盾运动后上升为新的综合认识,人类认识的统一性是社会力量凝聚的基础。从知识演化的根本目的看,一切知识活动、一切人们所期求的其他的目的都是人性的目的,这传达着知识与人的目的相统一的实质。中国知识社会转型期既处于知识不断分裂、专门化和理性化的时代,也处于大学寻求知识统一原则和社会统一原则的时代。在康德看来,当大学中的一切活动都围绕着一个调控理念(regulatory idea)进行组织的时候,大学便进入了现代。现代大学与古典大学不同之处在于,大学知识获得了内在统一,这种统一性为大学核心理念提供了合理性依据。

当前,我国大学的主要问题不是缺乏理念,而是没有形成自己的核心理念,大学内部没有形成统一认识。大学核心理念通常隐含在大学教育的方针、制度、措施、使命、校训及精神等诸多方面,但不能简单地认为,这些就是大学理念。在理念探索过程中,主要存在着以下认识泛化的问题:把办学宗旨、使命当核心理念,如“育人为本,质量第一”;将办学方针、教育制度、办学措施当理念,如“以贡献求支持”、“教学要有针对性”等;移植国家政治理念或对公民的一般要求,如“教育为经济建设服务”等;照搬别国的大学理念,没有形成符合自己历史、文化的核心理念。大学的理念基于信念,只有那些在主流意识上发挥持久作用的、最具文化标识性的、渗透着对大学教育深刻领悟的认识才是大学核心理念。

人类意识到的任何事物,都具有一种“普遍图式”的特征。大学核心理念作为一种哲学图式,应当是内在一致的和合乎逻辑的,就其解释力而言,还应当是适用的和恰当的。② 然而,中国大学在实践中往往受多个理念的指导和协调,由

---

① [美]墨菲著,布鲁克纳编:《芝加哥大学的理念》,彭阳辉译,上海人民出版社 2007 年版,第 27 页。

② [英]阿尔弗雷德·诺思·怀特海:《过程与实在》,杨富斌译,中国城市出版社 2003 年版,第 4 页。

于认识上的混乱，有的学校教育理念本末倒置，将局部性的功能性理念凌驾于全局性的核心理念之上；有的各子理念之间相互矛盾，或各自为政，甚至与核心理念相背离；要么不能一以贯之，一任校长一套理念；要么仅将理念纳入形象设计，成为空洞生硬的口号，与办学行为和战略顶层设计不匹配；理念与办学实践、学生成长脱节，没有起到应有的作用，在执行过程中产生方向性错误；列举了一大堆理念，没有形成核心理念等。在多个理念之间，必须是层次分明的，需要把握一条清晰的主线，形成明确的核心理念来理顺大学的逻辑关系，否则，大学将缺少整体发展的"主心骨"。这些问题集中反映了大学办学理性认识的不足。①

二、多维度把握大学核心理念形成的内在依据

核心理念是打造高校核心竞争力、全面提升办学质量的决定性因素，在大学顶层设计中居全局性主导地位。从世界范围看，推动大学强盛的核心理念虽各有特色，但不同理念之间仍存在着内在统一性，体现了理念建构的一些共性基本原则。大学核心理念有其特殊的运行逻辑。从构成要素来看，主要包括五个方面的内容：核心文化、核心价值观、核心目标、大学使命与共同愿景。核心文化是大学物质层、精神层、制度层文化的集中体现，反映了学校独特的精神内涵与历史传统；核心价值观反映了大学信奉的价值追求与基本信念；核心目标反映了大学的基本任务与目的；大学使命表明大学存在的意义和责任；共同愿景反映了组织内部利益相关者的大学理想。这五项基本内容有着本质的内在联系，与基本原则相对应，共同构成了大学核心理念的建构依据。②

（一）文化建构：以传统文化为生长点，凝练具有特色内涵的核心理念

大学是文化集成的产物，没有文化底蕴的大学理念，成不了大学的核心理念。任何一种理念与文化创新都需要传达大学核心理念，同样，任何大学的核心理念都要集中彰显大学的特色内涵。不同的核心理念催生了学校文化形态的差异，也就形成了不同的管理风格，产生了不同的办学效果。高等教育强国以生态多样、和谐为突出特征，要求大学管理者要以基因再造为思路培育大学核心理念的特色内涵，形成多样化、个性化的大学核心理念。

从理念发展史看来，当一种基因进入新环境时，形态就会发生变化。同样是"科研与教学相结合"的教育理念，在斯坦福大学主要体现在其培养和发展学生

---

① 刘献君，周进，《大学核心理念：意义、内涵与建构》，《教育研究》，2012 年第 11 期。

② 刘献君：《适应高等教育强国建设要求的高等学校教育理念创新》，《中国高教研究》，2010 年第 11 期。

创造力的教育理念中,而在芝加哥大学,则体现在其高度重视学术的教育理念上。尽管它们都包含着科研与教学相结合的基本思想,但不同的理念表述体现了不同大学的文化传统与历史底蕴。每所高校可以根据自身历史文化基因对理念进行调适,选择不同的切入点,逐步创造和形成由精神、行为、制度与环境文化构成的独特核心理念。目前,我国很多大学还缺少理念生发所必需的理性认识,没有抓住核心理念形成的关键,很少在核心理念的特色上下工夫。今后,大学要立足于自身的历史文化与办学个性,以开放的气度、全球的视野和历史的眼光,将教育理念的内生性与文化自觉性相结合,加强大学在文化转型中的自主能力和主体地位,紧紧把握时代主流文化,积极探索拥有独特内涵的大学核心理念,进而把握和显示大学在高等教育国际竞争中本固枝繁、万变而不离其宗的自主性优势。

(二)价值建构:坚守核心价值,保持与国家高等教育理念取向的一致性

教育核心价值观是教育赖以生存发展的基本信条。缺乏核心信念的教育理念是没有生命力的、脆弱的,坚守合理的价值观是大学核心理念形成的关键。就层次而言,学校层面的核心价值观必然不能与国家层面的理念取向相背离。国家高等教育理念传达了国家对发展高等教育的基本思想和总体要求,为高校自主创新大学核心理念提供了政策指针与设计依据。因此,高校要在坚守自身理想价值的基础上,从国家高等教育理念中的大方向、大原则中把握核心理念的立意点。先进大学的核心理念尽管见诸行的方式、内容不同,但本质是相同的——紧紧抓住并执著追求自己的核心价值,保持与国家高等教育理念的相互认同,为大学的永续发展获得外部支持与内在力量。

国家与学校层面的理念源于同一体系,无论大学核心理念作出什么样的价值选择与判断,都必须遵循理念建构的基本原则,主动积极地维护和实践国家高等教育理念。大学是独立的自治机构,但并非是与世隔绝的封闭体。在与外界的种种关系中,与政府的关系最可能影响大学价值取向的稳定性,需要大学主动站在国家利益与立场上进行通盘考虑,对核心理念的价值基础作出调整。不过,这并不表明大学必须被动地接受任何形式的国家高等教育理念,大学也可通过实践证明自身价值观的合理性,使核心价值获得广泛认同,从而自下而上地引领国家高等教育理念的转变。要始终保持与国家高等教育理念发展的同步性,从而确立核心理念的权威性和在大学强校建设中的主导性,使核心理念能够在思想与行动中被认知、被度量。

(三)目标建构:围绕教育主体的成长成才确立核心理念的基本主旨

尽管中外知名大学的核心理念多基于不同的价值基础,但最成功的经验无外乎两条:一是所有的理念都围绕人才培养展开;二是对素质教育目标的高度重视,强调人的整体性。如西方古希腊时期就倡导人的全面教育理念(七艺教育);哈佛大学坚持培养"有教养的人"。在我国,华中科技大学在以学科结构的综合化为切入点的素质教育理念尝试中,已实施了颇有成效的改革。上海交通大学作为一个理工见长的院校,重理轻文的思想曾长期存在。近年来,学校也加大力气积极发展文科,通过人文教化来塑造全面发展的人,塑造人文环境,将素质教育理念贯穿于人才培养的全过程。尽管中西方名校在核心理念切入点上各有不同,但都形成了这样一种共识:本科教育应是一种知识均衡的完整教育,主张以整体的知识观来统合通识教育、学科教育与职业教育,通过加强各知识体系间的本质联系来促进素质的有机融合。在通专结合的基础上培养学生的创造性思维和软实力,是当今世界两大教育体系共同的战略选择。

建设高等教育强国,最终要落实到创新人才的培养上。大学核心理念设计要遵循教育规律和人才培养规律,从人格素质的完整性、知识素质的综合性、能力素质的发展性等方面予以考虑。第一,要着力提高学生服务国家人民的社会责任感、勇于探索的创新精神和善于解决问题的实践能力,引导学生关注民生,培养学生的使命意识。第二,从培养"单向度的人"向着人才素质的整全化、知识体系的综合化、教育视野的国际化、培养模式的多样化方向转变,优化学科专业、类型、层次结构,实现知识的整合效应,加强国际学术交流,健全人才全面自由发展所需的人格素质、心理素质和专业素质,形成各类人才辈出、拔尖创新人才不断涌现的局面。第三,坚持学用结合、学思结合、产学研结合。支持学生参与科学研究,培养自主思维与批判精神,创新教育模式与方法,强化实践教育与创业教育,在研究与实践中育人。第四,要从挖掘学生的潜能,启迪学生的心灵入手,真正实践"以生为本",善待学生,着眼于学生的未来发展,关注个体学习能力、个性潜能与知识完善,在"服务学习"实践中构建大学的"创新链",在发展理性与人文启迪中实现综合素质与教育质量的整体提升。

(四)使命建构:从发展需求与大学使命的对接中形成核心理念

中外大学发展史表明,大学的短期强盛可以通过多种方式达成,而持续增长的力量却只能从核心理念中获得。只有那些符合人类社会发展需求的核心理念,才能为高校注入持久的活力。自大学走出"象牙塔"后,大学的存在就有两种哲学基础和双重价值:认识论哲学要求大学"崇尚学术",此乃大学存在的内在价值;政治论哲学要求大学"适应社会",此乃大学存在的外在价值。二者矛盾的核心是"大学使命"如何与"发展需求"相对接的问题。一方面,保障学术独立与研究自由是大学文化进步之源,通过科研训练塑造追求真理、崇尚科学的精神,培育具备自由研究学问的素质是大学的重要使命和永恒追求。另一方面,发展是一个不断产生需求、满足需求的动态过程。需求是教育理念变迁的根本动力，反映了大学对社会责任的积极回应，是核心理念赖以形成的现实条件。因此，一所大学确立什么样的核心理念，应充分考虑国家经济发展对高校的要求，全面审视高校的实际情况。只有将大学使命与社会需求有机地融合，才能促进大学与社会的良性互动，实现大学的快速发展。

现阶段中国大学发展的主要矛盾，仍然是现实的教育理念与社会需求不相适应的矛盾。需求是大学发展内驱力的源泉，《国家中长期教育发展与规划纲要（2010—2020 年）》也非常明确地提出“人的全面发展和符合社会需求相一致的”观点，表明人与社会的价值需求决定了教育发展的向度，也决定了大学核心理念功能发挥的效度。这同时要求高校完善自我约束机制，以合作共赢的意识重塑学术权力在高校管理中的地位，减少不利于学术发展的外部因素，营造宽松活跃的学术氛围和学术土壤，培养追求真理和科学创新的大学精神。

（五）愿景建构：将办学者的教育信念与利益相关者的共同愿景相结合

大学核心理念是高等学校利益相关者共同愿景、利益表达和理想追求的集中体现，传达着几代大学人对教育的理想追求与共同信念。作为特殊管理角色的校长，是大学精神的领悟者、大学理想的创造者和社会文化的引领者，他们的治校理念及个人魅力主导着大学的起伏，而成功的校长必定是杰出的教育家。大学核心理念的再造和延伸依赖于理念执行主体和创造主体的观念更新，寄托于大学灵魂人物的创造性，也期待着一批真正懂教育、具有较高学术地位和人格魅力、具有战略眼光和国际视野的杰出校长和教育家来共同推动。

大学核心理念是一个长期创作、共同探讨的过程，既是利益相关者参与讨论和决策的过程，也是高校自我启发、自我教育以及对新文化认同的过程，还是大学领导者、教育专家、社会力量、教师员工之间价值观念的沟通、融合的过程。大学核心理念的提炼不能靠领导拍脑袋完成，需要认清教育规律，赋予各利益团体自由表达思想的话语权，在合理性辩护中提高理性办学水平，使思想在不断博弈中重建。① 因此，要坚持把促进大学发展同促进核心利益相关者的全面发展有机统一起来，建立共同愿景，发挥教师的主体作用，广泛吸收利益相关者的意见与建议，使教师真正成为特色理念的实践者、已有特色的传承者与新特色的创造者，促进组织成员对核心理念的广泛认同，将共同愿景内化为利益相关者的精神信念与自觉行为，推动核心理念有效付诸实践。

---

①　［加］比尔·雷丁斯：《废墟中的大学》，郭军等译，北京大学出版社 2008 年版，第 27 页。

三、明确大学自身定位,创新与“生态位”相匹配的核心理念

时任国务院总理温家宝同志在参加《政府工作报告(征求意见稿)》征求科教文卫体界代表意见座谈会时指出:“一所好的大学,在于有自己独特的灵魂,这就是独立的思考、自由的表达。千人一面、千篇一律,不可能出世界一流大学。”①从世界范围来看,越是发展卓越的大学,越具有鲜明的特色和个性;越是名校,学校之间的差异就越大。一所大学绝不可能满足社会的全方位要求,美国有3 000多所大学,但整个高等教育系统层次分明、类型清晰、定位合理,均在社会上找准了自己的位置,各尽所能,做到了高等教育与社会经济的协调发展。建设高等教育强国要有多元和谐、优势互补的教育生态系统,努力实现到2020年我国“建成一批国际知名、有特色、高水平的高等学校,若干所大学达到或接近世界一流大学水平”的战略目标。目前,我国普通高校一般分为研究型、教学研究型、教学服务型、教学型大学四种层次类别,②它们在现实发展建设过程中,逐步形成了一个生态“能级圈”。处于不同“生态位”的大学都应彰显秩序,发展特色,如果游离于生态位及其相应的价值链之外,大学核心理念就不具有适切性和针对性,以至于丧失建立在比较优势基础上的内生性发展机会。因此,在整个大学系统框架下,各类高校都要准确定位,找准发展目标、加快内涵建设,办出特色、创出品牌,体现差异性和竞争力,形成自己的大学核心理念。

(一) 各高校的核心理念应有不同的侧重点

不同层次、类型的大学所承担的任务、服务功能的类型和范围不同,价值取向不同,其核心理念的侧重点也应有所差异,需要把握以下几个方面。一是把握定位的内涵,包括学校类型、层次、学科专业、人才培养、办学特色、服务面向等方面,回答把学校办成什么样子的问题。二是把握核心理念形成的依据,从自身办学基础、教育目标、价值选择、社会环境与发展需求、历史文化传统、办学优势与特色、实际运行状况与资源条件等因素出发,使核心理念既与办学定位相契合,又符合自身实际,彰显个性与特色。三是把握核心理念的发展性,社会的发展是多层次的,人也是不断发展变化的,核心理念的建构要着眼学校和社会未来的需要的有机统一。可见,各类大学在核心理念的设计上绝不能脱离自身的办学传统与定位,应“分类选择,各有侧重”,发挥在高等教育系统中的独特价值。

---

① 《“用心听者,学到灵魂”——温家宝总理就〈政府工作报告(征求意见稿)〉征求科教文卫体界代表意见座谈会侧记》,《人民日报》,2012年2月2日。

② 刘献君:《建设教学服务型大学——兼论高等学校分类》,《教育研究》,2007年第7期。

第一,各类大学人才培养的分工不同。一个国家对人才的需求是多方面的,建设高等教育强国需要"努力造就数以亿计的高素质劳动者,数以千万计的专门人才和一大批拔尖创新人才",需要各种类型、各种层次的高水平创新创业人才。依据各类大学的不同特点,研究型大学是国家高层次人才培养的重要基地,应以培养素质综合化的拔尖创新人才为主要任务;教学研究型大学兼顾研究和教学功能,着重培养学术型、应用型人才;教学服务型大学重点培养有一定的理论基础、有较强的实践能力和服务开发能力的应用型人才;而教学型大学则以培养生产、服务、管理一线的实用型技能人才为使命。在建设高等教育强国进程中,各类大学都需要一流的人才,但对一流的人才的要求不一样,每所大学都要力争在不同层面上培养一流的创新人才。

第二,不同类别高校的教学与科研重心有所差异。教学与科研作为大学教育的两大基本功能,是建构大学核心理念所要考虑的中心问题。教学与科研都是多样化的概念,二者呈现出一种复杂的、非线性的关系。在不同层次类型中,教学与科研关系所涉及的内容不同,面临的矛盾与问题不同,解决矛盾与问题的方式也不同。研究型大学集聚着国家重点学科与教育资源,需要承担更多的知识创新与科技创新功能,应以学术为导向,以重大领域的基础研究为重点,在教学中研究、研究中教学,推进教学与科研关系的深度融合;教学研究型大学兼顾科研与教学,承担一定数量的基础研究和应用研究,并以应用研究为主;教学服务型大学关注本科教学与社会服务能力的提升,以教学研究、开发研究和应用研究为主;教学型大学则应更多地承担教学与专业训练,侧重于开展教学研究与开发研究。必须明确的是,教学始终是基础性职能,教学工作永远是学校的中心工作,科研应为教学服务。不同类型的高校,应根据实际情况,承担不同面向的教学与科研任务,形成各具功能的核心理念。

第三,各类大学与社会的结合方式有一定层次性。社会服务是个很宽泛的概念,面对多样化的社会需求,不同类型的大学有不同的社会服务面向,与社会有不同的结合方式,包含一定的层次性,应根据具体情况为不同社会领域提供各种服务活动。研究型大学是高新技术成果产出的聚集地,要以创新知识的转化、决策咨询服务、文化创新与传播、信息服务和国际交往等多种方式为国家经济和社会发展服务,引领社会科技与文化潮流;教学研究型大学主要为各省、各行业培养高水平人才,通过承担地方重大研究项目等方式服务社会经济发展;教学服务型大学应重视与地方政府的广泛合作,侧重于为地方培养各类应用型人才和急需专门人才;教学型大学则立足地方,为地方经济发展和社区发展提供技术力量和咨询服务。在现代社会,各类大学都应从自身所处的环境、优势与特色中寻找与社会需求的结合方式,发挥独特的社会功能。

（二）中国大学核心理念的分类建构

美国学者伯顿·R.克拉克曾指出："不同层次的专业培训、不同类型的、适合不同学生的一般教育，复杂程度不等的研究，所有这一切都可以因院校的分工后产生了各类相应的组织结构而得到承担。"①在不同的高等教育分工体系下，每类大学都要选择不同侧重点，明确在高等教育强国战略中的任务特点，努力寻找自身的生存空间，实现核心理念的跨越与突破。

1. 研究型大学的核心理念

研究型大学属于科研密集型、智力密集型大学，以学术研究为核心任务，致力于解决社会领域重大问题，是精英人才的摇篮和新知识的源头。未来研究型大学将肩负着培养杰出创新人才、发展高水平学术研究、全方位服务社会的重大使命，承担着国家基础科学研究任务，关注的是如何与世界一流大学"对话"，如何在现代科学技术发展的前沿拥有"发言权"。力争建设一批"世界级一流大学、国际知名高水平大学和特色鲜明的高水平大学"是研究型大学在高等教育强国战略中的核心要务。

在建设高等教育强国的进程中，研究型大学不能仅局限于适应社会的要求，要围绕"英才化"、"学术化"、"社会化"和"国际化"，在知识经济社会中引领科技创新与人才创新，成为国家核心竞争力的源泉和社会进步的航标。具体而言，应把握以下几个方面。一是"造就卓越的塔尖，培养高素质拔尖创新人才"。追求卓越是研究型大学的内在品性，应以学术教育为重心，使研究型大学成为汇聚、培育大师级人物的重要基地和国家科技创新体系的核心力量，促使大批拔尖创新人才脱颖而出，推动研究型大学走向世界一流。二是"以学术价值为导向"。研究型大学是以科研为主导的大学，科研是促进其自身发展的主要动力，在核心理念中应保持"自由探索真理"的学术追求。竺可桢在任浙江大学校长时就提出"大学最大的目标是追求真理"。这种以学术价值为导向的核心理念将浙大推向我国研究型大学前列。今后，研究型大学应坚持以学术为灵魂，致力于基础性、原创性研究，引领学术潮流，使中国的科技发展跻身世界领先地位。三是"引领社会，关注现实"。研究型大学既是学术中心又是社会科技文化中心，是"有界"与"无界"的统一，要保持超越社会的气度，引领社会，关注现实。未来中国研究型大学应致力于引领社会，关注社会领域重大现实问题，成为中国社会之灯塔、大学之标杆。四是"面向世界，融入世界"。在全球化时代，世界是平的。"面向世界、融入世界"既是世界一流大学发展的共同趋势，也是中国研

---

① ［美］伯顿·R.克拉克：《高等教育系统——学术组织的跨国研究》，王承绪等译，杭州大学出版社1994年版，第307页。

究型大学应对国际挑战而做出的战略选择。研究型大学要通过加强国际学术交流,集中打造若干国际一流的学科和方向,积极开展跨国研究合作,形成全方位参与国际竞争的意识与机制,迅速跻身世界高端学术领域,培养具有国际竞争力的顶尖人才。

2. 教学研究型大学的核心理念

教学研究型大学以知识的传播、应用为中心,以培养技术型应用人才和创新人才为目标。具有两大突出特点。一是科研与教学并重,教学居于基础性地位,以技术的应用研究和创新研究为主,以技术应用、成果转化和技术创新服务社会。二是研究生教育与本科教育并重。我国教学研究型大学多数是从教学型大学发展而来的,以综合大学与多科性大学为主,功能上介于研究型和教学型大学之间。

教学研究型大学是实现高等教育强省、强国战略中不可或缺的纽带和桥梁,要努力成为地方高层次人才培养的基地和高水平科学研究与成果转化的基地。在核心理念的建构上可强调以下三点。一是"学术与应用相结合,培养学术应用型人才"。教学研究型大学的主要任务是培养有研究潜力、具有一定的复合型知识的学术型、应用型杰出创新人才,要以文化素质教育为核心,以学术教育和专业教育为两翼,强化学生的知识基础、创新精神和实践能力。二是"研究与教学相结合"。对于教学研究型大学而言,教学为立校之本、科研是强校之路。要以教学为基础,在研究中教学,在教学中研究。在科研上,侧重于教学研究和科技成果的应用研究,大力结合地方经济文化需要开展科学研究,带动学校整体办学水平的全面提升。三是"开放体系,与社会广泛结合"。教学研究型大学是各省政治、经济、文化发展依靠的主力军,要开放体系,面向社会经济区域及部分行业,与社会广泛结合。如我国青岛大学较早就明确了教学研究型大学的定位,提出"与社会互动"的核心理念,①坚持"与城市的发展互动共进",有效发挥大学与社会的"内脑"功能,与社会互通文化,为社会培养外向型、应用型、创新型人才,走出了一条新的发展路径。

3. 教学服务型大学的核心理念

教学服务型大学以本科教学为主,根据条件和需要适度发展研究生教育,主要为地方培养专门的技术人才,考虑本地区生产和生活的需要,开展以满足社会需要为目的的各种服务活动,形成地方全方位服务的体系,建成与地方相互作用的大学。教学服务型大学依托地方而生,随着地方发展而发展。当前,地方化已成为我国高等教育大众化进程中的一个显著特征,地方高等教育已经成为国家

---

① 凌翔:《青岛大学实践特色办学理念纪实》,《光明日报》,2006年9月18日。

高等教育的重要组成部分,地方高等教育的发展不仅改变了高等教育的整体结构布局,而且带来了高等教育功能的变迁。为了全面体现高等学校的社会职能,推动高等学校为地方经济社会发展服务,努力办出特色,我国应该建设一批教学服务型大学。

在大众化阶段,教学服务型大学要形成优势,就需要为地方经济建设提供人才和智力支持,大力开展以满足社会需要为目的的各种服务活动,构建有地方特色的大学核心理念。具体而言,应把握两大基本点。一是“与地方互动”。教学服务型大学要面向地方、了解地方、研究地方、服务地方、学习地方和融入地方,①在功能上可充分发挥学科、人才和科研优势,促进产学研结合和科研成果转化。如办在湖南西部少数民族边区的吉首大学,根据教学服务型大学的定位要求,提出了“建设平民大学”的核心理念,积极融入地方经济建设,走出了一条“企业+农户+学校”的路子,开创了三方受益的新局面。“与地方互动”一方面可以解决教学服务型大学经费不足的问题,另一方面可协助地方或者企业突破技术的瓶颈,拉动经济增长,实现大学与社会的合作共赢。二是“以需求为导向”。教学服务型大学要以学生的需求为本,侧重于培养学生的实践能力和解决问题的能力,为地方培养创新应用型优秀人才。同时,结合地方的需求特点,根据当地经济结构和产业层次不断调整专业设置和教学内容,开展地方需要的应用型、技术性科学研究,成为地方发展的“技术库”与“智囊团”。

4. 教学型大学的核心理念

教学型大学是以本科教育为主体的大学,主要履行人才培养和教育教学研究的职能,培养高水平技能型人才(高级专门人才)和高级研究型后备人才。我国现有教学型大学以 20 世纪 80 年代新建本科院校为主,其主要特点包括:一是属于应用型本科教育,主要承担高等教育大众化的任务;二是社会适应性强,区域化优势明显;三是以培养技术应用型人才为主要目标;四是强调学校的规模效益和专业规模效益,主要面向本省市经济发展需要。

我国教学型大学在经历了大改革、大建设、大发展的十年后,已进入大提高阶段,在建设以质量为核心的高等教育强国进程中,走内涵式发展道路是其必然选择。因此,教学型大学核心理念设计可把握两个方面。一是“育人第一,培养技能型创新人才”。教学型大学以本科教育为主,是培养数以万计技术创新人才的重要力量,应坚持以生为本,重视个性化培养和学生“潜能教育”,教会学生做人、做事,强化“实践教育”与“专业教育”,提高应用型人才培养质量,重视教育教学和专业技术研究,在产学研结合中育人,培养具有一定理论基础、理论应

---

① 刘献君:《建设教学服务型大学——兼论高等学校分类》,《教育研究》,2007 年第 7 期。

用和技术能力的应用型复合人才。二是“经营大学、整合资源”。“经营大学”意在精心地运作和治理大学，向企业学习，借用企业管理的理念和运行机制，按照市场经济的运作方式，注重社会需求的导向作用，依靠教育资源的合理使用来提高教育质量和效益，以此促进大学的可持续发展。临沂师范学院立足于教学型大学的定位，提出“经营大学”的理念，在办学中坚持体制创新，实施经营管理，采取灵活的差异化战略，突破资源约束，创造了“优化资源、市场运作、政府主持、学校管理”的全新模式，有效促进了教育资源的整合和管理理念的转变。未来教学型大学要取得竞争优势，必须形成独有的办学特色与品牌，以务实的态度积极参与经济过程，在高等教育强国战略中走出一条切实可行的发展道路。

总之，高等教育强国的前提和基础是多样化和差异化，只有在类型、层次、质量标准、培养目标上满足社会多元需求，才能符合高等教育发展的客观要求，反映时代特征与本国教育特色。对于中国大学而言，更应安于定位，加强办学特色，增强吸引力，把提高质量真正作为各类大学的生命线。在办学中要有大视野、大智慧和大手笔，将办学者的教育信念合理地转化为办学理念和战略构想，认真分析大学所处的地域、环境及时代要求，在合理定位的基础上形成独特的大学核心理念。

第四节 高等教育理念创新的保障

建设高等教育强国既需要国家高等教育理念的创新，也需要大学教育理念的创新。教育发展不同于经济发展，教育理念作用的发挥也不会立竿见影，对教育的影响是潜移默化的，需要一个长期实践的过程，方能有所成就。以具有鲜明时代特色的文化素质教育理念为例，经过了十几年的实践历程才证明了其正确性和有效性，并随着时间的推移，其作用和意义得到不断地深化。诚如张岂之先生所言：“人们对于现实生活中的某一种创举，在开始的时候，很难准确地估量其作用和意义，经过一段时间的实践，再去审视它正确与否及其利弊得失，就会看得更加清楚。”①对于教育理念来讲，更是如此。中国目前高等教育中急功近利的发展观，更是加大了教育理念创新的难度，政府很难给予大学以充分的自由来检验某种教育理念的有效性。因此，中国高等教育理念的创新，不仅仅是要大

① 周远清，阎志坚：《写在文化素质教育十年之际》，《中国大学教学》，2005 年第 11 期。

学充分发挥源头的作用，更是要政府创设有利于教育理念创新的环境，而最终起关键作用的是为理念的创新与实践提供制度层面的保障。

一、创设有利于教育理念创新的环境

英国剑桥大学前副校长阿什比爵士曾经说过：大学是遗传和环境的产物，同样的是，高等教育的发展演变也不能脱离社会环境而独立存在。[①] 高等教育的发展离不开理念的创新，而从世界高等教育理念发展演变的趋势来看，理念创新离不开社会环境的保障。当社会环境宽松之时，高等教育理念便层出不穷而且能够有效地指导高等教育实践，促进高等教育的迅速发展；当社会环境严峻之时，高等教育理念便失去了创新的土壤，高等教育的发展便会停滞甚至是倒退。发达国家在走向高等教育强国的过程中，充分体现了这一规律，中国高等教育百年变迁的历程也同样如此。

现代高等教育起源于19世纪的德国，以柏林大学的创建为标志，学校在洪堡理念的指导下进行了一系列的改造，获得了迅速发展并成为其他大学纷纷效仿的榜样。"学术自由"成为洪堡理念的典型标志，但这一理念诞生的基础是国家要给予大学较大的自由，即宽松自由的发展环境。正如洪堡所指出的："国家不应指望大学同政府的眼前利益直接地联系起来，却相信大学若能完成它们的真正使命，则不仅能为政府眼前的任务服务而已，还会使大学在学术上不断提高，从而不断地开创更广阔的事业基地，并且使人力物力得以发挥更大的功用，其成效是远非政府的近前布置所能意料的。"[②]德国高等教育在洪堡理念的指引下，在19世纪得到了快速发展，并居于世界高等教育的中心地位。然而，到了20世纪初，随着民族沙文主义的日益膨胀，德国发动了第一次世界大战，战争使大学遭受重创，大学自由的学术研究精神遭到践踏，许多德国大学成为保守主义、君主主义甚至纳粹分子的堡垒。纳粹上台以后，大学像其他组织一样处于严格的政治集团的控制之下，昔日学术自由的风气荡然无存，大学教育的质量和学术水平也大大降低了，德国高等教育迅速衰落。第二次世界大战后德国分裂，东德和西德建立了不同的社会制度下的高等教育体制，政府取消"集体领导制"并采取"去政治化"，重新组织和评估科研活动，建立应用技术大学，优化专业结构与人员结构等，进行了一系列改革，短短数十年使德国高等教育再度崛起。在国家与政治的关系上，美国大学则保持了一种相对自治的地位。它既为国家服务，

---

① [英]阿什比：《科技发达时代的大学教育》，滕大春译，人民教育出版社1983年版。

② 贺国庆：《德国和美国大学发达史》，人民教育出版社1998年版，第45页。

又不完全为政府或政治所支配。如哈佛大学前校长劳威尔所言:“尽管大学乐意接受金钱,但它不能容忍任何剥夺言论自由、开除教授或迫使其辞职的建议。”①在这种宽松的社会环境下,美国高等教育一方面大力借鉴德国高等教育中学术自由的理念,朝着发展学术的方向前进;另一方面又能够结合自己的国情,朝着为工农业生产发展服务的方向前进,形成了一种多元的教育理念。宽松的环境使美国高等教育理念蓬勃发展,大大提高了在全世界的地位,并迅速取代德国成为世界高等教育的中心。

中国近代高等教育是西学东渐的产物,但其产生并不是中国古代高等教育自发演进的结果,而是在面临内忧外患的形势下,试图救亡图存的结果,从其诞生之日起便带有极强的功利性。民国政府成立以后,在军阀割据、政权频繁更迭的情况下,各级政府忙于内战,无暇顾及高等教育。虽然高等教育发展得不到政府的有力扶持,在财政上也经常出现捉襟见肘的困境,但这种客观上政府无力控制的宽松环境,给高等教育的发展带来了短暂的黄金时代。从高等教育理念来看,也是精彩纷呈,多元并举,既有蔡元培先生按照德国大学理念对北京大学实施的改革,也有梅贻琦先生在担任清华大学校长期间所倡导的通识教育理念,还有郭秉文在东南大学按照美国大学理念办学的成功实践等。经过短短十几年的发展,民国前期高等教育取得了巨大成就,不仅表现为学校数量的增加、入学人数的增长,更表现为一批大学已经成为当时世界上的知名学府。蒋介石上台以后,形式上完成了对全国的统一,也开始了对高等教育的强势干预,特别是到了抗战爆发以后,国民党为了维护其一党专政的统治地位,更是全面控制高等学校,民国前期形成的“学术自由、大学自治”的教育理念遭到严重破坏。

新中国成立以后,开启了全面以苏联为师的时代,对民国时期的大学实施了全面的接管和改造。教育部的指令方针、领导人的讲话等演变为合法的教育理念,特别是在经历了“大跃进”和“文化大革命”以后,大学甚至一度被停办。在此期间,高等教育的生存都成为一种奢求,更难以去按照高等教育的通行理念来指导办学。改革开放以后,中国开始重新放眼看世界,在高等教育的发展上,欧美发达国家先进的高等教育理念开始重新被借鉴,在大学与国家的关系上,大学也不仅仅只是作为政府部门的一个附属机构。在对高等教育的管理上,政府也开始逐步下放高等教育的管理权限,各大学也在适度范围内拥有了一定的办学自主权。在这种适度宽松的环境下,一些新的高等教育理念也开始萌发并在实践中取得了良好的效果。比较有代表性的有原华中工学院朱九思校长提出的

① Clifford Wilcox. *World War I and the Attack on Professors of German at the University of Michigan*. History of Education Quarterly, Spring, 1993:82.

“科研要走在教学的前面”、杨叔子院士提出的“文化素质教育理念”、清华大学王大中校长提出的“建设世界一流大学理念”等，这些虽然还不能说上升为一种国家层面的教育理念，但其示范作用是巨大的，其他高校可以在这种稍微宽松的环境中借鉴或创新自己的教育理念，从而使高等教育理念朝着多元化的路径发展。政府应该转变自身职能，推进政校分开、管办分离。只有如此，高等学校才能在国家法律和宏观政策的规定下，充分发挥主观能动性，根据学校自身的历史传统与发展实际，创设自己独特的教育理念。否则，如果政府依然沿袭高度集中的管理体制，教育理念创新便失去了土壤与环境。

二、发挥大学在教育理念创新中的源头作用

高等教育理念的确立大致有两种路径：一种是由国家提出，进而在高等学校的办学实践中去贯彻实施，即通常意义上的自上而下的途径；另一种是各高校在办学实践中，创新自己的教育理念并取得了成功的实践，成为其他高校争相模仿的对象，进而上升为一种国家层面的教育理念，即通常意义上的自下而上的途径。在不同的国家或同一国家的不同时期，两种方式有时候会呈一种交替更迭的现象。当社会环境较为宽松、国家放松对高等教育的管制之时，自下而上的方式占据主导地位；当社会环境较为严酷、国家加强对高等教育的管制之时，自上而下的方式则占据主导地位。从发达国家走向高等教育强国的历程，亦或是中国高等教育发展较好的时期，均可以看出自下而上的方式更符合高等教育发展的基本规律，能够更有效地促进高等教育的发展。这种方式对大学提出了较高的要求，要求大学不能仅仅是按部就班或者模仿其他高校的发展模式，而是应该根据学校自身的发展实际，勇于创新自己的教育理念，发挥在教育理念中的源头作用。从世界高等教育理念演变的历程中，我们可以清晰地看到，大学在其中扮演了无可替代的角色。

提起现代高等教育理念，自然而然地会想到洪堡理念及其对柏林大学的改革。柏林大学是在德意志民族和国家处于最困难的时期开办的，1806 年普鲁士在普法战争中战败，拿破仑关闭了耶拿和哈勒大学。哈勒大学的教师请求国王在柏林重建他们的大学。国王欣然同意，并表示：“国家必须用脑力来补偿在物质方面的损失。”①柏林大学一开办就体现出了与传统大学不同的新风貌。尊重自由的学术研究，成为柏林大学的主旨，洪堡“为科学而生活”成为新大学的理

---

① Daniel Fallon. *The German University, A Heroic Idea in Conflict with the Modern World*. Colorado Associated university Press, 1980:9.

想。柏林大学在新理念的指导下,获得了极大的成功,成为德国高等教育的榜样。伯恩、慕尼黑等新建大学纷纷以柏林大学为榜样,莱比锡、海德堡等古老大学也按照柏林大学的模式进行了改革,新的学术自由和科学研究的精神在德国大学蔚然成风,柏林大学也一度成为世界大学的楷模。科学研究以及教学和科研的统一,使德国成为近代大学最发达的国家,并对世界各国产生了深远的影响。

美国在南北战争以后,随着美国社会对高深学术日益增多的需求,大批留学生开始前往德国深造,随着德国教授、学者一批批地赴美国大学执教,德国大学的思想在美国的传播达到高潮。美国并没有拘泥于德国大学的理念,而是结合自己的国情,朝着为工农业生产发展服务的方向前进,最终形成了独具特色的美国高等教育理念。这种新的高等教育模式的范围大大拓宽,适应能力大大增强,当德国大学走向衰落之际,美国顺理成章地接过来自德国的接力棒,逐渐成为世界高等教育的中心。这一切成就的取得都离不开威斯康星大学所提出的服务社会的新兴理念,甚至可以说,没有威斯康星大学在教育理念方面的创新,就没有美国今天在世界高等教育中的中心地位。

中国高等教育理念的变迁基本也是呈一种自上而下与自下而上两种方式交替进行的状态。清末京师大学堂的理念是钦定的,是国家意志在高等教育中的直接反映。清末新政中虽然也按照日本模式初步建立了新的高等教育学制,但在其根本指导理念上仍是以维护封建伦理纲常、救亡图存为目的,带有浓厚的封建性,世界公认的一些高等教育理念并没有得以体现。京师大学堂虽然是中国近代高等教育产生的标志,但其更像是一个管理高等教育的行政机构而不是以发展学术为旨归的自治团体,因此,它在发展过程中不可能提出自己的教育理念。民国以后,国家陷入了长期的内战之中,这种混乱的局势反而给各大学实施自己的办学理念提供了舞台。先是蔡元培先生在借鉴德国高等教育理念的基础上,结合中国实际,提出了“思想自由、兼容并包”、“倡明学术”等新兴教育理念,并在此理念指导下对北京大学进行了大刀阔斧的改革,使北京大学由一个弊病丛生的官僚养成所而迅速发展为世界知名的高等教育学府。在 1919 年的五四运动中更是成为了新文化运动的先锋,对整个中国历史发展产生了深远的影响。同时,梅贻琦、郭秉文、竺可桢等一大批校长也根据自己的办学理念对大学实施了改革,使中国在这一时期在高等教育发展中重现了“百花齐放、百家争鸣”的盛况。

新中国成立以后,中国大学从某种程度上讲主体地位相对薄弱,表现在高等教育理念的发展上,近代时期多元并举的盛况已经不复存在,在一元革命思维理念的主导下,大学基本是按照苏联模式进行办学。综合性大学被拆分成若干个专门学院，在人才培养理念上，专门技术人才的培养成为所有高校的共同目标。在大学的办学过程中，一切都以政府计划为主导。在这种形势下，高校在理念创新方面呈现出一种万马齐喑的局面。改革开放以后，随着苏步青、李国豪等校长"给予大学一定的办学自主权"的呼吁，政府开始适度放松对大学的管制，一些大学也开始了自身教育理念的探索。有些教育理念在实践中取得了较好效果，开始逐步被社会认同和接纳，成为各大学争相效仿的对象。但不容乐观的是，在中国目前这种高等教育发展模式下，政府是办学的主体，大学由政府投资兴办，很多大学在办学过程中"等、靠、要"的思想还比较严重，自我创新的动力不足，与国外大学相比，中国大学在理念创新方面还远未发挥其应当承担的源头作用。

三、为教育理念创新提供制度支持

经济学家诺思指出："制度是社会的博弈规则，或更严格地说，是人类设计的制约人们相互行为的约束条件。"[①]一般的制度如此，教育制度同样如此。教育理念的创新需要落实到教育行为中，而这种落实过程不可能通过行政强制的手段来达到目的，制度创新则在教育理念和教育行为之间起到一个中介的作用。在进行教育制度创新时，必须坚持将宏观教育制度创新与微观教育制度创新相结合。

通览世界公认的高等教育强国，拥有一定数量的世界一流大学不可或缺。因此我们要建设高等教育强国，就要有一批高水平大学能够脱颖而出，进入世界一流大学行列，要建设一流大学，必须先要建设一流的现代大学制度。在我国高等教育历史上，若从国家层面的高等教育制度看，则可以视其为原创；若从具体大学的层次上看，又可以视其为恢复或发展，在我国某些大学的历史上，其制度设计已经达到了"世界大学通例"的水平，并且形成了优秀的传统，我们可以重新加以借鉴和利用。因此，现代大学制度建设在我国亦难亦不难，关键是看我们对此持什么样的态度，是否有勇气超越现实大学制度中裹挟的利益追求，为我国大学制定出能够长远发展的制度体系。

（一）转变政府的教育管理职能

随着高等教育地位的提高，政府干预有不断加强的趋势，不仅在传统的中央集权国家，政府几乎垄断了高等教育事务，即使在一直以市场作为高等教育发展基本驱动力的国家，政府对高等教育的渗透也不断加强。从权力运行方式看，高

① 北京大学中国经济研究中心编：《站在巨人的肩上——诺贝尔经济学奖获得者北大演讲集》，北京大学出版社2004年版，第81页。

度集权管理,中央拥有高等教育管理和决策的最大权力;管理手段完全是指令性计划,教育资源由政府统一配置。高度集中的管理体制决定了大学的社会地位近乎于政府的附属机构。1985 年中共中央作出了教育体制改革的决定,政府对高等教育的管理职能开始发生转变,简政放权成为高等教育体制改革的主旋律。政府单一权力控制高等教育失去了现实的基础:一是政府的能力有限,难以完全满足社会的高等教育需求;二是政府单一权力控制高等教育已经失去了其合法性,“任何一种权力都无法确立和推行单一、独占性原则,并不得不时刻为自身的存在和运行而寻求合法性”。[①] 政府应当从干预高等学校办学的微观领域中撤出,专注于政策法规、发展规划等的制订,通过制度规范和监督评估等手段引导、调控、监管高等学校的办学行为。如伯顿 · R.克拉克所言:“只要政府把重点放在制订发展规划等大方向上,同时注重维持专业人员的质量,并且通过权力重心层层下移的协调方式来监督这个系统,政府的引导最终将发挥效力。”[②]否则,如果政府对高等教育管理过细,权力过度集中,高等学校不仅会丧失教育理念创新的动力,更会失去教育理念创新的土壤。

(二)加快现代大学制度建设

世界一流大学是高等教育强国的重要标志之一,没有世界一流大学的国家不可能成为高等教育强国,在知识经济时代,大学已经成为国家实力包括硬实力和软实力中不可或缺的重要组成部分。在建设高等教育强国的实践中,大学的作用更加突出,如眭依凡所言:“大学在建设高等教育强国中,肩负着其他任何组织都不能替代也无法替代的使命和不可推卸的责任。”[③]高等教育强国建设需要国家层面先进理念的指导,而大学则是国家层面教育理念的具体载体,国家层面的高等教育理念最终要通过大学层面的办学实践来发挥作用。从大学的发展历程看,拥有核心的教育理念是一流大学区别于普通大学的关键所在。大学只有依法拥有办学自主权,才能提高理念创新的积极性与主动性。现代大学制度在“西方大学中不仅早已实现,而且已经变革,并在经历着再次变革”[④]。现代大学制度的建立,有赖于建立政府与大学之间新型的契约管理模式,即在《高等教育法》等有关法律法规及国家发展战略的框架下,政府对大学提出目标和要求,批准学校的章程和发展规划,提供财政及政策支持,进行绩效评估,大学在宏观框架内实行自主办学。如袁贵仁部长所强调的:“现代大学制度的核心是在政

---

① 马长山:《市民社会与政治国家:法制的基础和界限》,《法学研究》,2001 年第 3 期。

② [美]伯顿 · R.克拉克:《高等教育系统》,王承绪等译,杭州大学出版社 1994 年版,第 294 页。

③ 眭依凡:《高等教育强国:大学的使命与责任》,《教育发展研究》,2009 年第 23 期。

④ 韩水法:《世上已无蔡元培》,《读书》,2005 年第 4 期。

府的宏观调控下,大学面向社会,依法自主办学,实行民主管理。”①因此,只有在高等学校拥有自主办学权之时,大学校长才能充分施展自己的治校方略和治校理念。如果不能尽快建立起现代大学制度,那么,中国高等学校将会重新沦为政府的附庸,行政命令式的办学方法会再一次主导高校的发展。高校失去了创新理念的环境,在发展中千校一面现象便会成为必然。

(三)完善高等教育法制建设

理念的创新需要制度的保障,而制度的有效性则依赖于通过法制的强制执行,否则,再完美的制度设计得不到强有力的贯彻执行,也只会是昙花一现,流于形式。“凭借法律制度来实现国家对高等教育的控制和管理成为各国高等教育发展的一个重要标志。”②许多发达国家在走向高等教育强国的过程中,法制都发挥了重要作用。如美国历史上《莫里尔法案》和《国防教育法》的实施,推动美国高等教育实现了两次跨越式发展。从世界主要发达国家高等教育法制建设的经验看,尽管由于文化及管理体制的差异而各具特色,但仍反映出了一些共同的趋向及特点,如高等教育法律体系较为完善、高等教育法律法规的实施有效、高等教育司法制度健全等。这些都是中国高等教育发展建设中可以学习与借鉴的成功经验。新中国成立以后,政府开始重视高等教育立法工作,先后制定了一些高等教育法规,特别是改革开放以后,我国高等教育法制建设不断发展和完善,但从总体上看:当前我国的高等教育立法体系尚不够完善和成熟,一些高等教育立法条文的实用性和可操作性还有待加强。③ 主要表现在立法不完备、执法不规范、监督力度不够等方面。因此,我们在大力推行制度建设的同时,应积极完善相应的法制建设,只有如此,才能为制度的推行提供强有力的保障,才能为教育理念的创新提供法制环境的保障。

---

① 袁贵仁:《建立现代大学制度 推进高教改革与发展》,《中国高等教育》,2000 年第 3 期。

② 劳凯声:《若干国家高等教育立法的比较》,《中国高等教育》,1994 年第 21 期。

③ 姚云:《美国高等教育法治研究》,山西教育出版社 2004 年版。

参考文献

一、中文著作

1. 北京大学哲学系外国哲学教研室. 西方哲学原著选读(下卷)[M]. 北京:商务印书馆, 1982.

2. 陈桂生.“教育学”视界辨析[M]. 上海:华东师范大学出版社, 1997.

3. 陈洪捷.德国古典大学观及其对中国的影响(修订版)[M].北京:北京大学出版社,2006.

4. 陈平原. 大学何为[M]. 北京:北京大学出版社,2006.

5. 陈廷柱. 大学的理想——价值取向及其言说立场与限度[M]. 青岛:中国海洋大学出版社,2008.

6. 陈廷柱. 学习型社会的高等教育[M].南京:南京师范大学出版社,2004.

7. 陈学飞.美国、德国、法国、日本当代高等教育思想研究[M].上海:上海教育出版社,1998.

8. 陈学恂. 中国教育史研究(近代分卷)[M]. 上海:华东师范大学出版社,2001.

9. 陈学恂.中国近代教育史教学参考资料[M]. 北京:人民教育出版社,1986.

10. 单中惠,杨汉麟. 西方教育学名著提要[M]. 南昌:江西人民出版社,2000.

11. 邓小平文选(第2卷)[M]. 北京:人民出版社,1994.

12. 邓小平文选(第3卷)[M].北京:人民出版社,1993.

13. 董宝良. 中国近现代高等教育史[M]. 武汉:华中科技大学出版社,2007.

14. 费孝通. 论文化与文化自觉[M]. 北京:群言出版社,2007.

15. 高平叔. 蔡元培全集(第2卷)[M]. 北京:中华书局,1984.

16. 高平叔. 蔡元培全集(第5卷)[M]. 北京:中华书局,1988.

17. 高奇. 中国高等教育思想史[M]. 北京:人民教育出版社,2002.

18. 国家教育发展研究中心. 2008 中国教育绿皮书[M]. 北京:教育科学出版社,2008.

19. 国家教育发展研究中心. 中国教育绿皮书[M].北京:教育科学出版社,2001.

20. 何东昌. 当代中国教育[M]. 北京:当代中国出版社,1996.

21. 贺国庆,王保星. 外国高等教育史[M].北京:人民教育出版社,2003.

22. 贺国庆. 德国和美国大学发达史[M].北京:人民教育出版社,2003.

23. 胡毅,王承绪. 斯宾塞教育论著选[M]. 北京:人民教育出版社,1997.

24. 华中科技大学人文社会科学办公室. 华中科技大学文科发展十年:1994—2004[M].武汉:华中科技大学出版社,2004.

25. 黄福涛. 欧洲高等教育近代化——法、英、德近代高等教育制度的形成[M].厦门:厦门大学出版社,1998.

26. 黄书光. 中国教育哲学史[M]. 济南:山东教育出版社,2001.

27. 黄延复,马相武. 梅贻琦与清华大学[M].太原:山西教育出版社,1995.

28. 霍益萍. 近代中国的高等教育[M].上海:华东师范大学出版社,1999.

29. 金耀基. 大学之理念(增订版)[M].上海:三联书店,2008.

30. 金以林. 近代中国大学研究[M]. 北京:中央文献出版社,2000.

31. 李华兴. 民国教育史[M]. 上海:上海教育出版社,1997.

32. 联合国教科文组织. 学会生存——教育世界的今天和明天[M]. 北京:教育科学出版社,1996.

33. 梁启超. 李鸿章事略[M].北京:北京古籍出版社,1999.

34. 梁启超. 清代学术概论 · 饮冰室合集(专集 34) [M]. 北京:中华书局,1989.

35. 梁启超. 饮冰室合集(第 1 册) [M].北京:中华书局,1941.

36. 刘献君. 大学之思与大学之治[M].武汉:华中理工大学出版社,2000.

37. 刘献君. 高等学校战略管理[M].北京:人民出版社,2008.

38. 刘献君. 专业教学中的人文教育[M].武汉:华中科技大学出版社,2003.

39. 卢晓中. 当代世界高等教育理念及对中国的影响[M]. 上海:上海教育出版社,2001.

40. 陆有铨. 现代西方教育哲学[M].郑州:河南教育出版社,1993.

41. 马克思恩格斯全集(第 23 卷)[M].北京:人民出版社,1972.

42. 马克思恩格斯选集(第 2 卷)[M].北京:人民出版社,1972.

43. 平森. 德国近代史[M].北京:商务印书馆,1987.

44. 钱穆. 抗战中的中国文化教育[M]. 上海:上海人民出版社,1961.

45. 乔玉全. 21 世纪美国高等教育[M].北京:高等教育出版社,2000.

46. 清华大学校史编写组. 清华大学校史稿[M]. 北京:中华书局,1981.

47. 曲士培. 中国大学教育发展史[M]. 太原:山西教育出版社,1993.

48. 人教社.中国教育成就(1949—1883)[M]. 北京:人民教育出版社,1985.

49. 盛懿,孙萍. 三个世纪的跨越——从南洋公学到上海交通大学[M]. 上海:上海交通大学出版社,2006.

50. 施晓光.美国大学思想论纲[M].北京:北京师范大学出版社,2001.

51. 舒新城. 中国教育建设方针[M]. 北京:中华书局,1932.

52. 舒新城. 中国近代教育史资料(上册)[M]. 北京:人民教育出版社,1961.

53. 宋恩荣,吕达. 当代中国教育史论[M].北京:人民教育出版社,2004.

54. 宋秋蓉. 近代中国私立大学研究[M]. 天津:天津人民出版社,2003.

55. 王栻. 严复集(第一册)[M]. 北京:中华书局,1986.

56. 王学珍,郭建荣. 北京大学史料(第 1 卷)[M].北京:北京大学出版社,2000.

57. 王英杰,刘宝存.世界一流大学的形成与发展[M].太原:山西教育出版社,2008.

58. 王英杰,刘保存. 中国教育改革 30 年(高等教育卷)[M]. 北京:北京师范大学出版社,2009.

59. 王英杰. 美国高等教育的发展与改革[M].北京:人民教育出版社,1993.

60. 杨东平. 大学精神[M]. 沈阳:辽海出版社,2001.

61. 杨东平. 走向公共生活的教育理论——教育的文化传统与社会使命[M].北京:北京师范大学出版社,2009.

62. 姚启和. 缩影:华中理工大学四十年[M]. 武汉:华中理工大学出版社,1993.

63. 游俊,张建永. 吉首大学形象与精神阐释[M].北京:高等教育出版社,2006.

64. 余立. 国高等教育史[M] . 上海:华东师范大学出版社,1994.

65. 虞和平. 中国现代化历程(第 1 卷)[M].南京:江苏人民出版社,2007.

66. 喻本伐,熊贤君. 中国教育发展史[M]. 武汉:华中师范大学出版社,2000.

67. 张楚廷.高等教育学导论[M].北京:人民教育出版社,2010.

68. 张敏,杨援. 芝加哥大学[M]. 长沙:湖南教育出版社,1996.

69. 张朋园. 郭廷以先生访问记录[M]. 台北:“中央研究院”近代史研究所,1976.

70. 张曙光. 制度、主体、行为——传统社会主义经济学反思[M].北京:中国财政经济出版社,1999.

71. 赵红州. 科学能力学引论[M].北京:科学出版社,1984.

72. 浙江大学校史编写组. 浙江大学简史[M].杭州:浙江大学出版社,1996.

73. 中国蔡元培研究会. 北京大学月刊发刊词.蔡元培全集(第3卷)[M].杭州:浙江教育出版社,1997.

74. 中国大百科全书出版社编辑部. 中国大百科全书(政治学)[M].北京:中国大百科全书出版社,1992.

75. 中国教育年鉴编辑部.中国教育年鉴(1949—1981)[M].北京:中国大百科全书出版社,1982.

76. 中央教育科学研究所. 中华人民共和国教育大事记(1949—1982)[M].北京:教育科学出版社,1988.

77. 周予同. 中国现代教育史[M].福州:福建教育出版社,2006.

78. 朱由瓛. 中国近代学制史料(第二辑下册)[M]. 上海:华东师范大学出版社,1987.

79. 竺可桢. 竺可桢日记(第2册)[M].北京:人民出版社,1984.

80. 竺可桢. 竺可桢文集[M]. 北京:科学出版社,1979.

81. 卓晴君. 中国教育改革全书[M].大连:大连出版社,1992.

二、中文译著

1. [德]彼得·贝格拉.威廉·冯·洪堡传[M].袁杰,译.北京:商务印书馆,1994.

2. [德]弗·鲍尔生.德国教育史[M].滕大春,滕大生,译.北京:人民教育出版社,1986.

3. [德]康德. 道德形而上学原理[M].苗力田,译.上海:上海译文出版社,1986.

4. [德]克里斯托弗·福尔. 1945年以来的德国教育[M].戴继强,译.北京:人民教育出版社,2002.

5. [德]马克斯·韦伯. 新教伦理与资本主义精神[M].于晓,陈维纲,译.上海:生活·读书·新知三联书店,1987.

6. [德]威廉·冯·洪堡. 论国家的作用[M].林荣远,等译.北京:中国社会科学出版社,1998.

7.[德]雅斯贝尔斯. 什么是教育[M]. 邹进,译.上海:生活·读书·新知三联书店,1991.

8.[德]伊曼努尔·康德. 论教育学[M].赵鹏,等译.上海:上海人民出版社,2005.

9.[法]爱弥儿·涂尔干. 教育思想的演进[M]. 李康,译.上海:上海人民出版社,2003.

10.[加]比尔·雷丁斯. 废墟中的大学[M].郭军,等译.北京:北京大学出版社,2008.

11.[加]迈克·富兰. 变革的力量——透视教育改革[M].中央教育科学研究所,加拿大多伦多国际学院,译.北京:教育科学出版社,2004.

12.[加]许美德. 中国大学 1895—1995:一个文化冲突的世纪[M]. 许洁英,译.北京:教育科学出版社,2000.

13.[加]约翰·范德格拉夫. 学术权力:七国高等教育管理体制比较[M]. 王承绪,等译.杭州:浙江教育出版社,2006.

14.[美]S. E.佛罗斯特.西方教育的历史和哲学基础[M].吴元训,等译.北京:华夏出版社,1987.

15.[美]艾伦·布鲁姆. 走向封闭的美国精神[M]. 缪青,等译.北京:中国社会科学出版社,1994.

16.[美]伯顿·R.克拉克. 高等教育系统——学术组织的跨国研究[M]. 王承绪,等译.杭州:杭州大学出版社,1994.

17.[美]伯顿·R.克拉克. 建立创业型大学:组织上转型的途径[M].王承绪,译.北京:人民教育出版社,2007.

18.[美]查尔斯·维斯特. 一流大学卓越校长:麻省理工学院与研究型大学的作用[M].蓝劲松,主译.北京:北京大学出版社,2008.

19.[美]德里克·博克. 走出象牙塔[M]. 徐小洲,等译.杭州:浙江教育出版社,2001.

20.[美]弗莱克斯纳. 现代大学论——美英德大学研究[M].徐辉,等译.杭州:浙江教育出版社,2001.

21.[美]B.盖伊·彼得斯. 政府未来的治理模式[M].吴爱明,等译.北京:中国人民大学出版社,2013.

22.[美]罗伯特·M.赫钦斯. 美国高等教育[M].汪利兵,译.杭州:浙江教育出版社,2001.

23.[美]吉尔伯特·罗兹曼. 中国的现代化[M]. 国家社会科学基金"比较

现代化”课题组,译.南京:江苏人民出版社,1995.

24. [美]克拉克·克尔.高等教育不能回避历史——21世纪的问题[M].王承绪,译.杭州:浙江教育出版社,2001.

25. [美]欧内斯特·博耶.美国大学教育——现状·经验·问题及对策[M].复旦大学高等教育研究所,译.上海:复旦大学出版社,1988.

26. [美]欧内斯特·博耶.关于美国教育改革的演讲[M].涂艳国,方彤,译.北京:教育科学出版社,2002.

27. [美]乔治·M.马斯登.美国大学之魂[M].徐弢,等译.北京:北京大学出版社,2009.

28. [美]威廉·墨菲,D. J. R.布鲁克纳.芝加哥大学的理念[M].彭阳辉,译.上海:上海人民出版社,2007.

29. [美]约翰·S.布鲁贝克.高等教育哲学[M].王承绪,等译.杭州:浙江教育出版社,2002.

30. [美]詹姆斯·杜德斯.21世纪的大学[M].刘彤,等译.北京:北京大学出版社,2005.

31. [瑞士]瓦尔特·吕埃格.欧洲大学史(第一卷)[M].张斌贤,等译.保定:河北大学出版社,2008.

32. [英]阿尔弗雷德·诺思·怀特海.过程与实在[M].杨富斌,译.北京:中国城市出版社,2003.

33. [英]阿什比.科技发达时代的大学教育[M].滕大春,滕大生,译.北京:人民教育出版社,1983.

34. [英]贝尔纳.历史上的科学[M].伍况甫,等译.北京:科学出版社,1959.

35. [英]卡扎米西斯.教育的传统与变革[M].福建师范大学教育系,译.北京:文化教育出版社,1981.

36. [英]罗杰·金.全球化时代的大学[M].赵卫平,译.杭州:浙江大学出版社,2008.

37. [英]罗素.西方哲学史(上卷)[M].马元德,译.北京:商务印书馆,2003.

38. [英]纽曼.大学的理想[M].徐辉,等译.杭州:浙江教育出版社,2001.

39. [英]乔伊·帕尔默.教育究竟是什么?[M].任钟印,等译.北京:北京大学出版社,2010.

三、英文论著

1. Bell Daniel. *The Coming of Post-Industrial Society: A Venture in Social Fore-*

casting. New York:Basic Books. 1973.

2. Brooks Mather Kelley. *Yale: A History*. New Haven: Yale University Press,1974.

3. Charles E McClelland. *State, Society, and University in Germany, 1700—1914* . Cambridge: Cambridge University Press, 1980.

4. Clifford Wilcox. World War I and the Attack on Professors of German at the University of Michigan. *History of Education Quarterly*,1993,33(1):82.

5. Daniel Fallon. *The German University, A Heroic Idea in Conflict with the Modern World.* Boulder: Colorado Associated university Press, 1980: 9.

6. Derek Bok.*On the Purpose of Undergraduate Education*. Daedalus, 1974.

7. Detlef K.Muller, Fritz Ringer, Brian Simon. *The Rise of the Modern Educational System: Structural Change and Social Reproduction*. New York: Press Syndicate of the University of Cambridge, 1987.

8. Harold T. Shapiro. *The Dynamic Relationship between Universities and Society, A Larger Sense of Purpose, Higher Education and Society, (The 2003 Clark Kerr Lectures)*. Princeton,New Jersey: Princeton University Press, 2005.

9. John Henry Newman. *The Idea of a University*. South Bend, IN: University of Notre Dame Press, 1982.

10. John S.Brubacher , Willis Rudy. *Higher Education in Transition: A History of American Colleges and Universities* (4th). New Jersey: Transaction Publishers, 1997.

11. Joseph A.Soares. *The Decline of the Privilege: the Modernization of Oxford University*. Stanford. Calif: Stanford University Press, 1999.

12. Konrad H Jarausch. *Das Humboldt-Syndrom: Die Westdeutschen Universitaeten 1945-1989*//Mitchell G. Asch(Hg.).*Mythos Humboldt:Vergangenheit und Zukunft der Deutschen Universitaeten*. Wien:Boehlau,1999.

13. M. G. Brock, M .C. Curthoys. *The history of the University of Oxford*. Oxford: Claredon Press,1997.

14. Neave,Guy.*The European Dimension in Higher Education:An Extension into the Modern Use of Analogues*// J. Huisman,P. Maassen and G. Neave(eds.). *Higher Education and the Nation State: The International Dimension of Higher Education*. Oxford: Pergamon, 2001.

15. Patricia J.Gumport. *Acdemic Restructuring in Public Higher Education: A Framework and Research Agenda*. Stanford: National center for Postsecondary Im-

provement, 1998.

16. Richard Hofstadter & Walter P. Metzger. *The Development of Academic Freedom in The United States*. Columbia: Columbia University Press, 1955.

17. Richard Hofstadter, Wilson Smith. *American Higher Education*. Chicago: The University of Chicago Press, 1986.

18. Richard Norton Smith. *The Harvard Century*. New York: Simon and Schuster, 1986.

19. Robort Farnove, Carlos Alberto Torresed. *Comparative Education: The dialectic of the Global and the Local*. Lanham: Rowman & Littlefield Publishers, Inc, 1999.

20. Roger L. Geiger. To Advance Knowledge: *The Growth of American Research Universities, 1900-1940*. New York: Oxford University Press, 2004.

21. Ronald Barnett. *The Idea of Higher Education*. Buckingham: The Society for Research into Higher Education & Open University Press, 1997.

22. Soares, Joseph A. *The Decline of the Privilege: the Modernization of Oxford University*. Stanford, California: Stanford university Press, 1999.

23. Ted Tapper, Brian Salter. *Oxford, Cambridge and the Changing Idea of the University*. Buckingham: The Society for Research into Higher Education & Open University Press, 1992.

24. W.H.G. Armytage. *Four Hundred Years of English Education*. London: Cambridge University Press, 1985.

索　引

（词条后所标页码为该词条在书中首次出现的页码）

后　记

中国高等教育学会在周远清会长的领导下，高瞻远瞩，站在中国高等教育发展新的历史起点上，提出了“遵循科学发展，建设高等教育强国”重大课题。经全国教育科学规划领导小组办公室组织评审，本课题被正式列为国家社科基金“十一五”规划（教育学）重点课题，经专家评审，被批准为教育部哲学社会科学研究重大课题攻关项目，同时，高等教育出版社每年给予200万元的经费资助。课题发布后，在全国高等教育学界产生了广泛而积极的反响，众多的大学领导、学者参与课题研究。在课题研究的过程中，中国高等教育学会适时提出要求，制订管理办法，并组织交流、检查。这种精神、气魄、作风令我们深受感动。

我们有幸承担重大项目中的“建设高等教育强国——教育理念创新”课题，深感责任重大。多少年来，20多位教师、研究生兢兢业业，如履薄冰，查阅资料、实地调查、研究探讨、撰写论文，完成了研究任务。课题负责人、华中科技大学原校长李培根院士多次参加课题组讨论，审阅材料，提出了十分重要的指导意见；课题负责人、华中科技大学学术委员会副主任刘献君教授自始至终参与研究并组织研究活动的开展。厦门大学高等教育发展研究中心别敦荣教授，中国人民大学教育学院周光礼教授、华中科技大学教育科学研究院陈廷柱教授等组织分课题的研究，付出了极大的努力。南开大学的王处辉、中南民族大学的康翠萍教授参与了课题前期讨论。文华学院周进博士、齐鲁工业大学房保俊博士、中南民族大学张征博士等花了大量时间查阅资料，撰写论文。本书前言由刘献君撰写，第一章由陈廷柱、付梦芸撰写，第二章由陈廷柱撰写，第三章由房保俊撰写，第四、五章由周进撰写，第六章由周光礼、骆四铭、张文静、吴越、朱家德、黄容霞、莫甲凤撰写，第七章由别敦荣、张征、蒋馨兰、隆芳敏、贾杰静、李连梅、陈梦、李晓婷、陶学文撰写，第八章由周进、房保俊、刘献君撰写。全书由李培根、刘献君负责统稿。

在开题报告和中期检查中，谢桂华、赵书生、叶之红、高晓杰、李进才、周满生、郭文安、王坤庆等对课题研究提出了十分中肯的意见和建议，对课题研究的深入开展起到了指导作用，在此，向他们表示衷心的感谢。全国部分高校的领导、学者接受了采访，并提供了很好的意见。华中科技大学教科院涂又光教授生前多次接受采访，并对课题研究提出了宝贵意见。河南大学吴洪富博士、武汉理工大学周玉容博士等参与了部分调研和资料收集工作。在此，一并表示感谢。

编　者

总　后　记

“建设高等教育强国系列论丛”与读者见面了。这套系列论丛既是中国高等教育学会组织的重大研究项目的研究成果，又是中国高等教育学会承担的“教育部哲学社会科学研究（2008年度）重大课题攻关项目”和“国家社科基金‘十一五’规划2008年度教育学重点课题”的研究成果。现将有关问题说明如下。

一、建设高等教育强国重大研究项目的研究背景

2007年10月，党的十七大提出，要优先发展教育，建设人力资源强国。建设高等教育强国是建设人力资源强国的关键，是我国经济、社会、文化发展，全面建设小康社会的迫切需要。

2008年我国高等教育在校生规模为2 907万人，毛入学率为23.3%，已成为高等教育大国，高等教育站在了大众化新的历史起点上，由大变强是我国高等教育自身发展的必然要求。

站在新的历史起点上，要实现从人力资源大国向人力资源强国、从高等教育大国向高等教育强国双重转变的目标，迫切需要我们进行思考和研究。陈至立同志2007年12月在教育部直属高校工作咨询委员会第18次全体会议上正式提出“加快从高等教育大国向高等教育强国迈进的步伐”，引起高等教育界乃至整个社会强烈反响，高等教育强国建设日益受到广泛关注。

正是在这样的背景下，中国高等教育学会于2008年初启动了“遵循科学发展，建设高等教育强国”重大项目的研究工作。

二、建设高等教育强国重大研究项目的研究内容

“遵循科学发展，建设高等教育强国”重大研究项目，紧紧围绕“建设高等教育强国”这一重要历史命题，结合我国高等教育和经济社会发展现状，主要回答

“什么是高等教育强国”“为什么要建设高等教育强国”“现有基础能不能建设高等教育强国”“怎样建设高等教育强国”等一系列理论与实践命题。为此，这个重大研究项目设置了 13 个研究课题，其名称及其负责人见下表：

“遵循科学发展，建设高等教育强国”立项课题表

研究课题名称	负责人
建设高等教育强国之一：总论篇	赵书生
建设高等教育强国之二：内涵与特征	邬大光
建设高等教育强国之三：意义与使命	瞿振元、王建国
建设高等教育强国之四：背景与条件	闵维方、陈学飞
建设高等教育强国之五：教育理念创新	李培根、刘献君
建设高等教育强国之六：体制与机制	纪宝成、胡建华
建设高等教育强国之七：优化结构	张德祥
建设高等教育强国之八：质量与水平	张安富、张忠家
建设高等教育强国之九：扩大开放	卢铁城、谢安邦
建设高等教育强国之十：建设高水平大学	陈希、王孙禺
建设高等教育强国之十一：做强地方本科院校	潘懋元
建设高等教育强国之十二：做强高等职业教育	李进、陈智
建设高等教育强国之十三：做强省一级高等教育	丁晓昌、吴岩

在这 13 个研究课题中，其中课题之二“内涵与特征”要回答“什么是高等教育强国”的问题，课题之三“意义与使命”要回答“为什么要建设高等教育强国”的问题，课题之四“背景与条件”要回答“现有基础能不能建设高等教育强国”的问题，从课题之五至课题之十三要回答“怎样建设高等教育强国”的问题，即建设高等教育强国的“九大路径”。而课题之一“总论篇”，则是要在各课题研究的基础上，从宏观层面回答上述四个方面的问题。

为加强对整个重大研究项目研究工作的指导，中国高等教育学会专门成立了项目领导小组，时任全国人民代表大会常务委员会副委员长陈至立同志出任顾问，时任中国高等教育学会会长周远清任项目领导小组组长，时任副会长谢桂华任副组长，同时成立了项目办公室，时任副会长赵书生任项目办公室主任。

“遵循科学发展，建设高等教育强国”项目研究，聚集了我国高等教育研究领域众多权威专家，研究队伍庞大，除上述主要课题负责人外，各研究专题的子课题负责人近百名，参与高等院校 150 多所，研究人员 1 500 多名。

“遵循科学发展,建设高等教育强国”项目研究启动后,还得到教育部社科司和全国教育科学规划办公室的大力支持,研究项目分别被立为“教育部哲学社会科学研究(2008 年度)重大课题攻关项目”“国家社科基金‘十一五’规划 2008 年度教育学重点课题”。

三、建设高等教育强国重大研究项目的研究历程

“遵循科学发展,建设高等教育强国”重大研究项目从 2008 年初启动到整个研究工作的基本完成历时六年,大体经历了课题申报、课题开题、课题中期检查、课题结题、研究成果总结、研究成果出版等阶段。

为不断推动课题的深入研究,项目办公室在 2009 年 8 月到 9 月对除“总论”外的 12 个研究课题的进展情况集中进行了中期检查汇报。项目领导小组按计划,分赴研究课题负责人所在地对研究课题开展了中期工作检查,及时发现研究中的问题,并进行调整。

在各研究课题的研究接近尾声之际,项目领导小组严格把好结题关,相继出台了“遵循科学发展 建设高等教育强国”结题鉴定工作细则等文件。同时成立了由高等教育研究领域权威专家组成的三个评审专家组,负责各研究课题的通讯评审及会议评审的结题鉴定工作。截至 2014 年 6 月,12 个研究课题全部完成结题。

为做好阶段性研究成果的推广和交流,在中期检查的基础上,项目领导小组开展了一系列学术交流研讨活动。其中最重要影响最大的学术交流研讨活动有:2009 年 10 月 25—27 日,中国高等教育学会与浙江省人民政府联合举办了“建设高等教育强国”国际论坛;2010 年 10 月 29—31 日,中国高等教育学会和江苏省教育厅联合举办了“教育理念创新与建设高等教育强国”高等教育国际论坛;2011 年 10 月 22—24 日,中国高等教育学会和重庆市人民政府联合举办了“教育质量提升与建设高等教育强国”高等教育国际论坛;2012 年 8 月 25—26 日,中国高等教育学会主办、国家教育行政学院承办、高等教育出版社联合举办了“文化传承创新与建设高等教育强国”高等教育国际论坛;2013 年 11 月 1—3 日,中国高等教育学会与宁波市教育局联合举办了高等教育国际论坛,中国高等教育学会名誉副会长谢桂华代表项目领导小组向大会作了“遵循科学发展,建设高等教育强国”重大研究项目研究成果专题汇报,受到与会代表的广泛关注。此外,项目领导小组多次召开小型研讨会和座谈会,对重大研究项目的研究思路、研究内容、研究方法等进行研讨。

四、建设高等教育强国重大研究项目的研究特点

建设高等教育强国重大研究项目的研究不仅取得了丰硕的研究成果，还积累了宝贵的科研经验。总体上看，课题研究呈现出以下几个特点。

1. 树立正确指导思想，关切国家民族利益。各研究课题在研究过程中注重从高等教育自身发展的视角，从国家强盛、民族振兴等国家利益的视角来开展研究，因此保证了研究的战略高度和国家视野。

2. 注重多方合作研究，探索协同创新模式。建设高等教育强国研究项目参与人员达 1 500 多人，许多课题需要多校联合、多学科参与。在研究过程中，各课题组克服研究过程中的协调困难，注重发挥各自研究团队的专长，根据各个研究团队的专长分配和落实研究任务，充分实现了优势互补、协同创新，为今后协同研究、团队研究提供了宝贵经验。

3. 紧密结合国情教情，运用政策分析工具。在研究过程中，大部分研究课题组都多次组织课题组研究人员进行研讨，集中学习有关文件和领导讲话，不断提高对建设高等教育强国的认识和理解。同时，大部分研究课题都开展了相关政策研究，从中国高等教育政策中总结经验和教训，并与中国高等教育未来发展相结合，为政府出台建设高等教育强国的决策提供了理论基础，为政策实施提供了咨询建议。

4. 注重创新研究方法，确保课题研究质量。在课题研究过程中，各课题组高度重视研究文献的梳理和信息的收集；注重从实然到应然，开展比较研究；注重专家访谈，开展问卷调查，深入、全面、系统地了解了社会各界专家人士和高校不同群体对高等教育若干基本问题及高等教育质量水平的看法和评价；同时注重不断拓宽研究视野，注重多学科参与和研究，保证了课题研究成果的创新性和深度。

五、建设高等教育强国重大研究项目的研究成果

在六年的研究过程中，项目研究取得了一批有重要价值的学术研究成果。据项目办公室的粗略统计，目前已在各类公开刊物上发表的研究论文达 500 多篇，一些研究文章还被《新华文摘》《人大复印资料》等全文转载。专著《建设高等教育强国文集》之一和之二已由高等教育出版社正式印刷出版。项目领导小组编辑印发了 14 期《学术活动专刊》，呈交给教育部有关领导及各研究课题组参考。部分阶段性研究报告被政府采用，如：吴岩等《关于推进京津冀区域教育

合作的建议报告》，专送教育部、北京市委市政府主要领导，部分研究成果被采纳。

特别令人振奋的是，建设高等教育强国的研究，已由学术界的研究转化为国家意志，建设高等教育强国被正式列入《国家中长期教育改革和发展规划纲要（2010—2020年）》，在《高等教育专题规划》中提出了“加快建设高等教育强国”的要求。这就标志着建设高等教育强国已从民间的讨论到学术界的研究再到政府行为的历史性转变。

为了进一步推广宣传研究成果，总论篇与其他12个课题的研究成果在研究报告的基础上形成学术专著，构成一套由总论与各个研究课题分论组成的“建设高等教育强国系列论丛”，由高等教育出版社陆续出版发行。

回顾整个研究历程，“遵循科学发展，建设高等教育强国”重大研究项目的研究得到了许多专家、学者的大力支持，特别是担任具体研究任务的学者，他们大都身处高等教育科学研究与教学第一线，有的还担任学校的领导职务，尽管所承担的教学、科研、管理任务十分繁重，但都较好地完成了各自的研究任务，这套“建设高等教育强国系列论丛”凝聚着他们数年的辛劳。在此，谨向他们表示衷心感谢！

特别感谢辽宁教育研究院原院长邓晓春研究员，他为研究项目的前期准备和研究设计做了大量的工作，为研究项目的开展打下了良好的基础。

衷心感谢教育部社科司、全国教育科学规划领导小组办公室的有关领导对项目研究的亲切关心和指导。

衷心感谢高等教育出版社的信任和支持，出版社不仅资助了项目的研究，还承担了这套“建设高等教育强国系列论丛”的出版。

还需要特别提出的是，中国高等教育学会原副会长、学术委员会原主任蔡克勇同志生前积极参与策划了“遵循科学发展，建设高等教育强国”重大研究项目，为研究项目前期的总体设计倾注了心力。就在他突然去世的前几天，还参加了这一重大研究项目的开题会，并在会上作了开题报告，发表了很多重要的意见，为研究项目的开展做出了突出贡献。今年是蔡克勇同志逝世7周年，我们永远怀念他。

最后需要指出的是，虽然“遵循科学发展，建设高等教育强国”重大研究项目取得了令人欣喜的成绩，但由于参与人员众多等客观原因，在这套“建设高等教育强国系列论丛”中难免存在疏漏和不足，敬请广大读者指正。

编 者

2015年5月